# Grupos Societários

# Grupos Societários

SUBORDINAÇÃO DE INTERESSES E PAGAMENTO COMPENSATÓRIO

2023

Nicole Raca Bromberg

ALMEDINA

**GRUPOS SOCIETÁRIOS**
SUBORDINAÇÃO DE INTERESSES E PAGAMENTO COMPENSATÓRIO

AUTOR: Nicole Raca Bromberg

DIRETOR ALMEDINA BRASIL: Rodrigo Mentz
EDITORA-CHEFE: Manuella Santos de Castro
EDITOR PLENO: Aurélio Cesar Nogueira
PRODUTORA EDITORIAL: Erika Alonso
ASSISTENTES EDITORIAIS: Letícia Gabriella Batista e Tacila da Silva Souza
ESTAGIÁRIA DE PRODUÇÃO: Natasha Oliveira

DIAGRAMAÇÃO: Almedina
DESIGN DE CAPA: Roberta Bassanetto

ISBN: 9786556279930
Dezembro, 2023

Dados Internacionais de Catalogação na Publicação (CIP)
(Câmara Brasileira do Livro, SP, Brasil)

Bromberg, Nicole Raca
Grupos societários : subordinação de interesses e
pagamento compensatório / Nicole Raca Bromberg. –
São Paulo : Almedina, 2023.

ISBN 978-65-5627-993-0

1. Abuso de poder – Leis e legislação – Brasil
2. Direito societário – Leis e legislação
3. Obrigações (Direito) – Brasil 4. Sociedade em
conta de participação I. Título.

23-172893 CDU-34:338(81)

**Índices para catálogo sistemático:**

1. Brasil : Direito societário 34:338(81)

Eliane de Freitas Leite – Bibliotecária – CRB 8/8415

**Coleção IDiP**
Coordenador Científico: *Francisco Paulo De Crescenzo Marino*

Este livro segue as regras do novo Acordo Ortográfico da Língua Portuguesa (1990).



EDITORA: Almedina Brasil
Rua José Maria Lisboa, 860, Conj.131 e 132, Jardim Paulista | 01423-001 São Paulo | Brasil
editora@almedina.com.br
www.almedina.com.br

*À Vitória Raca*
(*in memoriam*)

## AGRADECIMENTOS

Expresso imensa gratidão ao Professor Alexandre Tavares Guerreiro, que me honrou com a sua dedicada orientação, muito antes da concepção deste trabalho. Ao professor devo a minha formação como jurista e a minha paixão pelo direito societário. Seu legado se reflete não só na maneira pela qual penso e desenvolvo o raciocínio sobre questões jurídicas, mas, também, no meu comprometimento com a descoberta acadêmica. Durante o desenvolvimento do presente trabalho, guiou-me no processo de maturação intelectual, enfatizando a necessidade de buscar, sempre, a relevância concreta dos institutos jurídicos.

Agradeço, também, o Professor Eduardo Secchi Munhoz, que publicou obra que serviu de ponto de partida para o presente trabalho e com quem eu tive o privilégio de conviver e de aprender profissionalmente. Agradeço, ainda, a Professora Sheila Christina Neder Cerezetti, que me guiou nos primeiros passos da vida acadêmica e ofereceu valiosas considerações durante a Banca Examinadora deste trabalho. Também sou muito grata ao Professor Gabriel Saad Kik Buschinelli, em quem procuro me inspirar como pesquisadora. Esteve ao meu lado durante todo esse caminho, compartilhando ideias, envolvendo-me em discussões acaloradas e disponibilizando valiosos materiais de sua biblioteca pessoal. Gostaria de agradecer ainda ao Professor Gustavo Saad Diniz, pelas importantes observações e inquirições durante a Banca Examinadora.

No curso da pesquisa, enfrentei dificuldades para obter obras internacionais indisponíveis no Brasil. Assim, escrevi a autores estrangeiros que, de forma generosa, me confiaram as versões integrais de suas obras. Destaco o Professor José Engrácia Antunes, que disponibilizou a íntegra de obra sobre a responsabilidade nos grupos societários, e o Professor

Paolo Montalenti, que enviou sucessivos artigos de sua autoria, incluindo trabalho sobre a teoria das vantagens compensatórias desenvolvida pela doutrina italiana.

Sou profundamente grata aos colegas Júlio Cezar Manso Brandão e aos assíduos estudantes de alemão Matheus Clemente Cobucci e Thiago Clemente Cobucci, pelo auxílio nas árduas tarefas de leitura, de tradução, de análise e de discussão de obras alemãs.

Gostaria de expressar gratidão a Thiago Saddi Tannous, que me apoiou desde o estágio embrionário deste trabalho e que me iluminou até os caminhos repercutidos em diversos elementos desta dissertação, e a Pedro Rebello Bortolini, que formulou questões jurídicas instigantes, posteriormente enfrentadas durante a Banca Examinadora.

Também agradeço os amigos e colegas que estiveram ao meu lado durante a jornada: Ana Carolina Musa, Ana Elisa Laquimia, Antonio Pedro Garcia de Souza, Carlos Manoel Holanda Costa, Carolina Kiyomi Iwamoto, Carolina Machado Letizio, Fernanda Garibaldi, Fernanda Neves Piva, Marcos Leal de Moraes Santana, Mariana Martins-Costa Ferreira, Pedro Baptista Toledo Barreto, Pedro Rebello Bortolini e Renata Prado Sardenberg.

Agradeço, por fim, os meus pais, Silvio e Rachel, o meu avô, Leon, a Dafne e o Eduardo, por todo carinho e incentivo.

# NOTA DA AUTORA

A relevância dos grupos societários – compreendidos como técnica de organização da atividade empresária – está associada ao caráter híbrido e flexível dessas estruturas, que transitam entre dois polos antagônicos: unidade econômica e pluralidade societária; integração empresarial e autonomia jurídica; hierarquia e mercado. O problema enfrentado pelo direito decorre da dificuldade em reconhecer que a integração econômica leva à subordinação do interesse social, a despeito da preservação da autonomia e da independência jurídica da companhia que integra um grupo societário.

Tradicionalmente, entende-se que apenas os grupos de direito atenderiam aos objetivos de plena aglomeração societária, conferindo-se liberdade de atuação à sociedade controladora, para promover a integração econômica. Já os grupos de fato, embora sejam produto do mesmo fenômeno econômico, não teriam essa mesma liberdade.

Este estudo apresenta uma leitura distinta da perspectiva habitual sobre a liberdade conferida aos grupos de fato. A análise detalhada do regramento alemão e de outras experiências estrangeiras permitiu descobrir, no art. 245 da Lei das S.A., uma solução que flexibiliza a rigidez da lei e a aproxima da realidade concreta. A regra, nos grupos de fato, é a vedação ao favorecimento de outra sociedade do grupo em detrimento da companhia. Nada obstante a limitação, o art. 245 admite tanto a subordinação do interesse social, como a celebração de operações não comutativas, sob a condição de que exista pagamento compensatório adequado. A flexibilidade conferida pelo sistema em análise decorre da discricionariedade atribuída à sociedade controladora e aos administradores da companhia, para definir tanto a modalidade da compensação, como o momento no qual a própria compensação virá a ocorrer. A compensação, porém, deve ser certa, específica e em prazo razoável, de modo a neutralizar o desfavorecimento praticado pela sociedade controladora à companhia agrupada.

O trabalho é estruturado em quatro capítulos principais, além da introdução e conclusão. O primeiro examina as razões concretas que justificam a existência dos grupos, as vantagens que eles proporcionam e a finalidade dessas organizações. O segundo descreve os efeitos dos grupos no regime jurídico voltado às sociedades anônimas isoladas e, com base nisso, discute a relevância e os objetivos da disciplina jurídica destinada a regular os grupos societários. O terceiro analisa o sistema alemão, o sistema italiano e o sistema francês com a finalidade de avaliar soluções estrangeiras concebidas para regular os grupos. O quarto discute a disciplina brasileira, procurando interpretá-la de forma consentânea com suas finalidades, aponta seus limites e critica suas falhas.

# PREFÁCIO

O trabalho de Nicole Bromberg, que ora se vai ler, corresponde a uma contribuição muito significativa aos estudos de direito societário no Brasil, ao combinar sólida fundamentação teórica a uma concreta visão de problemas visualizados na prática e experiência desse segmento jurídico. Sua excursão ao alto das mais relevantes teorias contemporâneas sobre os grupos de sociedades vai encontrar fenomenologia complexa e controvertida no direito comparado, inspirada sobretudo nas soluções do ordenamento positivo alemão. Mas a pesquisa não se exaure nesse ambiente de alta indagação, dele descendo, ao contrário, para aplicar os conceitos e as ideias, que ali discute e recolhe, à realização objetiva propiciada pelo art. 245 de nossa Lei de Sociedades Anônimas, de 1976. O sistema da lei brasileira, mais que apenas sugerido ou enunciado, acha-se colocado como regime inovador, vigente e convencionalmente permitido entre nós, com suas virtudes, mas, também, com suas dificuldades, como bem anota Nicole Bromberg.

É nesse momento que inúmeras dúvidas surgem, inclusive quanto ao alcance do regime e suas limitações, que vão desde os mais elementares desafios até as hipóteses de impossível cabimento, que a autora identifica e destaca, com realismo e pleno conhecimento de nosso ordenamento societário-grupal. O importante, em uma tese jurídica, não é a apologia de um argumento, ignorando-lhe possíveis vicissitudes, mas o confronto permanente com a realidade ante a dogmática vigente. Essa é exatamente uma das virtudes da dissertação de Nicole Bromberg, ao expor serenamente o tema, dominando suas qualidades, mas tendo ciência das condições mais ou menos restritivas que, eventualmente, possam cercar sua adoção.

Nesse particular, as relações que se passam no interior dos grupos de sociedades (e a referência, aqui, é aos grupos de fato), e especialmente aquelas que recaem sob a normativa das transações entre partes relacionadas, ganham necessário relevo, teórico, assim como prático. Justamente nesse terreno, ao qual a compensação se coloca como solução de muitos impasses organizacionais, a discussão é ampla e fundamentada, com dedicada atenção ao panorama legal e regulatório em vigor no País.

A dissertação de Nicole Bromberg, assim, fruto de cuidadosa e profunda pesquisa, e amparada por cotejo permanente com as exigências conhecidas na vida profissional de advogada, acaba sendo estudo verdadeiramente útil e juridicamente valioso. Com ele, a autora dá mais um passo relevante em sua carreira, que venho acompanhando com admiração, dada a seriedade de seus projetos e a dedicação de seus trabalhos.

São Paulo, 21 de agosto de 2023

JOSÉ ALEXANDRE TAVARES GUERREIRO
Advogado.
Professor da USP.

# SUMÁRIO

# ABREVIATURAS

| | |
|---|---|
| **§** | Parágrafo ou Seção |
| **§§** | Parágrafos ou Seções |
| **art.** | Artigo |
| **arts.** | Artigos |
| **AktG** | Lei das Sociedades por Ações da Alemanha (*Aktiengesetz*, conforme alterada) |
| **BGB** | Código Civil da Alemanha (*Bürgerliches Gesetzbuch*, conforme alterado) |
| **BGH** | Tribunal de Justiça Federal da Alemanha (*Bundesgerichtshof*) |
| **cf.** | Conforme |
| **CVM** | Comissão de Valores Mobiliários |
| **GmbH** | *Gesellschaft mit beschränkter Haftung* |
| ***Code de Commerce*** | Código Comercial da França (*Code de Commerce – L'ordonnance du 18 septembre 2000*, conforme alterado) |
| ***Codice Civile*** | Código Civil da Itália (*Regio Decreto 16 marzo 1942, n. 262*, conforme alterado) |
| **Código Civil** | Lei n. 10.406, de 10 de janeiro de 2002 |
| **Código de Processo Civil** | Lei n. 13.105, de 16 de março de 2015 |
| ***Consob*** | Comissão de Empresas e Bolsa de Valores da Itália (*Comissione Nazionale per le Societá e la Borsa*) |
| ***Cour de Cassation*** | Corte de Cassação da França, *Chambre criminelle* |
| **Lei das S.A.** | Lei n. 6.404, de 15 de dezembro de 1976 |
| **LFR** | Lei n. 11.101, de 9 de janeiro de 2005 |
| **n.** | Número |
| **OCDE** | Organização para a Cooperação e Desenvolvimento Econômico |

| | |
|---|---|
| **p.** | Página ou Páginas |
| **REsp** | Recurso Especial |
| **STJ** | Superior Tribunal de Justiça |
| **t.** | Tomo |
| **UNCTAD** | Conferência das Nações Unidas sobre Comércio e Desenvolvimento |
| **v. ou vol.** | Volume |
| ***v.g.*** | *Verbi gratia* |
| ***vs.*** | *Versus* |
| **PAS** | Processo Administrativo Sancionador |

# 1. INTRODUÇÃO

## 1.1. Tema, delimitação e justificativa

A empresa plurissocietária representa uma das principais técnicas de organização da atividade empresarial[1]. As sociedades que a integram formam uma unidade econômica, mas sem perder a individualidade jurídica[2]. Trata-se de forma híbrida de organização empresarial, que não se vale nem da estrutura rigorosamente hierárquica das *firmas*, nem da estrutura completamente descentralizada do *mercado*, mas, sim, de uma combinação entre esses dois modelos contrapostos[3]. Dessa forma, os grupos conjugam dois aspectos antagônicos – *integração* econômica e *autonomia* jurídica e patrimonial –, cuja combinação é justamente o que

[1] Blumberg, Phillip A.; Strasser, Kurt A.; Georgakopoulos, Nicholas L.; Gouvin, Eric J.; Fowler, Jonathan W.; Strasser, Kurt A. *Blumberg on Corporate Groups*: 2011-2 Supplement. 2ª ed. Boston: Wolters Kluwer Law&Business, vol. 1, 2011, p. 1-4 e 1-3. A respeito da prevalência dos grupos, ver também capítulo 2.

[2] A famosa fórmula "unidade e pluralidade", que caracteriza os grupos, tem origem na expressão alemã "*Einheit und Vielheit*", reproduzida sucessivamente pela literatura do referido ordenamento jurídico. A respeito da origem histórica dessa expressão, ver Araujo, Danilo Borges dos Santos Gomes de. Um Modelo de Regulação Baseado na Governança dos Grupos de Sociedades: da Doutrina Rozenblum até a Disciplina Italiana. In: Rossetti, Maristela Abla; Pitta, Andre Grunspun (coord.). *Governança Corporativa*: Avanços e Retrocessos. São Paulo: Quartier Latin, 2017, p. 171-196.

[3] Kirchner, Christian, Ökonomische Überlegungen zum Konzernrecht. *Zeitschrift für Unternehmens- und Gesellschaftsrecht*. Berlin, vol. 14, n. 2, p. 214-234, 1985; e Teubner, Gunther. "Unitas Multiplex": a organização do grupo de empresas como exemplo. *Revista Direito GV*. São Paulo, v. 1 n. 2, pp. 77-110, jun./dez. 2005.

proporciona as vantagens que justificam a existência da própria empresa plurissocietária[4].

O problema enfrentado pelo direito decorre precisamente da dificuldade em reconhecer a presença simultânea de características manifestamente opostas[5]. Há de se preservar a autonomia jurídica e patrimonial das sociedades que integram o grupo, bem como os interesses dos respectivos acionistas, credores e trabalhadores. Contudo, a integração econômica dilui o interesse social de cada uma das sociedades agrupadas. Isso, sobretudo, porque as políticas conduzidas sob a orientação da sociedade controladora podem perseguir finalidades empresariais que excedem o objeto social de cada companhia do grupo. Integração essa que também pode implicar subordinação dos interesses de uma sociedade aos das outras, em prol da alocação eficiente de recursos entre os membros do grupo. Parte das sociedades agrupadas funcionará ora como centro de custo, ora como centro de lucro, sob as diretrizes da sociedade controladora[6]. As relações internas ao grupo também não são necessariamente equitativas, pois as partes que celebram essas transações se subordinam a apenas uma fonte de poder empresarial. Por isso, seria artificial reproduzir, nas empresas plurissocietárias, parâmetros idênticos às relações de mercado, conduzidas entre partes independentes[7].

Tradicionalmente, aponta-se que apenas a disciplina destinada aos grupos *de sociedades* (também referidos como grupos *contratuais*, ou grupos

[4] MUNHOZ, Eduardo Secchi. Grupos societários de fato. Estrutura de governo e poderes do acionista controlador. In: CASTRO, Rodrigo Monteiro de *et al.* (coord.). *Direito empresarial e outros estudos de direito em homenagem ao professor José Alexandre Tavares Guerreiro*. São Paulo: Quartier Latin, 2013, p. 267-291.

[5] A respeito dessa dificuldade, IRUJO, José Miguel Embid. *Introducción al derecho de los grupos de sociedades*. Granada: Comares, 2003, pp. 37-38.

[6] Sobre a distinção entre centros de custos e centros de lucro como características distintivas dos grupos societários, ver TEIXEIRA, Egberto Lacerda; GUERREIRO, José Alexandre Tavares. *Das sociedades anônimas no direito brasileiro*. São Paulo: Bushatsky, 1979, p. 774.

[7] DAMMANN, Jens. Related Party Transactions and Intragroup Transactions. *In*: Enriques, Luca; TRÖGER, Tobias H. (eds.) *The Law and Finance of Related Party* Cambridge: Cambridge University Press, 2019, p. 218-244.

*de direito*) foi consagrada para solucionar as contradições dos grupos[8]-[9]. A lei alemã, que a concebeu originalmente, e a lei brasileira, nela inspi-

[8] Exemplificativamente: "O grupo de sociedades é regulado pela Lei das Sociedades por Ações que o considera, como já afirmado, um ajuste de subordinação em que duas ou mais sociedades, de tipos iguais ou diferentes, sob mesmo controle, reúnem-se para atuar em harmonia, sob única direção (...). A distinção é necessária porque nos grupos de fato, albergados no amplo conceito de coligação, os administradores não podem, em prejuízo da sociedade que dirigem, favorecer sociedade coligada controladora ou controlada, cumprindo lhes zelar para que as operações entre elas observem condições estritamente comutativas, ou com pagamento compensatório adequado, sob pena de responderem por perdas e danos resultantes dos atos praticados em desacordo com essa determinação (art. 245). Idêntica regra existe para a sociedade controladora que não pode usar do seu poder para desviar a controlada do cumprimento de seus fins sociais respondendo pelos danos que, na violação dessa regra, a ela causar (art. 246)" (Gonçalves Neto, Alfredo de Assis. *Lições de Direito Societário II*: sociedades anônimas. São Paulo: Juarez de Oliveira, 2005, p. 326-327); e "A apresentação panorâmica dos principais traços dos grupos de direito e de fato torna intuitiva a conclusão de que cada um deles serviria a um propósito próprio. Os primeiros atenderiam objetivos de plena aglomeração empresarial, em que, não obstante a manutenção de autonomia patrimonial das sociedades (art. 266), a presença de um interesse grupal seria amplamente reconhecida e poderia se sobrepor às divisões organizativas decorrentes da existência de múltiplos entes societários, sem elevadas preocupações com a responsabilidade de administradores e controladores por prejuízo eventualmente causado a uma ou mais filiadas, desde que nos termos da convenção de grupo (art. 273). Os segundos, por sua vez, seriam empregados sempre que a composição das partes não demandasse subordinação constante de interesses individuais, mas permitisse o alinhamento de condutas, decorrente do exercício do direito de voto e do poder de controle, sem que se cogitasse de pressuposto inafastável de superação da independência das sociedades envolvidas" (Neder Cerezetti, Sheila C. Os Grupos de Sociedades e Recuperação Judicial: O Indispensável Encontro entre Direitos Societário, Processual e Concursal. *In*: Yarshell, Flávio Luiz; Pereira, Guilherme Setoguti J. (coords.). *Processo Societário: Volume II*. São Paulo: Quartier Latin, 2015, p. 735-789).

[9] Como regra, a doutrina contrapõe os grupos de direito aos grupos de fato, indicando que nos últimos está vedada a subordinação do interesse social e a celebração de operações não comutativas. Por exemplo, segundo Fabio Konder Comparato, não haveria qualquer brecha para conferir flexibilidade à gestão realizada pela sociedade controladora em um grupo de fato (Comparato, Fábio Konder. Abuso de controle em grupo societário de fato: remédio jurídico cabível. In: *Direito empresarial: estudos e pareceres*. 1. ed., 2. tir. São Paulo: Saraiva, 1995, p. 293-316). Na mesma direção, diversos autores: "Apesar de coligadas ou controladas por outras companhias, as sociedades anônimas que contam com a participação ou participam de outras sociedades mantêm suas individualidades, praticando as atividades sociais dentro das normas comuns das companhias. O controle de uma

rada[10], permitem que os grupos formalizados por meio da celebração de uma convenção grupal rompam com os paradigmas tradicionais da legislação societária – admite-se expressamente a subordinação dos interesses

sociedade por outra, quando há, diz respeito à orientação a ser dada à sociedade controlada pela controladora, no sentido da política empresarial a ser adotada pela controlada, em virtude de a controladora se caracterizar por ser titular de direitos de sócios que lhe permitem, em caráter permanente, eleger a maioria dos administradores. Nem por isso, entretanto, esses administradores podem deixar de cumprir os seus deveres em relação às sociedades de que são órgãos" (MARTINS, Fran. *Comentários à Lei das Sociedades Anônimas:* Artigo por Artigo. 4ª ed. Rio de Janeiro: Forense, 2010, p. 1012); "As sociedades do grupo não convencional ou de fato mantêm íntegra a individualidade de seus objetivos operacionais. Não tem a controladora ingerência direta sobre a política de prioridades das controladas (...). As sociedades integrantes dessa entidade econômica (grupo de fato ou não convencional) devem manter a individualidade estrita de seus objetivos empresariais e da formulação de suas políticas e estratégias, visando precípua e unicamente o seu próprio interesse social. Não há qualquer sujeição em termos de condução da administração e de prioridades entre umas e outras. Outrossim, como referido, deve ser mantido rigorosamente o regime de comutatividade nas relações negociais entre elas (art. 245)" (CARVALHOSA, Modesto. *Comentários à Lei de Sociedades Anônimas.* 5ª ed. São Paulo: Saraiva, 2011, vol. IV, t. II, p. 43-44); "Dessa forma, no grupo de fato, a sociedade controladora não pode utilizar seu poder em detrimento de alguma controlada, a pretexto de beneficiar o grupo como um todo. Cada sociedade deve buscar o seu próprio interesse na consecução do seu objeto social. É a partir do pressuposto legal da autonomia econômica da sociedade, como se ela fosse um ente independente, que se estabelecem as regras sobre a atuação dos controladores e dos administradores. Os negócios realizados entre as sociedades integrantes do grupo de fato devem obedecer ao princípio da equivalência das prestações, somente podendo ser realizados com observância de condições comutativas ou mediante pagamento compensatório adequado" (EIZIRIK, Nelson. *A Lei das S/A Comentada.* 3. ed. São Paulo: Quartier Latin, 2021, p. 265). Entretanto, mais adiante, o autor reconhece que "pode existir uma deliberação desvantajosa para a companhia integrante do grupo, tomada por sua acionista controladora, desde que haja compensação (EIZIRIK, Nelson. *A Lei das S/A Comentada.* 3. ed. São Paulo: Quartier Latin, 2021, p. 296); e "As relações entre controladoras, controladas e coligadas devem pautar-se, rigorosamente, pelos padrões de mercado, não se admitindo (art. 245) o favorecimento de uma companhia em detrimento de outra; os administradores responderão pessoalmente por perdas e danos daí decorrentes" (BORBA, José Edwaldo Tavares Borba. *Direito Societária.* 19ª ed. Barueri: Atlas, 2022. E-book, p. 548).

[10] Cf. indicado pelos autores do anteprojeto que resultou na Leu das S.A., em LAMY FILHO, Alfredo; PEDREIRA, José Luiz Bulhões. *A Lei das S.A*, vol. 1: Pressupostos. Elaboração. Modificações. 3ª ed. Rio de Janeiro: Renovar, 1997, p. 89.

da companhia aos interesses da sociedade controladora, e os administradores das controladas podem seguir as orientações emanadas da sociedade controladora para implementar as políticas do grupo, mesmo que as orientações contrariem o interesse social da companhia em que atuam[11]. A lei alemã prevê contrapartidas claras ao poder conferido à sociedade controladora: primeiro, a de compensar as perdas anuais de suas controladas[12]; segundo, a de pagar dividendos mínimos aos acionistas de suas controladas, dividendos esses que não correspondem ao real resultado da companhia em que eles efetivamente participam[13]. A legislação brasileira foi mais tímida, pois apesar de autorizar o rompimento com certos pilares da disciplina societária, não conferiu as mesmas contrapartidas com a finalidade de proteger os acionistas minoritários.

Seja como for, os grupos contratuais não predominam, nem no cenário nacional, nem na Alemanha[14]. Logo, as alternativas jurídicas previstas na disciplina própria dos grupos de direito não servem como solução para a maior parte dessas organizações empresariais, não originadas de uma convenção grupal (e, por isso, chamadas de grupos *de fato*). Evidentemente, a mera celebração de uma convenção grupal não modifica as razões concretas que explicam a existência dos grupos societários, como

[11] Nesse sentido, Guerreiro, José Alexandre Tavares. Das relações internas no grupo convencional de sociedades. In: Torres, Heleno Taveira; Queiroz, Mary Elbe. (coord.). *Desconsideração da personalidade jurídica em matéria tributária*. São Paulo: Quartier Latin, 2005. p. 303-321.

[12] Hommelhoff, Peter. Protection of Minority Shareholders, Investors and Creditors in Corporate Groups: the Strengths and Weaknesses of German Corporate Group Law. *European Business Organization Law Review*. The Hague, vol. 2, n. 1, pp. 61-80, mar. 2001.

[13] O montante dos dividendos é computado mediante cálculo dos lucros anuais que, hipoteticamente, a companhia controlada receberia, caso não fosse integrada a um grupo, cf. Bonanno, J. Bautz. The Protection of Minority Shareholders in a *Konzern* Under German and United States Law. *Harvard International Law Journal*. Cambridge (MA), vol 18, n 1, p. 151-176 1977.

[14] Sobre a Alemanha, ver Scheuch, Alexander. Konzernrecht: An Overview of the German Regulation of Corporate Groups and Resulting Liability Issues. *European Company Law*. Alphen aan den Rijn, v. 13, n. 5, p. 191-198, 2016. Sobre o Brasil, ver Vio, Daniel de Avila. *Grupos Societários: Ensaio sobre os Grupos de Subordinação, de Direito e de Fato no Direito Societário Brasileiro*. São Paulo: Quartier Latin, 2016, p. 333. Sobre esse diagnóstico, ver também itens 4.1.2 e 5.1 adiante.

fenômeno fático e econômico. Por isso, os grupos que não formalizam suas relações por uma convenção enfrentam, essencialmente, as mesmas contradições que o direito buscou contornar, quando disciplinou os grupos de direito.

Cabe, portanto, indagar: como o sistema jurídico deve solucionar os problemas que permanecem afligindo os grupos *de fato*?

Até a presente data, diversos autores nacionais limitam-se a afirmar que, nesses casos, se aplica o regime tradicional da legislação societária[15].

[15] Exemplificativamente: "[O]s administradores de sociedades pertencentes a um grupo de fato deverão sempre conduzir os negócios de sua sociedade com o devido zelo para que as operações entre as sociedades agrupadas observem 'condições estritamente comutativas, ou com pagamento compensatório adequado', o que significa não permitir que a sociedade por si administrada seja abusada em prol de uma política grupal (...). Também a sociedade controladora sempre deverá pautar sua conduta segundo os cânones presentes nos arts. 116 e 117 da lei acionária, comportando-se, perante a sociedade controlada, sem lhe causar prejuízos por abuso de controle, o que significaria, uma vez mais, impedir que o controlador se valha dos recursos e dos processos das sociedades agrupadas em favor de uma política do grupo" (Araujo, Danilo Borges dos Santos Gomes. de. A Doutrina Rozenblum do direito francês; o reconhecimento do caráter exoneratório dos grupos de sociedades em matéria de crimes de *abus de biens sociaux* e a consequente influência do direito penal na estruturação e no funcionamento dos grupos de sociedades. *In*: Araujo, Danilo Borges dos Santos Gomes de; Warde Jr., Walfrido Jorge (coords). *Os Grupos de Sociedades:* organização e exercício da empresa. São Paulo: Saraiva, 2012, p. 83-113); "Identificados os fatos, a LSA – secundada pelo CC – somente regula a responsabilidade de administradores (art. 245 da LSA), responsabilidade da controladora (art. 246 da LSA), demonstrações financeiras (arts. 247 a 250 da LSA), e incorporação (art. 256 da LSA). Para o restante da regulação, o grupo de fato deve buscar as demais regras da LSA – ou seja, imperando regramento de sociedades individuais – e, supletivamente, do CC, naquilo que for aplicável. (...). [A]s operações entre as sociedades devem manter condições estritamente comutativas, como entidades isoladas, sob pena de responsabilidade pela celebração de negócios prejudiciais a controladas controladoras ou coligadas" (DINIZ, Gustavo Saad. *Grupos Societários:* da formação à falência. Rio de Janeiro: Forense, 2016, p. 70-71); e "As sociedades de um grupo de fato mantêm intacta a individualidade de seus objetivos operacionais. A sociedade controladora não tem interferência direta nas políticas prioritárias das subsidiárias. Os administradores de cada uma das sociedades devem observar estritamente o disposto no artigo 154 do BCL [art. 154 da Lei das S.A.]. Esta lei assume que a holding controladora está em condições de receber resultados patrimoniais das sociedades operacionais por ela controladas, sem impor a seus diretores qualquer política corporativa ou mesmo distribuição de dividen-

Neste vigoram, para a sociedade controladora: (i) o dever de agir e de votar no interesse social (arts. 115 e 116 da Lei das S.A.); e (ii) a proibição de favorecer uma sociedade em detrimento da companhia e de celebrar transações não equitativas (art. 117, §1º, "e" da Lei das S.A.). Para os administradores vigora, também, o dever de lograr os fins e de observar o interesse da companhia (art. 154 da Lei das S.A.). Sucede que essas normas ignoram aspectos fundamentais dos grupos, os quais justificam a existência dessas organizações empresariais. Como visto, a subordinação de uma empresa aos interesses de outras é consequência inerente à integração econômica do grupo, de modo que contrariar a própria subordinação, em alguma extensão, equivale a negar a própria legalidade da empresa plurissocietária.

Durante anos, a jurisprudência alemã aplicou analogicamente a disciplina jurídica destinada aos grupos contratuais aos chamados *grupos de fato qualificados*: grupos que não foram fundados com base em uma convenção, mas que apresentam forte centralização e integração empresarial[16]. No entanto, a solução arquitetada pelo sistema alemão para os grupos contratuais obriga a sociedade controladora a assumir os riscos das atividades de suas controladas e a compensar todas as suas perdas

dos. Não há vínculo obrigatório entre as empresas de um grupo de fato, impondo-se a estrita observância do princípio da isonomia aos negócios jurídicos mantidos entre elas. Além disso, o regime de comutatividade nas relações comerciais entre elas deve ser estritamente mantido". Tradução livre de: "*The companies of a de facto group keep the individuality of their operational objectives intact. The parent company has no direct interference with the subsidiaries priority policy. The administrators of each of the companies must strictly observe the provision in article 154 of the BCL. This law assumes that the controlling holding company is in a position to receive equity results from the operating companies it controls, without imposing on its directors any corporate policy or even dividend distribution. There is no compulsory link between the companies of a de facto group, imposing on legal business among them the strict observance of the principle of isonomy. Also, the regime of commutativity in the business relations between them must be strictly maintained*" (Kuyven, Fernando. National Report on Brazil. *In*: Manóvil, Rafael Mariano (coord). *Groups of companies:* a comparative law overview. Cham: Springer, 2020, p. 249-264).

16 Bürgers, Tobias; Körber, Torsten. *Aktiengesetz*. 2ª ed. Heidelberg: C. F. Müller, 2011, p. 2259 e 2266; e Oliveira, Ana Perestrelo. *Grupos de Sociedades e deveres de lealdade*. Coimbra: Almedina, 2012, p. 494. Sobre o tema, item 4.1.6 adiante.

anuais, tal como apuradas em balanço[17]. A regra relativiza o princípio da limitação da responsabilidade e, de certa forma, trata do grupo como se única sociedade fosse, embora a preservação da individualidade jurídica dos membros do grupo – e, consequentemente, a segmentação de riscos e de responsabilidades de cada sociedade – seja justamente um dos aspectos que motivam a formação de grupos societários[18]. Fato é que, hoje, essa criativa solução jurisprudencial alemã foi abandonada, tendo sido superada por outras formas de resolver o impasse jurídico que circunda o fenômeno dos grupos[19].

Qual, será, então a disciplina jurídica apropriada para regular os grupos de fato?

Pretende-se explorar essa indagação com fundamento no exame crítico acerca da disciplina jurídica vigente em três ordenamentos: (i) a legislação societária alemã desenvolvida para os grupos de fato; (ii) a disciplina italiana voltada à atividade de *direção e coordenação*; e (iii) a doutrina Rozenblum, desenvolvida pela jurisprudência francesa[20]. Os três sistemas conceberam modelos jurídicos especiais para os grupos societários. Nenhum deles admite completa ruptura aos postulados tradicionais do direito societário, mas os três conferem, em maior ou menor grau, *certa margem de flexibilidade* para viabilizar a integração econômica do grupo: permite-se que a sociedade controladora subordine os interesses de uma companhia e favoreça outras, desde que *compense* as desvantagens

[17] Cf. AktG, §302. A esse respeito, Hüffer, Uwe; Koch, Jens. *Aktiengesetz*. 14ª ed. München: C. H. Beck, 2020, p. 99.

[18] Antunes, José Augusto Quelhas Lima Engrácia. *Liability of corporate groups: autonomy and control in parent-subsidiary relationships in US, German and EU law: an international and comparative perspective*. Deventer: Kluwer, 1994, p. 340-341.

[19] Reich-Graefe, René. Changing paradigms: the liability of corporate groups in Germany. *Connecticut Law Review*. Hartford, v. 37, n. 3, p. 785-817, 2004. No mesmo sentido: "Na prática, desenvolveu-se uma responsabilidade intragrupo a partir do caso *Autokran*. Todavia, essa interpretação mudou com a decisão dos casos Bremer Vulkan e KBV que, na prática, afastaram o sistema de grupos de fato qualificado para GmbH, instituíram o dever de respeito suficiente pelo interesse da controlada e fixou a responsabilidade externa da sociedade dominante se efetivamente foi destruída a existência autônoma da sociedade dependente (...)" (Diniz, Gustavo Saad. *Grupos Societário:* da formação à falência. Rio de Janeiro: Forense, 2016, p. 52).

[20] Disciplinas analisadas detalhadamente no capítulo 4.

causadas à sociedade desfavorecida na operação dentro de determinado período[21].

Há de se delimitar o sentido de *compensação*. A *compensação* não equivale a uma *contraprestação* acordada em uma transação realizada em ambiente de mercado. Tampouco é sinônimo de *indenização*[22]. Compensação pode ser pecuniária ou *in natura*; imediata ou diferida no tempo[23]. A compensação é avaliada com base em critérios bastante flexíveis, concedendo liberdade para que a sociedade controladora e os administradores conduzam os negócios sociais da empresa plurissocietária. Na Alemanha a compensação pode ser efetivada com base em um *benefício* ou uma *vantagem* econômica produzidos pela associação da companhia a um grupo[24], já que este é técnica organizativa que serve ao imperativo de eficiência empresarial.

Optou-se por analisar esses três sistemas jurídicos porque é exame que oferece valiosa ferramenta para compreender a disciplina positivada na lei brasileira para os grupos de fato. O art. 245 da Lei das S.A. prevê, como regra, que os administradores não podem favorecer sociedades controladas ou coligadas, cumprindo-lhes zelar para que as operações entre sociedades sejam comutativas ou, alternativamente, observem "pagamento compensatório adequado". Usualmente, esta expressão – *pagamento compensatório adequado* – não é levada em consideração na intepretação da norma: o dispositivo é lido como uma proibição seca ao favorecimento de uma sociedade em detrimento de outra e à celebração

[21] Cf. AktG, §311; *Codice Civile*, art. 2497; e, no sistema francês, a partir do precedente Cour de Cassation, Chambre criminelle. Nº de pourvoi : 84-91.581. Rapporteur : M. Le Gunehec, 14 de fevereiro de 1985. Disponível em https://www.legifrance.gouv.fr/juri/id/JURITEXT000007064646. Acesso em 04/09/2022, que deu origem à chamada "doutrina Rozenblum".

[22] Emmerich, Voker; Habersack, Mathias. *Aktien- und GmbH-Konzernrecht*. 6ª ed. rev. München: C.H. Beck, 2010, p. 570; e Schmidt, Karsten; Lutter, Marcus. *AktG Kommentar*. 4ª ed. Köln: Otto Schmidt, 2020, p. 3883.

[23] Oliveira, Ana Perestrelo. *Grupos de Sociedades e deveres de lealdade*. Coimbra: Almedina, 2012, p. 499.

[24] Emmerich, Voker; Habersack, Mathias. *Aktien- und GmbH-Konzernrecht*. 6ª ed. rev. München: C.H. Beck, 2010, p. 583

de operações não comutativas[25]. No entanto, a alternativa de compensação, prevista textualmente no dispositivo, cria uma exceção à regra geral. Admite-se a subordinação do interesse social, sob a condição de que haja *compensação adequada*. Portanto, a mera submissão dos interesses de uma sociedade aos de outra não é, por si só, ilícita: pelo contrário, a ilicitude decorre da ausência de compensação adequada para os fins da Lei das S.A. Entretanto, a previsão de compensação prevista no art. 245 não recebeu atenção da doutrina[26], tampouco da jurisprudência[27].

[25] Parte da doutrina não distingue a *estrita comutatividade* do *pagamento compensatório*, apresentando-se ambos conceitos como se sinônimos fossem. Para Waldecy Lucena, por exemplo, o pagamento compensatório é, em si, modalidade de operação estritamente comutativa: "Lê-se no dispositivo em análise [art. 245] que os administradores não podem, em prejuízo da companhia, favorecer sociedade coligada, controladora ou controlada, cumprindo-lhes zelar para que as operações entre as sociedades, se houver, observem condições estritamente co- mutativas, ou com pagamento compensatório adequado. De se observar que o pagamento compensatório adequado erige-se na principal modalidade de operação estritamente comutativa, tanto que, ainda não mencionado pela norma, nela estaria compreendido" (LUCENA, José Waldecy. *Das Sociedades Anônimas:* Comentários à Lei. Rio de Janeiro: Forense, 2012. v. III, p. 733). No mesmo sentido: "Assim, nos negócios jurídicos realizados entre companhias pertencentes ao mesmo grupo de fato, devem ser rigorosamente observadas bases estritamente comutativas no que respeita às prestações devidas e pagamento compensatório adequado" (CARVALHOSA, Modesto. *Comentários à Lei de Sociedades Anônimas*. 5ª ed. São Paulo: Saraiva, 2011, vol. IV, t. II, p. 62); e "A lei não veda as operações comerciais entre as sociedades coligadas, controladoras ou controladas, já que são pessoas jurídicas diversas, cada uma praticando as suas atividades normais. O que se deseja é que essas operações sejam realizadas em bases estrita- mente comutativas, ou com pagamento compensatório adequado" (MARTINS, Fran. *Comentários à Lei das Sociedades Anônimas:* Artigo por Artigo. 4ª ed. Rio de Janeiro: Forense, 2010, p. 1013).

[26] Não se tem conhecimento de nenhum trabalho especificamente voltado à análise do *pagamento compensatório adequado*, tal como previsto no art. 245 da Lei das S.A. Há, porém, duas monografias dedicadas ao fenômeno dos grupos que abordam o tema da compensação, em conjunto com outros aspectos atrelados a essas organizações empresariais. São elas: PRADO, Viviane Muller. *Conflito de Interesses nos Grupos Societários*. São Paulo: Quartier Latin, 2006; e VIO, Daniel de Avila. *Grupos Societários: Ensaio sobre os Grupos de Subordinação, de Direito e de Fato no Direito Societário Brasileiro*. São Paulo: Quartier Latin, 2016. Também tangencia o tema o artigo MUNHOZ, Eduardo Secchi. Grupos societários de fato. Estrutura de governo e poderes do acionista controlador. In: CASTRO, Rodrigo Monteiro de et al. (coord.). *Direito empresarial e outros estudos de direito em homenagem ao professor José Alexandre Tavares Guerreiro*. São Paulo: Quartier Latin, 2013, p. 267-291. Por

Este trabalho busca examinar, compreender e avaliar a adequação da regra prevista na parte final do art. 245 da Lei das S.A., à luz dos modelos estrangeiros que adotam soluções similares, com a finalidade de viabilizar o funcionamento dos grupos societários fáticos, sem descurar a proteção dos interesses das companhias controladas, dos acionistas minoritários e dos credores sociais. A dissertação pretende examinar a finalidade, o alcance e a implementação da regra positivada na lei. Igualmente, procura-se refletir se essa disciplina é realmente necessária, efetiva e se confere proteção jurídica adequada à companhia e os titulares de interesses que nela circundam.

### 1.1.1. Delimitação: o sentido da expressão "grupos societários" adotada neste trabalho

Este trabalho trata da modalidade de organização da atividade empresária por meio da qual uma única empresa assume a forma *plurissocietária*[28]: uma unidade econômica relativamente integrada exerce atividade empresária por meio de um conjunto de sociedades distintas que preser-

fim, a monografia Britto, Adriana Cristina Dullius. *Responsabilidade do Administrador em face do art. 245 da Lei das Sociedades Anônimas*. 2017. Dissertação (Mestrado). Faculdade de Direito, Universidade de São Paulo, São Paulo, 2017 aborda, brevemente, o instituto do pagamento compensatório adequado.

[27] Luis Felipe Spinelli critica o fato de a CVM aplicar, em diversos precedentes apresentados de forma pormenorizada em sua obra, o art. 156 da Lei das S.A. e outros dispositivos relacionados ao conflito de interesses, para julgar operações entre sociedades do mesmo grupo mesmo quando deveria, de modo claro, incidir o art. 245 da Lei das S.A., dado que este regula as operações intragrupo, tratando-se, pois, de regra especial (Spinelli, Luis Felipe. *Administração das sociedades anônimas: lealdade e conflito de interesses*. São Paulo: Almedina, 2020, p. 137-141). Segundo Luis Felipe Spinelli, o art. 245 da Lei das S.A. deveria ser interpretado e aplicado em tais precedentes pois o dispositivo considera o "interesse do grupo". O presente trabalho defende que a noção de interesse do grupo não é aplicável aos grupamentos fáticos (item 3.2), porém compartilha a opinião de que o art. 245 deveria ser aplicado nas operações intragrupo, e não outras regras previstas na Lei das S.A., uma vez que o referido dispositivo é regra especial que admite flexibilidade no grupo de fato, autorizando a subordinação de interesses sob a condição de pagamento compensatório adequado.

[28] Termo utilizado por Munhoz, Eduardo Secchi. *Empresa contemporânea e o direito societário*. São Paulo: Juarez de Oliveira, 2002.

vam a respectiva autonomia jurídica e mantêm segregação patrimonial entre si[29].

É preciso ressalvar que a expressão "grupos societários" não é encontrada na Lei das S.A. A legislação societária brasileira vale-se da expressão "grupos de sociedades", também referidos pela doutrina como *grupos de direito*, para designar apenas os grupos formados por sociedades que celebram uma *convenção*, na forma designada nos arts. 265 e seguintes. Já os grupos *de fato* são definidos pela verificação de vínculos de *coligação* ou de *controle*, nos termos do art. 243, §§1º, 2º, 4º e 5º da Lei das S.A., respectivamente. Assim, *controlada* é a sociedade na qual a sociedade controladora, diretamente ou indiretamente, é titular de direitos de sócio que lhe assegurem, de modo permanente, preponderância nas deliberações sociais e o poder de eleger a maioria dos administradores[30]. *Coligada*, por sua vez, é a sociedade na qual um de seus investidores exerce influência significativa, presumida quando este possui ao menos 20% dos votos conferidos pelo capital da companhia, mas sem exercer o controle[31].

Há sistemas jurídicos que adotam uma definição mais ampla para "grupo", para abarcar não apenas sociedades, mas também outras pessoas jurídicas ou físicas[32] ou até o próprio Estado[33], desde que na qualidade de *empresários*. Assim, o grupo é formado por pessoas que investem em uma

[29] Essa é uma formulação doutrinária clássica que remonta os trabalhos publicados por autores alemães, confome resumo de LÜBKING, Johannes. *The Group of Companies, Efficiency and the Law*. 1994. Tese (L.L.M.) – European University Institute, Department of Law, Fiesole 1994, p. 19.

[30] O art. 243, §2º não indica o uso do poder para dirigir as atividades sociais e orientar o funcionamento dos órgãos da companhia como requisito para o controle, em contraposição ao previsto no art. 116, caput, "b". 'É assim porque o uso efetivo do poder de controle "é algo sempre suposto, como resultado necessário da preponderância nas deliberações sociais" (COMPARATO, Fabio Konder. Os grupos societários na nova lei de sociedades por ações. *Revista de Direito Mercantil, Industrial, Econômico e Financeiro*. São Paulo, ano 1976, n. 23, p. 91-107, 1976).

[31] Crítica ao conceito de sociedade coligada adotado na Lei das S.A. em FRANÇA, Erasmo Valladão Azevedo; ADAMEK, Marcelo Vieira Von. O novo conceito de sociedade coligada na lei acionária brasileira. *Revista de Direito Mercantil, Industrial, Econômico e Financeiro*. São Paulo, v. 50, n. 159/160, p. 39–52, jul./dez. 2011.

[32] SALOMÃO FILHO, Calixto. *A sociedade unipessoal*. São Paulo: Malheiros, 1999, p. 190-191.

[33] COMPARATO, Fabio Konder. Os grupos societários na nova lei de sociedades por ações.

companhia, mas, simultaneamente, perseguem *interesses empresariais* diferentes, embora unificados em torno de um objetivo empresarial comum com a companhia, assim configurando *unidade econômica*[34]. Ou seja, a empresa – seja pessoa natural, seja jurídica – cria um liame jurídico com outra empresa, com a finalidade de realizar uma *atividade empreendedora*, e não apenas a título de investimento de seu patrimônio pessoal[35].

Essa não foi, porém, a opção adotada na legislação pátria[36], razão pela qual este trabalho se aterá aos grupos formados *por sociedades*. Por isso, fala-se aqui em "grupos societários", e não em "grupos empresariais". Adotou-se a expressão "grupos societários" também com a finalidade de abranger, conjuntamente, os chamados grupos *de direito* e *grupos de fato*, à falta de um termo jurídico que os unificasse em uma só categoria. A expressão "grupos societários" é preferível a essas duas expressões – *de direito* e *de fato* –, pois a oposição entre essas duas qualificações traz, implicitamente, uma conotação pejorativa à segunda categoria[37], quando comparada com a primeira, como se grupos de fato não fossem, oficialmente, consagrados pelo ordenamento jurídico.

Diferentemente da orientação adotada na Lei das S.A., a doutrina europeia e, mais especificamente, o ordenamento alemão, procuram definir os grupos com fundamento no conceito de *direção unitária*[38], que traduz o fenômeno de perda de independência decisória e patrimonial das sociedades que integram essas organizações[39], em virtude de uma vontade empresarial que lhes é *externa*[40].

Revista de Direito Mercantil, Industrial, Econômico e Financeiro. São Paulo, ano 1976, n. 23, p. 91-107, 1976.

[34] Trata-se da disciplina adotada no sistema alemão, como se verá no capítulo 4.

[35] BÜRGERS, Tobias; KÖRBER, Torsten. *Aktiengesetz*. 2ª ed. Heidelberg: C. F. Müller, 2011, p. 2259.

[36] Como se verá no capítulo 5.

[37] Nesse sentido, BORTOLINI, Pedro Rabello. *Recuperação Judicial dos Grupos de Empresas*: Aspectos Teóricos e Práticos da Consolidação Processual e Substancial. Indaiatuba: Foco, 2023, p. 82-83.

[38] O conceito de "direção unitária" presente na legislação alemã será desenvolvido no capítulo 4, item 4.1.1.

[39] IRUJO, José Miguel Embid. *Introducción al derecho de los grupos de sociedades*. Granada: Comares, 2003, p. 9-10; e OLIVEIRA, Ana Perestrelo. *Grupos de Sociedades e deveres de lealdade*. Coimbra: Almedina, 2012, p. 143-144. No mesmo sentido, Gustavo Saad Diniz, sobre os

Direção unitária não equivale a *controle*, no sentido adotado na Lei das S.A. São dois os motivos pelos quais a associação entre os termos não se sustenta. Primeiro, porque a direção unitária pode resultar de uma decisão autônoma das sociedades que escolhem se agrupar, sem que haja uma vontade externa capaz de determinar e orientar as suas decisões, tal como ocorre na presença de controle societário. Distinguem-se, então, (i) os grupos de *subordinação*, nos quais a direção unitária expressa o poder de uma pessoa subordinar os interesses de outra, notadamente mediante eleição e destituição dos administradores de outra[41]; e (ii) os grupos de *coordenação*, nos quais não ocorre subordinação de uma sociedade aos interesses de outra[42]-[43]. Segundo, porque o controle, na Lei das S.A., é exercido por meio da titularidade de direitos de sócio, como prevê textualmente o art. 116, "a", não se estendendo a vínculos de outra modalidade. Já o fenômeno da direção unitária é uma realidade fática, não se restringindo necessariamente a relações de titularidade de direitos societários ou acionários[44]. Afinal, o liame jurídico entre as pessoas que formam a empresa plurissocietária pode ser contratual, acionário ou de outra modalidade[45].

efeitos da direção unitária: "Esse componente fático derivado do controle implica consequência prática da perda de independência econômica das sociedades que fazem parte do grupo" (Diniz, Gustavo Saad. *Grupos Societário:* da formação à falência. Rio de Janeiro: Forense, 2016, p. 42).

40 Oliveira, Ana Perestrelo. *Grupos de Sociedades e deveres de lealdade.* Coimbra: Almedina, 2012, p. 109.

41 Oliveira, Ana Perestrelo. *Grupos de Sociedades e deveres de lealdade.* Coimbra: Almedina, 2012, p. 55-56.

42 Munhoz, Eduardo Secchi. *Empresa contemporânea e o direito societário.* São Paulo: Juarez de Oliveira, 2002, p. 112-115.

43 Sobre a diferença entre grupos de subordinação e coordenação, ver também DINIZ, Gustavo Saad. *Grupos Societário:* da formação à falência. Rio de Janeiro: Forense, 2016, p. 81-84.

44 Irujo, José Miguel Embid. *Introducción al derecho de los grupos de sociedades.* Granada: Comares, 2003, p. 9-13.

45 Na realidade, a noção de controle é mais próxima do conceito de *influência dominante*, nos termos do §17 da AktG. Nos termos do §17 (1), empresa *dominante* é aquela que exerce *influência dominante,* direta ou indireta, sobre uma companhia, esta denominada como sociedade *dependente* (Würdinger, H. German Company Law. London: Oyez Publishing,

Entretanto, no Brasil, os grupos de sociedades abrangem apenas as relações de *subordinação*, visto que o art. 265 se refere à relação entre o controlador e as respectivas controladas. Já os grupos de fato demarcam vínculos de *controle* ou de *coligação* (*influência significativa*), noções que pressupõem a existência de participações societárias de umas sociedades em outras, excluindo a situação de coordenação entre sociedades que desejam agrupar-se. O relacionamento horizontal entre sociedades, por seu turno, é capturado na figura dos *consórcios*, nos quais a lei permite a combinação de sociedades que estejam, *ou não*, sob o mesmo controle com a finalidade de executar um empreendimento comum, nos termos do art. 278 da Lei das S.A.[46]. Consórcios não são objeto deste trabalho.

Em suma, à falta de um conceito jurídico que corresponda à delimitação metodológica escolhida para este trabalho, optou-se por usar a expressão "grupos societários". Com esta, pretende-se aludir aos grupos nos quais o acionista controlador seja uma *sociedade* e nos quais ao menos uma das sociedades controladas seja uma *companhia*, de forma a atrair o regime jurídico da Lei das S.A. Ademais, nesta dissertação, "grupos societários" referem-se a grupos onde as sociedades mantêm laços de *subordinação*, sujeitando-se, notadamente, a um poder de controle ou influência, independentemente de se tratar de grupo de direito ou grupo de fato[47] – muito embora a ênfase do trabalho recaia sobre os grupos que não são consagrados por uma convenção, já que são predominantes na

1975). Note-se, porém, que *influência dominante* é conceito indeterminado que, segundo a doutrina, designa a situação em que uma empresa esteja em posição, ao menos *potencialmente*, de submeter a sociedade dependente à própria vontade, em razão do poder da primeira de tanto eleger, como de destituir, os administradores da segunda (Oliveira, Ana Perestrelo. *Grupos de Sociedades e deveres de lealdade*. Coimbra: Almedina, 2012, p. 56), enquanto *controle*, para os fins da Lei das S.A. é o exercício efetivo de tal poder.

[46] Munhoz, Eduardo Secchi. *Empresa contemporânea e o direito societário*. São Paulo: Juarez de Oliveira, 2002, p. 282. No mesmo sentido, Comparato, Fabio Konder. Os grupos societários na nova lei de sociedades por ações. In: *Revista de Direito Mercantil, Industrial, Econômico e Financeiro*, v. 23, 2009, p. 91-107.

[47] Os grupos de subordinação prevalecem na realidade prática, cf. Hüffer, Uwe; Koch, Jens. *Aktiengesetz*. 14ª ed. München: C. H. Beck, 2020, p. 98.

realidade empresarial[48]. Excluem-se, portanto, as relações de coordenação, no sentido do art. 278 da Lei das S.A.

### 1.1.2. Delimitação: grupos societários e transações com partes relacionadas

Afirma-se, equivocadamente, que o art. 245 da Lei das S.A. (cerne deste trabalho) estabelece regras para regular transações "entre partes relacionadas"[49]. Desde já, é preciso desfazer a confusão entre "grupos societários" e "transações com partes relacionadas", seja para clarificação de conceitos, seja para delimitação do escopo deste trabalho. De fato, esta dissertação não tem a finalidade de examinar transações com partes relacionadas, embora as aborde, ainda que tangencialmente, em diversos capítulos.

"Transações com partes relacionadas" é uma expressão que usualmente refere-se a negócios entre, de um lado, a companhia, e, de outro, uma contraparte que, direta ou indiretamente, exerce alguma forma de influência sobre a companhia ou seus gestores. Nessa posição, a contraparte pode utilizar tal poder de influência para assegurar termos negociais mais vantajosos para si, em detrimento da companhia e dos acionistas[50]. Ao exercer poder sobre os *dois lados* da transação – sobre si próprio e sobre a companhia, onde exerce influência – afirma-se que essas opera-

[48] Ver capítulos 4, sobre a predominância no sistema alemão, e capítulo 5, sobre a predominância no sistema brasileiro.

[49] Exemplificativamente, o voto proferido pela diretora Flávia Martins Perlingeiro em CVM, PAS n. RJ2016/5733, Diretor-Relator Flávia Martins Perlingeiro, julgado em 03/12/2019: "Consoante o disposto no art. 245 da LSA, 'os administradores não podem, em prejuízo da companhia, favorecer sociedade coligada, controladora ou controlada, cumprindo-lhes zelar para que as operações entre as sociedades, se houver, observem condições estritamente comutativas' (grifei). O dispositivo legal trata de operações celebradas entre partes relacionadas". Como é cediço, o conceito de "partes relacionadas" pressupõe a existência de vínculo entre as partes, do qual resulte uma relação de dependência ou de significativa influência, que abre espaço para a realização das negociações em condições não comutativas".

[50] ENRIQUES, Luca, Related Party Transactions: Policy Options and Real-World Challenges (With a Critique of the European Commission Proposal). European Corporate Governance Institute, 2014 (Law Working Paper No. 267/2014). Disponível em: https://ssrn.com/abstract=2505188 or http://dx.doi.org/10.2139/ssrn.2505188.

ções configuram *negócio consigo próprio*[51]. Ou seja, a parte interessada utiliza a posição contratual da companhia para favorecer *a si mesmo*.

Essas características permitem que a parte interessada desvie e aproprie-se de valores da companhia[52], sem compartilhá-los proporcionalmente com os demais acionistas da empresa. Afirma-se, então, que o interessado extrai *benefícios privados*[53]-[54] dessas transações. Mas nem todas as transações entre partes relacionadas são prejudiciais para a companhia ou para seus acionistas[55]. Ao revés, essas operações podem ter racional econômico e gerar valor tanto para a companhia (e para seus acionistas), quanto para a comunidade onde a empresa atua[56]. Os benefícios são

[51] DIAS, Luciana. As Transações com Partes Relacionadas no Direito Societário Brasileiro e a Lei de Melhoria do Ambiente de Negócios. *In:* FRAZÃO, Ana; CASTRO, Rodrigo R. Monteiro de; CAMPINHO, Sérgio (org.). *Direito Empresarial e Suas Interfaces:* Homenagem a Fábio Ulhoa Coelho. São Paulo: Quartier Latin, 2022, vol. II, p. 485-518.

[52] KOCH, Jens. *Aktiengesetz.* 17ª ed. C. H. Beck: München, 2023, p. 990 e GROß-BÖLTING, Christian; RABE, Kai. § 111a Geschäfte mit nahestehenden Personen. *In*: HÖLTERS, Wolfgang; WEBER, Markus. *Aktiengesetz Kommentar.* 4ª ed. München: C. H. Beck, 2022, p. 1125-1135.

[53] ENRIQUES, Luca; TRÖGER, Tobias H. The Law and (Some) Finance Related Party Transactions: An Introduction. *In*: ENRIQUES, Luca; TRÖGER, Tobias H. (ed.). *The Law and Finance of Related Party Transactions.* Cambridge, United Kingdom: Cambridge University Press, 2019, p. 1-22.

[54] Sobre o conceito de benefícios privados, ver DYCK, Alexander; ZINGALES, Luigi. Private Benefits of Control: An International Comparison. *The Journal of Finance.* New York, vol. 59, n. 2, p. 537-600, abr. 2004 e GILSON, Ronald J.; GORDON, Jeffrey N. Controlling Controlling Shareholders. *University of Pennsylvania Law Review.* Philadelphia, vol. 152, n. 2, p. 785-843, 2003; GILSON, Ronald J.; SCHWARTZ, Alan. Constraints on Private Benefits of Control: Ex Ante Control Mechanisms versus Ex Post Transaction Review. *Journal of Institutional and Theoretical Economics.* Tübingen, vol. 169, n. 1, p. 160-183, mar. 2013; e ALBUQUERQUE, Rui A.; SCHROTH, Enrique J. *The Determinants of the Block Premium and of Private Benefits of Control.* Brussels: European Corporate Governance Institute, 2008 (Finance Working Paper Nº 202/2018).

[55] OECD. *Related Party Transactions and Minority Shareholder Rights.* Paris: OECD Publishing, 2012, p. 20.

[56] PACES, Alessio M. *Procedural and Substantive Review of Related Party Transactions (RPTs):* The Case for Non-Controlling Shareholder-Dependent (NCS-Dependent) Directors. Brussels: European Corporate Governance Institute, 2018; ROMASHCHENKO, Ivan. *Related Party Transactions and Corporate Groups*: When Eastern Europe Meets the West. Kluwer: Alphen aan den Rijn, 2020, p. 153 e GOSHEN, Zohar. The Efficiency of Controlling Cor-

usualmente associados à redução de custos de transação e de riscos de comportamento oportunista entre as partes contratantes[57]. Adicionalmente, podem envolver a própria substância do negócio (por exemplo, um mútuo contraído junto a uma parte relacionada pode ter taxas de juros menores e, portanto, mais atrativas para a companhia mutuária)[58]. O desafio regulatório consiste, justamente, em distinguir as transações positivas para a companhia e/ou a comunidade, daquelas prejudiciais à empresa e/ou seus *stakeholders*[59]. Diferentes técnicas jurídicas podem ser empregadas para alcançar essa finalidade – como (i) regras de divulgação e de transparência como forma de indução de comportamentos; (ii) regras procedimentais que ritualizam o processo decisório em torno dessas transações; e (iii) *standards* voltados à revisão do mérito do negócio, examinadas em capítulo próprio[60].

Até recentemente, as transações com partes relacionadas não representavam uma categoria jurídica prevista na Lei das S.A. Tratava-se de um conceito puramente contábil[61], cuja regulação se tornou obrigatória para companhias abertas, por força de sucessivas resoluções da CVM[62]. Foi assim porque a partir de 2007 a lei societária brasileira passou a adotar os padrões internacionais de contabilidade[63], com a subsequente

porate Self-Dealing: Theory Meets Reality. *California Law Review*. Berkeley, vol. 91, n. 2, p. 393-438, mar. 2003.

57 Custos e riscos que estão presentes, por outro lado, em negociações entre partes independentes (Romashchenko, Ivan. *Related Party Transactions and Corporate Groups*: When Eastern Europe Meets the West. Kluwer: Alphen aan den Rijn, 2020, p. 153).

58 Goshen, Zohar. The Efficiency of Controlling Corporate Self-Dealing: Theory Meets Reality. *California Law Review*. Berkeley, vol. 91, n. 2, p. 393-438, mar. 2003.

59 Enriques, Luca; Tröger, Tobias H. The Law and (Some) Finance Related Party Transactions: An Introduction. *In*: Enriques, Luca; Tröger, Tobias H. (ed.). *The Law and Finance of Related Party Transactions*. Cambridge, United Kingdom: Cambridge University Press, 2019, p. 1-22.

60 Ver capítulo 4.5.

61 Atualmente, definido pelo Comitê de Pronunciamentos Contábeis no Pronunciamento Técnico CPC 05 (R1).

62 Santos, Anthonny Dias dos. *Transações entre partes relacionadas e abuso de poder de controle*. São Paulo: Almedina, 2011, p. 65.

63 Com a reforma introduzida pela Lei nº 11.638/2007, que inseriu o §5º no art. 177 da Lei das S.A.

aprovação, pela CVM, do Pronunciamento Técnico CPC 05, que internalizou o *International Accounting Standard n. 24*[64] editado pelo *International Financial Report Standards – IFRS*[65].

Referido regime contábil passou a ser vinculante para as companhias abertas por força da regulamentação da CVM, atualmente consubstanciada na Resolução CVM nº 94/2022. Resolução essa que alude à mais recente versão do *International Accounting Standard n. 24*, capturado no Pronunciamento Técnico CPC 05 (R1). Vale observar que outras jurisdições adotam as mesmas normas internacionais para definir transações com partes relacionadas e, assim, estabelecer a hipótese de incidência das normas correlatas, como se verá no capítulo 4.5 adiante.

O cenário descrito foi recentemente alterado pela reforma implementada pela Lei nº 14.195/2021, que introduziu a expressão "transações com partes relacionadas" em dois dispositivos da Lei das S.A.:

(i) no art. 110, §12º, o qual afasta o voto plural nas assembleias de acionistas que deliberem sobre "transações com partes relacionadas que atendam aos critérios de relevância a serem definidos pela Comissão de Valores Mobiliários"; e
(ii) no art. 122, X, de acordo com o qual, nas companhias abertas, é matéria de competência privativa da assembleia geral a deliberação sobre a celebração de "transações com partes relacionadas" cujo valor corresponda a mais da metade do valor dos ativos totais da companhia.

A Lei das S.A. não conceitua o que se refere como "transações com partes relacionadas", deixando de esclarecer se faz uso, ou não, da defini-

64 A CVM aprovou o Pronunciamento Técnico CPC nº 05 por meio da Deliberação CVM nº 560/08, sucessivamente substituída pela Deliberação CVM nº 642/10 e pela atual Resolução CVM nº 94/2022.

65 De acordo com levantamento realizado pela OECD, número significativo de jurisdições adotam este *standard* para definir transações com partes relacionadas para o fim de elaborar e divulgar as respectivas demonstrações financeiras (OECD. *Related Party Transactions and Minority Shareholder Rights*. Paris: OECD Publishing, 2012, p. 21).

ção presente nas normas contábeis internacionais, tal como incorporadas pela CVM.

No âmbito contábil e no âmbito da regulamentação da CVM, a expressão "parte relacionada" é objeto de extensa definição[66] que, aqui, em benefício da concisão textual, não será integralmente reproduzida. Para a presente análise, é relevante destacar que o conceito abrange os vínculos de *controle*, as relações de *influência* e formas de *participação* da gestão da companhia[67]. Ademais, a transação envolve, de um lado, a companhia e, de outro:

(i) pessoas naturais e "membros próximos de sua família" que estejam em posição de controle, coligação ou influência significativa ou sejam "membro do pessoal chave da administração" da companhia; ou
(ii) entidades que estejam em posição de controle, coligação ou influência significativa, ou então integrem "o mesmo grupo econômico" da companhia; ou, ainda,
(iii) planos de benefício pós-emprego, cujos beneficiários sejam os respectivos empregados da companhia[68]-[69].

[66] Nos termos do Pronunciamento Técnico CPC 05 (R1).

[67] Baur, Daniel. Der Begriff der nahestehenden Person gemäß § 111 a Abs. 1 Satz 2 AktG. *Zeitschrift für Unternehmens- und Gesellschaftsrecht*. Berlin, vol. 50, n. 3, p. 395-435, jun. 2021. No mesmo sentido, Koch, Jens. *Aktiengesetz*. 17ª ed. C. H. Beck: München, 2023, p. 992.

[68] Conforme anexo A da Resolução CVM nº 94/2022.

[69] "O acordo entre, de um lado, a companhia e, de outro, alguém ligado a ela ou a um de seus administradores, controladores ou controladas, direta ou indiretamente, ou acionistas com influência na decisão da própria companhia é uma transação com parte relacionada" (Dias, Luciana).).. As Transações com Partes Relacionadas no Direito Societário Brasileiro e a Lei de Melhoria do Ambiente de Negócios. *In:* Frazão, Ana; Castro, Rodrigo R. Monteiro de; Campinho, Sérgio (org.). *Direito Empresarial e Suas Interfaces:* Homenagem a Fábio Ulhoa Coelho. São Paulo: Quartier Latin, 2022, vol. II, p. 485-518). Ainda: "A definição de "parte relacionada" é bastante técnica e detalhada. Para efeitos didáticos no escopo limitado deste trabalho, vale resumir o conceito da seguinte forma: i) uma pessoa natural será considerada parte relacionada à companhia se for o controlador ou fizer parte do bloco de controle, ou tiver influência significativa sobre a companhia ou for membro da administração; e ii) uma pessoa jurídica será considerada parte relacionada à companhia se: (a) for membro do mesmo grupo econômico; (b) for controlador, coligada

A definição de parte relacionada revela-se mais abrangente do que a expressão "grupos societários" adotada neste trabalho, estendendo-se para além das relações que demarcam os grupos de direito e de fato. Primeiro, porque a expressão "grupo econômico", utilizada no Pronunciamento Técnico CPC 05 (R1) para descrever modalidade de partes relacionadas, não é adotada na Lei das S.A.[70], sendo que o referido pronunciamento não delimita o significado do termo em si. Segundo, e mais importante, porque enquanto as transações com partes relacionadas abrangem vínculos de variada natureza entre a companhia e os *administradores*, os *empregados* e os respectivos *familiares*, os grupos societários limitam-se, essencialmente, a relações *de subordinação* e sempre *entre sociedades*, sem envolver pessoas físicas.

Como já visto, na Lei das S.A., grupos de direito são formados entre *sociedade* controladora e controladas (art. 265, *caput*), enquanto os grupos de fato decorrem de vínculos de controle, ou de coligação (arts 243 e 245). Controle no âmbito dos grupos de fato também só pode ser exercido por uma *sociedade*, excluído o controle emanado de uma pessoa natural, de seus familiares, ou de outras entidades (art. 243, §2º)[71]. A definição de *coligação*, por seu turno, não limita o tipo de pessoa jurídica relacionado à companhia, exigindo apenas uma relação de *investimento* no qual o investidor exerça influência significativa sobre a companhia (art. 243 §§ 2º, 4º e 5º). Assim, em princípio, poderia haver grupo de fato formado entre companhia e uma pessoa física. Todavia, o art. 245, que é o foco deste trabalho, refere-se textualmente apenas a operações "entre sociedades", excluindo vínculos de coligação existentes entre a companhia e um investidor que não seja sociedade. Em síntese, as normas contábeis destinadas a regular as transações com partes relacionadas

ou controlada da companhia ou de um membro do grupo econômico da companhia; (c) estiver sob controle conjunto, ou se o controlador da companhia tiver influência significativa sobre essa pessoa jurídica ou for membro da administração dessa pessoa jurídica; ou (d) for um plano de benefício pós-emprego cujos beneficiários são os empregados da companhia" (Dias, Luciana Pires. *Transparência como Estratégia Regulatória no Mercado de Valores Mobiliários:* Um estudo empírico das transações com partes relacionadas. 2014. Tese (Doutorado). Faculdade de Direito, Universidade de São Paulo, São Paulo, 2014).

[70] Ver item 1.1.1.

[71] Ver início do capítulo 5.

aplicam-se a um universo de sujeitos mais amplo do que os grupos, pois as primeiras abarcam pessoas que não são sociedades.

Avaliado o conceito de "parte relacionada", passa-se ao termo "transação". Este é definido no Pronunciamento Técnico CPC 05 (R1) como a "transferência de recursos, serviços ou obrigações entre uma entidade que reporta a informação" (leia-se, a companhia) e uma parte relacionada, "independentemente de ser cobrado um preço em contrapartida"[72]. Ou seja, são negócios que envolvam duas partes, sendo que uma delas deve ser, necessariamente, a companhia. Ademais, a noção de "transação" exclui, pois, diversas situações que, embora traduzam típicas situações de conflito de interesses, não são, propriamente, *transações* entre duas contrapartes[73].

Portanto, as "transações com partes relacionadas" referem-se a um conjunto de situações que é, a um só tempo, mais *amplo* e mais *restrito* do que os grupos societários[74]. É mais amplo devido à abrangência dos sujeitos destinatários da definição, pois as transações com partes relacionadas abrangem liames interpessoais que acontecem *fora* do ambiente do grupo societário, alcançando relações diversas entre a companhia, acionistas, administradores, familiares ou empregados.

Por outro lado, a definição de "transações" é mais restrita que "grupos societários", porque as conexões mantidas entre sociedades do mesmo grupo não necessariamente ocorrem *com a companhia* – podem, por exemplo, se dar entre subsidiárias, ou entre a *holding* e uma *subsidiária*.

72 Anexo A da Resolução CVM nº 94/2022.

73 Este é o caso, por exemplo, (i) da aprovação, pelo administrador, das próprias contas em sede de assembleia geral; (ii) da apropriação, pelo controlador ou administrador, de oportunidades comerciais que poderiam ser atribuídas à companhia; e (iii) da emissão de valores mobiliários com preços artificialmente inflados, de modo a capitalizar a sociedade às custas de investidores; e (iv) da alienação do bloco de controle sem compartilhar o prêmio com os demais acionistas (Enriques, Luca, Related Party Transactions: Policy Options and Real-World Challenges (With a Critique of the European Commission Proposal). European Corporate Governance Institute, 2014 (Law Working Paper No. 267/2014). Disponível em: https://ssrn.com/abstract=2505188 or http://dx.doi.org/10.2139/ssrn.2505188).

74 Romashchenko, Ivan. *Related Party Transactions and Corporate Groups*: When Eastern Europe Meets the West. Kluwer: Alphen aan den Rijn, 2020, p. 152-155.

A definição de "transações" é mais limitada, também, porque as relações intragrupo não traduzem, necessariamente, *transações*, podendo representar distribuição de oportunidades comerciais entre os membros do grupo, compartilhamento de *know-how*, contratação dos mesmos administradores para várias sociedades, aproveitamento da reputação comercial de uma sociedade por outras, e assim por diante.

Dessa forma, se os campos de incidência dos grupos societários e das transações com partes relacionadas fossem representados de forma gráfica, estes seriam exibidos através de duas circunferências secantes, uma para os grupos, outra para as transações com partes relacionadas, as quais compartilhariam uma zona de intersecção entre si. A zona comum abarcaria as situações compartilhadas entre ambas as categorias jurídicas; as outras duas zonas demarcariam as situações exclusivas e distintas de cada conjunto.

São essas, em síntese, as principais diferenças entre grupos societários e transações com partes relacionadas. Apesar de referirem-se a um conjunto de situações comuns, são fenômenos distintos, avaliados sob lentes jurídicas diferenciadas, e, por isso, alvo de preocupações regulatórias variadas.

Como se verá ao longo deste trabalho, a coincidência entre certas transações com partes relacionadas e as relações intragrupo gera *sobreposição de regras jurídicas*. Parte das normas tipicamente destinadas às transações entre partes relacionadas são, também, aplicáveis aos grupos societários. Assim, por exemplo, as normas de transparência e de divulgação editadas pela CVM para transações com partes relacionadas podem aplicar-se, também, a certas operações realizadas no seio dos grupos societários que envolvam uma companhia aberta. Da mesma forma, as regras de aprovação societária recentemente introduzidas nos arts. 110, §12º e 122, X da Lei das S.A., acima apresentadas, também podem incidir sobre certas operações realizadas nos grupos societários[75].

Este trabalho não tem a finalidade de discutir as transações com partes relacionadas, pois, como já visto, volta-se exclusivamente para o fenômeno dos grupos societários. Tratando-se de uma pesquisa com foco no

[75] Assumindo-se, aqui, que a Lei das S.A. valeu-se do conceito de transações com partes relacionadas oferecido pelas normas contábeis recepcionadas pela CVM.

art. 245 da Lei das S.A. e, mais especificamente, no sistema de *pagamento compensatório adequado*, buscou-se examinar as questões jurídicas e os temas de direito comparado que auxiliassem a investigar a finalidade, o alcance e a eficácia *pagamento compensatório*, e não as transações com partes relacionadas.

De todo o modo, e considerando a identificada sobreposição das normas aplicáveis às transações com partes relacionadas sobre os grupos societários, este trabalho cuidará, ainda que brevemente, de alguns aspectos das transações com partes relacionadas, seja no âmbito do direito comparado, seja no ordenamento brasileiro, nos capítulos 4.5 e 5.13, respectivamente.

## 1.2. Metodologia

O trabalho examina normas de diferentes ordenamentos jurídicos, bem como posições doutrinárias brasileiras e internacionais, sobre grupos societários. Nessa tarefa, não se pretende mimetizar soluções jurídicas estrangeiras, em desatenção às particularidades do ordenamento brasileiro. Trata-se de conhecer regras cujas finalidades, estruturas e efeitos possam, dentro do possível, auxiliar a interpretação e a aplicação do direito pátrio[76].

Durante o trabalho, também serão efetuadas alusões à análise econômica do direito, dado que os grupos societários resultam de um fenômeno econômico atrelado à forma de organização da atividade empresarial, não sendo possível manter-se indiferente à dimensão econômica da realidade concreta. O estudo de teorias econômicas – tais como a análise dos custos de transação, com base no trabalho de Ronald Coase e Oliver Williamson –, bem como a avaliação dos critérios de eficiência econômica de Pareto e

[76] São pertinentes as observações de Tulio Ascarelli sobre o valor do direito comparado. De acordo com o autor, o direito comparado "acaba, ademais, por mostrar como talvez nenhum outro, o jogo contínuo das relações entre as premissas econômicas, sociais, históricas, morais de um lado, e a solução jurídica, de outro". Destaca-se, ainda, o papel do direito comparado na construção dogmática, cuja investigação "consiste, justamente, em separar, dentre as características de um instituto, as que lhes são essenciais, em colocá-los como fundamento da construção dogmática e, por isso, como premissa da aplicação analógica" (Ascarelli, Tullio. *Problemas das sociedades anônimas e direito comparado.* São Paulo: Quorum, 2008, p. 43).

Kaldor-Hicks, pode oferecer instrumentos para a elaboração de modelos jurídicos capazes de implementar parte dos valores subjacentes ao ordenamento nacional[77]. Ressalta-se, porém, que os critérios econômicos não são analisados com intuito de torná-los norte condutor da interpretação jurídica, tratando-se tão somente de uma ferramenta analítica, entre tantas outras, útil ao direito societário[78].

## 1.3. Estrutura do trabalho

O trabalho é estruturado em quatro capítulos, além desta introdução e das considerações finais. A seção seguinte examina as razões concretas que justificam a existência dos grupos, as vantagens que eles proporcionam e a finalidade dessas organizações. Em seguida, o trabalho descreve os efeitos dos grupos na disciplina jurídica voltada às sociedades anônimas isoladas e, com base nisso, discute a relevância e os objetivos da disciplina jurídica especificamente destinada a regular os grupos societários. O capítulo subsequente analisa o sistema alemão, o sistema italiano e o sistema francês com a finalidade de avaliar soluções estrangeiras concebidas para regular os grupos, especialmente em relação aos respectivos sistemas de compensação de desvantagens causadas a uma companhia integrada na empresa plurissocietária. Por fim, discute-se o sistema de compensação previsto na disciplina brasileira, procurando interpretá-lo de forma consentânea com as finalidades para as quais foi concebido, aponta-se os limites de tal sistema e critica-se as suas falhas.

[77] MUNHOZ, Eduardo Secchi. *Empresa contemporânea e o direito societário*. São Paulo: Juarez de Oliveira, 2002, p. 24.

[78] SALOMÃO FILHO, Calixto. *O Novo Direito Societário*. 4 ed. São Paulo: Malheiros, 2015, p. 16-19. No mesmo sentido, MUNHOZ, Eduardo Secchi. *Empresa contemporânea e o direito societário*. São Paulo: Juarez de Oliveira, 2002, p. 22-25.

# 2.
# RAZÕES PARA FORMAÇÃO DOS GRUPOS SOCIETÁRIOS

Os grupos societários configuram técnica jurídica de organização da atividade empresarial. O protagonismo dos grupos no panorama empresarial hodierno é uma realidade incontestável[79], tanto que tem sido objeto de uma variedade de estudos empíricos que cuidaram de documentá-lo, em diferentes jurisdições[80].

Cabe, ilustrativamente, invocar pesquisa realizada pela OCDE. Realizada no fim de 2017, a pesquisa recaiu sobre a estrutura acionária das 10 mil maiores companhias abertas do mundo, que representaram, em conjunto, cerca de 90% da capitalização do mercado global, com origem em 54 diferentes jurisdições[81]. Os resultados contrariam o clássico, e anacrônico, modelo de companhia aberta de capital pulverizado, que protagoni-

[79] "Empresas multinacionais de enorme porte dominam a economia mundial". Tradução livre de: "*Multinational corporations of enormous size dominate the world's economy*" (BLUMBERG, Phillip A.; STRASSER, Kurt A.; GEORGAKOPOULOS, Nicholas L.; GOUVIN, Eric J.; FOWLER, Jonathan W.; STRASSER, Kurt A. Blumberg on Corporate Groups: 2011-2 Supplement. 2ª ed. Boston: Wolters Kluwer Law&Business, vol. 1, 2011, p. 1-4 e 1-3). Com base em dados publicados pela UNCTAD, a mesma obra reportou que em 2008 havia mais de 78 mil companhias conduzindo negócios mediante participação societária em mais de 794 mil sociedades afiliadas.

[80] Para uma exposição panorâmica de diferentes pesquisas empíricas sobre o fenômeno dos grupos, ver DAU, Luis Alfonso; MORCK, Randall; YEUNG, Bernard Yin. Business groups and the study of international business: A Coasean synthesis and extension. *Journal of International Business Studies*. London, vol. 52, n. 2, p. 161-211, mar. 2021.

[81] DE LA CRUZ, Adriana; MEDINA, Alejandra; TANG, Young. *Owners of the World's Listed Companies*. Paris: OECD Publishing, 2019.

zou as discussões societárias no direito norte-americano[82]. Atualmente, a dispersão é fenômeno raro. Embora o grau de concentração da propriedade acionária varie significativamente entre diferentes mercados e companhias, nenhuma jurisdição apresenta sistematicamente estruturas societárias nas quais prevaleça a propriedade atomística e dispersa. Na maioria dos países, o capital social é concentrado nas mãos de poucos acionistas: em três quartos das companhias analisadas pelo estudo, os três maiores acionistas detêm cerca de 30% do respectivo capital social. Já na metade das companhias analisadas, os três maiores acionistas são proprietários de mais de 50% do capital social.

De posse dos dados, é preciso indagar: quem são os acionistas que concentram o controle das maiores companhias listadas? Sinteticamente, é possível responder que há variações, conforme países e regiões. A mesma pesquisa revela que, na América Latina e em diversos países em desenvolvimento da Ásia, a propriedade acionária é concentrada em *sociedades privadas*[83], ou em pessoas físicas. Na América Latina e em certos países em desenvolvimento asiáticos, pelo menos 30% do capital investido no mercado acionário são de propriedade de uma sociedade privada, seja ela uma companhia aberta, seja fechada, ou, ainda, de outro tipo societário. Em contrapartida, em diversos países europeus, sociedades privadas são titulares de, em média, 18% e 24% do total investido no mercado acionário dos próprios países.

No Brasil, especificamente, em média, 34% do mercado acionário são de propriedade de uma sociedade privada. Outro relatório da OCDE realizado sobre a mesma base de dados revela que, também no Brasil, cerca de 40% das companhias abertas listadas são controladas por outra sociedade privada, a qual detém mais 50% do respectivo capital social[84].

[82] Trata-se do clássico modelo de Adolf Berle e Gardiner Means, em Berle Jr., Adolf A.; Means, Gardiner C. *A moderna sociedade anônima e a propriedade privada*. São Paulo: Abril Cultural, 1984.

[83] A citada pesquisa da OCDE define *sociedades privadas* (originalmente, *private corporations*) como companhias listadas e não listadas, as respectivas subsidiárias, *joint ventures* e as respectivas divisões operacionais. São, portanto, sociedades cujo capital acionário é detido por particulares, não se confundindo com empresas de propriedade do setor público.

[84] OECD. *Duties and Responsabilities in Boards in Company Groups*. Paris: OECD Publishing, 2020.

A circunstância de uma sociedade deter parte significativa do capital social de uma companhia aberta sugere a existência de um grupo societário, segundo a definição adotada neste trabalho[85]. Por isso, os dados revelados pela OCDE são relevantes, para demonstrar a presença dos grupos no panorama mundial.

Viu-se, porém, que o conceito de "grupo societário" aqui empregado não corresponde à propriedade de uma sociedade sobre a *maioria do capital social* de uma companhia aberta. Dois são os motivos principais para essa não equivalência. Primeiro, porque os grupos não se limitam a constelações societárias que contemplem uma companhia *aberta*, podendo envolver também o controle de sociedades anônimas fechadas. Segundo, porque a caracterização do controle acionário não depende necessariamente de propriedade acionária acima de 50% do capital social, bastando que a sociedade controladora preponder nas deliberações sociais e eleja a maioria dos administradores de modo permanente, ainda que sem deter a maior parte do capital acionário da empresa (art. 116 da Lei das S.A.). Assim, o fato de a referida pesquisa revelar que ao menos 40% das companhias abertas listadas no Brasil são controladas por sociedades com mais de 50% do respectivo capital social não captura a totalidade das formações empresariais que podem ser caracterizadas como "grupos societários".

Relevante enfatizar que outra pesquisa divulgada pela OCDE em 2015[86] revela que, no Brasil, especificamente, 64 de um total de 66 companhias listadas que integram o índice IBOVESPA fazem parte de grupos societários[87], sendo que o valor de mercado dessas 64 companhias representa 81,8% da capitalização do mercado brasileiro[88]. De modo diverso, não foram identificadas pesquisas, e tampouco levantamentos empíricos,

[85] Ver capítulo 1, item 1.1.1 acima.

[86] OECD. *Corporate Governance of Company Groups in Latin America.* Paris: OECD Publishing, 2015.

[87] Vale observar, porém, que essa pesquisa não define, de forma clara, as situações a que se refere quando alude aos "grupos societários".

[88] O Ibovespa é uma carteira teórica de ações emitidas pelas companhias mais representativas e mais líquidas no mercado capitais brasileiro. Embora na época da pesquisa (final de 2013) o IBOVESPA compreendia apenas 66 de um total de 360 companhias listadas,

compreendendo os grupos societários formados apenas por companhias fechadas.

Investigar o motivo pelo qual os grupos societários foram, e têm sido, tão recorrentemente escolhidos para organizar a atividade empresarial é a pergunta que o jurista deve fazer antes de avaliar as implicações regulatórias associadas a essa prevalência. O exame do grupo como um dado fático permite compreender os imperativos econômicos que motivam a opção do empresário por essa modalidade organizativa. É o que se fará nos itens subsequentes.

Em seguida, a partir do item 3.6, será visto que a compreensão da relevância e dos potenciais benefícios decorrentes dos grupos para o desenvolvimento econômico fomenta a adoção de uma postura dogmática e regulatória favorável à formação dessas organizações empresariais; postura, porém, notoriamente leniente a alguns dos efeitos advindos dos mesmos grupos, sobretudo em ordenamentos jurídicos de países da União Europeia.

## 2.1. Contribuições da teoria dos custos de transação

Não é tarefa trivial apurar razões de fato que justifiquem determinada preferência, por parte da organização da empresa, pelo agrupamento de sociedades juridicamente independentes. Seja porque excede as fronteiras da análise dogmática dos institutos de direito, seja porque, ao menos até o presente, não existem teorias – não só jurídicas, mas, ainda, econômicas e sociológicas – capazes de explicar, de forma completa e coerente, as razões que explicam esse fenômeno empresarial.

Parte das dificuldades associadas à investigação dos motivos que levaram à criação dos grupos decorre da constatação de que essas organizações assumem configurações notavelmente diferenciadas entre si, possivelmente em razão da diversidade de atividades que conduzem e das particularidades econômicas, políticas e históricas dos países em que se desenvolvem. As características dos grupos variam, indo desde (i) o grau de concentração do poder de controle acionário; (ii) o nível de integra-

tais companhias representavam mais de 80% do valor de mercado total das emissoras em conjunto

ção econômica mantida entre as sociedades; (iii) o grau de diversificação das atividades empresariais; (iv) a forma de concentração de sociedades que levou à formação do grupo (*v.g.*, vertical, horizontal ou outra[89]); até (v) o formato societário adotado (*v.g.*, piramidal, ou horizontal). Assim, é difícil conceber uma teoria unitária para justificar as vantagens dos grupos societários em relação a outras estruturas organizativas e a sua aptidão para o desenvolvimento da atividade empreendedora.

Este trabalho procura responder ao menos parte da indagação sobre a razão de existir dos grupos, tomando a *teoria dos custos de transação* como ponto de partida para a análise, sem, porém, se restringir àquela formulação teórica original. A teoria – desenvolvida por Ronald Coase[90] e, posteriormente, aperfeiçoada por Oliver Williamson[91], bem como por outros autores – busca responder *por que as firmas* (empresas) *existem*. Não se presta a explicar, porém, a razão pela qual as empresas se desenvolveram por meio de *grupos societários*, especialmente após a Revolução Industrial, que caracterizou o século XIX[92].

Embora essa construção teórica não tenha sido propriamente desenvolvida para explicar o fenômeno do qual se ocupa esse trabalho, a teoria dos custos de transação oferece útil ferramental analítico para compreender a existência dos grupos societários, por, ao menos, quatro razões distintas. Primeiro, porque essa teoria concebe a empresa contemporânea como uma técnica para obtenção de *eficiência empresarial*, e não exclusivamente como uma expressão de *poder*[93]. Segundo, porque avalia a empresa não apenas como uma unidade produtiva voltada à maximi-

[89] A diferença entre integração vertical e horizontal é explicitada mais adiante neste mesmo item 2.1

[90] Coase, Ronald Harry. The Nature of the Firm. In: Coase, Ronald Harry. *The firm, the market, and the law*. Chicago: The University of Chicago Press, 1998, p. 33-55.

[91] Williamson, Oliver E. The Modern Corporation: Origins, Evolution, Attributes. *Journal of Economic Literature*. Nashville, vol. 19, n. 4, p. 1537-1568, dec. 1981; e Williamson, Oliver E. *The Economic Institutions of Capitalism*, New York: The Free Press, 1985.

[92] Antunes, José Engrácia. *Liability of corporate groups*: autonomy and control in parent-subsidiary relationships in US, German and EU law: an international and comparative perspective. Deventer: Kluwer Law and Taxation, 1994, p. 20. ss.

[93] Williamson, Oliver E. The Modern Corporation: Origins, Evolution, Attributes. *Journal of Economic Literature*. Nashville, vol. 19, n. 4, p. 1537-1568, dec. 1981.

zação de lucros, mas como uma *estrutura*, cuja *forma organizativa* impacta diretamente o desempenho de seus negócios[94]. Terceiro, porque a teoria dos custos de transação apresenta o sistema de preços do *mercado* e a organização hierárquica das *firmas* como duas alternativas opostas para coordenar a alocação eficiente de recursos. A última constatação é particularmente relevante para a compreensão dos grupos societários, já que estes são mecanismos que se situam *entre* esses dois extremos, sendo, portanto, uma forma híbrida de organização, que transita entre mercado e hierarquia[95]. Quarto, porque a abordagem dos custos de transação permite conciliar algumas das diferentes teorias desenvolvidas pela literatura econômica, para explicar o surgimento e a prevalência dos grupos societários[96]. Assim, após explorar, a partir da teoria dos custos de transação, as razões para formação de *firmas*, em contraposição ao *mercado*, será examinado o fenômeno dos grupos societários, propriamente dito.

*Custos de transação* são os custos associados à organização do funcionamento do sistema econômico, por meio de uma divisão de tarefas produtivas, seja em ambiente de *mercado*, seja no interior de uma mesma *firma*[97]. No mercado, a alocação de produtos e serviços ocorre entre agentes autônomos e é coordenada por meio do *sistema de preços*, conforme ajustados pelas forças de oferta e de demanda. Já nas firmas, a transferência de

[94] Williamson, Oliver E. The Modern Corporation: Origins, Evolution, Attributes. *Journal of Economic Literature*. Nashville, vol. 19, n. 4, p. 1537-1568, dec. 1981.

[95] Teubner, Gunther. "Unitas Multiplex": a organização do grupo de empresas como exemplo. *Revista Direito GV*. São Paulo, v. 1 n. 2, pp. 77-110, jun./dez. 2005. Note-se, porém, que Teubner critica a teoria econômica dos custos de transação tal como desenvolvida por Oliver Willamson, posto que esta negligenciaria que a organização forma um ente, uma pessoa coletiva distinta de seus membros, com personalidade e interesses próprios, que a elas se sobrepõe; No mesmo sentido, Lübking, Johannes. *The Group of Companies, Efficiency and the Law*. 1994. Tese (L.L.M.) – European University Institute, Department of Law, Fiesole 1994, p. 87.

[96] Conforme Dau, Luis Alfonso; Morck, Randall; YEUNG, Bernard Yin. Business groups and the study of international business: A Coasean synthesis and extension. *Journal of International Business Studies*. London, vol. 52, n. 2, p. 161-211, mar. 2021, com extensa revisão da literatura sobre grupos econômicos.

[97] Fiani, Ronaldo. "Teoria dos Custos de Transação" in Kupfer, David; Hasenclever, Lia (coords). *Economia industrial: fundamentos teóricos e práticas no Brasil*. 2.ed. Rio de Janeiro: Elsevier, 2013, p. 172.

produtos e de serviços é determinada pela *decisão* do empreendedor, que se vale de estratégias, de planejamento e de metas, para a organização de sua atividade empresarial[98]. Dentro do ambiente da firma, a alocação de recursos acontece entre partes sujeitas ao poder de um mesmo empreendedor, em uma relação de *autoridade* e de *hierarquia*.

Mercado e firmas apresentam custos significativos ao empreendedor. São exemplos de custos de transação no mercado aqueles que decorrem das negociações e da obtenção de informações para a fixação do preço da transação[99], do risco de inadimplemento, dos custos de monitoramento e dos custos associados à incerteza do resultado da operação, dada a impossibilidade de prever todas as circunstâncias que poderão sobrevir após o fechamento do negócio[100]. Por sua vez, são exemplos de custos de transação nas firmas aqueles necessários à obtenção de informações para tomar decisões, para garantir a observância de ordens emanadas da autoridade central[101], bem como para assegurar que os integrantes atuem em prol da eficiência da organização, e não em benefício dos seus interesses privados[102]. O tamanho dos custos de qualquer transação é o fator determinante para definir se a operação em si será conduzida ou no mercado, ou na firma. Quando os custos de transação do mercado são mais altos que os custos da firma, é mais eficiente conduzir a operação dentro da última estrutura – ou seja, a da firma.

Já que a transação é a unidade básica de análise dessa teoria[103], pergunta-se: o que leva o empreendedor a escolher realizar uma mesma

[98] Lübking, Johannes. *The Group of Companies, Efficiency and the Law*. 1994. Tese (L.L.M.) – European University Institute, Department of Law, Fiesole, 1994, p. 36 e 44.

[99] Gonçalves, Reinaldo. Grupos econômicos: uma análise conceitual e teórica. *Revista Brasileira de Economia*. Rio de Janeiro, v. 45, n. 4, p. 491-518, 1991.

[100] Munhoz, Eduardo Secchi. *Empresa contemporânea e o direito societário*. São Paulo: Juarez de Oliveira, 2002, p. 186-187.

[101] Gonçalves, Reinaldo. Grupos econômicos: uma análise conceitual e teórica. *Revista Brasileira de Economia*. Rio de Janeiro, v. 45, n. 4, p. 491-518, 1991.

[102] Dau, Luis Alfonso; Morck, Randall; YEUNG, Bernard Yin. Business groups and the study of international business: A Coasean synthesis and extension. *Journal of International Business Studies*. London, vol. 52, n. 2, p. 161-211, mar. 2021.

[103] De acordo com Williamson uma transação ocorre quando um produto ou serviço é transferido entre duas interfaces tecnologicamente separáveis (The Modern Corporation). Em outras palavras, ou seja, "custos de transação são os custos que resultam quando um

transação via mercado ou dentro da empresa? Em outras palavras, em que circunstâncias a coordenação de recursos na empresa é mais barata e, portanto, mais eficiente do que no mercado?

Uma das principais críticas da academia contra o trabalho de Coase refere-se justamente à omissão sobre os fatores concretos que determinam a escolha entre a organização da produção na empresa ou no mercado[104]-[105]. Outros autores cuidaram de desenvolvê-los, destacando-se, entre eles, o trabalho de Oliver Williamson[106]. O objetivo desta dissertação não é de exaurir os fatores que determinam a escolha entre firma e mercado, mas convém resumir abaixo três elementos que influenciam esta decisão.

Primeiro, a coordenação da atividade econômica na mesma empresa proporciona a exploração de *economias de escala e de escopo*[107]. Economia de

ativo – um recurso produtivo – atravessa uma interface tecnológica – passa de uma etapa do processo de trabalho para outra" (FIANI, Ronaldo. Teoria dos Custos de Transação. *In*: KUPFER, David; HASENCLEVER, Lia (coords). *Economia industrial*: fundamentos teóricos e práticas no Brasil. 2ª ed. Rio de Janeiro: Elsevier, 2013, p. 172).

104 MUNHOZ, Eduardo Secchi. *Empresa contemporânea e o direito societário*. São Paulo: Juarez de Oliveira, 2002, p. 187.

105 Philip Blumberg também critica a teoria dos custos de transação porque, na sua visão, ela é incapaz de explicar certos arranjos contratuais como a opção por contratos de franquia, ao invés da internalização dos franqueados dentro da firma. Segundo o autor, a investigação empírica revela que a propriedade das firmas está mais alinhada a incentivos econômicos do que custos de transação. Os componentes da produção para os quais é necessário contribuir com alto esforço qualitativo tendem a se tornar firmas independentes, cujos proprietários são os monitores ou aqueles em melhor posição de induzir tal esforço. Esse é o caso, por exemplo, dos restaurantes, que exigem supervisão de várias dimensões de qualidade do produto, limpeza e ambiente. Por isso, seria mais vantajoso estabelecer uma estrutura de franquia e franqueados do que gerir vários restaurantes em uma única firma (BLUMBERG, Phillip A.; STRASSER, Kurt A.; GEORGAKOPOULOS, Nicholas L.; GOUVIN, Eric J.; FOWLER, Jonathan W.; STRASSER, Kurt A. *Blumberg on Corporate Groups*: 2011-2 Supplement. 2ª ed. Boston: Wolters Kluwer Law&Business, vol. 1, 2011, p. 5-8).

106 WILLIAMSON, Oliver E. The Modern Corporation: Origins, Evolution, Attributes. *Journal of Economic Literature*. Nashville, vol. 19, n. 4, p. 1537-1568, dec. 1981; WILLIAMSON, Oliver E. The Vertical Integration of Production: Market Failure Considerations. *The American Economic Review*. Nashville, vol. 61, n. 2, p. 112-123, mai. 197.

107 ANTUNES, José Augusto Quelhas Lima Engrácia. *Os Grupos de Sociedades*: Estrutura e Organização Jurídica da Empresa Plurissocietária. 2ª ed., rev. e atual. Coimbra: Almedina, 2002, p. 48-49.

escala ocorre quando a ampliação de uma unidade operacional responsável pela fabricação de um mesmo produto permite aumentar a confecção deste, sem implicar aumento proporcional dos custos de produção, reduzindo, assim, o custo unitário médio do produto. Economia de escopo é obtida quando o custo de produzir conjuntamente dois ou mais produtos distintos é menor do que produzi-los separadamente, o que pode ocorrer, por exemplo, por meio da existência de fatores de produção comuns (*v.g.*, matérias-primas compartilhadas)[108]. A exploração de economias de escopo e de escala não depende apenas da reunião de fatores de produção e de tecnologia na mesma empresa, mas, sobretudo, da coordenação da atividade econômica e das respectivas atividades complementares, de forma a fazer uso intensivo dos recursos disponíveis ao empreendedor[109].

O segundo fator está relacionado ao grau de *especificidade* dos ativos que sejam objeto de transações no mercado[110]. Ativos específicos têm destinação limitada no mercado – e há, portanto, baixa possibilidade de reaproveitamento do mesmo bem em usos alternativos[111]. Ademais, transações de ativos específicos ocorrem em baixa frequência – e há, pois, número limitado de compradores e vendedores para esses bens. Por isso, após realizar investimento em um ativo específico, o comprador e o vendedor respectivos passam a relacionar-se de forma exclusiva, ou quase exclusiva, criando uma *dependência bilateral* entre si e tornando-se *reféns* uns dos outros[112]. Essa situação, por sua vez, cria incentivos para que as partes envolvidas ajam de forma oportunista, explorando assimetrias de

[108] Para definição completa de economias de escopo e de escala, ver Dantas, Alexis, Kertsnetzky, Jacques, Prochnik, Victor. Empresa, Indústrias e Mercados. *In*: Kupfer, David; Hasenclever, Lia (coords). *Economia industrial: fundamentos teóricos e práticas no Brasil*. 2. ed. Rio de Janeiro: Elsevier, 2013, p. 25-39.

[109] Lübking, Johannes. *The Group of Companies, Efficiency and the Law*. 1994. Tese (L.L.M.) – European University Institute, Department of Law, Fiesole, 1994, p. 39-40.

[110] Williamson, Oliver E. The Modern Corporation: Origins, Evolution, Attributes. *Journal of Economic Literature*. Nashville, vol. 19, n. 4, p. 1537-1568, dec. 1981.

[111] Lübking, Johannes. *The Group of Companies, Efficiency and the Law*. 1994. Tese (L.L.M.) – European University Institute, Department of Law, Fiesole, 1994, p. 43.

[112] Fiani, Ronaldo. Teoria dos Custos de Transação. *In*: Kupfer, David; Hasenclever, Lia (coords). *Economia industrial*: fundamentos teóricos e práticas no Brasil. 2ª ed. Rio de Janeiro: Elsevier, 2013, p. 174.

informação das respectivas contrapartes para fazer prevalecer o interesse próprio[113] e agravando o risco de conflitos.

Para lidar com esses riscos, as partes devem regular a relação por meio de uma estrutura contatual, com salvaguardas recíprocas apropriadas. Entretanto, são altos os custos de negociação, de implementação e de fiscalização de contratos, sobretudo se estes forem de longa duração, dado que não é possível antecipar todas as circunstâncias futuras e incertas que podem ocorrer durante o relacionamento comercial. A teoria econômica se refere a essa limitação como *racionalidade humana limitada*[114].

Nesse cenário de limitações, *internalizar* a produção do ativo específico na mesma firma passa a ser uma alternativa mais vantajosa que o mercado. Isso porque, na empresa, os dois lados da transação passam a ser controlados pelo mesmo proprietário. É circunstância que reduz incentivos para que cada polo persiga seus objetivos individuais, os quais passam a subordinar-se a somente uma autoridade, assim harmonizando conflitos e impasses[115]. Dentro da organização, eventuais mudanças e adaptações na relação – no decurso do tempo e da evolução dos negócios – são efetuadas sem os custos de renegociação e de implementação de contratos. Ademais, a relação entre os membros passa a ser pautada por cooperação e por confiança mútuas[116].

O terceiro aspecto destaca a capacidade das empresas de processar e de armazenar conhecimento e informação, com a finalidade de tomar decisões eficientes, de planejar a melhor forma, tanto de alocar recursos, como de reagir a mudanças externas[117]. Memore-se que o mercado é um sistema descentralizado de alocação de recursos, por meio do qual a informação é transmitida via sistema de preços, capazes de expressar o

[113] WILLIAMSON, Oliver E. The Modern Corporation: Origins, Evolution, Attributes. *Journal of Economic Literature*. Nashville, vol. 19, n. 4, p. 1537-1568, dec. 1981.

[114] WILLIAMSON, Oliver E. The Modern Corporation: Origins, Evolution, Attributes. *Journal of Economic Literature*. Nashville, vol. 19, n. 4, p. 1537-1568, dec. 1981.

[115] WILLIAMSON, Oliver E. The Modern Corporation: Origins, Evolution, Attributes. *Journal of Economic Literature*. Nashville, vol. 19, n. 4, p. 1537-1568, dec. 1981.

[116] LÜBKING, Johannes. *The Group of Companies, Efficiency and the Law*. 1994. Tese (L.L.M.) – European University Institute, Department of Law, Fiesole 1994, p. 44-46.

[117] LÜBKING, Johannes. *The Group of Companies, Efficiency and the Law*. 1994. Tese (L.L.M.) – European University Institute, Department of Law, Fiesole 1994, p. 46-51.

valor do produto sob negociação. Em situações em que o preço de determinado ativo é a única informação relevante para conduzir uma transação, o sistema de mercado é eficiente. Organizações – de modo distinto ao ocorrido no mercado – são verdadeiros *repositórios* de conhecimento sobre *como* produzir, sobre *quais* recursos e capacidades são necessários e sobre *de que forma* é possível explorar economias de escopo e de escala. Ainda, as organizações são capazes tanto de correlacionar informações novas com o conhecimento existente, como de promover inovações. Assim, empresas permitem explorar, armazenar e transferir informação para tomada de decisões, com a finalidade de obter melhores eficiências na coordenação e na alocação de recursos.

O surgimento do capitalismo industrial – verificado a partir do século XIX e intensificado no século XX – exerceu intensa pressão de expansão sobre as empresas, o que resultou em um fenômeno *concentracionista*[118]-[119]-[120]: as firmas passaram a operar em larga escala e, assim, a ampliar as respectivas atividades e, sobretudo, o poder de mercado[121],

[118] MUNHOZ, Eduardo Secchi. *Empresa contemporânea e o direito societário.* São Paulo: Juarez de Oliveira, 2002, p. 85 e ss.

[119] No Brasil, porém, o fenômeno ocorreu em fase anterior à edição da Lei das S.A., nos anos setenta, de modo que a lei societária atual foi editada com nítida orientação concentracionista (CARVALHOSA, Modesto. *A Nova Lei das Sociedades Anônimas: seu modelo econômico.* Rio de Janeiro: Paz e Terra, 1976). Buscava-se fortalecer a grande empresa nacional, política essa que foi consubstanciada no II Plano Nacional de Desenvolvimento (PND), com referência à formação de conglomerados nacionais competitivos (SALOMÃO FILHO, Calixto. *A sociedade unipessoal.* São Paulo: Malheiros, 1995, p.180-182).

[120] De acordo com Philip Blumberg, nessa fase de expansão industrial, a mudança jurídica que permitiu o desenvolvimento dos grupos foi a autorização, pioneiramente concedida entre 1889-1893, pela lei do estado de Nova Jersey, a que *companhias pudessem adquirir ações de outras companhias.* Praticamente imediatamente depois, os grupos tornaram-se o principal veículo para constituir e operar as grandes concentrações industriais, em substituição aos *trusts.* As características comerciais e industriais dos Estados Unidos rapidamente se transformaram com a emergência dos grupos (BLUMBERG, Phillip A.; STRASSER, Kurt A.; GEORGAKOPOULOS, Nicholas L.; GOUVIN, Eric J.; FOWLER, Jonathan W.; STRASSER, Kurt A. *Blumberg on Corporate Groups*: 2011-2 Supplement. 2ª ed. Boston: Wolters Kluwer Law&Business, vol. 1, 2011 p. 6-5 e 6-6).

[121] ANTUNES, José Engrácia. *Liability of corporate groups*: autonomy and control in parent-subsidiary relationships in US, German and EU law: an international and comparative perspective. Deventer: Kluwer Law and Taxation, 1994, p. 21.

os ativos transacionados no mercado atingiram alto grau de especificidade e, por fim, essas organizações passaram a concentrar maior grau de conhecimento e informação.

No processo de expansão da empresa, por meio da internalização de outras funções que antes eram obtidas em transações praticadas no mercado, é notório o fenômeno da *diversificação*, que se refere à ampliação da firma para abarcar áreas distintas de suas atividades originais de atuação. Dois exemplos ostensivos de estratégias de crescimento são a (i) *integração horizontal*, que consiste na introdução de produtos que são relacionados aos produtos originais da empresa e que podem ser vendidos pelos canais de distribuição já estabelecidos, ou, ainda, com base na extensão destes[122]; e a (ii) *integração vertical*, por meio da qual a empresa assume o controle sobre diferentes estágios ou etapas associados à progressiva transformação de insumos em produtos finais[123]-[124].

São essas, em síntese, as razões gerais que justificam a escolha das firmas em oposição à celebração de transações no mercado. Nos países subdesenvolvidos, existem motivos adicionais, do que se cuidará logo adiante.

## 2.2. A teoria dos vazios institucionais: a expansão da empresa e a formação de mercados internos

A literatura econômica sustenta que, especificamente em países subdesenvolvidos, o surgimento dos grupos societários está diretamente rela-

[122] Britto, Jorge. Diversificação, Competências e Coerência Produtiva. *In*: Kupfer, David; Hasenclever, Lia (coords). *Economia industrial: fundamentos teóricos e práticas no Brasil*. 2. ed. Rio de Janeiro: Elsevier, 2013, p. 195.

[123] Britto, Jorge. Diversificação, Competências e Coerência Produtiva. *In*: Kupfer, David; Hasenclever, Lia (coords). *Economia industrial: fundamentos teóricos e práticas no Brasil*. 2. ed. Rio de Janeiro: Elsevier, 2013, p. 196.

[124] Sobre a diferença entre integração vertical e horizontal, ver também Lübking, Johannes. *The Group of Companies, Efficiency and the Law*. 1994. Tese (L.L.M.) – European University Institute, Department of Law, Fiesole 1994, p. 52-56; e Antunes, José Augusto Quelhas Lima Engrácia. *Os Grupos de Sociedades*: Estrutura e Organização Jurídica da Empresa Plurissocietária. 2ª ed., rev. e atual. Coimbra: Almedina, 2002, p. 63-64.

cionado a omissões e a deficiências institucionais que, por sua vez, fazem com que as transações no mercado sejam altamente custosas[125].

Desse modo, uma firma enfrentará custos altos para inaugurar um mercado inexplorado, tal como ocorre em países subdesenvolvidos. Precisará não só de fornecedores de matérias-primas, mas, ainda, de canais de distribuição e de infraestrutura adequados para escoar seus produtos; terá de contratar gestores qualificados para condução de seus negócios; e dependerá de financiamento para iniciar e para expandir as suas atividades[126].

Naturalmente, as condições institucionais que circundam as transações no mercado são determinantes para o sucesso da firma: é preciso haver disponibilidade de insumos, de capital financeiro, de capital humano, de infraestrutura, de informação e de instituições jurídicas para efetivação de normas e de contratos[127]. Ocorre que essas funções são fornecidas pelo Estado ou por outros agentes econômicos que desempenham atividade empreendedora. Logo, empresas dependem umas das outras para funcionar, formando um ambiente de mercado minimamente diversificado e estruturado sobre bases institucionais. Sem que haja número suficiente de empresas atuando no mercado e de institui-

[125] DAU, Luis Alfonso; MORCK, Randall; YEUNG, Bernard Yin. Business groups and the study of international business: A Coasean synthesis and extension. *Journal of International Business Studies*. London, vol. 52, n. 2, p. 161-211, mar. 2021; DOH, Jonathan; RODRIGUES, Suzana; SAKA-HELMHOUT, Ayse; MAKHIJA, Mona. International business responses to institutional voids. *Journal of International Business Studies*. London, vol. 48, n. 3, p. 293-307, abr. 2017; FISMAN, Raymond, KHANNA, Tarun. Facilitating Development: The Role of Business Groups. Harvard Business School. World Development, v. 32, n. 4, p. 609-628, 2004; LEFF, Nathaniel H. Industrial Organization and Entrepreneurship in the Developing Countries: The Economic Groups. *Economic Develpment and Cultural Change*. Chicago, vol. 26, n. 4, p. 661-675, 1978.

[126] DAU, Luis Alfonso; MORCK, Randall; YEUNG, Bernard Yin. Business groups and the study of international business: A Coasean synthesis and extension. *Journal of International Business Studies*. London, vol. 52, n. 2, p. 161-211, mar. 2021.

[127] DOH, Jonathan; RODRIGUES, Suzana; SAKA-HELMHOUT, Ayse; MAKHIJA, Mona. International business responses to institutional voids. *Journal of International Business Studies*. London, vol. 48, n. 3, p. 293-307, abr. 2017.

ções jurídicas para suportá-lo, os custos associados ao desenvolvimento de novo empreendimento atingem níveis proibitivos[128].

Países em desenvolvimento, por vezes, apresentam arranjos institucionais defeituosos, expressos, por exemplo, na falta de capital financeiro, de capital humano, de infraestrutura e de informação. Nesses países, os mercados domésticos são pequenos, com poucos agentes atuantes, o que facilita a dominação por poucas empresas monopolistas[129]. É ambiente em que há alto grau de risco e de incerteza para o desenvolvimento de novos negócios. Se nenhum empresário ousar iniciar atividades em um ecossistema institucional fraco, ou em mercados rarefeitos, fornecendo insumos, capital e recursos, um novo agente também não ousará desbravá-lo. Assim, não há caminho para o desenvolvimento econômico de uma comunidade.

Para superar esses entraves, empresas de países em desenvolvimento adotam a estratégia de *internalizar* as funções que o mercado não é capaz de lhes propiciar, desse modo suprindo o vazio institucional externo[130]. Como resultado, a empresas crescem e diversificam suas atividades, notadamente mediante *verticalização* da cadeia produtiva[131], explorando as atividades por meio da criação de sociedades distintas, cada qual com um propósito específico. Uma empresa que contempla a fonte produtora e consumidora de determinado bem ou serviço exerce amplo controle:

[128] DAU, Luis Alfonso; MORCK, Randall; YEUNG, Bernard Yin. Business groups and the study of international business: A Coasean synthesis and extension. *Journal of International Business Studies*. London, vol. 52, n. 2, p. 161-211, mar. 2021.

[129] LEFF, Nathaniel H. Industrial Organization and Entrepreneurship in the Developing Countries: The Economic Groups. *Economic Develpment and Cultural Change*. Chicago, vol. 26, n. 4, p. 661-675, 1978.

[130] DAU, Luis Alfonso; MORCK, Randall; YEUNG, Bernard Yin. Business groups and the study of international business: A Coasean synthesis and extension. *Journal of International Business Studies*. London, vol. 52, n. 2, p. 161-211, mar. 2021; FISMAN, Raymond, KHANNA, Tarun. Facilitating Development: The Role of Business Groups. Harvard Business School. World Development, v. 32, n. 4, p. 609-628, 2004; LEFF, Nathaniel H. Industrial Organization and Entrepreneurship in the Developing Countries: The Economic Groups. *Economic Develpment and Cultural Change*. Chicago, vol. 26, n. 4, p. 661-675, 1978.

[131] LEFF, Nathaniel H. Industrial Organization and Entrepreneurship in the Developing Countries: The Economic Groups. *Economic Develpment and Cultural Change*. Chicago, vol. 26, n. 4, p. 661-675, 1978.

consegue controlar a demanda e a oferta; a qualidade e o preço correlato. O empresário que assim procede pode desfrutar de economias de escala mediante o compartilhamento de custos, seja de infraestrutura, seja de mão de obra. Ao mesmo tempo, pode contar com o fluxo de caixa gerado por suas atividades, para financiar novos ramos de negócios, de modo que as sociedades integrantes da empresa passam a funcionar, simultaneamente, como credoras e como devedoras umas das outras[132].

Consequentemente, os grupos criam um *mercado interno* entre as sociedades que o compõem. Trata-se de mercado cujas transações não se processam entre partes independentes, mas por decisões que emanam do empresário controlador. Ao preencher vazios institucionais, os grupos criam um eficiente *sistema de alocação e de realocação* de recursos entre as sociedades que o integram, desse modo suprindo a função antes exercida pelo mercado externo e formando, pois, verdadeiro *mercado de capitais interno*[133].

Em síntese, é essa a chamada *teoria dos vazios institucionais*[134].

Todavia, essa teoria não é isenta de críticas. Enfatiza-se, demasiadamente, o ambiente externo onde o empreendedor opera, sem dedicar atenção à estratégia adotada pelos próprios atores para o crescimento econômico[135]. Não se explica *como*, efetivamente, os grupos desenvolvem capacidade para obter capital, informação e ativos que viabilizam o

[132] Fisman, Raymond, Khanna, Tarun. Facilitating Development: The Role of Business Groups. *World Development*. Oxford, v. 32, n. 4, p. 609-628, 2004.

[133] Dau, Luis Alfonso; Morck, Randall; YEUNG, Bernard Yin. Business groups and the study of international business: A Coasean synthesis and extension. *Journal of International Business Studies*. London, vol. 52, n. 2, p. 161-211, mar. 2021. No mesmo sentido, Azevedo, André Luís. Estruturas Piramidais de Sociedades Envolvendo Companhias Abertas: Algumas Considerações. *In:* Frazão, Ana; Castro, Rodrigo R. Monteiro de; Campinho, Sérgio (org.). *Direito Empresarial e Suas Interfaces:* Homenagem a Fábio Ulhoa Coelho. São Paulo: Quartier Latin, 2022, vol. II, p. 519-532.

[134] Em inglês, *institutional voids*, por exemplo, em Doh, Jonathan; Rodrigues, Suzana; Saka-Helmhout, Ayse; Makhija, Mona. International business responses to institutional voids. *Journal of International Business Studies*. London, vol. 48, n. 3, p. 293-307, abr. 2017.

[135] Granovetter. Mark. Business Groups and Social Organization. *In*: Smelser, Neil J.; Swedberg, Richard. *The Handbook of Economic Sociology*. Princeton: Princeton University Press, 2010, p. 429-450.

crescimento e a diversificação da atividade empresarial[136]. Ainda sobre essas críticas, argumenta-se que existem outros fatores de ordem cultural – entre os quais se sobressaem a história e a sociologia – que explicam a persistência dos grupos em países subdesenvolvidos. Entre os fatores, figuram a concentração do poder nas mãos de empresas familiares e a manutenção de laços entre estas e o Estado[137]. A perspectiva dos vazios institucionais tampouco explica a persistência dos grupos mesmo após o aprimoramento do ambiente econômico e institucional dos países onde se desenvolveram[138]. Afinal, progresso deveria implicar redução dos custos de transação no mercado e, consequentemente, diminuição dos estímulos externos que justifiquem a agregação empresarial[139]-[140].

Embora seja debatida, na academia, a relação de causa e efeito entre, de um lado, ambientes com mercados deficientes e, de outro, o desenvolvimento dos grupos societários, fato é que mesmo aqueles que criticam a teoria dos vazios institucionais reconhecem que os grupos societários mantêm relevante *mercado de capitais interno* para obter financiamento da

[136] Guillén, Mauro F. Business Groups in Emerging Economies: A Resource-Based View. *The Academy of Management Journal.* Ada, vol. 43, n. 3, p. 363-380, jun. 2000.

[137] Granovetter. Mark. Business Groups and Social Organization. In: Smelser, Neil J.; Swedberg, Richard. *The Handbook of Economic Sociology*. Princeton: Princeton University Press, 2010, pp. 429-450.

[138] Nesse sentido, Azevedo, André Luís. Estruturas Piramidais de Sociedades Envolvendo Companhias Abertas: Algumas Considerações. *In:* Frazão, Ana; Castro, Rodrigo R. Monteiro de; Campinho, Sérgio (org.). *Direito Empresarial e Suas Interfaces:* Homenagem a Fábio Ulhoa Coelho. São Paulo: Quartier Latin, 2022, vol. II, p. 519-532.

[139] Granovetter, Mark. Coase Revisited: Business Groups in the Modern Economy. *Industrial and Corporate Change.* Oxford, vol. 4, n 1, 1995, p. 93–130, 1995.

[140] Contra essa última proposição, argumenta-se que os grupos, após atingirem amplo crescimento e relevância econômica, passam a exercer influência negativa sobre o Estado, assim incentivando a adoção de políticas que ora aumentam custos de transação do mercado, ora reduzem os custos associados à manutenção de estruturas hierárquicas, de modo a preservar a organização grupal já obtida. É cenário no qual os grupos societários não servem mais ao desenvolvimento econômico da comunidade, atuando, ao revés, para conter o desenvolvimento em si, justificando assim a manutenção de estruturas de concentração empresarial (Dau, Luis Alfonso; Morck, Randall; Yeung, Bernard Yin. Business groups and the study of international business: A Coasean synthesis and extension. *Journal of International Business Studies.* London, vol. 52, n. 2, p. 161-211, mar. 2021. No mesmo sentido, OECD. *Corporate Governance of Comapny Groups in Latin America.* Paris: OECD Publishing, 2015).

atividade empresarial, com eficiência na mobilização, na distribuição e no investimento de recursos. Não por acaso, grupos societários comumente contemplam uma sociedade que exerce papel de instituição financeira em benefício das sociedades que os integram[141].

Em corroboração à teoria dos vazios institucionais, um estudo empírico – publicado em 2011 envolvendo grupos societários abrangendo mais de 28 mil companhias listadas em 45 países – demonstrou que existe correlação fática entre a deficiência do mercado de capitais e o desenvolvimento dos grupos societários[142]. Embora seja difícil estabelecer relações causais entre os dois fatores (a deficiência do mercado e o desenvolvimento dos grupos) e embora seja, igualmente, necessário levar em consideração as circunstâncias históricas de cada país, concluiu-se, no referido estudo, que os grupos societários familiares com estruturas de capital concentrado são prevalentes nas jurisdições cujo mercado financeiro e de capitais não proporciona recursos suficientes para o financiamento da atividade empresarial, destacando-se, justamente, os países na América Latina. De modo diverso, essas organizações são menos frequentes e menos vantajosas em economias que oferecem ampla disponibilidade de capital para realização de investimentos, como é o caso dos Estados Unidos.

O mesmo trabalho também apresentou evidências de que os grupos societários familiares, sobretudo organizados em formato piramidal, buscam suprir as dificuldades de captação de financiamento externo mediante a *realocação de capital interno* para o desenvolvimento de novos negócios. Verificou-se que sociedades localizadas na base da pirâmide societária geralmente (i) são mais recentes do que as localizadas no topo da estrutura societária; (ii) têm atividades que envolvem maior assunção de risco empresarial que a *holding*; e (iii) exigem maior intensidade de capital. Assim, a sociedade localizada no topo da pirâmide utiliza os recursos gerados com os negócios de suas controladas para subsidiar novas atividades desenvolvidas com base na criação de subsidiárias.

[141] GRANOVETTER, Mark. Coase Revisited: Business Groups in the Modern Economy. *Industrial and Corporate Change*. Oxford, vol. 4, n 1, 1995, p. 93–130, 1995.
[142] MASULIS, Ronald W; PHAM, Peter Kien; ZEIN, Jason. Family Business Groups around the World: Financing Advantages, Control Motivations, and Organizational Choices. *The Review of Financial Studies*. Oxford, vol. 24, n. 11, p. 3556–3600, nov. 2011.

As considerações apresentadas nos capítulos 2.1 e 2.2 acima retratam o fenômeno de expansão e de concentração empresariais como resultado da busca da maximização da eficiência produtiva, mediante redução de custos de transação. Esses fatores explicam a opção pela coordenação de transações dentro da empresa, em oposição à coordenação via sistema de preços no mercado. Não justificam, porém, a prevalência da *empresa plurissocietária*, cuja particularidade consiste, precisamente, na reunião de um conjunto de sociedades juridicamente *independentes* e *autônomas* para formar uma unidade econômica entre si. Cabem, assim, indagações. Quais são as vantagens organizativas proporcionadas pela segregação da empresa em sociedades apartadas? Por que é mais eficiente estruturar a empresa sob a forma plurissocietária, em vez de conduzir os negócios por meio de somente uma pessoa jurídica?

Antes, contudo, de responder a essas perguntas, é preciso indagar: como a organização da empresa serve ao imperativo de eficiência? De fato, a internalização da produção na empresa, em substituição ao mercado, não garante que a atividade econômica seja conduzida de forma eficiente. Se os custos de organização e a administração dos negócios dentro da empresa *superarem* os custos de executar transações no mercado, a empresa não será a melhor forma de performar a atividade econômica. Portanto, em primeiro lugar, é preciso analisar de que maneira a *organização interna* da empresa é capaz de servir ao imperativo de eficiência, o que se buscará efetivar, brevemente, no item seguinte. Em segundo lugar, convém examinar por qual motivo a divisão do empreendimento entre sociedades distintas permite alcançar esse objetivo, o que será objeto dos itens 2.4 a 2.6 abaixo.

## 2.3. A empresa multidivisional: centralização decisória, descentralização operacional e mercado interno

A literatura econômica contrapõe dois modelos distintos de organização empresarial: o modelo de organização *unitária* e o modelo de organização *multidivisional*[143]. O primeiro é marcado pela *alta centralização funcional e*

[143] Também referidas como "U-form" e "M-form", em alusão às formas unitárias e multidivisionais, respectivamente, cf. WILLIAMSON, Oliver E. The Modern Corporation: Origins, Evolution, Attributes. *Journal of Economic Literature*. Nashville, vol. 19, n. 4, p. 1537-1568,

*decisória*. A empresa é subdivida em departamentos que correspondem a cada uma das subdivisões operacionais dos negócios. O centro de tomada de decisões é formado pelos principais departamentos operacionais; já os gerentes de nível médio são responsáveis por monitorar as atividades dos gerentes de nível inferior.

Ocorre que essa estrutura não se revela como apropriada para condução de empresas com diversificação de atividades. As operações são demasiadamente amplas e variadas, de modo que os executivos dedicados às atividades operacionais não têm tempo hábil, nem informação suficiente, para, a um só tempo, cuidar do dia a dia dos negócios e definir as estratégias globais da empresa. Como resultado, executivos de alto escalão concentram-se na gestão operacional, negligenciando o planejamento e a avaliação de longo prazo da empresa como um todo.

A forma multidivisional, por seu turno, foi adotada por empresas norte-americanas que protagonizaram a economia do país partir de 1920 e, posteriormente, passou a predominar na Europa a partir de 1960[144]. Busca-se, aqui, segregar, de um lado, as esferas de administração global e estratégica da empresa e, de outro, a esfera puramente operacional. A empresa passa a ser conduzida com base em uma estrutura descentralizada, dividida em unidades semiautônomas, a serem administradas separadamente. Ao mesmo tempo, a empresa multidivisional detém um departamento formado por executivos de alto escalão, com as seguintes atribuições fundamentais: administração financeira e da estratégia global

dec. 1981; Williamson, Oliver E. *The Economic Institutions of Capitalism*, New York: The Free Press, 1985, p. 279-281 e Lübking, Johannes. *The Group of Companies, Efficiency and the Law*. 1994. Tese (L.L.M.) – European University Institute, Department of Law, Fiesole, 1994, p. 56-60.

144 Williamson, Oliver E. The Modern Corporation: Origins, Evolution, Attributes. *Journal of Economic Literature*. Nashville, vol. 19, n. 4, p. 1537-1568, dec. 1981; Williamson, Oliver E. *The Economic Institutions of Capitalism*, New York: The Free Press, 1985, p. 279; Jacquemin, Alexis. La dynamique du groupe d'entreprises: une perspective de droit économique. *Revue d'économie industrielle*. Nice, vol. 47, n. especial, p. 6-13, jan./mar. 1989; Lübking, Johannes. *The Group of Companies, Efficiency and the Law*. 1994. Tese (L.L.M.) – European University Institute, Department of Law, Fiesole 1994, p. 56-60; Gonçalves, Reinaldo. Grupos econômicos: uma análise conceitual e teórica. *Revista Brasileira de Economia*. Rio de Janeiro, v. 45, n. 4, p. 491-518, 1991.

da empresa; monitoramento das operações das unidades descentralizadas; alocação de recursos financeiros e não financeiros entre essas divisões de forma eficiente; e desenvolvimento do planejamento tático da firma.

A separação do controle estratégico das unidades operacionais libera os executivos das demandas rotineiras de somente um departamento da empresa, permitindo que eles se dediquem à condução dos interesses da empresa como um todo. De modo diverso, a fragmentação da empresa em diferentes divisões outorga relevante grau de autonomia e de responsabilidade a cada subunidade. É procedimento que derradeiramente tanto facilita a avaliação e o controle dos resultados de cada divisão, como, ainda, permite a atribuição do sucesso, ou do fracasso, dos respectivos negócios[145]. Certas subdivisões passam a funcionar como *centros de lucro* da empresa; outras, como *centros de custos*[146].

Por ser dispensada da gestão do dia a dia dos negócios, a administração centralizada passa a buscar a maximização dos resultados globais da empresa, e não mais o alcance de objetivos segmentados de cada divisão operacional. Para tanto, a administração estratégica e centralizada busca a melhor alocação de recursos – entre os quais figuram capitais, pessoas, serviços, produtos e oportunidades comerciais – entre cada uma das subdivisões da empresa. Como resultado, o fluxo de caixa da empresa é centralizado, para, depois, ser reconduzido entre cada uma das divisões, e assim, formar um *mercado de capitais interno*, ou mercado de capitais em *miniatura*[147]. A informação e o conhecimento sobre os negócios também

[145] Lübking, Johannes. *The Group of Companies, Efficiency and the Law*. 1994. Tese (L.L.M.) – European University Institute, Department of Law, Fiesole, 1994, p. 59.

[146] Sobre a distinção entre centros de custos e centros de lucro como características distintivas dos grupos societários, ver Teixeira, Egberto Lacerda; Guerreiro, José Alexandre Tavares. *Das sociedades anônimas no direito brasileiro*. São Paulo: Bushatsky, 1979, p. 774.

[147] "Os conglomerados nos quais vigoram os princípios de organização da 'forma-M' são usualmente pensados como mercados internos de capital em que os fluxos de caixa de diversas fontes são concentrados e direcionados para usos de alto retorno (...). O termo 'forma-M' é reservado para aquelas empresas segmentadas nas quais há um setor central engajado em auditorias periódicas e revisão de decisões, ativamente envolvido no processo de alocação interna de recursos. Os fluxos de caixa, portanto, estão sujeitos a uma competição interna de investimento em vez de serem automaticamente reinvestidos nas

fluem de cada subdivisão em direção à administração centralizada, de forma que seus integrantes possam monitorar a condição dos negócios e tomar decisões informadas sobre a forma mais eficiente de alocar os recursos da empresa.

Perceba-se que a formação de um *mercado interno* à empresa como fenômeno da adoção da modalidade multidivisional não tem nenhuma correlação com o fato de suas atividades serem, ou não, desenvolvidas em um país subdesenvolvido, como visto no item 2.2 acima. Aqui, esse fenômeno decorre da compartimentação da empresa em diferentes subunidades que se relacionam, sendo resultado de um imperativo de eficiência organizacional, e não resultado das internalizações de funções tipicamente providas pelo mercado externo. Mercado interno esse que também é regido sob uma lógica de hierarquia, não reproduzindo o típico contraditório entre partes independentes que sucede no mercado externo.

Em síntese, a forma multidivisional permite que a empresa se beneficie das vantagens obtidas pelas organizações, em comparação ao sistema de mercado. Ao mesmo tempo, a estrutura evita as vicissitudes da empresa unitária, visto que a centralização excessiva e a acumulação de funções de gestão e de estratégia nos mesmos órgãos inviabilizam o controle e a coordenação eficiente dos recursos internos.

A vantagem da forma organizacional decorre, justamente, da presença de um órgão centralizador. É este que desempenha o planejamento e o controle estratégico da empresa em relação a cada divisão semiautônoma, desse modo explorando economias de escopo e de escala, alocando e

respectivas fontes. A avaliação afirmativa do conglomerado como um mercado de capitais em miniatura pressupõe que a empresa seja operada de tal forma". Tradução livre de: "*The conglomerates in which M-form principles of organization are respected are respected are usefully thought of as internal capital markets whereby cash flows from diverse sources are concentrated and directed to high-yield uses (...). The term "M-form" is reserved for those divisionalized firms in which the general office is engaged in periodic auditing and decision review and its actively involved in the internal resource allocation process. Cash flows, therefore, are subject to an internal investment competition rather than automatically reinvested at their source. The affirmative assessment of the conglomerate as a miniature capital market presumes that the firm is operated in such a way*" (Williamson, Oliver E. *The Economic Institutions of Capitalism*, New York: The Free Press, 1985, p. 288-289).

realocando recursos de forma eficiente entre as divisões e beneficiando-se do fluxo informacional que percorre a empresa. Como resultado, a empresa passa a representar uma unidade econômica maior e mais eficiente do que a mera soma de suas partes[148].

Portanto, as considerações de eficiência que levam à *centralização decisória* e à *descentralização operacional* permitiram a criação de uma modalidade organizativa apta ao desenvolvimento da empresa moderna. As mesmas reflexões não elucidam, porém, a seguinte indagação: por qual motivo os grupos societários representam a forma organizacional preponderante e mais vantajosa em contraposição à criação de somente uma pessoa jurídica isolada?

A pergunta é pertinente porque a divisão da empresa em unidades operacionais com atribuições próprias e a criação de um órgão administrativo centralizado poderia ser facilmente implementada dentro da mesma pessoa jurídica. Uma sociedade isolada pode – mediante a criação de uma complexa cadeia de comando – constituir filiais, estruturar diferentes órgãos e comitês administrativos, contratar gestores e administradores especializados, repartir as suas atividades em setores segregados e monitorar as respectivas operações[149]. São, todos, mecanismos que viabilizam a segmentação da empresa e a centralização de poder decisório e que, portanto, dispensam a constituição de sociedades distintas.

Se a característica que particulariza os grupos societários é justamente a união de pessoas juridicamente independentes e autônomas, convém questionar por que esses aspectos distintivos são relevantes para o alcance da eficiência empresarial. Com base nas considerações de eficiência que exaltam a organização multidivisional, é de se perguntar: por que a estrutura dos grupos societários é especialmente adequada para implementar a *centralização decisória* e a *descentralização operacional* que caracteriza a empresa multidivisional?

Sem ambição de exaurir o debate, nem de fornecer resoluções definitivas sobre o tema, os itens 2.4 a 2.6 apontam alguns aspectos que, con-

148 LÜBKING, Johannes. *The Group of Companies, Efficiency and the Law*. 1994. Tese (L.L.M.) – European University Institute, Department of Law, Fiesole, 1994, p. 66.

149 VIO, Daniel de Avila. *Grupos Societários: Ensaio sobre os Grupos de Subordinação, de Direito e de Fato no Direito Societário Brasileiro*. São Paulo: Quartier Latin, 2016, p. 73-75.

juntamente considerados, buscam oferecer uma resposta razoável para o questionamento em torno das razões que justificam a existência da empresa plurissocietária.

### 2.4. Independência, capacidade jurídica e flexibilidade para movimentação de negócios

Retome-se, agora, o questionamento feito nos últimos parágrafos do item 2.2: por que as técnicas de *centralização decisória* e de *descentralização operacional* acima examinadas são mais bem implementadas por meio de uma constelação formada por sociedades distintas, e não mediante a constituição de uma única pessoa jurídica? Afiguram-se, de plano, três possíveis respostas.

Primeiro, a implementação da descentralização desejada pela forma multidivisional por meio de um grupo societário, em vez de filiais ou subdepartamentos, exerce o efeito de *estabilizar* a organização interna da empresa[150]. Pessoas jurídicas têm nome, objeto social e interesse social próprios, que funcionam como diretrizes para que as desejadas divisões empresariais persigam os objetivos específicos para os quais foram criadas.

Pessoas jurídicas, ainda, possuem órgãos societários privativos e contabilidade separada das demais, o que resulta no efeito de fixar e de concretizar a autonomia econômica relativa que se deseja conceder – em prol da eficiência empresarial – aos centros operacionais da empresa[151]. Não se eliminam nem influência, nem o poder de controle da sociedade controladora e de seus administradores sobre as demais sociedades do grupo. Contudo, a autonomia funcional e decisória concedida aos órgãos de cada sociedade permite estabilizar um grau mínimo de descentralização e de independência econômicas, em contraposição à integração e à centralização econômicas, totais, que caracterizam a forma unitária[152].

[150] JACQUEMIN, Alexis. La dynamique du groupe d'entreprises: une perspective de droit économique. *Revue d'économie industrielle*. Nice, vol. 47, n. especial, p. 6-13, jan./mar. 1989.

[151] LÜBKING, Johannes. *The Group of Companies, Efficiency and the Law*. 1994. Tese (L.L.M.) – European University Institute, Department of Law, Fiesole, 1994, p. 89-90

[152] JACQUEMIN, Alexis. La dynamique du groupe d'entreprises: une perspective de droit économique. *Revue d'économie industrielle*. Nice, vol. 47, n. especial, p. 6-13, jan./mar. 1989.

Segundo, a descentralização econômica entre as subdivisões da empresa e o sucesso dos centros de lucro dependem da *interação* de cada subunidade com o mercado externo, de forma segregada do restante da empresa[153]. Uma unidade empresarial que mantém certo grau de independência em relação ao restante do grupo desenvolve atividade própria e se relaciona no mercado com terceiros. Para tanto, tal unidade deve ser reconhecida pelo mercado como uma *pessoa distinta* de seus sócios e de suas subsidiárias, além de ter capacidade jurídica para contrair direitos e obrigações *próprias*[154].

As sociedades que integram o grupo se expõem ao mercado e com este interagem, inclusive para viabilizar a captação, tanto de investimento por potenciais acionistas externos, como de financiamento via crédito para o desenvolvimento de suas atividades, assim diminuindo a dependência das demais sociedades do grupo. Dessa forma, as subdivisões da empresa, agora consubstanciadas em sociedades distintas com capacidade jurídica própria, podem atuar no mercado de forma independente, tomar riscos próprios e usufruir de seus resultados. O reconhecimento de autonomia jurídica permite que os resultados de cada divisão sejam juridicamente atribuídos à sociedade que as executa, bem como sejam reconhecidos como tais pelo mercado externo; não são, portanto, mera decorrência de uma divisão interna de competências e responsabilidades sob a orientação do sócio controlador.

Terceiro, a separação da personalidade jurídica também facilita e flexibiliza o processo de aquisição, de divisão e de alienação das partes da empresa. A aquisição de uma pessoa jurídica permite que o grupo ingresse em novo ramo de negócios, sem amalgamá-lo com o restante da empresa. Em caso de insucesso, o investimento realizado pode ser revertido mediante simples alienação da participação societária detida na empresa recém adquirida, sem necessidade de cindir uma sociedade[155].

[153] JACQUEMIN, Alexis. La dynamique du groupe d'entreprises: une perspective de droit économique. *Revue d'économie industrielle.* Nice, vol. 47, n. especial, p. 6-13, jan./mar. 1989.
[154] JACQUEMIN, Alexis. La dynamique du groupe d'entreprises: une perspective de droit économique. *Revue d'économie industrielle.* Nice, vol. 47, n. especial, p. 6-13, jan./mar. 1989.
[155] JACQUEMIN, Alexis. La dynamique du groupe d'entreprises: une perspective de droit économique. *Revue d'économie industrielle.* Nice, vol. 47, n. especial, p. 6-13, jan./mar. 1989.

Se for preciso mudar as atividades desempenhadas pelo grupo, a venda de participações societárias é mais fácil e rápida do que a separação em partes de um negócio conduzido de forma totalmente integrada até aquele momento. É flexibilidade que facilita a diversificação de atividades, o desenvolvimento de novas atividades e a mudança dinâmica de estratégia, em caso de variação nas circunstâncias negociais externas[156].

## 2.5. Limitação da responsabilidade dos sócios

Outro aspecto fundamental que pode explicar a predominância dos grupos é o princípio da limitação de responsabilidade dos sócios de cada sociedade que integra a empresa plurissocietária. Há, porém, ampla controvérsia sobre a importância dessa regra para a formação dos grupos.

A limitação de responsabilidade é método de *deslocamento de riscos*[157]: o empresário limita a exposição – até o valor investido no capital social da sociedade – do próprio patrimônio aos riscos do negócio. Com isso, investidores transferem esses riscos aos credores sociais, que os assumem sob a condição de receber uma contraprestação, materializada nas taxas de juros cobradas sobre o capital emprestado[158].

Sócios e credores podem contratar livremente em torno da distribuição dos riscos dos negócios, outorgando riscos e responsabilidades uns aos outros. Dada a autonomia privada concedida às partes, a lei societária apenas adota a limitação da responsabilidade dos sócios em certos tipos de sociedade como *padrão*. Isso porque se entende que, como regra, os credores assumem os riscos da empresa a um *custo mais baixo* do que os sócios[159]. Com base nessa premissa, a lei societária oferece – como regra padronizada para certas modalidades societárias – a limitação da responsabilidade, *dispensando* sócios e credores de ter de negociá-la e renegociá-la a cada nova transação. Nesse sentido, a função da lei é precisamente a

[156] Lübking, Johannes. *The Group of Companies, Efficiency and the Law*. 1994. Tese (L.L.M.) – European University Institute, Department of Law, Fiesole,1994,, p. 94

[157] Blumberg, Phillip I. Limited Liability and Corporate Groups. *The Journal of Corporations Law*. v. 11, p. 573-631, 1986.

[158] Posner, Richard A. The Rights of Creditors of Affiliated Corporations. *University of Chicago Law Review*. Chicago, vol. 43, n. 3, p. 499-526, 1975.

[159] Posner, Richard A. The Rights of Creditors of Affiliated Corporations. *University of Chicago Law Review*. Chicago, vol. 43, n. 3, p. 499-526, 1975.

de *economizar custos de transação*, impondo automaticamente aquela solução que geralmente é considerada mais eficiente[160].

Cabe, desse modo indagar: por que credores são melhores portadores de risco do que os próprios sócios da empresa? Segundo Philip Blumberg[161], o cenário histórico do qual deriva essa constatação é o da companhia aberta com capital social disperso entre investidores pulverizados. A separação entre, de um lado, propriedade acionária e, de outro, gestão empresarial fez com que acionistas deixassem de participar na condução dos negócios e da tomada de decisões estratégicas. Nessas condições, impor responsabilidade ilimitada aos acionistas da companhia aberta desestimularia o investimento acionário. Primeiro, porque os acionistas responderiam por eventos que decorrem de decisões empresariais que não conhecem, da qual não participam e não exercem controle efetivo; segundo, porque acionistas não têm disposição para arriscar a totalidade de seu capital em um único investimento[162]. A limitação da responsabilidade permite que acionistas invistam em maior número de empresas e diversifiquem o seu portfólio, de modo a compensar os riscos assumidos em cada empreendimento. De modo distinto, credores apresentam melhores condições para avaliar os riscos das companhias para as quais cedem crédito, bem como para negociar taxas de juros capazes de remunerar o risco assumido. Naturalmente, essas considerações apenas são válidas para credores voluntários, e não para involuntários (*v.g.*, vítimas de delitos civis) e para credores que não têm poder para negociar qualquer contrapartida pelos riscos assumidos (*v.g.*, trabalhadores e consumidores).

Ora, se a limitação da responsabilidade teve origem em política voltada à proteção dos *investidores finais* de grandes companhias de capital pulverizado, não haveria justificativa para aplicar a mesma regra à *pessoa jurídica* que atua como sócia controladora de outras sociedades do grupo

[160] LÜBKING, Johannes. *The Group of Companies, Efficiency and the Law*. 1994. Tese (L.L.M.) – European University Institute, Department of Law, Fiesole, 1994, p. 163-164.

[161] BLUMBERG, Phillip I. Limited Liability and Corporate Groups. *The Journal of Corporations Law*. Iowa City, v. 11, p. 573-631, 1986.

[162] POSNER, Richard A. The Rights of Creditors of Affiliated Corporations. *University of Chicago Law Review*. Chicago, vol. 43, n. 3, p. 499-526, 1975.

e tampouco às empresas situadas no nível intermediário da cadeia societária, submetidas ao controle comum da *holding*. Seria justificável preservar a regra de limitação da responsabilidade apenas em benefício dos *investidores finais* que detêm participação acionária na *holding*, ou dos *acionistas minoritários* que participam das empresas intermediárias da cadeia societária[163]. Não haveria razão, porém, para buscar a proteção da própria *holding*, nem das demais sociedades do grupo, seja porque essas empresas têm menor aversão ao risco empresarial; seja porque essas sociedades efetivamente exercem poder e influência sobre os negócios de suas investidas, orientando a condução de suas atividades[164]. Ademais, as atividades da sociedade controladora são economicamente integradas com os negócios de suas subsidiárias, correspondendo a fragmentos de somente uma empresa, que desempenha, igualmente, somente uma atividade. Daí porque não faria sentido segregar riscos de partes que, a bem da verdade, fazem parte da *mesma unidade econômica*.

De fato, a regra de limitação de responsabilidade foi instituída nos Estados Unidos, em cenário de companhias de capital disperso entre

[163] "A provável aversão dos 'empresários' ao risco pode justificar a responsabilidade limitada das companhias fechadas, mas este argumento não se aplica imediatamente aos grupos societários. A responsabilidade limitada da subsidiária protege a sociedade controladora, em vez de proteger os acionistas da sociedade controladora". Tradução livre de: "*Entrepreneurs' likely aversion to risk may justify the limited liability of close corporations, but this argument does not immediately apply to corporate groups. The subsidiary's limited liability protects the parent corporation, rather than the parent corporation's shareholders*" (Blumberg, Phillip A.; Strasser, Kurt A.; Georgakopoulos, Nicholas L.; Gouvin, Eric J.; Fowler, Jonathan W.; Strasser, Kurt A. Blumberg on Corporate Groups: 2011-2 Supplement. 2ª ed. Boston: Wolters Kluwer Law&Business, vol. 1, 2011, p. 5-13).

[164] Calixto Salomão Filho criticou a limitação da responsabilidade para a sociedade holding: "em presença de tal concentração de poderes, seria de se esperar alguma regra especial de responsabilidade. A atribuição, tanto fática quanto jurídica, de poder ao sócio controlador põe em discussão a própria responsabilidade limitada. Admitindo-se o raciocínio novecentesco, que permitiu a atribuição de responsabilidade limitada às grandes sociedades anônimas, segundo o qual a responsabilidade limitada dos acionistas justificava-se pela sua não-participação na administração e a irresponsabilidade dos administradores justificava-se pelo fato de não agirem em interesse próprio mas sim no interesse dos acionistas, o sócio controlador deveria ser 'duplamente' ilimitadamente responsável, como acionista e administrador" (Salomão Filho, Calixto. *A sociedade unipessoal.* São Paulo: Malheiros, 1995, p. 187).

investidores pessoas físicas[165]. Posteriormente, a legislação norte-americana passou a admitir que *sociedades investissem em outras sociedades*, o que viabilizou a criação dos grupos societários. Segundo Philip Blumberg, nesse novo contexto, a regra de responsabilidade limitada – que já estava em vigor para sociedades investidas por pessoas físicas – passou automaticamente a vigorar também para as sociedades investidas por outras sociedades, sem que houvesse uma reflexão pelas cortes norte-americanas sobre a real necessidade de manter esse princípio no novo cenário de agrupamento empresarial. Daí porque, ainda para Blumberg, a limitação de responsabilidade surgiu nos grupos como um *acidente histórico*[166], e não como uma característica fundamental e imprescindível para o sucesso econômico dessas organizações empresariais.

Embora a indispensabilidade da limitação da responsabilidade nos grupos seja disputada, sobretudo em virtude do desenvolvimento histórico do instituto, há inegáveis benefícios proporcionados pela regra.

A segregação da atividade empresarial em sociedades permite a separação de riscos entre cada uma das entidades, de modo que as vicissitudes dos negócios de uma não contaminam as atividades, nem os ativos, das outras[167]. Segundo Fábio Konder Comparato, o primeiro caso histórico de grupos societário e multinacional de quem se tem notícia é o do Banco Medici, cujas atividades se desenvolveram na Europa durante o século XV, com base na substituição de antigas agências bancárias por autênticas sociedades locais. Segundo o autor, a inovação serviu, justamente, para isolar os riscos de insolvabilidade local em relação à empresa controladora familiar[168].

A limitação de responsabilidade também incentiva a tomada de riscos, o que é especialmente relevante nos grupos societários que desempenham atividades econômicas diversificadas e pouco relacionadas entre si.

[165] Blumberg, Phillip I. Limited Liability and Corporate Groups. *The Journal of Corporations Law*. Iowa City, v. 11, n. 4, p. 573-632, 1986.

[166] Blumberg, Phillip I. Limited Liability and Corporate Groups. *The Journal of Corporations Law*. Iowa City, v. 11, n. 4, p. 573-632, 1986.

[167] Galgano, Francesco. I gruppi nella riforma delle società di capitali. *Contratto e impresa*. Padova, vol. 18, n. 3, p. 1015-1045, 2002.

[168] Comparato, Fábio Konder. *Direito empresarial: estudos e pareceres*. 1ª ed., 2ª tir. São Paulo: Saraiva, 1995, p. 261-269.

Ademais, a transferência dos riscos do negócio aos credores sociais incentiva empreendedores a realizarem investimentos em projetos inovadores, para os quais não teriam apetite, se a regra de responsabilidade limitada não existisse, beneficiando, em caso de êxito empresarial, a comunidade em que o grupo atua[169].

Sociedades de um grupo também podem ter acionistas *externos*, isto é, que não integram, direta ou indiretamente, a cadeia do controle societário. Sem a regra de limitação da responsabilidade, uma decisão de investimento em cada sociedade exigiria análise da situação financeira da sociedade controladora e de cada um dos acionistas externos[170]. Afinal, em caso de inadimplemento de uma dívida, credores sociais buscariam executar primeiro os acionistas com maior patrimônio, para então perseguir os demais. Consequentemente, acionistas teriam de monitorar uns aos outros, para verificar se cada um deles manteve a integridade do respectivo patrimônio pessoal[171]. Credores, por seu turno, teriam de incorrer em mais custos, a fim de obter informação sobre cada um dos acionistas, para além da empresa financiada em si, o que se refletiria em maiores taxas de juros, encarecendo obtenção de capital. O valor da empresa, ademais, oscilaria de acordo com flutuações das finanças pessoais de cada acionista e à proporção que o quadro societário fosse alterado[172]. A regra de limitação de responsabilidade transforma essa situação, fazendo com que identidade individual de cada um dos acionistas da empresa seja

169 Sobre a correlação entre diversificação, responsabilidade limitada e assunção de risco para o desenvolvimento de negócios, BLUMBERG, Phillip A.; STRASSER, Kurt A.; GEORGAKOPOULOS, Nicholas L.; GOUVIN, Eric J.; FOWLER, Jonathan W.; STRASSER, Kurt A. *Blumberg on Corporate Groups*: 2011-2 Supplement. 2ª ed. Boston: Wolters Kluwer Law&Business, vol. 1, 2011, p. 5-16. No mesmo sentido, BLUMBERG, Phillip I. Limited Liability and Corporate Groups. *The Journal of Corporations Law*. v. 11, p. 573-631, 1986; e EASTERBROOK, Frank H.; FISCHEL, Daniel R. *The economic structure of corporate law*. Cambridge (MA): Harvard University Press, 1996, p. 43-44.

170 BLUMBERG, Phillip I. Limited Liability and Corporate Groups. *The Journal of Corporations Law*. Iowa City, v. 11, n. 4, p. 573-632, 1986.

171 EASTERBROOK, Frank H.; FISCHEL, Daniel R. *The economic structure of corporate law*. Cambridge (MA): Harvard University Press, 1996, p. 42.

172 HANSMANN; Henry; KRAAKMAN, Reinier. The Essential Role of Organizational Law. *The Yale Law Journal*. New Haven, v. 110, n. 3, p. 387-440, dez. 2000.

um dado *irrelevante* para os demais investidores e credores sociais, desse modo diminuindo os custos de informação e de monitoramento.

A indiferença quanto à pessoa dos acionistas também permite que ações emitidas pelas sociedades sejam bens fungíveis entre si, já que representam uma fração idêntica da mesma empresa[173]. Sem a regra da responsabilidade limitada, o valor das ações não seria apenas uma expressão econômica da sociedade, mas também refletiria as características particulares do proprietário. Isso dificultaria a livre transferência de ações no mercado, pois o adquirente das ações teria de negociar separadamente com cada sócio, para além daquele que deseja vender a empresa. A definição do "preço justo" da ação vendida também seria mais complexa, dado que ele não representaria apenas as perspectivas econômicas da empresa, mas do prognóstico patrimonial de cada um de seus sócios[174]. A limitação da responsabilidade evita esse cenário. Viabiliza a circulação de ações, proporciona liquidez aos acionistas e permite a existência de um mercado de participações acionárias[175].

## 2.6. Blindagem da companhia contra credores dos acionistas

Há outro aspecto associado à personalidade jurídica que explica a opção pela organização da atividade empresária em grupos formados por sociedades distintas, usualmente negligenciado pela literatura. Trata-se do inverso da regra de responsabilidade limitada: enquanto, de um lado, esta protege o patrimônio *dos sócios* contra os credores da sociedade, de outro lado, a criação de uma pessoa jurídica segregada daqueles que nela investem serve para blindar *a sociedade* contra os credores de seus sócios[176]. A

[173] Easterbrook, Frank H.; Fischel, Daniel R. *The economic structure of corporate law.* Cambridge (MA): Harvard University Press, 1996, p. 42 -43.

[174] Hansmann; Henry; Kraakman, Reinier. The Essential Role of Organizational Law. *The Yale Law Journal.* New Haven, v. 110, n. 3, p. 387-440, dez. 2000.

[175] Blumberg, Phillip A.; Strasser, Kurt A.; Georgakopoulos, Nicholas L.; Gouvin, Eric J.; Fowler, Jonathan W.; Strasser, Kurt A. Blumberg on Corporate Groups: 2011-2 Supplement. 2ª ed. Boston: Wolters Kluwer Law&Business, vol. 1, 2011, p. 5-15.

[176] Hansmann; Henry; Kraakman, Reinier. The Essential Role of Organizational Law. *The Yale Law Journal.* New Haven, v. 110, n. 3, p. 387-440, dez. 2000; Hansmann, Henry; Kraakman, Reiner; Squire, Richard. Law and the Rise of the Firm. *Harvard Law Review.* Cambridge (MA), vol. 119, n. 5, p. 1333-1403, mar. 2006.

proteção da companhia contra os credores dos acionistas exerce o efeito de estabilizar a atividade social, que permanece protegida contra as vicissitudes que atingem o patrimônio de seus investidores.

A blindagem pode ser obtida por meio de duas regras distintas: (i) os credores sociais têm prioridade sobre o patrimônio da sociedade em relação aos credores dos sócios da empresa; e (ii) sócios e credores dos sócios não podem *liquidar* as cotas ou ações da sociedade para adimplir as obrigações pessoais dos sócios, promovendo, dessa maneira, a dissolução total ou parcial da sociedade[177].

A *blindagem do patrimônio dos sócios* contra os credores da sociedade (regra de responsabilidade limitada) e a *blindagem do patrimônio social* contra os credores dos sócios oferecem benefícios semelhantes: ambas proporcionam redução dos custos de transação, haja vista que são facilitados tanto a obtenção de informação, como o monitoramento dos negócios sociais[178].

[177] Nem todos os tipos societários gozam dessas duas formas de blindagem (itens (i) e (ii) do parágrafo). No direito brasileiro, por exemplo, a autonomia da pessoa jurídica garante a primeira blindagem, posto que credores dos sócios não podem executar os bens da pessoal jurídica na qual os devedores investem (MARTINS, Guilherme Vinseiro. A doutrina da "entity shielding" e da "owner shielding" e sua aplicabilidade do Direito Societário brasileiro. *Revista da Faculdade de Direito da UFRGS*. Porto Alegre, ano 2016, n. 34, p. 260-275, ago. 2016). A segunda forma de blindagem não é garantida para as sociedades limitadas, pois o art. 1.026 do Código Civil, apesar de prever que, na insuficiência de outros bens, o credor pode fazer recair a execução sobre os lucros da sociedade, admite que o credor requeria a liquidação da cota do sócio devedor. Por outro lado, essa segunda forma de blindagem é garantida pela Lei das S.A., em virtude das regras que limitam o exercício de direito de retirada, não podendo ser provocada por meio requerimento dos acionistas nem de seus credores. Contudo, a redação conferida ao art. 861 do Código de Processo Civil, bastante criticado, admite a liquidação da cota ou de ações de sociedade empresária com a finalidade de solver dívida executada em juízo pelo credor. Para uma avaliação crítica do art. 861 do Código de Processo Civil, ver MUNHOZ, Eduardo Secchi. Penhora de quotas ou ações: interpretação do artigo 861 do código de processo civil. *In*: YARSHELL, *Flávio Luiz*; PEREIRA, *Guilherme Setoguti* Julio (coords.). *Processo Societário III*. São Paulo: Quartier Latin, 2018, pp. 87-113.

[178] HANSMANN; Henry; KRAAKMAN, Reinier. The Essential Role of Organizational Law. *The Yale Law Journal*. New Haven, v. 110, n. 3, p. 387-440, dez. 2000; HANSMANN, Henry; KRAAKMAN, Reiner; SQUIRE, Richard. Law and the Rise of the Firm. *Harvard Law Review*. Cambridge (MA), vol. 119, n. 5, p. 1333-1403, mar. 2006.

Explica-se. Uma empresa que desenvolve duas linhas de negócios distintas pode conduzi-las dentro da mesma sociedade ou separá-las entre duas pessoas jurídicas controladas. Nas duas opções, a estrutura de poder empresarial é essencialmente a mesma: a sociedade controladora exerce igualmente seu poder de controle sobre uma ou sobre duas sociedades controladas. Entretanto, essas alternativas são fundamentalmente distintas sob a perspectiva dos credores com quem essas sociedades negociam – e por *credores* deve-se entender não apenas quem financia a sociedade, mas todas as pessoas com quem a empresa mantém uma obrigação contratual, de qualquer natureza (*v.g.*, fornecedores, clientes e parceiros comerciais).

Se as duas atividades fossem conduzidas pela mesma sociedade, credores que financiaram ou contrataram com apenas uma das linhas de negócio assumiriam o risco de ver o empreendimento e o patrimônio social correlato serem contaminados pelos riscos do outro negócio, com o qual não mantêm relações contratuais. Consequentemente, esses credores teriam de obter informações e de monitorar tanto a atividade relacionada aos respectivos contratos, quanto o negócio com o qual não apresentam nenhuma familiaridade. De maneira diversa, a segregação das duas linhas de negócios entre duas pessoas jurídicas diferentes permite que os credores de cada uma delas examine apenas a situação patrimonial da sociedade que tem por objeto o empreendimento financiado ou com o qual mantêm relação contratual, sem ter de investigar as atividades da outra pessoa jurídica.

No mesmo exemplo, se a segregação das duas linhas de negócio fosse implementada de forma que o acionista controlador atuasse como uma *holding* com participação em duas sociedades *irmãs*, cada qual com uma atividade, os respectivos credores só assumiriam os riscos atrelados ao patrimônio das subsidiárias com quem respectivamente contrataram. Todavia, esses credores não teriam exposição ao patrimônio da *holding*, a qual, por seu turno, abarca, via participação societária, os ativos da segunda sociedade em que a *holding* também possui participação. Dessa forma, credores não incorrem nos riscos associados ao empreendimento com o qual não contrataram.

De modo distinto, se a segregação fosse implementada de forma vertical, de modo que a sociedade que desenvolve um dos segmentos fosse *sócia controladora* da sociedade que desenvolve a segunda linha de negócios, o efeito seria bastante diverso: os credores da subsidiária teriam acesso ao patrimônio apenas dessa sociedade; já os credores da controladora teriam (i) acesso direto aos ativos desenvolvidos pela própria sociedade controladora; e (ii) acesso indireto e subordinado aos ativos da subsidiária, por meio da participação societária da primeira sobre a segunda. Logo, credores da controladora incorreriam nos riscos de todo o empreendimento, enquanto os credores da subsidiária apenas sofreriam as vicissitudes atreladas ao negócio com o qual contrataram.

Portanto, a blindagem da sociedade contra os credores dos sócios, alcançada por diversas combinações societárias – horizontais ou verticais, como visto nesta mesma seção – tem o efeito de tanto isolar os riscos do empreendimento, como o de reduzir os custos de informação e de monitoramento incorridos pelos credores sociais. Assim, a blindagem funciona como complemento ao princípio da responsabilidade limitada.

No presente capítulo, foram apresentados os principais motivos que justificam a opção pela organização da empresa na forma plurissocietária: indo desde as razões que levam à formação das *firmas*, em oposição ao mercado, até às origens da empresa *multidivisional*, segmentada em pessoas jurídicas distintas. Todavia, é preciso frisar que as considerações supraindicadas não esgotam todos os fatores que justificam a formação dos grupos societários. Há diversos outros, de menor relevância, não sendo objetivo deste trabalho exauri-los[179]. Chega-se, então, ao momento de sintetizar o presente capítulo.

[179] Vale destacar outros dois motivos para a formação de grupos: (i) grupos de formato piramidal permitem acumulação de poder empresarial com investimento societário reduzido, proporcionando vantagens financeiras à sociedade controladora; e (ii) adaptação estratégica do empreendedor a requisitos e obstáculos legais, buscando constituir sociedades em certas jurisdições com a finalidade de aproveitar benefícios fiscais e realizar atividades econômicas em mercados com regulamentação mais branda. Em VIO, Daniel de Avila. *Grupos Societários: Ensaio sobre os Grupos de Subordinação, de Direito e de Fato no Direito Societário Brasileiro.* São Paulo: Quartier Latin, 2016, p. 75-82, o autor argumenta que, embora significativos, esses dois motivos não são fatores preponderantes para justificar a razão de ser dos grupos, notadamente porque esses mesmos efeitos podem ser obtidos de outras maneiras que não por meio da empresa plurissocietária. Por exemplo, é possível dissociar a proporção entre propriedade e poder mediante emissão de duas classes de

## 2.7. Síntese: integração econômica e independência jurídica

As reflexões apresentadas neste capítulo levam à conclusão de que grupos são organizações nas quais a *unidade* econômica e a *autonomia* jurídica das sociedades que os integram são simultaneamente desejadas. Trata-se da combinação de características opostas, de modo que a junção dos dois elementos é, precisamente, o diferencial que proporciona vantagens a essas organizações, em contraposição a outras modalidades de estruturação empresarial.

Grupos formam uma *unidade econômica* porque as sociedades que os integram são partes de somente uma empresa. A *integração* das atividades desempenhadas na empresa plurissocietária é, exatamente, o que justifica a formação desta. Viu-se que a expansão e a concentração das atividades na mesma empresa permitem a realização de *economias de escopo e de escala*. A *internalização* de bens e de serviços ofertados no mercado reduz custos de transação, sobretudo quando os fatores de produção são altamente *especializados*. Ademais, empresas são repositórios de informação, viabilizando a reunião, o armazenamento e o processamento do conhecimento necessário para tomar decisões empresariais. Ainda, em mercados subdesenvolvidos e com arranjos institucionais deficientes, a internalização de funções e de atividades dentro da mesma empresa permite suprir essas falhas, viabilizando o desenvolvimento da atividade econômica.

Ao mesmo tempo, a divisão da empresa em *unidades juridicamente independentes* também é desejada. Viu-se que a gestão unitária e altamente centralizada das atividades pode criar ineficiências empresariais, já que não é possível – simultaneamente – administrar o cotidiano dos negócios e definir as estratégias globais da empresa. Se a *descentralização operacional* é apropriada para conduzir atividades econômicas distintas e correlacionadas, a separação dos centros negociais entre pessoas jurídicas distintas permite *estabilizar* a divisão entre cada subunidade. Essa separação também confere *status* jurídico às mesmas pessoas, para que assim atuem, no mercado, de forma independente e com capacidade para contrair direitos

ações, uma com direito a voto, e outra sem. Também é possível driblar obstáculos legais inconvenientes ou reduzir custos fiscais de outras maneiras, a título ilustrativo, mediante escolha de certa jurisdição como sede para a atividade empresarial, não sendo imperativo dividir a empresa em várias subunidades autônomas).

e obrigações próprios e segregados do restante da empresa. A divisão da atividade empresarial entre sociedades diferentes também proporciona flexibilidade tanto para a mobilização quanto para a desmobilização de negócios, facilitando – por meio da compra e venda de participações societárias – a aquisição e a alienação de empreendimentos. Ademais, a separação da empresa em pessoas jurídicas permite aproveitar os benefícios da *limitação de responsabilidade* e da *blindagem da sociedade*, de modo a isolar os riscos de cada unidade empresarial, bem como a reduzir custos de negociação e de monitoramento incorridos pelos credores de cada sociedade.

Entretanto, em que pesem as vantagens inequívocas, a segregação da empresa em pessoas jurídicas distintas não pode eliminar a centralização decisória e estratégica, que unifica as partes do todo e permite que a empresa funcione como uma unidade. Sem centralização econômica, não há razão para que o grupo societário exista. A sociedade controladora exerce poder unitário sobre a empresa, centralizando a condução de duas ou mais atividades para a maximização dos resultados globais, e não mais para o alcance de objetivos segmentados de cada sociedade que forma a empresa plurissocietária. Da sociedade controladora emanam as diretrizes voltadas ao planejamento empresarial, visando à melhor forma de organizar e de reorganizar os recursos do grupo; gerando, entre outras vantagens, um fluxo de capitais, de pessoas, de serviços, de produtos, negócios e de oportunidades comerciais, entre as sociedades; e, derradeiramente, formando um *mercado interno* à empresa.

Mercado *interno* diverge fundamentalmente mercado *externo*. No primeiro, recursos são transferidos entre partes subordinadas a uma *mesma fonte de poder empresarial*, conforme a decisão da sociedade controladora, sob lógica da hierarquia e da autoridade. Nos segundos, os recursos são transferidos entre partes independentes[180].

Mercados internos permitem a alocação e a realocação de capitais entre projetos, a custos menores do que no mercado externo – isso porque, dentro da empresa, os gestores têm expertise e informações sobre os

180 TRIANTIS, George G. Organizations as Internal Capital Markets: The Legal Boundaries of Firms, Collateral, and Trusts in Commercial and Charitable Enterprises. *Harvard Law Review*. Cambridge (MA), vol. 117, n. 4, p. 1102-1162, fev. 2004.

projetos, o que investidores externos não possuem. Na mesma empresa, há ampla flexibilidade para *ajustar* a alocação de recursos entre diferentes negócios conforme variarem as circunstâncias e forem obtidas novas informações sobre oportunidades de investimento, buscando a maximização de retornos[181]. É possível organizar e reorganizar recursos, de modo a que possam ser adotadas, nos negócios desenvolvidos na empresa plurissocietária, medidas amplas. Entre estas, figuram as possibilidades de postergar, de abandonar, de continuar, de acelerar, de desacelerar, de favorecer, ou, ainda, de desfavorecer aqueles negócios. Em uma companhia isolada, pelo contrário, não há a mesma flexibilidade: primeiro, seria preciso distribuir o capital de volta aos investidores, *liquidando* o investimento realizado, para somente, então, reinvestir o mesmo capital em um segundo projeto.

No mercado interno, ademais, os recursos podem ser transferidos de um segmento de atividades para outro, sem ter de retornar às mãos dos investidores, e isso pode ocorrer de diversas formas[182]. O *fluxo de caixa* pode ser movido de uma sociedade ou de uma linha de negócios para outra, por exemplo, por meio de mútuos *intercompany*. Uma sociedade pode oferecer seus ativos como garantia de uma operação de investimento realizada para beneficiar um projeto de outra. Negócios desenvolvidos por mais de uma sociedade podem repartir despesas gerais e administrativas entre si. Finalmente, sociedades do mesmo grupo podem comercializar bens e serviços entre si, em condições diferentes daquelas vistas no mercado, de forma a favorecer um negócio em detrimento do outro, com a finalidade de obter o melhor retorno global para a empresa plurissocietária.

Essas considerações revelam os grupos societários como uma forma *híbrida* de organização econômica, capaz de combinar, de modo estratégico e planejado, tanto estruturas de organização hierárquica, como

[181] TRIANTIS, George G. Organizations as Internal Capital Markets: The Legal Boundaries of Firms, Collateral, and Trusts in Commercial and Charitable Enterprises. *Harvard Law Review*. Cambridge (MA), vol. 117, n. 4, p. 1102-1162, fev. 2004.

[182] TRIANTIS, George G. Organizations as Internal Capital Markets: The Legal Boundaries of Firms, Collateral, and Trusts in Commercial and Charitable Enterprises. *Harvard Law Review*. Cambridge (MA), vol. 117, n. 4, p. 1102-1162, fev. 2004.

estruturas de mercado[183]. É organização hierárquica, porque se trata de *única empresa*, economicamente integrada, cujas sociedades se subordinam a um *poder de controle comum*. Contudo, as sociedades conservam certo grau de autonomia e de independência em relação às demais, mantendo patrimônio separado, órgãos societários segregados, com capacidade jurídica para contrair direitos e obrigações próprios e para agir no mercado externo como um ente independente das demais sociedades do grupo. Juridicamente segregadas, as sociedades que integram os grupos formam, entre si, uma *estrutura de mercado interno*, a qual, por sua vez, permite um fluxo interno para movimentação de recursos, conforme decisão de conveniência empresarial. É mercado cuja lógica não é regida pelo sistema de preços, mas pela decisão que emana da autoridade controladora.

Portanto, mercado e hierarquia estão simultaneamente disponíveis para a empresa plurissocietária. Uma vez que cada uma dessas estruturas (firma e mercado) se situa em polos opostos, entre uma e outra extremidade, há uma pluralidade de situações intermediárias, variando, em gênero e grau, no âmbito de um mesmo grupo: essa variação se verifica, de um lado, entre centralização decisória e integração econômica; de outro, entre independência jurídica e patrimonial. O grupo tem a vantagem de conferir discricionariedade ao empresário, para combinar, com ampla flexibilidade, elementos de organização distintos, de forma a obter o arranjo institucional mais favorável para cada negócio, em momentos diferentes[184].

Diante das razões que justificam a formação dos grupos societários e as vantagens organizativas que proporcionam ao empreendedor, afirma-se que os grupos desempenham verdadeira *função socioeconômica*[185]. Haja vista que viabilizam o exercício eficiente da atividade empresarial, os gru-

[183] Teubner, Gunther. "Unitas Multiplex": a organização do grupo de empresas como exemplo. *Revista Direito GV.* São Paulo, v. 1 n. 2, pp. 77-110, jun./dez. 2005.

[184] Kirchner, Christian, Ökonomische Überlegungen zum Konzernrecht. *Zeitschrift für Unternehmens- und Gesellschaftsrecht.* Berlin, vol. 14, n. 2, p. 214-234, 1985.

[185] Munhoz, Eduardo Secchi. *Empresa contemporânea e o direito societário.* São Paulo: Juarez de Oliveira, 2002, p. 130-134 e Munhoz, Eduardo Secchi. Grupos societários de fato. Estrutura de governo e poderes do acionista controlador. *In*: Castro, Rodrigo Monteiro de *et al.* (coord.). *Direito empresarial e outros estudos de direito em homenagem ao professor José Alexandre Tavares Guerreiro.* São Paulo: Quartier Latin, 2013, p. 267-291.

pos também servem ao escopo maior de promover o desenvolvimento econômico da comunidade em que atuam. Todavia, essa função só pode ser completada se for respeitada a natureza do grupo na condição de modalidade híbrida de organização empresarial, que combina, a um só tempo, características de mercado e de hierarquia; de centralização e de descentralização; de integração e de segregação econômicas; de unidade econômica e de pluralidade societária.

Compreendidos os principais imperativos concretos que explicam o relevo desempenhado pelos grupos na realidade hodierna, bem como os principais atributos da empresa plurissocietária, cabe avaliar a compatibilidade entre, de um lado, essas características e, de outro, a disciplina jurídica desenhada para as companhias na lei societária brasileira[186]. Como se buscará demonstrar adiante, é ostensivamente claro que os alicerces fundamentais da lei não bem se ajustam às particularidades fáticas dos grupos. Isso porque, precisamente, esses pilares foram estruturados para sociedades anônimas isoladas, e não para acomodar um modelo organizativo híbrido, que pressupõe, além da autonomia jurídica, a inte-

[186] Este trabalho não analisará as consequências concorrenciais atreladas aos grupos societários, seja no Brasil, seja fora dele. Hoje, parte da doutrina nega a atribuição de uma tarefa específica de defesa da liberdade de concorrência e do controle da concentração às regras societárias (em defesa à neutralidade relativa do direito societário, MUNHOZ, Eduardo Secchi. Empresa contemporânea e o direito societário. São Paulo: Juarez de Oliveira, 2002, p. 317) Contudo, vale ressaltar que a limitação dos objetivos primordiais da lei societária não pode implicar que a legislação não possa ser coerente com os imperativos de ordem econômica. Ademais, a própria neutralidade da lei societária deve ser questionada. No Brasil, Modesto Carvalhosa dedicou obra para demonstrar que a Lei das S.A. tem notória orientação concentracionista, visando benefício de poucos grupos financeiros (CARVALHOSA, Modesto. *A Nova Lei das Sociedades Anônimas: seu modelo econômico.* Rio de Janeiro: Paz e Terra, 1976). Com efeito, o desenvolvimento da Lei das S.A., nos anos setenta, buscava fortalecer a grande empresa nacional, política essa que foi consubstanciada no II Plano Nacional de Desenvolvimento (PND), com referência à formação de conglomerados nacionais para competir com pares internacionais. Exemplo contundente dos princípios concentracionistas na Lei das S.A. é a sociedade unipessoal, admitida nos grupos de fato e cuja existência é condicionada a que a sua controladora única seja uma empresa brasileira (SALOMÃO FILHO, Calixto. *A sociedade unipessoal.* São Paulo: Malheiros, 1995, p.180-182).

gração econômica entre pessoas inter-relacionadas. Fala-se, então, em *ruptura* dos pilares do modelo societário vigente[187].

[187] A expressão "ruptura" foi originalmente adotada por Eduardo Secchi Munhoz, em MUNHOZ, Eduardo Secchi. *Empresa contemporânea e o direito societário*. São Paulo: Juarez de Oliveira, 2002, p. 146. Aqui, usa-se a mesma expressão, porque esta descreve precisamente os efeitos do fenômeno grupal em face da lei societária.

# 3.
# RUPTURA DA DISCIPLINA JURÍDICA DESTINADA À COMPANHIA ISOLADA

## 3.1. Controle da sociedade anônima isolada versus controle do grupo societário

Antes de examinar detalhadamente a incompatibilidade entre o modelo jurídico tradicional e a empresa plurissocietária, cabe examinar a origem desta dissonância: a distinção entre os objetivos e os efeitos do poder de controle exercido, de um lado, por um investidor privado, no âmbito de uma companhia *isolada*, e, de outro lado, por um *empresário*, no âmbito de uma sociedade anônima integrada a um *grupo societário*[188].

Ainda preliminarmente, cabe estabelecer o conceito de *investidores privados*: podem ser pessoas naturais ou jurídicas que não exercem atividade empresária; ou, ainda, pessoas que, mesmo exercendo a atividade em si, detenham participações societárias sobre outra companhia, visando apenas administrar o próprio patrimônio por meio de um investimento *financeiro*, sem exercer uma *atividade empresarial* por meio dessas participações societárias[189]. É cenário em que há relativa identidade entre os objetivos do acionista controlador, dos acionistas minoritários e da própria companhia, todos igualmente interessados na maximização dos resultados empresariais da companhia investida. Não se verifica, ao menos em princípio, desbalanceamento estrutural dos propósitos tanto do titular do poder de controle, como dos demais acionistas da compa-

[188] ANTUNES, José Augusto Quelhas Lima Engrácia. *Liability of corporate groups: autonomy and control in parent-subsidiary relationships in US, German and EU law: an international and comparative perspective.* Deventer: Kluwer, 1994, p. 153-154.

[189] VIO, Daniel de Avila. *Grupos Societários: Ensaio sobre os Grupos de Subordinação, de Direito e de Fato no Direito Societário Brasileiro.* São Paulo: Quartier Latin, 2016, p. 131.

nhia. Da mesma forma, pressupõe-se que haja alinhamento de interesses entre credores sociais e os acionistas. Se o crédito concedido pelos credores é garantido pelo patrimônio da companhia, estes, assim como os acionistas, têm interesse em preservar os ativos sociais[190].

O empresário, por seu turno, não investe em uma companhia apenas para fruir dos proventos desta. O investimento realizado em uma sociedade é *atividade-meio* para realizar empreendimento que exceda o respectivo objeto social[191]. Dessa forma, o investimento em participação societária direta ou indireta tem natureza essencialmente *estratégica*: o empresário não está interessado exclusivamente no desempenho financeiro de cada uma de suas controladas, mas na maximização do resultado de suas atividades empresariais. Logo, o exercício do poder de controle orienta-se por propósitos *externos* aos interesses de cada companhia investida[192]. Fala-se aqui em *empresário*, porque a modalidade de exercício do poder de controle pode ser exercida tanto por uma pessoa natural que seja um empresário individual, como por uma pessoa jurídica, embora, como já visto, a Lei das S.A. se refira apenas a uma *sociedade* controladora, quando define as relações de controle que demarcam os grupos *de fato*[193].

Viu-se, ainda, no capítulo anterior, que a sociedade controladora movimenta recursos entre diferentes sociedades para servir os objetivos empreendedores do grupo, e não de cada uma das pessoas jurídicas que a integram. Dentro da empresa plurissocietária, forma-se um mercado interno, para alocar recursos entre as sociedades da forma mais conveniente ao grupo. A dinâmica ali verificada, por sua vez, é regida sob a lógica de autoridade e não replica o sistema de preço próprio do mercado externo[194]. O conjunto é vantajoso para o grupo e, indiretamente, para a sociedade controladora, mas não é, necessariamente, a melhor opção

[190] Cf. art. 391 do CC e art. 789 do Código de Processo Civil.

[191] Oliveira, Ana Perestrelo. *Grupos de Sociedades e deveres de lealdade*. Coimbra: Almedina, 2012, p. 109.

[192] Oliveira, Ana Perestrelo. *Grupos de Sociedades e deveres de lealdade*. Coimbra: Almedina, 2012, p. 117.

[193] O que será retomado no capítulo 5.

[194] Dau, Luis Alfonso; Morck, Randall; Yeung, Bernard Yin. Business groups and the study of international business: A Coasean synthesis and extension. *Journal of International Business Studies*. London, vol. 52, n. 2, p. 161-211, mar. 2021.

para o interesse individual das controladas[195]. Isso porque sociedades podem ser orientadas a operar de forma mais ou menos rentável, com a finalidade buscar a melhor alocação de recursos no grupo. No exercício da organização do grupo, a empresa controladora atribui a determinadas sociedades a função de centros de lucro (*profit centers*); a outras, a função de centros de custo e de perdas (*cost centers*), a depender do envolvimento nas despesas, nas receitas e nos resultados dos empreendimentos do conglomerado[196].

Portanto, a vontade da sociedade controladora não necessariamente coincidirá com a vontade dos acionistas minoritários e dos credores das respectivas controladas. Estes estão exclusivamente interessados na maximização de resultados e na preservação do patrimônio daquelas sociedades com quem mantêm relação de investimento ou de crédito. Se o patrimônio da sociedade for instrumentalizado em benefício da empresa controladora ou de outras entidades do grupo, acionistas minoritários e credores que possuem direitos econômicos exclusivamente vinculados à referida sociedade serão prejudicados.

O quadro descrito rompe as bases da disciplina jurídica tradicionalmente designada a regular o exercício do poder de controle e os deveres fiduciários dos administradores no âmbito de uma companhia isolada. Fala-se, então, em *crise* da estrutura organizacional societária clássica[197].

195 Dau, Luis Alfonso; Morck, Randall; Yeung, Bernard Yin. Business groups and the study of international business: A Coasean synthesis and extension. *Journal of International Business Studies*. London, vol. 52, n. 2, p. 161-211, mar. 2021.

196 Teixeira, Egberto Lacerda; Guerreiro, José Alexandre Tavares. *Das sociedades anônimas no direito brasileiro*. São Paulo: Bushatsky, 1979, p. 774.

197 Antunes, José Engrácia. *Liability of corporate groups*: autonomy and control in parent-subsidiary relationships in US, German and EU law: an international and comparative perspective. Deventer: Kluwer Law and Taxation, 1994, p. 64; Munhoz, Eduardo Secchi. *Empresa contemporânea e o direito societário*. São Paulo: Juarez de Oliveira, 2002, p. 142; Munhoz, Eduardo Secchi. Grupos societários de fato. Estrutura de governo e poderes do acionista controlador. In: Castro, Rodrigo Monteiro de *et al.* (coord.). *Direito empresarial e outros estudos de direito em homenagem ao professor José Alexandre Tavares Guerreiro*. São Paulo: Quartier Latin, 2013, p. 267-291; Prado, Viviane Muller. *Conflito de Interesses nos Grupos Societários*. São Paulo: Quartier Latin, 2006, p. 70.

É crise que se manifesta em quatro pilares tradicionais da disciplina societária brasileira[198], a examinados nos itens 3.2 a 3.5 a seguir. Trata-se de matéria já bastante desenvolvida em obras anteriores[199], razão pela qual se optou por apresentar o tema, aqui, de forma sucinta.

### 3.2. Ruptura do princípio da organização autônoma e do interesse social. Inexistência do interesse do grupo nos agrupamentos de fato

Toda organização empresarial persegue uma *finalidade* que lhe é própria[200]-[201], cuja medida está no objeto social[202]. A finalidade traduz-se

[198] Embora este trabalho aluda à crise na Lei das S.A., vale registrar que a crise no direito das companhias provocada pelos grupos societários é um fenômeno global (ANTUNES, José Engrácia. *Liability of corporate groups*: autonomy and control in parent-subsidiary relationships in US, German and EU law: an international and comparative perspective. Deventer: Kluwer Law and Taxation, 1994) e, sobretudo, no direito de diversos países europeus, cuja legislação ainda é centralizada no paradigma de uma companhia isolada (FRANZMANN, Georg. Europäisches Konzernrecht: Vom Gesellschaftsschutzrecht zum Enabling Law für Unternehmen. *In:* HOMMELHOFF Peter; LUTTER Marcus, TEICHMANN; Christoph. *Corporate Governance im grenzüberschreitenden Konzern.* Berlin: De Gruyter, 2016, pp. 393-410). Afinal, os grupos estão presentes em variadas jurisdições (ver capítulo 2). Ademais, os ordenamentos legais dessas diversas jurisdições, em muitos casos, regulam a sociedade anônima a partir de bases estruturalmente semelhantes (KRAAKMAN, Reinier *et al. The Anatomy of Corporate Law.* A comparative and functional approach. 3. ed. Oxford: Oxford University Press, 2017, p. 1-2).

[199] ANTUNES, José Engrácia. *Liability of corporate groups*: autonomy and control in parent-subsidiary relationships in US, German and EU law: an international and comparative perspective. Deventer: Kluwer Law and Taxation, 1994. No Brasil, MUNHOZ, Eduardo Secchi. *Empresa contemporânea e o direito societário.* São Paulo: Juarez de Oliveira, 2002, PRADO, Viviane Muller. *Conflito de Interesses nos Grupos Societários.* São Paulo: Quartier Latin, 2006; e VIO, Daniel de Avila. *Grupos Societários: Ensaio sobre os Grupos de Subordinação, de Direito e de Fato no Direito Societário Brasileiro.* São Paulo: Quartier Latin, 2016.

[200] MUNHOZ, Eduardo Secchi. Grupos societários de fato. Estrutura de governo e poderes do acionista controlador. In: CASTRO, Rodrigo Monteiro de et al (coord.). *Direito empresarial e outros estudos de direito em homenagem ao professor José Alexandre Tavares Guerreiro.* São Paulo: Quartier Latin, 2013, p. p. 267-291.

[201] O direito contemporâneo autoriza os particulares a constituírem pessoas jurídicas para a consecução de seus próprios objetivos. Naturalmente, cada espécie de pessoa jurídica cumpre uma função específica no ordenamento jurídico, sendo certo que, no caso das sociedades, o objeto é o exercício de uma atividade econômica (escopo-meio) e a sua meta é obtenção de lucro (escopo-fim). O fim social está presente em "todas as fases da vida

na noção de *interesse social*. Isso porque "quem fala em fins, fala em interesse"[203], e este está a serviço daqueles.

Na Lei das S.A., o dever do acionista controlador e dos administradores de orientar a companhia para o fim desta reflete-se em uma série de dispositivos. O principal dever está positivado no art. 116, parágrafo único, em que a lei determina que o acionista controlador faça a companhia realizar o seu objeto. O mesmo dever também é depreendido do art. 117, §1º, alíneas "a", "c", "e" e "h", tratando como modalidade de abuso de poder de controle atos e operações orientados a perseguir propósitos que não se coadunem com o interesse da companhia. Por fim, o dever do acionista controlador de votar no interesse social se encontra no art. 115, adiante examinado. Já o dever atribuído aos administradores está consubstanciado no art. 154, cabendo-lhes exercer suas funções, a fim de "lograr os fins e no interesse da companhia".

Não há consenso sobre o que se deve entender por "interesse social", e este trabalho não é o foro para rediscutir as exaustivas vertentes institucionalista e contratualista sobre a matéria[204]. Apesar de haver disputa a respeito do que é interesse social, inexiste controvérsia sobre o que o conceito *não é*. Não se trata nem da vontade pessoal do acionista controlador, nem do interesse individual dos acionistas minoritários; tampouco o

da sociedade e exerce influência dominante sobre todos os seus aspectos" (Scalzilli, João Pedro. Confusão Patrimonial no Direito Societário. São Paulo: Quartier Latin, 2015, p. 57-60).

202 Guerreiro, José Alexandre Tavares. Conflitos de interesse entre sociedade controladora e controlada e entre coligadas, no exercício do voto em assembleias gerais e reuniões sociais. *Revista de Direito Mercantil, Industrial, Econômico e Financeiro*. São Paulo, ano XXII (Nova Série), n. 51, p. 29–32, jul./set. 1983.

203 Guerreiro, José Alexandre Tavares. Sobre a interpretação do objeto social. *Revista de Direito Mercantil Industrial, Econômico e Financeiro*. São Paulo, ano XXIII (Nova Série), ano 54, p. 67-72, abr./jun. 1984.

204 Sobre essa distinção, ver JAEGER, Pier Giusto. L'interesse sociale rivisitato (quarant'anni dopo). *Giurisprudenza commerciale*. Milano, v. 27, n. 6, p.795/I-812/I, 2000; Jaeger, Pier Giusto. *L'Interesse Sociale*. Milano: Giuffrè, 1972; Salomão Filho, Calixto. *O novo direito societário*. 4. ed. São Paulo: Malheiros, 2015, p. 27-52; Comparato, Fábio Konder; Salomão Filho, Calixto. *O poder de controle na sociedade anônima*. 6ª ed. Rio de Janeiro, Forense, 2014, p. 286-291 e 324-330; Adamek, Marcelo Vieira Von. *Abuso de Minoria em Direito Societário*. São Paulo: Malheiros, 2014, p. 140-148, entre tantos outros.

interesse social se confunde com o interesse das sociedades *controladora*, *coligadas* ou *controladas* da companhia em questão. Nesse sentido conceitual e peremptório, a Lei das S.A. veda expressamente que o acionista controlador ou a sociedade controladora favoreçam a si próprios ou a outra sociedade, controladora, controlada ou coligada, subordinando o interesse social a interesses estranhos à companhia (art. 117, §1º, alínea "f" e art. 245[205]).

No capítulo anterior, viu-se que nos grupos societários a realidade é bem diversa. Ali, a sociedade controladora não atua no interesse das respectivas controladas. Estas são apenas membros de uma empresa maior, cujos objetivos extrapolam os fins de cada sociedade. A sociedade controladora e os administradores manejam os negócios e os recursos do grupo, de modo a favorecer o resultado global da empresa, podendo-se, para tanto, *instrumentalizar* o patrimônio de alguns de seus membros.

Diante da constatação dessa realidade, parte da doutrina nacional[206] e estrangeira[207] passou a defender que o *interesse do grupo* deveria nortear a conduta da sociedade controladora. Trata-se de tentativa de transpor a concepção de *interesse social* para uma esfera mais ampla, na qual os órgãos societários não serviriam apenas às aspirações individuais de cada sociedade, mas ao interesse correspondente à *soma* de todas elas.

[205] Sobre a interpretação do art. 245, ver o capítulo 5, itens 5.2 e seguintes. Ali, ficará claro que a regra é a vedação à subordinação do interesse social, mas essa situação é admitida, desde que haja pagamento compensatório adequado.

[206] Exemplificativamente, PEDREIRA, José Luiz Bulhões. Grupos de Sociedades. *In*: LAMY FILHO, Alfredo; PEDREIRA, José Luiz Bulhões (coords.). *Direito das companhias*. 2. ed. Rio de Janeiro: Forense, 2017, p. 1404-1405; MUNHOZ, Eduardo Secchi. Grupos societários de fato. Estrutura de governo e poderes do acionista controlador. In: CASTRO, Rodrigo Monteiro de et al (coord.). *Direito empresarial e outros estudos de direito em homenagem ao professor José Alexandre Tavares Guerreiro*. São Paulo: Quartier Latin, 2013, p. 267-291; e SPINELLI, Luis Felipe. *Administração das sociedades anônimas: lealdade e conflito de interesses*. São Paulo: Almedina, 2020, p. 139.

[207] Exemplificativamente, ANTUNES, José Engrácia, BAUMS, Theodor, CLARKE, Blanaid J., CONAC, Pierre-Henri, ENRIQUES, Lucas, HANAKA, Andras I, HANSEN, Jesper Lau, DE KLUIVER, H.J., KNAPP, Vanessa, LENOIR, Noële, LINNAINMAA, Leena, SOLTYSINSKI, Stanislaw, WYMEERSCH, Eddy. *Report of the Reflection Group on the Future of EU Company Law*. Brussels: European Comission, 2011, p. 82. Disponível em: <http://ssrn.com/abstract=1851654>. Acesso em 15.02.2022.

Em que pese o paralelismo de ideias, o *interesse do grupo* só serve de parâmetro para a sociedade controladora nos grupos de sociedades (ou grupos *de direito*), em que a lei expressamente reconhece que a celebração de uma convenção grupal[208] cria um centro de interesses distinto dos fins de cada uma das sociedades, como se verá no capítulo 5. Todavia, para a maioria dos grupos societários, que são agrupamentos de fato, essa construção não é juridicamente sustentável, tampouco conveniente.

Não há fundamento para defender a elaboração teórica, fundamentalmente porque os grupos não formam um ente autônomo com personalidade jurídica e vontade própria[209]. Se o grupo não é sujeito de direito, juridicamente não há possibilidade de reconhecê-lo como titular de *interesses* independentes e distintos de seus membros[210]. Diferentemente do que sucede nos grupos de sociedades, a lei não desenhou, para os grupos fáticos, um regime jurídico que os tratasse como produto de um *ato de vontade coletivo* celebrado pelas sociedades que o integram. Não há norma jurídica que imponha ao controlador, aos acionistas e aos administradores o dever de atuar, votar ou zelar pelo *interesse do grupo*; e tampouco há previsão de celebração de um contrato plurilateral que vincule as sociedades a perseguir o escopo empresarial definido no próprio instrumento, tal como sucede na convenção grupal.

Tampouco convém que se advogue pelo interesse do grupo, haja vista que o critério não é funcional. Se não há razoável consenso sobre a definição do interesse social de uma *única sociedade*, diante dos inesgotáveis debates existentes em torno do tema, tanto maiores seriam os desafios de estabelecer, de forma minimamente objetiva, o que se deve entender como interesse de uma *pluralidade* de sociedades sob controle comum[211].

[208] Guerreiro, José Alexandre Tavares. Das relações internas no grupo convencional de sociedades. In: Torres, Heleno Taveira; Queiroz, Mary Elbe. (coord.). *Desconsideração da personalidade jurídica em matéria tributária*. São Paulo: Quartier Latin, 2005. p. 303-321.
[209] Oliveira, Ana Perestrelo. *Grupos de Sociedades e deveres de lealdade*. Coimbra: Almedina, 2012, p. 228; Vio, Daniel de Avila. *Grupos Societários: Ensaio sobre os Grupos de Subordinação, de Direito e de Fato no Direito Societário Brasileiro*. São Paulo: Quartier Latin, 2016, p. 225-229.
[210] Vio, Daniel de Avila. *Grupos Societários: Ensaio sobre os Grupos de Subordinação, de Direito e de Fato no Direito Societário Brasileiro*. São Paulo: Quartier Latin, 2016, p. 225-229.
[211] Oliveira, Ana Perestrelo. *Grupos de Sociedades e deveres de lealdade*. Coimbra: Almedina, 2012, p. 224-225.

A bem da verdade, a alusão ao interesse do grupo é, em si mesma, vazia[212]. O suposto interesse do grupo é, ao fim e ao cabo, o interesse da sociedade controladora localizada no topo da estrutura societária[213], que usa seu poder para instrumentalizar as controladas, em prol da própria vontade, em benefício do todo e da unidade, e não de cada uma das controladas. A coesão econômica dos grupos decorre, essencialmente, da projeção dos objetivos da sociedade controladora sobre as respectivas controladas, e não da persecução de uma finalidade verdadeiramente comunitária[214]. Ainda que a sociedade controladora privilegie imediatamente os negócios de uma de suas controladas em detrimento de si própria, ela assim o faz porque entende que esse mesmo ato a beneficiará, ainda que no futuro, ou de forma indireta[215].

Portanto, os grupos desassociam a inexorável conexão entre *sociedade* e *finalidade*, já que a pessoa jurídica se torna instrumento para alcançar objetivos que excedem o escopo formalmente circunscrito no estatuto social e que são orientados por interesses empresariais externos à própria companhia. Ao contrário do que parte da doutrina procura sustentar, esse divórcio não é remediado por um suposto *interesse do grupo*, tal como sucede na empresa plurissocietária *de direito*. É divórcio que produz consequências em outros institutos jurídicos: a disciplina do conflito de interesses e os deveres fiduciários dos administradores, adiante examinados.

### 3.3. Ruptura da disciplina do conflito de interesses: o surgimento do *conflito do grupo*

Trata-se de decorrência da ruptura do dever de atuar no interesse social, desenvolvido no item imediatamente acima. A crise da disciplina do conflito de interesses se dá de duas formas: quanto à *natureza* do conflito e quanto à *forma* em que o próprio conflito se manifesta.

212 Oliveira, Ana Perestrelo. *Grupos de Sociedades e deveres de lealdade*. Coimbra: Almedina, 2012, p. 228, p. 232.

213 Prado, Viviane Muller. *Conflito de Interesses nos Grupos Societários*. São Paulo: Quartier Latin, 2006, p. 562.

214 Vio, Daniel de Avila. *Grupos Societários: Ensaio sobre os Grupos de Subordinação, de Direito e de Fato no Direito Societário Brasileiro*. São Paulo: Quartier Latin, 2016, p. 225-229.

215 Liveira, Ana Perestrelo. *Grupos de Sociedades e deveres de lealdade*. Coimbra: Almedina, 2012, p. 228-231.

Quanto à natureza, sob a perspectiva tradicional do direito societário, o conflito entre o acionista controlador e os demais acionistas, ou entre o administrador e a companhia, é uma patologia que surge esporadicamente[216]. Comprova-se o conflito, assim, quando o controlador ou os administradores agem de forma oportunista, para, assim, extrair vantagens não compartilhadas com os demais investidores (por isso, fala-se em *benefícios privados*) e em detrimento da companhia[217].

Ocorre que, nos grupos, o conflito não é uma anomalia. Trata-se, pelo contrário, de situação *permanente*, *sistemática* e *institucional*[218]. É situação que decorre, naturalmente, do antagonismo de interesses entre sociedade controladora e controladas, já que a primeira persegue interesses empresariais *externos* às segundas[219]. Esse quadro reflete o que a doutrina estrangeira denomina como *conflito do grupo*[220]-[221], em contraposição ao clássico *conflito de interesses* que sucede na sociedade isolada.

[216] Scognamiglio, Giuliana. "Clausole generali", principi di diritto e disciplina dei gruppi di società. *Orizzonti del Diritto Commerciale*. Roma, 2013, n. 1, p. 1-33, 2013.

[217] Retome-se, aqui, o conceito de benefícios privados, em Dyck, Alexander; Zingales, Luigi. Private Benefits of Control: An International Comparison. *The Journal of Finance*. New York, vol. 59, n. 2, p. 537-600, abr. 2004 e Gilson, Ronald J.; Gordon, Jeffrey N. Controlling Controlling Shareholders. *University of Pennsylvania Law Review*. Philadelphia, vol. 152, n. 2, p. 785-843, 2003; Gilson, Ronald J.; Schwartz, Alan. Constraints on Private Benefits of Control: Ex Ante Control Mechanisms versus Ex Post Transaction Review. *Journal of Institutional and Theoretical Economics*. Tübingen, vol. 169, n. 1, p. 160-183, mar. 2013; e Albuquerque, Rui A.; Schroth, Enrique J. *The Determinants of the Block Premium and of Private Benefits of Control*. Brussels: European Corporate Governance Institute, 2008 (Finance Working Paper Nº 202/2018).

[218] Oliveira, Ana Perestrelo. *Grupos de Sociedades e deveres de lealdade*. Coimbra: Almedina, 2012, p. 117.

[219] Scognamiglio, Giuliana. "Clausole generali", principi di diritto e disciplina dei gruppi di società. *Orizzonti del Diritto Commerciale*. Roma, 2013, n. 1, p. 1-33, 2013.

[220] Irujo, José Miguel Embid. *Introducción al derecho de los grupos de sociedades*. Granada: Comares, 2003, p. 31-32, Oliveira, Ana Perestrelo. *Grupos de Sociedades e deveres de lealdade*. Coimbra: Almedina, 2012, p. 109. No mesmo sentido, Emmerich, Voker; Habersack, Mathias. *Aktien- und GmbH-Konzernrecht*. 6ª ed. rev. München: C.H. Beck, 2010, p. 547.

[221] Em trabalho de direito comparado, Klaus Hopt trata dos conflitos como *problemas de agência* específicos dos grupos societários (Hopt, Klaus J. Groups of Companies – A Comparative Study on the Economics, Law and Regulation of Corporate Groups. Brussels: European Corporate Governance Institute, 2015).

Quanto à forma, se o acionista controlador é o titular de direitos de sócio que lhe assegurem a maioria dos votos (art. 116, "a" da Lei das S.A.), a lei fez da assembleia o foro no qual tipicamente o poder de controle se manifesta de forma visível e concreta. Nesse ambiente, a conduta praticada pelo controlador é objetivamente verificada a partir da orientação de voto que ele vier adotar nas deliberações sociais, de modo que eventual conflito é remediado ora via impedimento de voto, em caráter *ex ante*, ora via anulação de voto conflitado, conforme a disciplina do art. 115 da Lei das S.A.

Sucede que a assembleia não é mais o local principal onde o conflito se manifesta. Se já era assim nas sociedades anônimas isoladas, tanto o mais será nos grupos societários. É que a assembleia é chamada a deliberar sobre temas de interesse da companhia em situações específicas e ocasionais – ora em sede de assembleia geral *ordinária*, que acontece somente uma vez a cada exercício social; ora em deliberações *extraordinárias*, relacionadas a matérias estruturantes e excepcionais sobre o destino da companhia, tais como reformas estatutárias e reorganizações societárias.

Enquanto o poder de controle permanece formalmente circunscrito à esfera assemblear, compete ao conselho de administração "fixar a orientação geral dos negócios" (art. 142, I da Lei das S.A.); e aos diretores, representar a sociedade e praticar os "atos necessários ao seu funcionamento regular" (art. 144, *caput*). São os administradores que conduzem a atividades, que *presentam*[222] a companhia e que, em nome desta e entre outras atividades, negociam, contraem obrigações e cumprem deveres. Logo, o jurista não vislumbrará nenhuma *conduta* ou *participação* concretas do acionista controlador nas atividades administrativas praticadas, sob a orientação do controlador, pelos administradores.

O quadro institucional criado pela lei cede facilmente à realidade subjacente à disciplina legal. A repartição de competências administrativas não afasta a influência permanente do acionista controlador sobre os gestores da companhia, tampouco a instrumentalização dos órgãos administrativos para fazer valer a vontade que dele emana. É que o acionista

[222] Pontes De Miranda, Francisco Cavalcanti. *Tratado de Direito Privado*. São Paulo: Revista dos Tribunais, 2012, t. I, p. 578-590.

controlador permanece capaz de nomear e destituir os administradores a qualquer tempo (no art. 122, II da Lei das S.A.). A ameaça de destituição é a força coativa capaz de manter a administração leal e subordinada aos anseios daquele que tem poderes para conduzir os administradores ao cargo e afastá-los[223]. Portanto, é o acionista controlador quem, derradeiramente, ditará os rumos da companhia, por meio dos administradores por ele eleitos[224].

Aqui, cabe destacar notória particularidade da Lei das S.A.: o art. 116, "b" aceita o poder do acionista controlador sobre a administração, pois prevê, genericamente, que ele o utiliza, efetivamente, para "dirigir as atividades sociais e orientar o funcionamento dos órgãos da companhia"[225]-[226]. Contudo, a normatização da influência fática do controlador sobre os administradores não veio acompanhada de instrumental jurídico que permitisse identificar a *forma* e os *meios* pelos quais a conduta do controlador se manifesta.

Assim, as ordens ou instruções emitidas pelo acionista controlador aos administradores eleitos com o voto são diretrizes *informais*, "sem

[223] GUERREIRO, José Alexandre Tavares. Poder e Dominação. *Revista de Direito Mercantil Industrial, Econômico e Financeiro*. São Paulo, ano XXIII (Nova Série), n. 53, p. 72-80, jan./mar. 1984.

[224] GALGANO, Francesco. I gruppi nella riforma delle società di capitali. *Contratto e impresa*. Padova, vol. 18, n. 3, p. 1015-1045, 2002. No mesmo sentido, KRAAKMAN, Reinier *et al. The Anatomy of Corporate Law*: A comparative and functional approach. 3. ed. Oxford: Oxford University Press, 2017.

[225] Na interpretação e aplicação da lei brasileira, não cabe questionar se o acionista controlador pode ou não dirigir as atividades sociais e orientar o funcionamento dos órgãos da companhia, uma vez que esse poder lhe é expressamente reconhecido pelo art. 116 da Lei 6.404/76. Nem afirmar que o administrador da companhia é 'autônomo' no exercício de suas funções, no sentido de que ao exercer suas atribuições está submetido exclusivamente às normas da Lei, e não tem o dever de observar a orientação recebida dos ocupantes dos cargos a que está subordinado na estrutura hierárquica da companhia" (PEDREIRA, José Luiz Bulhões. Acordo de acionistas sobre controle de grupo de sociedades. Validade da estipulação de que os membros do Conselho de Administração de controladas devem votar em bloco segundo orientação definida pelo grupo controlador. *Revista de Direito Bancário e do Mercado de Capitais*. São Paulo, v. 5, n. 15, p. 226-248, 2002).

[226] Os §§8º e 9º do art. 118 corroboram a subordinação funcional dos administradores ao controlador, ao instituir que os órgãos administrativos estão vinculados à orientação de voto definida pelos signatários de acordo de acionistas arquivado na sede social.

forma nem figura"[227]. Logo, se o abuso praticado pelo controlador não se concretizar em nítida *orientação de voto* proferida em assembleia ou em instância deliberativa prevista em acordo de acionistas, não será juridicamente rastreada a influência exercida pelo titular do poder de controle sobre a gestão da companhia.

Nos grupos, o poder exercido pela sociedade controladora oculta-se em ainda maior grau: não apenas em razão das repartições de competências entre os órgãos sociais, mas, sobretudo, porque a influência do controle tem origem *externa* à própria companhia, já que emana da sociedade controladora, direta ou indireta, situada no topo da estrutura societária[228].

Nessas organizações, o poder traduz-se em instruções emitidas *em cadeia*, da controladora para as respectivas controladas, em deliberações assembleares e, ainda, por meio de ordens que não necessariamente se manifestam sob o formato de resoluções tomadas de cima abaixo e em sequência. Nesse ambiente, a influência do controlador perde-se nos múltiplos níveis da pirâmide societária, na qual é possível vislumbrar, ao máximo, instruções proferidas pelos administradores que *presentam*[229] a vontade das sociedades situadas no topo da hierarquia. Trata-se de ver-

[227] GUERREIRO, José Alexandre Tavares. Sociologia do Poder na Sociedade Anônima. *Revista de Direito Mercantil Industrial, Econômico e Financeiro*. São Paulo, ano XXIX (Nova Série), n. 77, p. 50-56, jan./mar. 1990. No mesmo sentido, GOMES, José Ferreira. Conflitos de interesses entre accionistas nos negócios celebrados entre a sociedade anônima e seu accionista controlador. *In*: CÂMARA, Paulo et al (Coords). *Conflito de interesses no Direito Societário e Financeiro*. Coimbra: Almedina, 2010, pp. 76-213.

[228] "Em vez de ser meramente interno, o controle exercido por outra sociedade sobre outra sociedade é, por definição, um controle externo (*rectius*, um controle orientado externamente), no sentido de que o sujeito de controle realiza uma atividade econômica externa que compete com a da sociedade controlada". Tradução livre de: "*Instead of being merely internal, the control exercised by another corporation over another corporation is by definition an external control (rectius, an externally oriented control), in the sense that the subject of control performs an outside economic activity that competes with that of the controlled entity*" (ANTUNES, José Augusto Quelhas Lima Engrácia. *Liability of corporate groups*: autonomy and control in parent-subsidiary relationships in US, German and EU law: an international and comparative perspective. Deventer: Kluwer, 1994, p. 151) .

[229] PONTES DE MIRANDA, Francisco Cavalcanti. *Tratado de Direito Privado*. São Paulo: Revista dos Tribunais, 2012, t. I, p. 578-590.

dadeira transposição do poder da sociedade controladora ao órgão de administração da controlada[230]. Como resultado, a disciplina do art. 115 é esvaziada, visto que o antagonismo de interesses que sucede na companhia raramente se manifestará por meio do voto em foro assemblear.

Sob a perspectiva dos administradores, que também estão diretamente vinculados ao interesse social (art. 154 da Lei das S.A.), afirma-se que estes vivenciam verdadeiro *conflito de lealdade*[231], haja vista que o interesse da companhia se contrapõe aos interesses que determinam as políticas e as diretrizes estabelecidas pela sociedade controladora no grupo. Cabe ao administrador optar por descumprir seu dever fiduciário, subordinando-se ao poder fático ao qual está sujeito, ou cumprir o direito e desviar-se da orientação da sociedade controladora, expondo-se ao risco de destituição.

### 3.4. Ruptura da vedação à indução de administrador à prática de ato contrário ao interesse da companhia

Com base no cenário descrito, sobrevém a indagação: como é possível imputar à sociedade controladora os atos que foram praticados pelos administradores sob a sua influência e orientação? A Lei das S.A., assim como ocorre em outros ordenamentos jurídicos[232], proíbe o controlador de *induzir* os administradores a descumprir seus deveres legais (art. 117, §1º, alínea "e"), que incluem, como visto no item 3.3, o de exercer suas atribuições para lograr os fins e no interesse da companhia (art. 154). Os

[230] Antunes, José Augusto Quelhas Lima Engrácia. *Liability of corporate groups: autonomy and control in parent-subsidiary relationships in US, German and EU law: an international and comparative perspective*. Deventer: Kluwer, 1994, p. 99-104.

[231] Munhoz, Eduardo Secchi. *Empresa contemporânea e o direito societário*. São Paulo: Juarez de Oliveira, 2002, p. 146; Munhoz, Eduardo Secchi. Grupos societários de fato. Estrutura de governo e poderes do acionista controlador. *In*: Castro, Rodrigo Monteiro de *et al.* (coord.). *Direito empresarial e outros estudos de direito em homenagem ao professor José Alexandre Tavares Guerreiro*. São Paulo: Quartier Latin, 2013, p. 267-291.

[232] Manuel Pinto Soares Pereira Dias expõe os ordenamentos jurídicos nos quais existe proibição ao exercício de influência ou indução aos administradores a praticarem atos contrários ao interesse social em Dias, Manuel Pinto Soares Pereira. *Responsabilidade por Exercício de Influência sobre a Administração de Sociedades Anônimas:* Uma análise de direito material e direito de conflitos. Coimbra: Almedina, 2007.

grupos rompem, duplamente, tanto a forma em que a conduta reputada irregular se manifesta, quanto a natureza da própria conduta.

O ato de indução alude à chamada "coação branca"[233] exercida pelo acionista controlador sobre os órgãos administrativos. Por ser essencialmente informal, essa força não é detectável em condutas objetivamente apreensíveis por instrumentos jurídicos societários. Não se trata de simples problema de prova diabólica de uma conduta intangível[234], mas, sobretudo, de inadequação do tipo previsto na norma. Pressupôs-se que a indução de administradores seria uma patologia excepcional a ser sancionada casuisticamente pelo direito, ante a suposta independência atribuída aos órgãos societários. É independência que, contudo, não se verifica: na realidade, a indução é fenômeno permanente e estrutural averiguado na influência do controlador sobre os órgãos administrativos das sociedades que integram o grupo.

A bem da verdade, a influência exercida pela sociedade controladora sobre os administradores é a maneira pela qual esta projeta seu poder sobre cada uma de suas controladas – assim, os administradores da própria sociedade controladora *presentam*[235] sua vontade nas assembleias de suas controladas, elegendo os seus gestores; estes, por seu turno, escolhem o quadro administrativo de suas subsidiárias, e assim sucessivamente, sendo certo que cada órgão administrativo, embora juridicamente independente da sociedade controladora, permanece informalmente subordinado à sociedade em si.

Ocorre que a indução dos administradores para a consecução de políticas que se desviam do interesse de cada companhia controlada é a regra nos grupos. Portanto, cabe indagar: se a sociedade controladora não mais persegue o interesse social de cada uma de suas controladas, por que orientaria os administradores a fazê-lo?

[233] GUERREIRO, José Alexandre Tavares. Sociologia do Poder na Sociedade Anônima. *Revista de Direito Mercantil Industrial, Econômico e Financeiro*. São Paulo, ano XXIX (Nova Série), n. 77, p. 50-56, jan./mar. 1990.

[234] Sobre prova impossível ou diabólica, ver item 5.11.4.

[235] PONTES DE MIRANDA, Francisco Cavalcanti. *Tratado de Direito Privado*. São Paulo: Revista dos Tribunais, 2012, t. I, p. 578-590.

Eis, aqui, mais um desdobramento da crise atrelada ao dever de atuar no interesse social, examinada no item 3.2 acima. No item seguinte, examina-se como a dificuldade de perseguir o interesse individual de uma companhia agrupada impacta as relações contratuais entre sociedades agrupadas.

## 3.5. Ruptura do princípio da equitatividade em operações entre sociedades. A análise de uma transação isolada é reducionista pois não captura outros efeitos, positivos e negativos, atrelados ao grupo

A legislação societária impede que a sociedade controladora transacione com a companhia sem observar condições equitativas (art. 117, §1º, alínea "f" da Lei das S.A.). *Equitatividade* denota equivalência entre prestações e contraprestações[236].

Há duas formas de identificar a equitatividade em si: comparar a operação com outra hipotética, na qual as partes não tenham conflito de interesses; ou defrontar a mesma operação com as condições que vigoram no mercado[237]. Na primeira alternativa, a operação não pode ser menos vantajosa do que uma operação hipotética envolvendo duas partes independentes. Assim, deve ser *indiferente* para a companhia celebrá-la com o controlador, com a controlada ou com outra pessoa[238]. A segunda alternativa coteja a transação em questão com outra comparável que tenha sido celebrada em ambiente de mercado razoavelmente competitivo[239].

Sucede que a realidade dos grupos é radicalmente diversa da hipótese de negociação entre partes independentes e de um ambiente de mercado competitivo. Viu-se no item 3.2 acima que, nos grupos, não existem duas

[236] Análise detalhada do sentido de equitatividade e comutatividade no capítulo 5, item 5.8.2 abaixo.

[237] Clark, Robert Charles. *Corporate Law*. New York: Aspen Law & Business, 1986, p. 127. No mesmo sentido, Eizirik, Nelson. *A Lei das S/A Comentada*. 3. ed. São Paulo: Quartier Latin, 2021, 3ª ed. p. 291-292 e 298. Sobre a aferição da equitatividade e o teste de *entire fairness* desenvolvido pela jurisprudência norte-americana, acolhido em precedentes da CVM, ver item 5.8.2.

[238] Carvalhosa, Modesto. *Comentários à lei de sociedades anônimas*. 6ª ed. São Paulo: Saraiva, 2014, vol. 2., p. 718.

[239] Clark, Robert Charles. *Corporate Law*. New York: Aspen Law & Business, 1986, p. 148.

vontades distintas e independentes. Trata-se de somente uma empresa, na qual a vontade preponderante é determinada pela sociedade controladora. Não se verifica a relação dialética entre duas partes desvinculadas e independentes que permita apreciação autônoma das prestações e contraprestações[240]. A empresa plurissocietária é *firma*, e não mercado. Como examinado nos itens 2.2, 2.3 e 2.7, o mercado interno formado no interior do grupo não é comparável ao mercado externo, justamente porque as transações ocorrem sob a lógica da autoridade emanada de somente um centro de poder. Naturalmente, os preços praticados entre os membros do grupo não serão comparáveis aos preços praticados entre partes independentes, que transacionam em um mercado razoavelmente competitivo[241].

240 Vio, Daniel de Avila. *Grupos Societários: Ensaio sobre os Grupos de Subordinação, de Direito e de Fato no Direito Societário Brasileiro*. São Paulo: Quartier Latin, 2016, p. 110 e 251.

241 Dammann, Jens. Related Party Transactions and Intragroup Transactions. In: Enriques, Luca; Tröger, Tobias H. (eds.) *The Law and Finance of Related Party*. Cambridge: Cambridge University Press, 2019, pp. 218-244. No mesmo sentido, Dau, Luis Alfonso; Morck, Randall; Yeung, Bernard Yin. Business groups and the study of international business: A Coasean synthesis and extension. *Journal of International Business Studies*. London, vol. 52, n. 2, p. 161-211, mar. 2021, com destaque para os grupos que internalizam funções do mercado com a finalidade de suprir vazios institucionais: "Pagar um preço de transferência intragrupo acima do preço de mercado para bens intermediários pode parecer um problema de governança corporativa na sociedade compradora. Subsidiar uma empresa do grupo para sobreviver operando em escalas ineficientes pode também parecer um problema de governança corporativa nas empresas doadoras. Entretanto, nenhum dos dois é necessariamente um problema de governança do GE [grupo empresarial]. Caso a lei aplicável aos GE [grupos empresariais] obrigue a administração das sociedades nacionais e internacionais do grupo a agir em benefício do bem do grupo como um todo, os acionistas ativistas não poderiam apresentar quaisquer reclamações. De fato, acionistas com investimentos diversificados, detentores de ações tanto da sociedade doadoras como das sociedades beneficiárias, poderiam ser beneficiados por desvios de recursos geradores de valor [para o grupo] (...). O que é bom para o grupo não precisa ser bom para cada empresa membro individual do grupo, visto isoladamente. As empresas microeconômicas às vezes têm que se sacrificar em benefício do todo mesoeconômico. Qualquer GE [grupo empresarial] que supra vazios institucionais deve desviar recursos, que Johnson et al. (2000) definem como movimentação de capital ou outros recursos entre as sociedades do grupo a preços que não são de mercado. Suprir vazios institucionais – os quais prejudicam os mercados de capital, de risco, de trabalho, de capital humano, de bens intermediários, de serviços, de inovações, de informação ou de qualquer outro recurso – significa mover

Ademais, a norma jurídica preconiza a avaliação *isolada* de cada uma das transações celebradas entre sociedades controladoras e controladas, sem atentar-se para o contexto mais abrangente em que elas se inserem. Focalizar em *somente uma* transação não permite captar o quadro geral – e, portanto, mais amplo – do grupo. Quando integram uma organização, as sociedades podem ser *favorecidas, e desfavorecidas*, de diferentes maneiras, e não exclusivamente por meio de um negócio jurídico celebrado entre umas e outras.

Há, por exemplo, vantagens de eficiência produtiva e alocativa[242], há ganhos de escopo e de escala, há facilidade para armazenamento e transmissão de informação, ganhos de reputação. Alternativamente, os benefícios de uma sociedade podem advir de *outra transação*, que não aquela especificamente analisada. Em uma transação de compra e venda, a vendedora é desfavorecida, quando aliena seu produto a um preço abaixo do mercado; mas, em uma operação de crédito, a sociedade antes favorecida

recursos onde os mercados não os moveriam e a preços diferentes daqueles prevalecentes em mercados disfuncionais (Chang et al. 2006, Doh et al., 2017). Nem as mudanças na avaliação das sociedades doadoras nem as diferenças entre os preços de transferência intragrupo e preços de mercado podem medir a eficiência econômica das transferências intragrupo se o comando e o controle dos GE [grupos empresariais] estiver suprindo os vazios institucionais que deixam os mercados disfuncionais". Tradução livre de: "*Paying an intragroup transfer price above the market price for intermediate goods might look like a corporate governance problem in the buyer firm. Subsidizing a group firm to survive operating at inefficient scales might likewise look like a corporate governance problem in the donor firms. However, neither is necessarily a BG governance problem. Under a BG [business group] Law mandating running domestic and international group affiliate firms for the good of the group as a whole, shareholder activists could file no complaint. Indeed, diversified shareholders, holding both donor and recipiente firms' stocks, could be left wealthier by value-creating tunneling (...). What is good for the group need not be good for every individual group member firm viewed in isolation. Microeconomic firms sometimes have to 'take one' for the mesoeconomic team. Any BG that bridges institutional voids must tunnel, which Johnson et al. (2000) define as moving capital or other resources between BG firms at non-market prices. Bridging institutional voids, which impair markets for capital, risk, labor, human capital, intermediate goods, services, innovations, information, or any other resource, means moving resources where markets would not move them and at prices other than those prevailing in dysfunctional markets (Chang et al 2006, Doh et al., 2017). Neither changes in donor firm valuations nor gaps between transfer and market prices can gauge the economic efficiency of intragroup transfers if BG command and control is bridging institutional voids that leave markets dysfunctional*".

242 Sobre os conceitos de eficiência produtiva e alocativa, ver item 3.7.

presta, sem nenhuma contrapartida, garantia para financiamento concedido à outra.

O inverso é igualmente válido. Duas sociedades podem celebrar uma transação considerada como equitativa para os fins da legislação societária, mas uma das partes pode recair em desvantagem, no âmbito do grupo, de outras maneiras. Pode sofrer dano reputacional perante credores, em razão de inadimplemento praticado por outro membro do grupo. Pode ser preterida em nova oportunidade comercial alocada a outra pessoa jurídica do grupo. Pode ser designada a assumir um prejuízo fiscal gerado por outra sociedade. Pode ser obrigada a transferir seus administradores e funcionários para exercício de cargos em outro membro do grupo[243].

[243] "No contexto de grupos societários, esta questão ganha particular relevância. O foco em uma transação em particular ou mesmo em um conjunto de transações pode não captar o quadro geral. Fazer parte de um grupo societário pode criar benefícios estratégicos e outros benefícios que não podem ser atribuídos a nenhuma transação específica. Estes podem incluir, por exemplo, cadeias de fornecimento previsíveis, benefícios de monitoramento, ou vantagens de reputação. Por outro lado, o fato de uma sociedade fazer parte de um grupo societário pode criar vários custos que são difíceis de vincular a qualquer transação em particular ou, pelo menos, extremamente difíceis de determinar. Por exemplo, um escândalo em uma empresa afiliada pode manchar a reputação de outras sociedades que fazem parte do mesmo grupo. (...). Neste contexto, exigir que transações individuais satisfaçam os padrões de mercado sem considerar os benefícios e os custos gerais criados pelo grupo societário pode se revelar problemático. Tal abordagem pode desencorajar o surgimento de grupos societários eficientes, ao mesmo tempo em que não consegue impedir a formação de outros grupos societários ineficientes". Tradução livre de: "*In the context of corporate groups, this issue gains particular relevance. Focusing on a particular transaction or even a set of transactions may not capture the overall picture. Being part of a corporate group may create strategic and other benefits that cannot be attributed to any specific transaction. These may include, for example, predictable supply chains, monitoring benefits, or reputational advantages. On the other hand, the fact that a firm is part of a corporate group may create various costs that are either difficult to tie to any particular transaction or at least exceedingly hard to ascertain. For example, a scandal in one affiliated corporation may tarnish the reputation of other firms that are part of the same group. (...). Against that background, requiring individual transactions to satisfy arm's length standards without considering overarching benefits and costs created by the corporate group may prove problematic. Such an approach may discourage the emergence of some efficient corporate groups, while also failing to prevent the formation of some ineficiente ones*" (DAMMANN, Jens. Related Party Transactions and Intragroup Transactions. In: Enriques, Luca; TRÖGER, Tobias H. (eds.) *The Law and Finance of Related Party*. Cambridge: Cambridge University Press, 2019, p. 218-244).

Assim, analisar apenas uma transação isolada praticada entre os membros do grupo – sem levar em conta outras transações, atos, medidas e políticas conduzidas no âmbito da organização empresarial – seria excessivamente *reducionista*. Não é possível concluir que determinada sociedade foi favorecida, ou preterida, pela sociedade controladora ou pelos administradores, com base no exame de *somente um* negócio jurídico que tenha sido celebrado no grupo. É preciso examinar o ambiente maior no qual o próprio negócio se insere.

Haja vista a necessidade de análise ampla, os critérios de avaliação de uma transação celebrada entre uma sociedade isolada e seus administradores, ou entre uma sociedade isolada e seu acionista controlador, não podem ser iguais aos parâmetros de análise designados para examinar as operações e atos praticados no seio do grupo societário. Nos últimos, a avaliação deve levar em conta outros custos e vantagens decorrentes da associação ao grupo[244], apreciando-se o quadro completo e dinâmico da empresa plurissocietária em que é desenvolvida a atividade empresarial[245].

Em síntese, os itens acima demonstraram a incompatibilidade entre, de um lado, as razões de existência dos grupos e os efeitos dessas organizações, de outro, a disciplina jurídica desenhada para uma sociedade anônima isolada. Diante desse impasse, o item seguinte busca refletir quais seriam, então, os objetivos específicos de uma disciplina jurídica apropriada para as particularidades da empresa plurissocietária.

## 3.6. Reflexões sobre os objetivos da disciplina jurídica dos grupos societários

A disciplina jurídica dos grupos apresenta orientação dúplice, baseada em dois objetivos antagônicos[246]: proteger interesses de sujeitos prejudi-

[244] Galgano, Francesco. I gruppi nella riforma delle società di capitali. *Contratto e impresa*. Padova, vol. 18, n. 3, p. 1015-1045, 2002.

[245] Scognamiglio, Giuliana. I gruppi e la riforma del diritto societario: prime riflessioni. *dircomm.it*, jun 2003. Disponível em < http://www.dircomm.it/2003/n.6.03/04.html>. Acesso em 10/10/2022.

[246] Antunes, José Engrácia. *Liability of corporate groups*: autonomy and control in parent-subsidiary relationships in US, German and EU law: an international and comparative

cados por essas organizações e, simultaneamente, acomodar os arranjos societários demandados pela prática[247].

O primeiro objetivo clama pela proteção dos acionistas minoritários e dos credores das sociedades que integram o grupo, bem como dos demais *stakeholders* da companhia[248]. Por exemplo, a diluição dos interesses da sociedade investida ou financiada pode, no âmbito do grupo, prejudicar tanto a expectativa de rendimento dos acionistas, como a integridade do patrimônio que garante o crédito concedido. Considerando que a integração de uma companhia a um grupo modifica profundamente a forma de condução dos negócios sociais, haja vista a subordinação estrutural a um interesse empresarial externo à própria sociedade[249], justifica-se a preocupação regulatória de impor *limites* à instrumentalização de uma sociedade à outra e, consequentemente, à livre circulação de recursos (capitais, ativos e de passivos) entre os membros do grupo. Essa vertente, de caráter notoriamente *protetivo* em relação aos interesses afetados pela estrutura dos grupos, predominou no cenário europeu a partir da década de 1970[250].

perspective. Deventer: Kluwer Law and Taxation, 1994, p. 319; e OLIVEIRA, Ana Perestrelo. *Grupos de Sociedades e deveres de lealdade.* Coimbra: Almedina, 2012, p. 60.

247 Georg Franzmann desdobra o duplo objetivo em quatro: a legislação voltada aos grupo (i) deve permitir uma gestão uniforme do grupo empresarial no sentido de um interesse do grupo definido pela empresa controladora; (ii) deve permitir uma gestão de grupo eficiente que seja prejudicada pelo menor número possível de exigências formais; (iii) deve permitir a gestão de grupos transfronteiriços de acordo com regras amplamente uniformes; e (iv) deve levar em conta adequadamente os interesses de terceiros que sejam dignos de proteção (FRANZMANN, Georg. Europäisches Konzernrecht: Vom Gesellschaftsschutzrecht zum Enabling Law für Unternehmen. *In:* HOMMELHOFF Peter; LUTTER Marcus, TEICHMANN; Christoph. *Corporate Governance im grenzüberschreitenden Konzern.* Berlin: De Gruyter, 2016, pp. 393-410).

248 ANTUNES, José Engrácia. *Liability of corporate groups*: autonomy and control in parent-subsidiary relationships in US, German and EU law: an international and comparative perspective. Deventer: Kluwer Law and Taxation, 1994, p. 319; OLIVEIRA, Ana Perestrelo. *Grupos de Sociedades e deveres de lealdade.* Coimbra: Almedina, 2012. p. 60, ANTUNES, José Augusto Quelhas Lima Engrácia. *Os direitos dos sócios da sociedade-mãe na formação e direção dos grupos societários.* Porto: Universidade Católica Portuguesa, 1994.

249 ANTUNES, José Augusto Quelhas Lima Engrácia. *Os direitos dos sócios da sociedade-mãe na formação e direção dos grupos societários.* Porto: Universidade Católica Portuguesa, 1994.

250 TEICHMANN, Christoph. Towards a European Framework for Cross-Border Group Management. *European Company Law.* Alphen aan den Rijn, v. 13, n. 5, p. 191-198, 2016.

Todavia, uma segunda abordagem ganhou ímpeto a partir do século XXI e passou a dominar os debates legislativos europeus sobre regulação dos grupos até a presente data[251]. Desde aquele momento, reconheceu-se à sociedade controladora verdadeiro *direito de organização* da atividade econômica[252], em prol da *eficiência empresarial*[253].

Ressalte-se: é preciso ter cuidado quando se fala em *eficiência* e *direito*. Hoje, está definitivamente superada a visão de que a chamada *análise econômica do direito* deve preponderar na definição dos objetivos do ordenamento jurídico[254]. Não se defende, em nenhuma hipótese, que o princípio da eficiência deva ser erigido a parâmetro de orientação das normas jurídicas. O papel do direito é muito mais amplo do que a busca pelos *ótimos* de eficiência (examinados no item 3.7), pois o ordenamento jurídico presta-se a realizar uma amplitude de valores e princípios válidos. Na disciplina dos grupos societários, em particular, é papel do direito *realinhar* os interesses dos atores que circundam a companhia – sociedade controladora, companhia controlada, acionistas minoritários, credores, trabalhadores, entre outros – além de *proteger* os interesses desses grupos, independentemente das forças atuantes no mercado e da autonomia privada.

[251] Teichmann, Christoph. Towards a European Framework for Cross-Border Group Management. *European Company Law*. Alphen aan den Rijn, v. 13, n. 5, p. 191-198, 2016.

[252] Oliveira, Ana Perestrelo. *Grupos de Sociedades e deveres de lealdade*. Coimbra: Almedina, 2012, p. 60.

[253] Franzmann, Georg. Europäisches Konzernrecht: Vom Gesellschaftsschutzrecht zum Enabling Law für Unternehmen. *In:* Hommelhoff Peter; Lutter Marcus, Teichmann; Christoph. *Corporate Governance im grenzüberschreitenden Konzern*. Berlin: De Gruyter, 2016, pp. 393-410. No mesmo sentido, Teichmann, Christoph. Towards a European Framework for Cross-Border Group Management. *European Company Law*. Alphen aan den Rijn, v. 13, n. 5, p. 191-198, 2016.

[254] São contundentes as críticas de Dworkin, Ronald. *Uma questão de princípio*. 2ª ed. São Paulo: Martins Fontes, 2005, p. 351-938, para quem nem a noção de maximização de riqueza, nem a noção econômica de eficiência são relevantes para definição dos objetivos do direito. Também Salomão Filho, Calixto. *O novo direito societário*. 4ª ed. São Paulo: Malheiros, 2015, p. 40-42 e 55, destacando, particularmente, a vocação interdisciplinar do direito societário, considerando noções sociológicas e antropológicas. Ademais, considerando a influência da sociedade anônima nas relações sociais, é de relevante estimular o comportamento cooperativo dos agentes.

Na segunda abordagem regulatória ora apresentada, reconheceu-se, tão somente, que as manifestações econômicas e as razões de ordem prática são, também, importantes, porque a organização da atividade empresarial consistente com imperativos de ordem concreta é *um* dos valores sociais subjacentes à disciplina das companhias, entre outras funções desempenhadas pela legislação societária.

De fato, a lei societária tipicamente oferece cardápio de opções para que o empresário ordene, de modo eficiente, os meios de produção. Entre outras finalidades, a lei societária exerce a dúplice função de tanto *acomodar* arranjos contratuais desenvolvidos pelos atores econômicos, como de *estabilizar* estruturas organizacionais por estes desejados[255]. Logo, as finalidades e as características essenciais da empresa plurissocietária – esta, na condição de valiosa técnica de organização da atividade produtiva – não podem ser negligenciadas pelo legislador.

Sob a perspectiva de premência legislativa, cabe então ao direito oferecer as condições jurídicas para que a organização grupal sirva à finalidade para qual foi constituída: a combinação de recursos de diferentes sociedades para a formação de uma unidade econômica integrada. É unidade que pressupõe centralização decisória em torno de objetivos econômicos que, por sua vez, transcendem o escopo de maximização do valor individual de cada uma das sociedades[256]. Para tanto, é preciso reconhecer *algum nível de flexibilidade*, para que a sociedade controladora possa gerir o grupo, permitindo-lhe superar o interesse privativo de cada sociedade em benefício da integração empresarial que justifica a formação da empresa plurissocietária. Nesse sentido, a proibição seca – no caso, à subordinação de interesses e à criação de políticas negociais desfavoráveis às sociedades controladas – representaria uma orientação regulatória disfuncional[257] e contraditória com os objetivos dos grupos.

[255] Lübking, Johannes. *The Group of Companies, Efficiency and the Law*. 1994. Tese (L.L.M.) – European University Institute, Department of Law, Fiesole, 1994, p. 29.

[256] Lübking, Johannes. *The Group of Companies, Efficiency and the Law*. 1994. Tese (L.L.M.) – European University Institute, Department of Law, Fiesole, 1994, p. 31-32.

[257] Conforme enfaticamente defende Scognamiglio, Giuliana. "Clausole generali", principi di diritto e disciplina dei gruppi di società. *Orizzonti del Diritto Commerciale*. Roma, 2013, n. 1, p. 1-33, 2013, em referência ao sistema italiano.

Na Alemanha, por exemplo, é conhecida a posição de Peter Hommelhoff, que não se limitou a defender o reconhecimento de um *direito de organização* à sociedade controladora. Para o autor, não é necessário apenas conferir um *direito* a ser legitimado e institucionalizado pelo ordenamento jurídico, mas impor verdadeiro *dever* sobre a controladora e sobre os respectivos administradores, para que a sociedade cumpra o propósito empresarial a que se destina[258]. Cabe à sociedade controladora utilizar *todos* os recursos disponíveis para fazer cumprir seu propósito social; logo, caso o patrimônio desta última se encontre investido, total ou parcialmente, em subsidiárias, é dever da sociedade controladora colocá-lo a serviço dos próprios objetivos empresariais[259]. Atualmente, porém, a posição defendida por Peter Hommelhoff é rejeitada pela doutrina alemã[260], afastando-se a interpretação de que a empresa controladora estaria *obrigada* a gerir o grupo de forma relativamente integrada e reconhecendo-se apenas o *direito* de fazê-lo, dentro de determinadas balizas jurídicas (como se verá no capítulo 4).

Todavia, o grupo não é instrumento de acumulação de poder para que a sociedade controladora promova, de forma arbitrária, a transferência de recursos entre as controladas. As políticas adotadas no grupo e o fluxo que caracteriza o mercado interno à organização justificam-se pelo objetivo de eficiência empresarial[261], de modo a cumprir a função socioeconô-

[258] Peter Hommelhoff, autor alemão que desenvolveu obra referência sobre o poder de direção exercido sobre a empresa controladora em grupos societários sustenta que tal dever decorre da obrigação imposta à administração da empresa controladora para fazer cumprir o seu objeto social (Hommelhoff, Peter. *Die Konzernleitungspflicht*: Zentrale Aspekte eines Konzernverfassungsrechts. Köln/Berlin/Bönn/München: Heymannn, 1982. p. 545. Ver também Kropff, Bruno. Zur Konzernleitungspflicht. *Zeitschrift für Unternehmens- und Gesellschaftsrecht*. Berlin, vol. 13, n. 1, p. 112-133, 1984, em reflexão crítica sobre a obra de Hommelhoff).

[259] Kropff, Bruno. Zur Konzernleitungspflicht. *Zeitschrift für Unternehmens- und Gesellschaftsrecht*. Berlin, vol. 13, n. 1, p. 112-133, 1984.

[260] Hüffer, Uwe; Koch, Jens. *Aktiengesetz*. 14ª ed. München: C. H. Beck, 2020, p. 2214.

[261] Lübking, Johannes. *The Group of Companies, Efficiency and the Law*. 1994. Tese (L.L.M.) – European University Institute, Department of Law, Fiesole 1994, p. 27.

mica para a qual os grupos foram designados[262]-[263]. Propósitos estranhos ao imperativo de eficiência (*v.g.* satisfação de interesses pessoais alheios à empresa plurissocietária) não são juridicamente aceitáveis. Ademais, e independentemente das considerações de eficiência, é preciso assegurar a proteção dos interesses dos atores afetados pela organização do grupo – acionistas, credores, trabalhadores e demais *stakeholders* –, de modo que estes não sejam os únicos a suportar os riscos e as consequências negativas dessas organizações empresariais[264].

[262] MUNHOZ, Eduardo Secchi. *Empresa contemporânea e o direito societário.* São Paulo: Juarez de Oliveira, 2002, p. 130-134 e MUNHOZ, Eduardo Secchi. Grupos societários de fato. Estrutura de governo e poderes do acionista controlador. In: CASTRO, Rodrigo Monteiro de et al. (coord.). *Direito empresarial e outros estudos de direito em homenagem ao professor José Alexandre Tavares Guerreiro.* São Paulo: Quartier Latin, 2013, p. 267-291.

[263] Luis Afonso Dau, Randall Morck e Bernard Yin Yeung destacam que uma das funções da lei e governança corporativa dos grupos é promover os incentivos para que os grupos possam promover a maximização do bem estar social, alinhando os interesses da sociedade controladora com os interesses da sociedade onde o grupo atua: "A boa governança do GE [grupo empresarial] a nível econômico não implica nem maximizar o valor de cada empresa como se fosse livre nem dar rédea solta aos sócios controladores. A boa governança corporativa implica em leis e regulamentos para reduzir os custos de comando e de controle em empresas individuais enquanto alinha os interesses privados dos membros do grupo com o bem-estar social, que Jensen e Meckling (1976), talvez em uma aderência indevida à economia do bem-estar, consideram equivalente à maximização do valor da empresa. A boa governança do GE [grupo empresarial] pode, analogamente, implicar em leis e regulamentos para reduzir os custos de comando e controle dentro do GE [grupo empresarial] enquanto alinham os interesses privados comuns de seus sócios controladores com o bem estar social". Tradução livre de: "*Good BG governance at the economy level entails neither maximizing the value of every firm as if it were freestanding nor giving free rein to controlling owners. Good corporate governance entails laws and regulations to lower command and control costs in single firms while aligning their insiders' private interests with social welfare, which Jensen and Meckling (1976), in a perhaps undue adherence to welfare economics, deem equivalente to firm value maximization. Good BG governance might analogously entail laws and regulations to lower command and control costs within the BG while aligning their common controlling owners'private interests with social welfare*" (DAU, Luis Alfonso; MORCK, Randall; YEUNG, Bernard Yin. Business groups and the study of international business: A Coasean synthesis and extension. *Journal of International Business Studies.* London, vol. 52, n. 2, p. 161-211, mar. 2021).

[264] LÜBKING, Johannes. *The Group of Companies, Efficiency and the Law.* 1994. Tese (L.L.M.) – European University Institute, Department of Law, Fiesole, 1994, p. 31.

Portanto, *direito de organização* e *direito de proteção* correspondem, respectivamente, a polos opostos da equação que resume os problemas dos grupos societários: a dificuldade de compatibilizar a *unidade econômica* com a *pluralidade societária*[265]. De um lado, é preciso preservar tanto a autonomia jurídico-patrimonial das sociedades que integram o grupo societário, como os interesses dos respectivos acionistas minoritários, credores e trabalhadores[266]. De outro, reconhece-se que a diluição do interesse social de cada sociedade é efeito inerente à formação dos grupos societários. Cabe ao direito conciliar simultaneamente essas duas políticas antagônicas, promovendo o que se refere como *sinalagma regulatório*[267].

[265] OLIVEIRA, Ana Perestrelo. *Grupos de Sociedades e deveres de lealdade*. Coimbra: Almedina, 2012, p. 61-62. No mesmo sentido, José Miguel Embid Irujo, para quem a regra de ouro para regulação dos grupos exige o reconhecimento do caráter unitário do grupo societário e, ao mesmo tempo, da pluralidade de interesses que decorre da contemplação individualizada das sociedades controladas: "Em vista do exposto, a determinação das consequências jurídicas vinculadas ao grupo deve, talvez, ser uma tarefa que combine o momento unitário que, por definição, e pelo menos no nível corporativo, representa o grupo, com o momento plural derivado da contemplação individualizada de cada uma das sociedades (...). Bastará decidir aqui que a 'regra de ouro' a este respeito consistirá em postular, desde o início, a preservação do próprio grupo, como uma unidade empresarial, cuja legitimidade não é duvidosa dentro de nosso sistema jurídico; ao mesmo tempo, a seleção de interesses feita, quando for o caso, pelo legislador, deve ser respeitada ao valorar as consequências do 'conflito' típico do grupo (...)". Tradução livre de: "*Por lo expuesto, la determinación de las consecuencias jurídicas vinculadas al grupo ha de ser, quizá, una tarea en la que se combine el momento unitario que, por definición, y, cuando menos, en el plano empresarial, representa el grupo con el momento plural derivado de la contemplación individualizada de cada una de las sociedades* (...). *Bastará con decidir en esta sede que la 'regla de oro' al respecto consistirá en postular, de entrada, la propia conservación del grupo, como unidad empresarial, cuya legitimidad no resulta dudosa en el seno de nuestro ordenamiento; al mismo tiempo, habrá de respetarse la selección de intereses efectuada, en su caso, por el legislador a la hora de valorar las consecuencias del 'conflicto' típico del grupo* (...)" (IRUJO, José Miguel Embid. *Introducción al derecho de los grupos de sociedades*. Granada: Comares, 2003, pp. 37-38).

[266] ANTUNES, José Engrácia. *Liability of corporate groups*: autonomy and control in parent-subsidiary relationships in US, German and EU law: an international and comparative perspective. Deventer: Kluwer Law and Taxation, 1994, p. 319.

[267] Expressão cunhada por Engrácia Antunes ao se referir aos objetivos buscados pelo legislador alemão ao regular os chamados grupos contratuais, examinados em detalhe no capítulo 3, em ANTUNES, José Engrácia. *Liability of corporate groups*: autonomy and control

Viu-se, até aqui, que é de ordem econômica *parte* das razões que militam em favor da aceitação regulatória dos grupos e de suas consequências. Trata-se dos grupos como técnica organizativa que viabiliza, entre outros objetivos, a *alocação eficiente* dos recursos afetos à atividade empresarial entre pessoas jurídicas que desenvolvam negócios integrados[268].

Contudo, há de se questionar: o que se deve entender por "eficiência alocativa"? Se os imperativos de ordem econômica desempenham *alguma* função na conformação da lei societária, para além de outros objetivos regulatórios (frise-se: não se defende que a eficiência seja a única finalidade do direito dos grupos, tampouco que os imperativos econômicos devem predominar sobre outros objetivos regulatórios), é preciso examinar, atentamente, o significado dos conceitos empregados, a fim de que se justifiquem tanto a superioridade de determinada modalidade organizativa em face de outras, como a formatação da disciplina regulatória correlata. É o que se fará no item 3.7.

### 3.6.1. Diferença entre os objetivos da disciplina jurídica dos grupos societários e da disciplina jurídica criada para transações com partes relacionadas

Como visto no capítulo 1.1.2, "grupos societários" e "transações com partes relacionadas" são categorias jurídicas distintas. Consequentemente, os objetivos regulatórios subjacentes à disciplina incidente sobre cada uma delas devem ser igualmente diferenciados.

Como viu-se no capítulo 1.1.2 acima, transações com partes relacionadas são *negócios consigo próprios*. Podem ocorrer tanto em um ambiente de grupo societário, como fora dele. Podem envolver relações intersocietárias (entre companhia e outras sociedades), como também podem

in parent-subsidiary relationships in US, German and EU law: an international and comparative perspective. Deventer: Kluwer Law and Taxation, 1994, p. 320.

[268] "As razões que militam a favor do reconhecimento das políticas do grupo não se baseiam na equidade, mas na eficiência". Tradução livre de: "*Le ragioni che militano in favore del riconoscimento delle politiche di gruppo non sono di tipo equitativo, ma di tipo efficientistico*" (Denozza, Francesco. Rules vs. Standards nella disciplina dei gruppi: l'inefficienza dela compensazioni 'virtuali'. *Giurisprudenzia commerciale.* Milano, vol. 27, n. 3, p. 327-338, 2000). No mesmo sentido, Lübking, Johannes. *The Group of Companies, Efficiency and the Law.* Tese (Mestrado) – European University Institute Department of Law, 1994, p. 26.

envolver relações entre a companhia e pessoas físicas (como administradores, empregados, acionistas e familiares). Portanto, diferentemente dos grupos societários, as transações com partes relacionadas não são tipicamente associadas a um propósito empresarial, nem acontecem, necessariamente, no contexto de organização dos meios de produção. Sucedem, por vezes, fora do curso regular das atividades da companhia, não sendo necessariamente vinculadas a uma estratégia empresarial.

Viu-se também no capítulo 1.1.2 que transações com partes relacionadas são tipicamente usadas como expediente para desviar recursos da companhia em prol de benefícios privados[269]. Reconheceu-se, por outro lado, que certas transações podem ser benéficas para a companhia e para a comunidade onde a companhia atua[270]-[271]. Assim, o principal objetivo da regulação das transações com partes relacionadas é distinguir as transações verdadeiramente benéficas das transações prejudiciais, obstando a efetivação destas últimas[272]. Ocorre que a parte interessada e, portanto, *conflitada*, não está em posição adequada para decidir, sozinha, se a operação é ou não conveniente para a companhia. Por isso, parcela relevante das normas jurídicas desenvolvidas para lidar com transações com partes

[269] Em outras palavras, transações com partes relacionadas são tipicamente são usadas para transferir ativos da companhia em benefício de terceiros (GROß-BÖLTING, Christian; RABE, Kai. § 111a Geschäfte mit nahestehenden Personen. *In*: HÖLTERS, Wolfgang; WEBER, Markus. *Aktiengesetz Kommentar*. 4ª ed. München: C. H. Beck, 2022, p. 1125-1135).

[270] As vantagens incluem redução de custos de transação, coordenação de interesses e prevenção de oportunismo por uma das partes contratantes (ROMASHCHENKO, Ivan. *Related Party Transactions and Corporate Groups*: When Eastern Europe Meets the West. Kluwer: Alphen aan den Rijn, 2020, p. 153).

[271] Exemplificativamente, o acionista controlador pode adquirir recém desenvolvido produto da companhia com a finalidade de apoiar o seu desenvolvimento e compensar custos de fabricação, antes que este se torne amplamente aceito pelo mercado. Nesse sentido, ENRIQUES, Luca, Related Party Transactions: Policy Options and Real-World Challenges (With a Critique of the European Commission Proposal). European Corporate Governance Institute, 2014 (Law Working Paper No. 267/2014). Disponível em: https://ssrn.com/abstract=2505188 or http://dx.doi.org/10.2139/ssrn.2505188.

[272] ENRIQUES, Luca; TRÖGER, Tobias H. The Law and (Some) Finance Related Party Transactions: An Introduction. *In*: ENRIQUES, Luca; TRÖGER, Tobias H. (ed.). *The Law and Finance of Related Party Transactions*. Cambridge, United Kingdom: Cambridge University Press, 2019, p. 1-22.

relacionadas – sobretudo na esfera internacional, como se verá no capítulo 4.5 – têm caráter prioritariamente *ex ante*[273]: pretende-se *neutralizar*, de antemão, o conflito da parte interessada, *eliminando-a* do processo deliberativo voltado à aprovação ou rejeição da transação[274]. Para tanto, são comuns a adoção de comitês independentes[275], a atribuição de poder decisório para administradores desinteressados[276], ou a aprovação em assembleia pela *maioria da minoria*, eliminando voto do acionista controlador interessado[277].

Não é assim nos grupos[278]. Estes são compreendidos através de uma perspectiva particular. A lei reconhece que grupos são fenômenos que

[273] OECD. *Related Party Transactions and Minority Shareholder Rights*. Paris: OECD Publishing, 2012., p. 21. Exposição das diferentes estratégias utilizadas para lidar com transações com partes relacionadas em ROMASHCHENKO, Ivan. *Related Party Transactions and Corporate Groups*: When Eastern Europe Meets the West. Kluwer: Alphen aan den Rijn, 2020, p. 168-172.

[274] Esta é a orientação do art. 9-C, (4) da Diretiva 2017/828 da União Europeia, examinada no capítulo 4.5.1 adiante, e dos ordenamentos alemão, francês e italiano, que a adotaram, conforme capítulos 4.5.2.

[275] Cf. §111a (3) da AktG e o art. 3, h) da Resolução nº 17221 da *Consob*, como se verá no capítulo 4.5.2.2.

[276] Cf. §111b (2) da AktG e art. 7, 1, d-bis) e art. 8, 1, da Resolução nº 17221 da *Consob*, como se verá no capítulo 4.5.2.

[277] Cdf. §111b (3) da AktG, art. 11, 3 da Resolução nº 17221 da *Consob* e art. L. 225-40, §1 do *Code de Commerce*, como se verá no capítulo 4.5.2.

[278] Nesse sentido: "Para transações intra-grupo, a regulamentação das RPTs (Transações entre Partes Relacionadas) e a legislação voltada aos grupos às vezes atuam em direções opostas. A regulação dos grupos visa manter a existência do grupo, em particular permitindo que a administração de uma subsidiária atue em desacordo com os interesses dessa mesma subsidiária, caso isso seja do interesse do grupo como um todo, sem o medo de ser posteriormente responsabilizada. Ao contrário da regulamentação dos grupos, as estratégias projetadas para lidar com RPTs, fornecendo salvaguardas contra o "*tunnelling*" (transferência de recursos de uma empresa para outra dentro do grupo de forma prejudicial), se aplicadas de maneira rígida e sem permitir exceções, podem funcionar como um impedimento para transações que atendam aos interesses do grupo. Sendo assim, a ideia de aplicar as regras para RPTs ao conceito de interesse do grupo é algo que vale a pena explorar. Se as regras para RPTs forem aplicadas sem considerar os interesses do grupo, o funcionamento dos grupos empresariais sofrerá com uma regulamentação excessiva". Tradução livre de: "*For intra-group transactions, the regulation of RPTs and group law sometimes works in opposite directions. Group law is aimed at maintaining the group's existence,*

decorrem de um imperativo de eficiência empresarial[279], representando, por isso, uma das principais formas de ordenação dos meios de produção[280]. Compreendidos como técnica relevante de organização empresarial, o objetivo primordial da regulação dos grupos *não é impedir* a formação grupos, *nem eliminar de antemão o conflito* do processo decisório, pois o conflito é ínsito aos grupos[281]. Afinal, a integração econômica e as relações intragrupo são justamente a razão de existir da empresa plurissocietária[282]. O desafio da lei é *gerir* o conflito dos grupos.

Em outras palavras, nos grupos societários, não se pretende eliminar o poder da sociedade controladora do processo decisório, pois é o poder de controle que *unifica* as sociedades agrupadas em torno de um único proposito econômico e empresarial. Cabe então à lei societária impor limites à instrumentalização das sociedades agrupadas e garantir a proteção de interesses de credores e de acionistas minoritários, equi-

*in particular by allowing management of a subsidiary to act contrary to the subsidiary's interest if this is in the interests of the group as a whole, without fear of being prosecuted further down the road. Unlike group regulation, the strategies designed to deal with RPTs by providing safeguards against tunnelling, if applied in rigid manner and without allowing exemptions, sometimes work as a deterrent to transactions in the group's interests. As such, the idea of applying the rules for RPTs to the group interest notion is one worth exploring. If the rules for RPTs are applied without regard for the group's interests, the functioning of corporate groups would suffer from excessive regulation*" (Romashchenko, Ivan. *Related Party Transactions and Corporate Groups*: When Eastern Europe Meets the West. Kluwer: Alphen aan den Rijn, 2020, p. 176).

279 The Bianchi, Marcello; Milič, Mateja. Article 9C: Transparency and Approval of Related Party Transactions. *In*: Birkmose, Hanne S.; Sergakis, Konstantinos. *The Shareholder Rights Directive II*: A Commentary. Cheltenham: Edward Elgar, 2021, p. 286-318, com destaque para as sinergias e benefícios econômicos proporcionados pelo grupo e para a identificação de propósitos legítimos nas relações intragrupais.

280 O que é objeto do capítulo 2.

281 Como visto nos itens anteriores e, também, como destacado em Bianchi, Marcello; Milič, Mateja. Article 9C: Transparency and Approval of Related Party Transactions. *In*: Birkmose, Hanne S.; Sergakis, Konstantinos. *The Shareholder Rights Directive II*: A Commentary. Cheltenham: Edward Elgar, 2021, p. 286-318.

282 Bartman, Steef M. The Obligation to Contribute in the Case of Group Financing Under Dutch Law: How to Allocate the Pain among Group Members? *European Company Law*. Alphen aan den Rijn, vol. 10, n. 1, p. 15-20, 2013 e Romashchenko, Ivan. *Related Party Transactions and Corporate Groups*: When Eastern Europe Meets the West. Kluwer: Alphen aan den Rijn, 2020, p. 154.

librando o sistema. Ou seja, priorizam-se ferramentas regulatórias que, ao menos em tese, almejam a convivência harmônica entre essas relações potencialmente conflituosas e a proteção de credores e acionistas minoritários.

Assim, nos grupos, a ênfase é dada sobre as normas de atuação *ex post*, voltadas à análise do conteúdo das operações realizadas nos grupos e das respectivas consequências[283]. Ao invés de afastar o conflito do grupo, pretende-se *eliminar seus efeitos*, caso sejam nocivos à companhia, aos acionistas e/ou credores sociais. É nesse contexto que se insere o instituto do pagamento compensatório, cuja própria terminologia já remete à ideia de reparação, ou de compensação de consequências negativas.

Feita essa observação sobre os objetivos das normas voltadas aos grupos societários e às transações com partes relacionadas, retoma-se o questionamento realizado no item 3.6: se os imperativos de eficiência e de ordem econômica desempenham função relevante na conformação da lei societária dirigida aos grupos, é preciso compreender: o que se deve entender por *eficiência* e, mais especificamente, a *alocação eficiente* dos recursos afetos à atividade empresarial?

## 3.7. Noções de eficiência alocativa: eficiência de pareto e eficiência de Kaldor-Hicks

No estudo dos grupos societários, as noções de "eficiência" a seguir exploradas representam procedimentos analíticos particularmente relevantes para apreciação crítica de dois modelos regulatórios que têm dominado os debates acadêmicos e legislativos ao redor do globo, especialmente nos países europeus, adiante examinados. O modelo alemão apresenta notória semelhança com o regime dos grupos de fato previsto na legisla-

[283] Aqui é interessante observar que, antes da entrada em vigor da Diretiva (UE) 2017/828, a Alemanha não possuía um regime para regular, especificamente, as transações com partes relacionadas. Havia apenas a regulamentação dos grupos – contratuais e de fato –, com ênfase nos mecanismos de controle *ex post* (Böckli, Peter. *A Proposal for Reforming Group Law in the European Union – Comparative Observations on the Way Forward*. S. l.: s. n., 2016. Disponível em < A Proposal for Reforming Group Law in the European Union – Comparative Observations on the Way Forward>. Acesso em 28/07/2023).

ção brasileira, como será também oportunamente explorado no capítulo 5 deste trabalho.

Vale reforçar novamente que as noções de eficiência são aqui apresentadas apenas como *ferramentas analíticas* úteis para a compreensão de alguns dos aspectos econômicos subjacentes ao racional que embasa certos modelos jurídicos[284]. Isso porque a vertente econômica da dupla orientação legislativa (o sinalagma regulatório) está relacionada a noções distintas de eficiência. Não se pretende erigi-las ao centro dos objetivos jurídicos. A sua relevância, aqui, é auxiliar a compreender parte da racionalidade atrelada às regras e, ainda, viabilizar a crítica a certos regimes jurídicos existentes, o que se fará melhor no item 4.4 adiante, após o exame de cada ordenamento jurídico estudado neste trabalho.

A palavra "eficiência" pode assumir significados diferentes – ou seja, é especialmente polissêmica. Na teoria de Coase e Williamson, por exemplo, uma *transação eficiente* é aquela que economiza custos de transação[285]. A *eficiência produtiva*, por seu turno, refere-se ao aumento da produtividade empresarial com o menor custo possível[286]-[287]. Um terceiro significado, que interessa especialmente para esta seção do trabalho, é o de *eficiência alocativa*. Trata-se de conceito econômico relativo à distribuição, entre diferentes agentes, de bens e de serviços limitados, assim se preconizando o melhor aproveitamento dos recursos alocados[288]. Nesse sentido terminológico, *parte* das funções a serem alcançadas pelo direito

[284] Aqui, cabe invocar, uma vez mais, Calixto Salomão Filho: "é, portanto, necessário restringir a análise econômica do direito a um instrumento exclusivamente analítico, sem atribuir-lhe qualquer caráter valorativo. Então, sim, a teoria tem verdadeira utilidade, inclusive no campo societário (...)" (Salomão Filho, Calixto. *O novo direito societário.* 4ª ed. São Paulo: Malheiros, 2015, p. 42).

[285] Ver capítulo 2.

[286] Cheffins, Brian R. *Company law: theory, structure, and operation.* Oxford: Clarendon Press, 1997, p. 5-6.

[287] Nada obstante, para Georg Franzmann,a gestão eficiente de um grupo significa geri-lo pelos meios mais simples, possíveis além das fronteiras da companhia (Franzmann, Georg. Europäisches Konzernrecht: Vom Gesellschaftsschutzrecht zum Enabling Law für Unternehmen. *In:* Hommelhoff Peter; Lutter Marcus, Teichmann; Christoph. *Corporate Governance im grenzüberschreitenden Konzern.* Berlin: De Gruyter, 2016, pp. 393-410).

[288] Cheffins, Brian R. *Company law: theory, structure, and operation.* Oxford: Clarendon Press, 1997, p. 5-6.

demanda a interferência do ordenamento jurídico no funcionamento da economia, com a finalidade de assegurar que os recursos serão designados da forma mais proveitosa possível, em prol do aumento do bem-estar social[289]-[290].

Duas principais medidas de eficiência alocativa são relevantes. A primeira é a chamada "eficiência de Pareto", em homenagem ao economista Vilfredo Pareto, que a concebeu no século XIX[291]. Sob essa perspectiva, uma operação, ou transação, é considerada como eficiente, se o resultado permite que ao menos um indivíduo permaneça em situação melhor do que a anterior, sem piorar a situação de outro indivíduo. Em outras palavras, deve haver ao menos um vencedor e *nenhum* perdedor[292]. Esse critério permite comparar dois ou mais estados de coisas distintos: um estado é *superior* ao outro, se ele aumentar o bem-estar de ao menos uma pessoa, sem prejudicar o de outra, e assim sucessivamente, até que se alcance um estado ótimo, no qual não mais é possível promover nenhum aprimoramento sem prejudicar a situação de alguém[293].

[289] CHEFFINS, Brian R. *Company law: theory, structure, and operation.* Oxford: Clarendon Press, 1997, p. 7. Note-se, porém, que severas críticas às noções de eficiência econômica visam demonstrar que estas não promovem melhoria de bem estar. Alocação eficiente de recursos busca obter o melhor uso possível dos recursos entre indivíduos, de acordo com as respectivas *preferencias individuais.* Mas o que as pessoas preferem não necessariamente representa o que é realmente melhor para satisfação de seus objetivos. Para mais críticas à eficiência como critério par definição de políticas regulatórias de direito societário, ver ELLIS, Stephen E.; HAYDEN, Grant M. The Cult of Efficiency in Corporate Law. *Virginia Law & Business Review.* Charlottesville, v. 5, n. 2, p. 239-266, 2010.

[290] Eficiência e bem-estar social não se confundem com o conceito de maximização de riqueza. Este é alcançado quando "bens e outros recursos estão nas mãos dos que valorizam mais, e alguém valoriza mais um bem se puder e estiver disposto a pagar mais em dinheiro (ou no equivalente do dinheiro para possuí-lo)" (DWORKIN, Ronald. *Uma questão de princípio.* 2ª ed. São Paulo: Martins Fontes, 2005, p. 353-354).

[291] CHEFFINS, Brian R. *Company law: theory, structure, and operation.* Oxford: Clarendon Press, 1997, p. 14.

[292] HICKS, J. R. The Foundations of Welfare Economics. *The Economic Journal.* London, vol. 49, n. 196, p. 696-712, dez. 1939.

[293] ELLIS, Stephen E.; HAYDEN, Grant M. The Cult of Efficiency in Corporate Law. *Virginia Law & Business Review.* Charlottesville, v. 5, n. 2, p. 239-266, 2010.

A eficiência de Pareto é alvo de diversas objeções, entre as quais se enfatizam cinco. A primeira, e principal, decorre da constatação de que, na prática, a reorganização de recursos geralmente implica perda para algum sujeito. Por exemplo, no mercado, uma mudança na política econômica que afeta o sistema de preços provavelmente beneficiará um lado do mercado e prejudicará o outro[294]. Por isso, a eficiência de Pareto seria impossível de concretizar. Uma segunda objeção dirige-se à finalidade da eficiência de Pareto: recursos são distribuídos para satisfazer as *preferências* dos agentes, sem valorar se essas preferências efetivamente aumentam o bem-estar social. Afinal, indivíduos podem estar errados sobre o que querem; os resultados almejados podem não ser obtidos na prática; ou, ainda, as preferências podem ser moralmente condenáveis[295]. Afirma-se também que a busca pela eficiência pode ter resultado *equitativamente injusto*: um projeto que gera valor para um agente abastado e não piora nem melhora a situação de um agente carente agrava a desigualdade de riquezas, mas, ainda sim, é projeto considerado, sob a perspectiva paretiana, como *eficiente*[296]. Por fim, a eficiência de Pareto rejeita projetos que impõem perdas a determinadas pessoas, mas aumentam o bem-estar social. A título ilustrativo, não é *eficiente*, sob o ponto de vista de paretiano, uma política pública que promova a criação de uma vacina para melhorar a condição de saúde de parte significativa da população, mas que exija recolhimento, para o financiamento vacinal, de um imposto de todos os cidadãos, incluindo as pessoas saudáveis[297].

Uma segunda medida de eficiência, mais leniente que a primeira, procura endereçar a primeira objeção ao critério de Pareto, a qual constata

[294] Como por exemplo, o lado do mercado que está na ponta do comprador, vs. o lado do mercado que está na ponta do vendedor (Hicks, J. R. The Foundations of Welfare Economics. *The Economic Journal*. London, vol. 49, n. 196, p. 696-712, dez. 1939).

[295] Ellis, Stephen E.; Hayden, Grant M. The Cult of Efficiency in Corporate Law. Va. L. & Bus. Rev., v. 5, 2010, p. 239-265; e Adler, Matthew D.; Posner, Eric A. Rethinking Cost-Benefit Analysis. *The Yale Law Journal*. New Haven, vol. 109, n. 2, p. 165-247, nov. 1999.

[296] Adler, Matthew D.; Posner, Eric A. Rethinking Cost-Benefit Analysis. *The Yale Law Journal*. New Haven, vol. 109, n. 2, p. 165-247, nov. 1999.

[297] Adler, Matthew D.; Posner, Eric A. Rethinking Cost-Benefit Analysis. *The Yale Law Journal*. New Haven, vol. 109, n. 2, p. 165-247, nov. 1999.

que a reorganização de recursos para melhorar a situação de uns quase sempre agrava a situação de outros. Trata-se da eficiência de Kaldor-Hicks, concebida no século XX pelos economistas Nicholas Kaldor e John Hicks[298]. Sob essa abordagem, determinada alteração regulatória, operação ou organização de recursos será considerada como eficiente se os benefícios por ela proporcionados *excederem* os custos correlatos. Assim, os agentes beneficiados pela medida alocativa devem ganhar o suficiente, para *compensar* a totalidade das perdas sofridas por outros agentes e para, *ainda sim*, obter uma vantagem líquida em comparação à situação inicial[299].

Entretanto, sob o critério de Kaldor-Hicks, a compensação não precisa ser efetivamente implementada. Basta que os ganhos de uns superem as perdas de outros, de modo que, *se a compensação fosse efetuada*, os primeiros, ainda assim, estariam melhores que anteriormente. Se a realização da compensação fosse exigida para *neutralizar* as perdas causadas a certos agentes, o critério de Kaldor-Hicks seria equivalente ao critério de Pareto, no qual ninguém permanece em desvantagem[300].

Nicholas Kaldor esclareceu que a compensação efetiva deve ser dispensada, porque é matéria estranha ao *conceito econômico* de eficiência alocativa, tratando-se, na realidade, de um problema de *política distributiva*[301]. Portanto, sob uma perspectiva puramente econômica, bastaria comprovar hipoteticamente que, se os agentes desfavorecidos fossem compensados, ainda assim, aquela comunidade estaria em condição melhor do que a situação original.

Essas noções podem ser aplicadas aos grupos, apenas para o fim de avaliar as políticas de alocação e de realocação de recursos entre as socie-

[298] CHEFFINS, Brian R. *Company law: theory, structure, and operation.* Oxford: Clarendon Press, 1997, p. 15.

[299] KALDOR, Nicholas. Welfare Propositions of Economics and Interpersonal Comparisons of Utility. *The Economic Journal.* Oxford, vol. 49, n. 195, p. 549-552, set. 1939 e HICKS, J. R. The Foundations of Welfare Economics. *The Economic Journal.* London, vol. 49, n. 196, p. 696-712, dez. 1939.

[300] COLEMAN, Jules L. Efficiency, Utility, and Wealth Maximization. *Hofstra Law Review.* Hempstead, v.8, n. 3, p. 508-551, 1980.

[301] KALDOR, Nicholas. Welfare Propositions of Economics and Interpersonal Comparisons of Utility. *The Economic Journal.* Oxford, vol. 49, n. 195, p. 549-552, set. 1939.

dades integrantes dos grupos em si, conforme determinação pela sociedade controladora[302]. Delineia-se a possibilidade de qualificar como *eficiente* e, consequentemente, de defender a legalidade de atos e políticas implementadas sob a orientação da sociedade controladora. Isso ocorre caso certos atos e políticas causem *desvantagem* a uma sociedade do grupo, mas *beneficiem* outro membro do mesmo grupo, de forma que a pessoa beneficiada seja capaz de *compensar* a pessoa prejudicada e, ainda assim, resultar em uma situação melhor que a inicial[303]. Em outras palavras, uma sociedade estaria legitimada a *subordinar* os interesses de outra sociedade, caso as vantagens proporcionadas pela medida fossem superiores aos prejuízos desta decorrentes.

Os dois modelos de eficiência examinados traduzem duas perspectivas distintas sobre o dever de compensação, diante do que se afiguram indagações. É necessário exigir que haja compensação efetiva, de modo a neutralizar a desvantagem incorrida por um membro, alcançando-se um critério de eficiência de Pareto? Ou, pelo contrário, bastaria comprovar a satisfação do critério de eficiência de Kaldor-Kicks, para o qual é suficiente que as vantagens proporcionadas a uma sociedade sejam superiores às perdas, ainda que não haja efetiva distribuição do resultado obtido entre as sociedades do grupo, de forma a compensar o prejuízo?

O capítulo seguinte, precisamente, examinará dois grandes modelos regulatórios que lidam com o fenômeno dos grupos de formas radicalmente distintas.

O modelo alemão voltado aos grupos contratuais procura lidar com os grupos societários como se estes fossem somente uma empresa. Há notória transgressão dos paradigmas tradicionais do direito societário:

[302] Enriques, Luca. Gruppi piramidali, operazioni intragruppo e tutela degli azionisti esterni: appunti per un'analisi economica. *Giurisprudenza commerciale.* Milano, v. 24, n. 5, 1997, p. 698-730; Denozza, Francesco. Rules vs. Standards nella disciplina dei gruppi: l'inefficienza dela compensazioni 'virtuali'. *Giurisprudenzia commerciale.* Milano, vol. 27, n. 3, p. 327-338, 2000; Oliveira, Ana Perestrelo. *Grupos de Sociedades e deveres de lealdade.* Coimbra: Almedina, 2012, p. 500-501; e Vio, Daniel de Avila. *Grupos Societários: Ensaio sobre os Grupos de Subordinação, de Direito e de Fato no Direito Societário Brasileiro.* São Paulo: Quartier Latin, 2016, p. 120-121.

[303] Denozza, Francesco. Rules vs. Standards nella disciplina dei gruppi: l'inefficienza dela compensazioni 'virtuali'. *Giurisprudenzia commerciale.* Milano, vol. 27, n. 3, p. 327-338, 2000.

a sociedade controladora está expressamente autorizada a subordinar a companhia controlada ao próprio interesse[304]; e os administradores das controladas são obrigados a seguir as instruções da sociedade controladora, ainda que desfavoráveis à companhia em que eles atuam[305]. Em contrapartida, a empresa dominante deve absorver os prejuízos de suas controladas ao final de cada exercício fiscal, independentemente da causa ou da origem das perdas apuradas[306]. Ainda, acionistas minoritários das subsidiárias têm direito de obter uma compensação equivalente aos dividendos a que teriam direito, caso a própria companhia permanecesse desvinculada ao grupo[307]-[308]. Como resultado, os riscos e resultados empresariais não são mais compartimentados entre sociedades do grupo, passando a ser obrigatoriamente compartilhados entre a empresa dominante e as respectivas controladas.

Esse modelo, desenhado pelo sistema alemão para os grupos que formalizam as relações empresariais por meio de um contrato, caiu em desuso, haja vista a prevalência das organizações empresariais que não formalizam laços societários por meio de convenções[309]. Por isso, ordenamentos jurídicos alemão, francês, italiano – e, como se verá no capítulo 5, o brasileiro – oferecem uma disciplina jurídica especial para as organizações empresariais *de fato*. Nesses casos, não há completa ruptura com os postulados clássicos do direito societário, de modo que permanece como

[304] HOMMELHOFF, Peter. Protection of Minority Shareholders, Investors and Creditors in Corporate Groups: the Strengths and Weaknesses of German Corporate Group Law. *European Business Organization Law Review*. The Hague, vol. 2, n. 1, pp. 61-80, mar. 2001.

[305] SCHEUCH, Alexander. Konzernrecht: An Overview of the German Regulation of Corporate Groups and Resulting Liability Issues. *European Company Law*. Alphen aan den Rijn, v. 13, n. 5, p. 191-198, 2016.

[306] HOMMELHOFF, Peter. Protection of Minority Shareholders, Investors and Creditors in Corporate Groups: the Strengths and Weaknesses of German Corporate Group Law. *European Business Organization Law Review*. The Hague, vol. 2, n. 1, pp. 61-80, mar. 2001.

[307] O valor mínimo de tal compensação corresponde aos dividendos que teriam sido razoavelmente distribuídos aos acionistas da companhia controlada, baseando-se na performance pregressa de tal entidade (VIO, Daniel de Avila. *Grupos Societários: Ensaio sobre os Grupos de Subordinação, de Direito e de Fato no Direito Societário Brasileiro*. São Paulo: Quartier Latin, 2016, p. 144-145).

[308] AktG, §304.

[309] Sobre os motivos para o desuso, ver itens 4.2.1 e 5.1.

proibida a subordinação dos interesses de uma sociedade aos de outra. Não obstante a ausência de ruptura, os três ordenamentos conferem *margem de flexibilidade*, em maior ou menor grau, para que haja integração econômica do grupo, com consequente favorecimento de uma sociedade em prejuízo de outra.

Essa abordagem reconhece que os grupos societários ora favorecem, ora desfavorecem as sociedades que os integram, sobretudo com a finalidade de obter maior *eficiência alocativa* e em benefício do resultado global do grupo. Assim, atos societários realizados no seio dos grupos não podem ser analisados como se fossem transações, ou medidas isoladas, ignorando o contexto mais amplo em que se inserem. Estas passam a ser interpretadas no contexto do grupo, sob a premissa de que as organizações empresariais proporcionam vantagens e eficiências às empresas participantes das próprias organizações. Admite-se, então, que a sociedade controladora provoque desvantagem a uma sociedade do grupo, *desde que a desvantagem em si possa ser compensada*, seja por uma medida destinada a neutralizar a perda, seja por um benefício ou por uma vantagem proporcionados pela associação em grupo.

Aqui, dois subsistemas jurídicos distintos se apresentam.

O primeiro modelo exige que a sociedade controladora promova *compensação efetiva* por eventual desvantagem provocada a uma sociedade do grupo, de modo a alcançar resultado econômico *superior* ou, no mínimo, *equivalente* àquele que teria sido obtido, caso a mesma sociedade atuasse de forma isolada. Assim, o grupo pode ser utilizado para proporcionar vantagens às sociedades que os integram, mas nenhuma sociedade pode restar prejudicada. A vertente econômica desse sistema pode ser comparada à noção de eficiência paretiana.

O segundo subsistema dispensa a implementação de compensação: basta que a sociedade controladora ou os administradores possam razoavelmente *esperar* que o grupo *tenha condições de compensar* a desvantagem causada a uma sociedade, por meio de outros benefícios, ganhos ou vantagens decorrentes da associação de uma sociedade a um grupo societário. Ou seja, embora a compensação em si não seja exigida, os ganhos de uma sociedade devem quantitativamente superar as perdas incorridas pelas demais sociedades, de modo que, na soma *global*, a situação do grupo se revele melhor que o status anterior. Este é o modelo que tem predominado nos debates europeus, desse modo servindo como fonte de inspiração para um conjunto de propostas legislativas dirigidas aos Estados da União Europeia. Aqui, está presente a noção de eficiência de Kaldor-Hicks.

Viu-se, no item 3.6 acima, que ao direito cabe a ambiciosa tarefa de conciliar simultaneamente duas políticas antagônicas – de um lado, a legitimação da organização empresarial plurissocietária e de alguns de seus efeitos; e de outro, a proteção de interesses juridicamente tutelados, de acionistas, credores, trabalhadores e demais *stakeholders* –, assim promovendo *sinalagma regulatório*. Neste item, viu-se que a vertente econômica dessa dupla orientação legislativa se relaciona com duas noções distintas de *eficiência alocativa*. São concepções que estão presentes, em alguma medida, em disciplinas jurídicas diferentes para regular a empresa plurissocietária. O capítulo subsequente busca examinar, em detalhes, as três disciplinas jurídicas estrangeiras voltadas à regulação dos grupos. Em seguida, retorna-se ao regime desenhado na lei brasileira.

# 4.
# SISTEMAS DE COMPENSAÇÃO DE DESVANTAGENS EM ORDENAMENTOS ESTRANGEIROS

Afigura-se como necessário analisar, em detalhes, as disciplinas jurídicas destinadas à regulação dos grupos societários. Os modelos alemão, italiano e francês, bem como as propostas legislativas apresentadas na União Europeia, foram escolhidos para compor este trabalho. São ordenamentos que oferecem amplo ferramental para a compreensão do sistema adotado na Lei das S.A., examinado detidamente no capítulo seguinte.

O ordenamento alemão, em especial, é reconhecidamente fonte de inspiração da disciplina brasileira, seja em relação aos grupos *contratuais* (ou *de direito*), seja em relação aos *grupos de fato*. A disciplina dos grupos *contratuais* trata os grupos societários como se estes fossem somente uma empresa (corresponde, assim ao primeiro modelo indicado no item 3.7 acima). Já a disciplina dos grupos *de fato* não oferece ruptura com os postulados clássicos do direito societário, mas confere alguma *margem de flexibilidade* à sociedade controladora (corresponde, pois ao segundo modelo apresentado no item 3.7 acima). A seguir se verá que as regras de compensação de *vantagens* e *desvantagens* nesse ordenamento preconizam noção de eficiência paretiana.

Os sistemas italiano e francês, por seu turno, não apresentam divisão entre grupos *contratuais* (ou *de direito*) e grupos *de fato*. Nenhum deles rompe os postulados clássicos do direito societário, adotando, porém, uma abordagem mais flexível, e leniente, quanto à subordinação de interesses no seio dos grupos e quanto ao dever de compensação de desvantagens (razão pela qual todos eles também correspondem ao segundo modelo apresentado no item 3.7 acima, à semelhança dos grupos *de fato* alemães).

O sistema francês, objeto do item 4.3 abaixo, apresenta disciplina intermediária entre os sistemas alemão e italiano: é menos rígido que o primeiro, mas menos tolerante que o segundo, em relação aos efeitos da subordinação do interesse social. Assim, pode-se dizer que as normas de compensação de prejuízos e de vantagens francesas também se filiam ao critério paretiano, ainda que de forma menos rígida.

Finalmente, o ordenamento italiano, examinado no item 4.2 abaixo, assim como a Lei Modelo desenvolvida para União Europeia (*European Model Companies Act*), apresentada no item 4.3.2.4 abaixo, são os sistemas mais lenientes. Estes tratam das políticas de compensação dos efeitos prejudiciais do grupo a uma companhia sob a ótica de Kaldor-Hicks.

## 4.1. Direito alemão: direito de emitir instruções desvantajosas e dever de compensação

O sistema societário alemão, que serviu de inspiração ao legislador pátrio[310] e a outros ordenamentos jurídicos[311], ofereceu uma moldura regulatória pioneira[312] na tentativa de regular o fenômeno dos grupos.

Para tanto, levou em consideração ao menos dois objetivos regulatórios principais[313]. De um lado, cotejou-se a necessidade de institucionalizar os grupos societários, de forma a tanto legitimar o exercício do poder de direção da sociedade controladora sobre as sociedades controladas, como a normalizar a instrumentalização dos interesses de umas em função de outras. De outro lado, visou-se à criação de mecanismos adequados para proteção dos interesses das sociedades controladas, dos

[310] COMPARATO, Fábio Konder. Abuso de controle em grupo societário de fato: remédio jurídico cabível. *In*: *Direito empresarial: estudos e pareceres*. 1. ed., 2. tir. São Paulo: Saraiva, 1995, p. 293-316.

[311] TRÖGER, Tobias H. *Corporate groups*: A German's European perspective. Frankfurt: Sustainable Architecture for Finance in Europe, 2014.

[312] SCHEUCH, Alexander. Konzernrecht: An Overview of the German Regulation of Corporate Gropus and Resulting Liability Issues. *European Company Law*. Alphen aan den Rijn, v. 13, n. 5, p. 191-198, 2016.

[313] ANTUNES, José Engrácia. *Liability of corporate groups*: autonomy and control in parent-subsidiary relationships in US, German and EU law: an international and comparative perspective. Deventer: Kluwer Law and Taxation, 1994, p. 319-320.

acionistas minoritários e dos credores sociais[314]. É o sinalagma regulatório apresentado no item 3.6 acima.

#### 4.1.1. Influência dominante e direção unitária

O sistema alemão é baseado em um conjunto de conceitos indeterminados, concebidos especialmente para definir e qualificar as relações interempresariais[315], e cuja compreensão é imprescindível para exame da disciplina jurídica aplicável aos grupos.

O §15 da AktG define o conceito de *empresas ligadas* (ou *empresas vinculadas*), que compreende as relações societárias que envolvam (i) a participação majoritária de uma empresa em outra (conforme §16 da AktG); (ii) as relações de dependência e domínio (conforme §17 da AktG); (iii) os grupos de sociedades (conforme §18 da AktG); e, finalmente, (iv) as participações recíprocas.

O §15 da AktG, ainda, direciona o âmbito de aplicação do regime das empresas ligadas às relações societárias que envolvem *empresários*, independentemente se estes são pessoas naturais ou jurídicas, ou do tipo societário adotado[316] - incluem-se, assim, tanto os empresários individuais, quanto o próprio Estado, quando este atua como agente econômico[317]. Note-se, porém, que, por constituírem regras destinadas às sociedades anônimas, as disposições da AktG voltadas à regulação das relações intersocietárias aplicam-se apenas às organizações empresariais nas quais ao menos uma empresa ligada às demais seja uma companhia[318]-[319].

[314] Também nesse sentido, HOMMELHOFF, Peter. Protection of Minority Shareholders, Investors and Creditors in Corporate Groups: the Strengths and Weaknesses of German Corporate Group Law. *European Business Organization Law Review*. The Hague, vol. 2, n. 1, pp. 61-80, mar. 2001.

[315] VIO, Daniel de Avila. *Grupos Societários: Ensaio sobre os Grupos de Subordinação, de Direito e de Fato no Direito Societário Brasileiro*. São Paulo: Quartier Latin, 2016, p. 130.

[316] BÜRGERS, Tobias; KÖRBER, Torsten. *Aktiengesetz*. 2ª ed. Heidelberg: C. F. Müller, 2011, p. 2259.

[317] COMPARATO, Fabio Konder. Os grupos societários na nova lei de sociedades por ações. *Revista de Direito Mercantil, Industrial, Econômico e Financeiro*. São Paulo, ano 1976, n. 23, p. 91-107, 1976.

[318] WÜRDINGER, H. *German Company Law*. London: Oyez Publishing, 1975.

[319] A doutrina e a jurisprudência alemãs também aplicam certas disposições da AktG às

Na sequência, os §§16 a 18 tratam dos diferentes graus de vinculação entre sociedades, em direção crescente.

O §16 dispõe sobre o conceito de participação majoritária de uma empresa sobre outra, que ocorre quando uma empresa detém mais metade do capital social, ou dos direitos de voto, em deliberações societárias[320].

O §17, por seu turno, tem por objeto conceito próximo à definição de *controle* da Lei das S.A.[321], cuja verificação atrai a disciplina designada para os grupos de fato[322], abaixo desenvolvida. Nos termos do §17 (1), empresa ou sociedade *dominante* é aquela que exerce *influência dominante*, direta ou indireta, sobre uma companhia, esta denominada como sociedade *dependente* ou *dominada*[323]. *Influência dominante* é conceito indeterminado que designa a situação em que uma empresa esteja em posição, ao menos potencialmente, de submeter a sociedade dependente à própria vontade, em razão do poder da primeira de tanto eleger, como de destituir, os administradores da segunda[324]. Ademais, o §17 (2) estabelece que a participação majoritária de uma empresa sobre outra nos termos do §16 faz presumir a existência de influência dominante[325].

Os grupos são definidos no §18, com fundamento na noção de *empresas ligadas* referido no §15[326]. O conceito central para definição de grupo é o de *direção unitária*, cujos contornos provocam candente debate doutri-

sociedades limitadas (GmbH), por analogia (Oliveira, Ana Perestrelo. *Grupos de Sociedades e deveres de lealdade*. Coimbra: Almedina, 2012, p. 51 e nota de rodapé nº 135).

320 Scheuch, Alexander. Konzernrecht: An Overview of the German Regulation of Corporate Groups and Resulting Liability Issues. *European Company Law*. Alphen aan den Rijn, v. 13, n. 5, p. 191-198, 2016.

321 Vio, Daniel de Avila. *Grupos Societários: Ensaio sobre os Grupos de Subordinação, de Direito e de Fato no Direito Societário Brasileiro*. São Paulo: Quartier Latin, 2016, p. 197.

322 Scheuch, Alexander. Konzernrecht: An Overview of the German Regulation of Corporate Groups and Resulting Liability Issues. *European Company Law*. Alphen aan den Rijn, v. 13, n. 5, p. 191-198, 2016.

323 Würdinger, H. German Company Law. London: Oyez Publishing, 1975.

324 Oliveira, Ana Perestrelo. *Grupos de Sociedades e deveres de lealdade*. Coimbra: Almedina, 2012, p. 56.

325 Bürgers, Tobias; Körber, Torsten. *Aktiengesetz*. 2ª ed. Heidelberg: C. F. Müller, 2011, p. 128.

326 Schmidt, Karsten; Lutter, Marcus. *AktG Kommentar*. 4. ed. Köln: Otto Schmidt, 2020, p. 182.

nário[327]. Em que pese o embate, depreendem-se claramente duas modalidades de direção unitária: *subordinação*, conforme definição no §18 (1); e *coordenação*, objeto do §18 (2)[328]. No primeiro caso, a *direção unitária* decorre da relação de *dominância e dependência* estabelecida entre duas empresas; enquanto, no segundo, a direção unitária existe entre duas empresas independentes, sem que uma delas exerça comando sobre a outra[329].

Nos grupos de subordinação, não existe diferença de *natureza* entre os conceitos de *influência dominante* e *direção unitária*, respectivamente, nos termos dos §§ 17 e 18. O primeiro conceito expressa o poder *potencial* de subordinar a empresa dependente à vontade da empresa dominante, com base no poder potencial de tanto eleger, quanto de destituir, os administradores da empresa dependente. O segundo, por sua vez, designa, nos grupos de subordinação, a situação em que o poder é exercido de forma efetiva[330]. A direção unitária compreende aspectos jurídicos e econômicos envolvendo essa modalidade de organização societária. No sentido lato, o termo remete à direção centralizada de ao menos uma função ou área das empresas dependentes; no sentido estrito, a direção unitária refere-se ao grupo societário como unidade econômica, considerada na inteireza, de modo que as entidades integrantes são conduzidas de forma unificada e integrada[331]. Como regra, a doutrina alemã defende a adoção da definição lata, abrangendo o maior número de situações possíveis no regime jurídico designado para os grupos[332].

[327] Schmidt, Karsten; Lutter, Marcus. *AktG Kommentar*. 4. ed. Köln: Otto Schmidt, 2020, p. 184.

[328] Hüffer, Uwe; Koch, Jens. *Aktiengesetz*. 14ª ed. München: C. H. Beck, 2020, p. 98.

[329] Schmidt, Karsten; Lutter, Marcus. *AktG Kommentar*. 4. ed. Köln: Otto Schmidt, 2020, p. 182. Nos grupos de subordinação, de particular interesse para esse estudo, há presunção absoluta de que há direção unitária nos casos em que as sociedades celebrarem contrato de domínio, como se verá abaixo; e presunção relativa nas situações em que estiver caracterizada uma relação de dominância e de dependência nos termos do §17.

[330] Oliveira, Ana Perestrelo. *Grupos de Sociedades e deveres de lealdade*. Coimbra: Almedina, 2012, p. 55-56.

[331] Schmidt, Karsten; Lutter, Marcus. *AktG Kommentar*. 4. ed. Köln: Otto Schmidt, 2020; e Bürgers, Tobias; Körber, Torsten. *Aktiengesetz*. 2ª ed. Heidelberg: C. F. Müller, 2011, p. 127.

[332] Hüffer, Uwe; Koch, Jens. *Aktiengesetz*. 14ª ed. München: C. H. Beck, 2020, p. 101.

Expostos os conceitos elementares do sistema alemão, passa-se a analisar as disciplinas destinadas aos grupos contratuais, no item 4.1.2, e aos grupos de fato, nos itens 4.1.3 a 4.1.6.

### 4.1.2. Os grupos contratuais e o sistema de compensação global

A lei alemã procurou implementar o sinalagma regulatório[333] que demarca a dúplice orientação legislativa – protetiva e organizativa –, mediante a estruturação de um sistema legal dualista[334], baseado em uma rígida distinção entre, de um lado, os *grupos contratuais* e, de outro, os *grupos de fato*[335].

Historicamente, na Alemanha, o sistema dualista originou-se fora da legislação societária, tendo advindo do campo tributário. No século XX, normas tributárias alemãs concediam vantagens fiscais a sociedades que desenvolviam, entre si, algum grau de integração econômica, financeira e organizacional, por meio de relações contratuais, o que resultou – para fins da aplicação da legislação fiscal – no conceito jurisprudencial de "organização de grupo"[336]. A legislação societária de 1965 capturou o conceito e as práticas empresariais consagradas à época, qualificando contratos de integração como *ato organizativo* das sociedades que se pretendem agrupar, definindo assim um grupo societário contratual[337].

Embora o legislador alemão tenha claramente procurado incentivar a opção pelo modelo dos grupos contratuais – com base no alto grau de detalhamento do regime jurídico e das consequências jurídicas, analisadas neste item – conclui-se que a realidade prática caminhou no sentido oposto[338]. Isso porque, décadas depois, a lei tributária seria sensivel-

[333] Ver item 3.6.

[334] Bürgers, Tobias; Körber, Torsten. *Aktiengesetz*. 2ª ed. Heidelberg: C. F. Müller, 2011, p. 126.

[335] De acordo com Tobias Tröger, a expressão é frequentemente referida pela doutrina e pela jurisprudência alemã, embora não esteja expressa na legislação (TRÖGER, Tobias H. *Corporate groups*: A German's European perspective. Frankfurt: Sustainable Architecture for Finance in Europe, 2014).

[336] Würdinger, H. *German Company Law*. London: Oyez Publishing, 1975.

[337] Würdinger, H. *German Company Law*. London: Oyez Publishing, 1975.

[338] Sobre a prevalência dos grupos de fato na Alemanha, Hüffer, Uwe; Koch, Jens. *Aktiengesetz*. 14ª ed. München: C. H. Beck, 2020, p. 2212.

mente alterada, suprimindo os incentivos fiscais que antes eram concedidos exclusivamente aos grupos contratuais[339]. Como resultado, o modelo caiu em desuso. Por esse motivo, este item 4.1 priorizará a análise dos grupos *não* contratuais, ou dos *grupos de fato*. Avaliam-se, apenas, os aspectos dos grupos de direito cuja compreensão ofereça utilidade analítica quanto ao regime designado para os grupos de fato.

Com efeito, o regime desenhado para os grupos contratuais rompe com os paradigmas clássicos da autonomia e da independência patrimoniais das companhias controladas[340]. O grupo é concebido mediante a celebração de um negócio jurídico voluntário entre duas ou mais empresas[341], o qual deve ser aprovado pelas assembleias gerais da futura companhia controlada[342] e da futura sociedade controladora, caso esta também

339 Scheuch, Alexander. Konzernrecht: An Overview of the German Regulation of Corporate Groups and Resulting Liability Issues. *European Company Law*. Alphen aan den Rijn, v. 13, n. 5, p. 191-198, 2016.

340 Além dos grupos contratuais, o rompimento do paradigma de independência e autonomia das sociedades também corre nas situações de *integração,* que ocorre quando a sociedade controladora possui ao menos 95% do capital social da controlada e deseja adquirir os 5% remanescentes, mediante aprovação da assembleia geral da companhia controlada. À semelhança dos grupos contratuais, a empresa controladora também tem autorização legal para subordinar os interesses da controlada e valer-se de seu poder para dispor de forma irrestrita sobre os seus bens e direitos. Contudo, os acionistas minoritários da companhia controlada têm direito a obter compensação em ações da companhia controladora ou em dinheiro, a depender das características da empresa controladora; já os credores são protegidos por meio da instituição de uma regra de responsabilidade solidária e conjunta da sociedade controladora perante credores das respectivas controladas (§322) (Wurdinger). Em virtude dessas consequências radicais, essa formatação societária é apenas preferível a uma fusão entre a empresa controladora e a controlada quando há razões excepcionais para manter a subsidiária como uma entidade jurídica apartada (Hommelhoff, Peter. Protection of Minority Shareholders, Investors and Creditors in Corporate Groups: the Strengths and Weaknesses of German Corporate Group Law. *European Business Organization Law Review*. The Hague, vol. 2, n. 1, pp. 61-80, mar. 2001).

341 Cf. AktG, §291.

342 Hommelhoff, Peter. Protection of Minority Shareholders, Investors and Creditors in Corporate Groups: the Strengths and Weaknesses of German Corporate Group Law. *European Business Organization Law Review*. The Hague, vol. 2, n. 1, pp. 61-80, mar. 2001.

seja uma sociedade anônima alemã[343], exigindo-se quórum de aprovação equivalente a três quartos do capital social[344].

O legislador alemão estabeleceu uma taxonomia relativamente rígida para os tipos de contrato de grupo, sendo a modalidade mais relevante o *contrato de domínio* ou de *subordinação*, por meio do qual a companhia controlada se sujeita à direção unitária exercida por outra empresa. A celebração de contrato de domínio acarreta relevantes consequências jurídicas para as partes signatárias: a empresa dominante é expressamente autorizada a *subordinar* a companhia controlada tanto aos próprios interesses, como aos interesses do grupo como um todo[345]. Assim, a lei alemã permite que a empresa dominante exerça poder sobre as companhias dependentes, mediante a emissão de ordens e de instruções *desfavoráveis* aos próprios interesses dessas sociedades. Exige-se, ainda, que essas ordens sirvam aos interesses da empresa controladora ou de outras entidades do grupo[346] e que não ameacem a existência legal das empresas dependentes, na condição de unidades jurídicas segregadas das demais[347]; ou seja, não pode ser ameaçada a *viabilidade* empresarial[348]. Os administradores das companhias controladas, por seu turno, são *obrigados* a seguir a essas instruções, ainda que estas sejam desfavoráveis aos interesses das entidades em que atuam, salvo se for evidente que os requisitos indicados acima não foram atendidos[349].

343 Scheuch, Alexander. Konzernrecht: An Overview of the German Regulation of Corporate Groups and Resulting Liability Issues. *European Company Law*. Alphen aan den Rijn, v. 13, n. 5, p. 191-198, 2016.

344 § §291 e 293, cf. Scheuch, Alexander. Konzernrecht: An Overview of the German Regulation of Corporate Groups and Resulting Liability Issues. *European Company Law*. Alphen aan den Rijn, v. 13, n. 5, p. 191-198, 2016.

345 Hommelhoff, Peter. Protection of Minority Shareholders, Investors and Creditors in Corporate Groups: the Strengths and Weaknesses of German Corporate Group Law. *European Business Organization Law Review*. The Hague, vol. 2, n. 1, pp. 61-80, mar. 2001.

346 Cf. AktG, §308.

347 Reich-Graefe, René. Changing paradigms: the liability of corporate groups in Germany. *Connecticut Law Review*. Hartford, v. 37, n. 3, p. 785-817, 2004.

348 Scheuch, Alexander. Konzernrecht: An Overview of the German Regulation of Corporate Groups and Resulting Liability Issues. *European Company Law*. Alphen aan den Rijn, v. 13, n. 5, p. 191-198, 2016.

349 Scheuch, Alexander. Konzernrecht: An Overview of the German Regulation of Cor-

Em contrapartida, a empresa dominante sujeita-se a um conjunto de normas jurídicas especialmente concebidas para proteger o patrimônio das sociedades dependentes, bem como os interesses dos respectivos acionistas minoritários e dos credores sociais. Por exemplo, assim que o contrato de domínio é aprovado, os acionistas minoritários têm o direito de retirar-se da companhia controlada, recebendo, como pagamento, dinheiro ou ações emitidas pela empresa dominante[350]. Uma vez que a integração a um grupo afeta a perspectiva de rentabilidade das sociedades dominadas, haja vista os ônus e desvantagens financeiras que a empresa dominante pode impor[351], a lei alemã também atribui aos minoritários que remanescerem na companhia dominada o direito a obter uma compensação equivalente aos dividendos a que teriam direito, com base no desempenho pregresso da sociedade[352]-[353].

A principal norma de proteção está prevista no §302 da AktG, criado para tutelar diretamente os interesses da sociedade dependente e, indiretamente, por via reflexa, os interesses dos respectivos acionistas externos e credores[354]. Veja-se[355]:

porate Groups and Resulting Liability Issues. *European Company Law*. Alphen aan den Rijn, v. 13, n. 5, p. 191-198, 2016.

[350] Cf. §305, segundo Hommelhoff, Peter. Protection of Minority Shareholders, Investors and Creditors in Corporate Groups: the Strengths and Weaknesses of German Corporate Group Law. *European Business Organization Law Review*. The Hague, vol. 2, n. 1, pp. 61-80, mar. 2001.

[351] O montante da compensação pode ser mensurado em bases fixas ou mediante critérios variáveis, definidos no §304 da AktG (Hommelhoff, Peter. Protection of Minority Shareholders, Investors and Creditors in Corporate Groups: the Strengths and Weaknesses of German Corporate Group Law. *European Business Organization Law Review*. The Hague, vol. 2, n. 1, pp. 61-80, mar. 2001).

[352] O valor mínimo de tal compensação corresponde aos dividendos que teriam sido razoavelmente distribuídos aos acionistas da companhia controlada, baseando-se na performance pregressa de tal entidade (VIO, Daniel de Avila. *Grupos Societários: Ensaio sobre os Grupos de Subordinação, de Direito e de Fato no Direito Societário Brasileiro*. São Paulo: Quartier Latin, 2016, p. 144).

[353] Cf. AktG, §304.

[354] Antunes, José Engrácia. *Liability of corporate groups*: autonomy and control in parent-subsidiary relationships in US, German and EU law: an international and comparative perspective. Deventer: Kluwer Law and Taxation, 1994, p. 339.

§302 – Absorção de perdas
(1) Se existir um contrato de domínio ou de absorção de lucros e perdas, a outra parte do contrato deverá compensar qualquer perda anual que de outra forma surja durante a vigência do contrato, a menos que tal perda seja compensada pela retirada de valores de outras reservas de receita transferidos durante a vigência do contrato (...).

O dispositivo exige que a empresa dominante compense, ao final de cada exercício fiscal, todos os prejuízos de suas controladas, independentemente da causa ou da origem das perdas apuradas[356]. Sob uma perspectiva contábil, o balanço de uma companhia dependente integrada a um grupo contratual não pode apresentar nenhum prejuízo. Do contrário, a empresa dominada terá uma pretensão indenizatória em face daquela que a comandar[357].

Trata-se de sistema de compensação *global*. Isso porque a regra não exige que a sociedade controladora neutralize cada ato ou instrução desfavorável às respectivas controladas, mas que compense todas as perdas anuais das empresas dependentes, tendo ou não a empresa dominante contribuído para o resultado apurado ao fim do ano[358]. Institui-se, desse modo, uma espécie de *seguro de solvência* das sociedades controladas, pois a regra opera a transferência *automática* dos riscos do negócio, os quais migram das controladas para a respectiva sociedade controladora[359].

[355] Tradução livre de: "*§ 302 Verlustübernahme*
*(1) Besteht ein Beherrschungs- oder ein Gewinnabführungsvertrag, so hat der andere Vertragsteil jeden während der Vertragsdauer sonst entstehenden Jahresfehlbetrag auszugleichen, soweit dieser nicht dadurch ausgeglichen wird, daß den anderen Gewinnrücklagen Beträge entnommen werden, die während der Vertragsdauer in sie eingestellt worden sind (...)*".

[356] HOMMELHOFF, Peter. Protection of Minority Shareholders, Investors and Creditors in Corporate Groups: the Strengths and Weaknesses of German Corporate Group Law. *European Business Organization Law Review*. The Hague, vol. 2, n. 1, pp. 61-80, mar. 2001.

[357] REICH-GRAEFE, René. Changing paradigms: the liability of corporate groups in Germany. *Connecticut Law Review*. Hartford, v. 37, n. 3, p. 785-817, 2004.

[358] REICH-GRAEFE, René. Changing paradigms: the liability of corporate groups in Germany. *Connecticut Law Review*. Hartford, v. 37, n. 3, p. 785-817, 2004.

[359] ANTUNES, José Engrácia. *Liability of corporate groups*: autonomy and control in parent-subsidiary relationships in US, German and EU law: an international and comparative perspective. Deventer: Kluwer Law and Taxation, 1994, p. 332-323.

Há, contudo, críticas ao sistema de compensação global. Embora impeça a insolvência das sociedades dependentes em bases anuais, a regra não protege a sociedade dominada contra eventual falta de liquidez de caixa, para cumprimento das obrigações correntes, verificada ao longo do exercício social[360]. A principal crítica dirigida à norma, porém, é que a regra opera uma transferência *direta* e *automática* dos prejuízos das dominadas à dominante, ainda que o passivo transferido tenha sido mera decorrência dos riscos empresariais dos negócios desenvolvidos pelas primeiras ou, ainda, que tenha sido provocado por circunstâncias alheias ao poder e à esfera de influência da sociedade controladora, sem que tenha havido participação ou contribuição desta para o resultado verificado ao fim do exercício[361]. Nesse aspecto, a norma distancia o grupo contratual de um dos principais propósitos econômicos que justificam sua constituição – justamente, a limitação de riscos empresariais de cada sociedade e das respectivas responsabilidades[362], de modo a impedir a contaminação do prejuízo de um negócio sobre os demais[363].

São essas, em síntese, as principais características dos grupos contratuais de subordinação. Examina-se, agora, os grupamentos de fato.

### 4.1.3. Os grupos de fato e o sistema de compensação pontual

Os grupos societários *de fato* são organizações empresariais nas quais a empresa dominante exerce direção unitária sobre as demais, sem que exista um *contrato* regulando as relações intragrupo. Nesses casos, o poder

360 ANTUNES, José Engrácia. *Liability of corporate groups*: autonomy and control in parent-subsidiary relationships in US, German and EU law: an international and comparative perspective. Deventer: Kluwer Law and Taxation, 1994, p. 340 e HOMMELHOFF, Peter. Protection of Minority Shareholders, Investors and Creditors in Corporate Groups: the Strengths and Weaknesses of German Corporate Group Law. *European Business Organization Law Review*. The Hague, vol. 2, n. 1, pp. 61-80, mar. 2001.

361 SCHEUCH, Alexander. Konzernrecht: An Overview of the German Regulation of Corporate Groups and Resulting Liability Issues. *European Company Law*. Alphen aan den Rijn, v. 13, n. 5, p. 191-198, 2016.

362 ANTUNES, José Engrácia. *Liability of corporate groups*: autonomy and control in parent-subsidiary relationships in US, German and EU law: an international and comparative perspective. Deventer: Kluwer Law and Taxation, 1994, p. 341.

363 Sobre a limitação de responsabilidade como fator determinante para formação dos grupos, ver tem 2.5 acima.

exercido pela empresa dominante não é um poder *de jure*, mas puramente fático[364], com base no controle da maioria dos votos da assembleia geral e, consequentemente, na composição majoritária dos órgãos administrativos[365].

As relações entre as sociedades do grupo são regidas pelas normas tradicionais de direito societário, as quais proíbem que a empresa dominante tanto subordine os interesses das sociedades dominadas, como emita ordens prejudiciais ao patrimônio destas. Portanto, no direito alemão, o exercício do poder fático de direção, embora lícito, deve conformar-se aos limites definidos pelas normas gerais da legislação societária, observando-se a autonomia, o patrimônio e o interesse das sociedades dependentes[366].

Viu-se detalhadamente no capítulo 2 acima, porém, que a razão de ser dos grupos se perde, caso a lei não admita que haja algum grau de integração econômica entre as sociedades que formam um grupo. A administração é centralizada, as atividades se complementam, e as empresas transacionam entre si em um mercado interno que obedece a uma lógica de hierarquia, e não, similarmente ao que sucede no mercado externo, a um sistema de preços[367].

Assim, a proibição à subordinação de interesses é flexibilizada por meio de uma exceção à regra, prevista no §311, (1) e (2) da AktG[368]:

[364] Antunes, José Engrácia. *Liability of corporate groups*: autonomy and control in parent-subsidiary relationships in US, German and EU law: an international and comparative perspective. Deventer: Kluwer Law and Taxation, 1994, p. 323.

[365] Hommelhoff, Peter. Protection of Minority Shareholders, Investors and Creditors in Corporate Groups: the Strengths and Weaknesses of German Corporate Group Law. *European Business Organization Law Review*. The Hague, vol. 2, n. 1, pp. 61-80, mar. 2001.

[366] Oliveira, Ana Perestrelo. *Grupos de Sociedades e deveres de lealdade*. Coimbra: Almedina, 2012, p. 63.

[367] Ver capítulo 2.

[368] Tradução livre de: "*§311 Schranken des Einflusses*

*(1) Besteht kein Beherrschungsvertrag, so darf ein herrschendes Unternehmen seinen Einfluß nicht dazu benutzen, eine abhängige Aktiengesellschaft oder Kommanditgesellschaft auf Aktien zu veranlassen, ein für sie nachteiliges Rechtsgeschäft vorzunehmen oder Maßnahmen zu ihrem Nachteil zu treffen oder zu unterlassen, es sei denn, daß die Nachteile ausgeglichen warden.*

*(2) Ist der Ausgleich nicht während des Geschäftsjahrs tatsächlich erfolgt, so muß spätestens am Ende des Geschäftsjahrs, in dem der abhängigen Gesellschaft der Nachteil zugefügt worden ist, bestimmt*

§311 – Limites à influência.
(1) Se não houver um contrato de dominação, uma empresa dominante não poderá usar sua influência para fazer com que uma sociedade anônima ou sociedade em comandita por ações participe de um negócio jurídico que lhe seja desvantajoso, ou a tomar ou abster-se de tomar medidas desvantajosas, a menos que as desvantagens sejam compensadas.
(2) Se a compensação não tiver realmente ocorrido durante o exercício financeiro, ela deve ser determinada o mais tardar no final do exercício financeiro em que a desvantagem foi causada à empresa dependente, quando e por quais vantagens a desvantagem deve ser compensada. A empresa dependente terá direito às vantagens determinadas para a compensação.

O conteúdo do §311 é usualmente referido pela doutrina como um *privilégio* concedido à empresa dominante[369]: esta pode exercer sua influência sobre as sociedades do grupo de forma *desvantajosa* aos próprios interesses[370], desde que cada *desvantagem* causada à controlada seja *individualmente compensada* até o fim do exercício fiscal. Se a compensação não for implementada neste prazo, a empresa dominante deverá definir *quando* e *como* a compensação será realizada até o fim do período[371]. Ou seja, a empresa dominante pode determinar o *momento* e a *forma* de compensação até o final do exercício fiscal[372]. Trata-se de intervalo tem-

*werden, wann und durch welche Vorteile der Nachteil ausgeglichen werden soll. Auf die zum Ausgleich bestimmten Vorteile ist der abhängigen Gesellschaft ein Rechtsanspruch zu gewähren* (...)".

369 Emmerich, Voker; Habersack, Mathias. *Aktien- und GmbH-Konzernrecht*. 6ª ed. rev. München: C.H. Beck, 2010, p. 548; Schmidt, Karsten; Lutter, Marcus. *AktG Kommentar*. 4. ed. Köln: Otto Schmidt, 2020, p. 3868; e Hommelhoff, Peter. Protection of Minority Shareholders, Investors and Creditors in Corporate Groups: the Strengths and Weaknesses of German Corporate Group Law. *European Business Organization Law Review*. The Hague, vol. 2, n. 1, pp. 61-80, mar. 2001.

370 AktG, §311.

371 AktG, §311, (2). Nesse sentido, Hommelhoff, Peter. Protection of Minority Shareholders, Investors and Creditors in Corporate Groups: the Strengths and Weaknesses of German Corporate Group Law. *European Business Organization Law Review*. The Hague, vol. 2, n. 1, pp. 61-80, mar. 2001.

372 Hommelhoff, Peter. Protection of Minority Shareholders, Investors and Creditors in Corporate Groups: the Strengths and Weaknesses of German Corporate Group Law. *European Business Organization Law Review*. The Hague, vol. 2, n. 1, pp. 61-80, mar. 2001.

poral relativamente largo, de modo a favorecer os interesses da empresa dominante[373].

Diferentemente do que sucede no âmbito dos grupos contratuais, os administradores não são obrigados a observar a orientação da empresa dominante[374]. Estão, porém, *autorizados* a segui-las[375], mesmo que prejudiciais aos interesses da sociedade na qual atuam. Logo, os respectivos deveres fiduciários em relação à companhia dependente só são modificados visto que estes podem, hipoteticamente, seguir orientações desvantajosas à companhia em que atuam, sem ter de exigir compensação *imediata* por esses atos[376].

Trata-se, em síntese, de um sistema de compensação *pontual* e *casuístico*, que opera a cada ato, instrução, ou ordem desvantajosos que tenham sido praticados, sob a *influência* da empresa dominante, contra uma companhia[377]. A regra, portanto, institui um mecanismo de proteção dúplice: é proteção *direta* para o patrimônio das companhias dependentes, dado que a compensação é a elas destinada; e *indireta* para o patrimônio dos acionistas minoritários e credores, cujos direitos são assegurados, já que a regra garante a higidez patrimonial da empresa subordinada na qual investiram ou concederam crédito.

[373] SCHEUCH, Alexander. Konzernrecht: An Overview of the German Regulation of Corporate Groups and Resulting Liability Issues. *European Company Law*. Alphen aan den Rijn, v. 13, n. 5, p. 191-198, 2016..

[374] BÜRGERS, Tobias; KÖRBER, Torsten. *Aktiengesetz*. 2ª ed. Heidelberg: C. F. Müller, 2011, p. 2274.

[375] EMMERICH, Voker; HABERSACK, Mathias. *Aktien- und GmbH-Konzernrecht*. 6ª ed. rev. München: C.H. Beck, 2010, p. 550; e SCHEUCH, Alexander. Konzernrecht: An Overview of the German Regulation of Corporate Groups and Resulting Liability Issues. *European Company Law*. Alphen aan den Rijn, v. 13, n. 5, p. 191-198, 2016.

[376] Para cumprir seus deveres legais, os administradores devem verificar se a sociedade controladora está *preparada* para compensar as desvantagens resultantes (SCHEUCH, Alexander. Konzernrecht: An Overview of the German Regulation of Corporate Groups and Resulting Liability Issues. *European Company Law*. Alphen aan den Rijn, v. 13, n. 5, p. 191-198, 2016).

[377] HÜFFER, Uwe; KOCH, Jens. *Aktiengesetz*. 14ª ed. München: C. H. Beck, 2020, p. 2212; e ANTUNES, José Engrácia. *Liability of corporate groups*: autonomy and control in parent-subsidiary relationships in US, German and EU law: an international and comparative perspective. Deventer: Kluwer Law and Taxation, 1994.

Situações de financiamento intragrupo e de outorga de garantias recíprocas ilustram a racionalidade da regra alemã. A prestação de garantia à uma dívida contraída por outra empresa do grupo é uma medida *desvantajosa*, se não há contrapartida pela obrigação assumida em benefício da afiliada; mas a compensação pela garantia prestada pode decorrer dos *benefícios* auferidos pela garantidora pela obtenção de liquidez de caixa dentro do grupo societário[378]. Da mesma forma, transferências de fundos de umas sociedades às outras no contexto de política de caixa único (*cash pooling*) são práticas consideradas como economicamente sustentáveis e benéficas às sociedades do grupo como um todo. No caso, é certo que a *desvantagem* associada à transferência de liquidez à outra sociedade é compensada por outras *vantagens*, tais como a redução das taxas de juros aplicáveis a todas as sociedades do grupo e a obtenção de melhores condições de financiamento para as atividades empresariais[379].

O histórico legislativo que resultou nessa formatação legal igualmente permite compreender a racionalidade subjacente à norma[380]. Nos planos legislativos originais, apenas a celebração de um contrato de domínio autorizaria a ruptura dos cânones tradicionais do direito societário, de modo a permitir a subordinação dos interesses das controladas em benefício do acionista controlador[381]. A rigidez da proposta foi duramente criticada durante os debates legislativos e doutrinários correlatos[382], uma vez que a formação e a gestão unitária do grupo *pressupõem* a instrumentação dos interesses das sociedades dependentes aos interesses da empresa

378 Schmidt, Karsten; Lutter, Marcus. *AktG Kommentar.* 4. ed. Köln: Otto Schmidt, 2020, p. 3888.

379 Schmidt, Karsten; Lutter, Marcus. *AktG Kommentar.* 4. ed. Köln: Otto Schmidt, 2020, p. 3889-3890.

380 Comparato, Fábio Konder. Abuso de controle em grupo societário de fato: remédio jurídico cabível. *In*: *Direito empresarial: estudos e pareceres.* 1. ed., 2. tir. São Paulo: Saraiva, 1995, p. 293-316.

381 Emmerich, Voker; Habersack, Mathias. *Aktien- und GmbH-Konzernrecht.* 6ª ed. rev. München: C.H. Beck, 2010, p. 551.

382 Comparato, Fábio Konder. Abuso de controle em grupo societário de fato: remédio jurídico cabível. *In*: *Direito empresarial: estudos e pareceres.* 1. ed., 2. tir. São Paulo: Saraiva, 1995, p. 293-316.

dominante ou de outras empresas do grupo[383]. Se o projeto original fosse concretizado, a proibição de subordinação acarretaria ilegalidade das organizações empresariais, as quais, mesmo sem celebração de contrato, já eram consagradas nas práticas societárias da época.

Reagindo a essas críticas, o legislador alemão projetou um sistema mais flexível, que admitiria que a sociedade controladora exercesse seu poder de fato em sentido desfavorável, ou prejudicial, à sociedade controlada, desde que fosse providenciada a compensação do prejuízo correlato. Entretanto, essa segunda proposta legislativa – que admitiria a emissão de instruções desvantajosas, desde que houvesse compensação – exigia que a empresa dominante demonstrasse estreita conexão causal entre a desvantagem e a compensação realizada: ambas deveriam decorrer da *mesma medida* praticada sob a influência da sociedade controladora. A imposição foi alvo de novas críticas, pois foi considerada como impraticável perante a dinâmica efetivamente observada no seio dos grupos.

Sensível a esses argumentos, a versão final do regime jurídico alemão eliminou a obrigação de que houvesse nexo causal direto entre as vantagens e as desvantagens de cada medida imposta pela sociedade controladora. A empresa dominante poderia, então, compensar desvantagens com benefícios que não tenham relação direta com a medida ou transação desvantajosa em questão[384]. Ademais, a empresa dominante poderia determinar o tipo e o tempo da compensação[385].

A regra cria parâmetro para a definição da ilicitude da conduta da empresa dominante. Se, no paradigma tradicional do direito societário, a ilicitude decorre da subordinação dos interesses da controlada (isto é, de mera atuação contrária aos respectivos interesses), no sistema alemão, a simples submissão dos interesses da sociedade dominada *não é por si só ilícita*. Na realidade, a ilicitude decorre da ausência de compensação no

383 Oliveira, Ana Perestrelo. *Grupos de Sociedades e deveres de lealdade*. Coimbra: Almedina, 2012, p. 486.

384 Schmidt, Karsten; Lutter, Marcus. *AktG Kommentar*. 4. ed. Köln: Otto Schmidt, 2020, p. 3868; e Emmerich, Voker; Habersack, Mathias. *Aktien- und GmbH-Konzernrecht*. 6ª ed. rev. München: C.H. Beck, 2010, p. 582.

385 Emmerich, Voker; Habersack, Mathias. *Aktien- und GmbH-Konzernrecht*. 6ª ed. rev. München: C.H. Beck, 2010, p. 551.

prazo e modo designados na lei. Segundo Fabio Konder Comparato, a regra causa perplexidade, porque impõe que a empresa dominante repare desvantagens provocadas por atos considerados como *lícitos*, tratando-se de típico caso de "prejuízo juridicamente admissível, mas que obriga à reparação"[386]. Daí decorre que uma desvantagem não compensada é *provisoriamente lícita*, sendo certo que sua licitude só será confirmada após a efetivação de compensação e no prazo apropriado.

Não sendo realizada a compensação, recai sobre a empresa dominante o dever de indenizar a controlada, nos termos do §317 da AktG[387]. No caso, a companhia lesada torna-se titular de pretensão indenizatória em face da empresa dominante, cabendo-lhe demonstrar o (i) ilícito praticado; (ii) o dano; e (iii) o nexo causal entre a medida desfavorável e o dano incorrido[388]. Assumindo que os administradores das sociedades dependentes dificilmente ajuizariam demanda contra a empresa dominante, uma vez que esta é responsável pela sua eleição e destituição, o §317 da AktG atribui *legitimidade extraordinária* para que acionistas minoritários e credores ajuízem ação derivada em benefício da companhia lesada.

Em conclusão, a sociedade controladora pode impor negócios e medidas que contrariem os interesses da sociedade controlada, mas não pode deixá-las sem compensação. Trata-se de *ônus* da sociedade controladora, ou, em outras palavras, de *condição legal*, para que esta possa exercer atos de controle prejudiciais às respectivas controladas. Daí que não se pode falar em *ilicitude* nessas circunstâncias, mas simplesmente em "regulação legal do exercício do poder de controle em detrimento da controlada, o qual não constitui, em si mesmo, repita-se, um comportamento ilícito"[389].

Portanto, enquanto houver possibilidade de compensação, nos termos do §311, a medida praticada sob a influência da empresa dominante

386 Comparato, Fábio Konder. Abuso de controle em grupo societário de fato: remédio jurídico cabível. *In: Direito empresarial: estudos e pareceres.* 1 ed., 2 tir. São Paulo: Saraiva, 1995, p. 293-316.

387 Hüffer, Uwe; Koch, Jens. *Aktiengesetz.* 14ª ed. München: C. H. Beck, 2020, p. 2212.

388 Reich-Graefe, René. Changing paradigms: the liability of corporate groups in Germany. *Connecticut Law Review.* Hartford, v. 37, n. 3, p. 785-817, 2004.

389 Comparato, Fábio Konder. Abuso de controle em grupo societário de fato: remédio jurídico cabível. In: *Direito empresarial: estudos e pareceres.* 1. ed., 2. tir. São Paulo: Saraiva, 1995, p. 293-316.

é *desvantajosa* ou *desfavorável* aos interesses das empresas dominadas; contudo, a conduta da sociedade dominante ainda não é considerada como ilícita, e o resultado da medida não é tido como *prejuízo*, nem como *dano* passível de indenização. Só há de se falar em *dano* indenizável na falta da compensação exigida pela lei – ou seja, quando há a configuração de ilicitude da conduta praticada pela sociedade controladora.

Delineado o sistema jurídico alemão voltado aos grupos de fato, passa-se a examinar como o conjunto normativo deve ser implementado perante casos concretos.

### 4.1.4. Operacionalização do sistema de compensação pontual

A operacionalização do sistema alemão destinado aos grupos de fato depende da avaliação de cinco fatores distintos. É pertinente examiná-los, neste trabalho, de forma panorâmica.

Primeiro, cabe a identificação do que seria uma medida ou transação desvantajosa realizada sob a *influência* da sociedade dominante, conforme redação do §311, (1) do AktG. Segundo a doutrina, a regra deve ser interpretada em sentido amplo, para abranger qualquer conduta intencional ou consciente da sociedade dominante que seja capaz de produzir efeitos diretos ou indiretos no patrimônio ou na rentabilidade das sociedades dependentes[390], por meio de atos concretos ou de omissões, independentemente de quais forem a forma e os meios adotados para tanto[391]-[392].

A palavra *influência* denota a natureza da conduta imputada à sociedade dominante. Como regra, os atos da empresa dominante são praticados por meio do voto na assembleia geral, mas não é neste foro que são tomadas as decisões negociais ordinárias da empresa. Fora da assembleia, a conduta da sociedade dominante traduz-se em um poder fático

[390] Schmidt, Karsten; Lutter, Marcus. *AktG Kommentar.* 4. ed. Köln: Otto Schmidt, 2020, p. 3873.

[391] Oliveira, Ana Perestrelo. *Grupos de Sociedades e deveres de lealdade.* Coimbra: Almedina, 2012, nota de rodapé nº 1492.

[392] De forma distinta, Tobias Tröger afirma que a prova da influência da sociedade controladora decorreria da demonstração de que um gestor razoável e diligente de uma companhia *independente* (não integrada em grupo societário) teria agido de forma diferente nas mesmas circunstâncias (Tröger, Tobias H. *Germany's Reluctance to Regulate Related Party Transactions.* Brussels: European Corporate Governance Institute, 2018.).

e essencialmente informal que se projeta sobre os administradores das sociedades dependentes[393]. Daí ser correta a noção de *influência*, ou de *indução* sobre o agente que efetivamente pratica o ato: o administrador. O critério de indução, na acepção do §311, é interpretado de forma ampla, abarcando qualquer conduta atribuível à sociedade controladora que tenha contribuído para a medida ou transação desvantajosa[394]. É, ainda, irrelevante o meio ou a forma por meio dos quais a empresa controladora expressa o seu desejo – se escrito, oral, se emitido sob uma forma de instrução, sugestão ou proposta aos administradores[395].

Também estão abrangidas, na regra, as medidas adotadas pelos administradores da sociedade dominada que, em razão da subordinação estrutural e permanente aos desejos da empresa dominante, devem ser a esta imputados[396]. Não é tarefa trivial a demonstração de que aqueles atos resultam do poder de influência da sociedade dominante, haja vista o caráter essencialmente fático e informal por meio do qual o poder de direção se projeta sobre as sociedades agrupadas sem qualquer formalização ou suporte documental[397].

Sendo a influência uma medida essencialmente informal, a doutrina alemã admite a adoção de *presunções*, ou de *simplificações* de prova[398]. Por exemplo, presume-se que a medida foi provocada sob a influência da sociedade dominante, se esta é, a um só tempo, desvantajosa para a sociedade dependente e vantajosa para a empresa dominante. Da mesma forma, presume-se que os atos de administradores que exercem cargos

393 Emmerich, Voker; Habersack, Mathias. *Aktien- und GmbH-Konzernrecht*. 6ª ed. rev. München: C.H. Beck, 2010, p. 564.

394 Bürgers, Tobias; Körber, Torsten. *Aktiengesetz*. 2ª ed. Heidelberg: C. F. Müller, 2011, p. 2261.

395 Hüffer, Uwe; Koch, Jens. *Aktiengesetz*. 14ª ed. München: C. H. Beck, 2020, p. 101; e Schmidt, Karsten; Lutter, Marcus. AktG Kommentar. 4. ed. Köln: Otto Schmidt, 2020, p. 3874.

396 Oliveira, Ana Perestrelo. *Grupos de Sociedades e deveres de lealdade*. Coimbra: Almedina, 2012, nota de rodapé nº 1492.

397 Ver item 3.3 deste trabalho.

398 Emmerich, Voker; Habersack, Mathias. *Aktien- und GmbH-Konzernrecht*. 6ª ed. rev. München: C.H. Beck, 2010, p. 564; e Schmidt, Karsten; Lutter, Marcus. *AktG Kommentar*. 4. ed. Köln: Otto Schmidt, 2020, p. 3875.

simultâneos na empresa dominante e na sociedade dominada decorreram da influência exercida pela primeira sobre a segunda[399].

Segundo, afiguram-se a *identificação* e a *individualização* da medida[400] desvantajosa praticada pela empresa dominante. A identificação da conduta é necessária, porque a norma institui um esquema de compensação de natureza casuística, aplicável a cada medida ou ato praticados sob a influência da empresa dominante, individualmente considerada[401].

O mecanismo opõe-se ao sistema de compensação global destinado aos grupos contratuais nos termos do §302 da AktG, que opera ao final de cada exercício fiscal para abranger todos os prejuízos das controladas, independentemente da origem de cada medida e da existência, ou não, da participação da empresa dominante no resultado apurado[402]. Em contraste, o sistema do §311 exige a identificação de cada ato que tenha sido praticado pela empresa dominante, para que então lhe seja imputada a obrigação de compensar.

Portanto, estão fora do escopo do §311 os chamados *efeitos passivos do grupo*[403], isto é, efeitos econômicos e patrimoniais que não resultam *diretamente* de *conduta voluntária* da sociedade controladora, mas que decorrem da mera integração das empresas em somente uma unidade empresarial[404]. Só há dever de compensação quando a medida e o efeito

[399] Schmidt, Karsten; Lutter, Marcus. *AktG Kommentar.* 4. ed. Köln: Otto Schmidt, 2020, p. 3876.

[400] De acordo com Bürgers, Tobias; Körber, Torsten. *Aktiengesetz.* 2ª ed. Heidelberg: C. F. Müller, 2011, p. 2264, medida é um termo bastante amplo, não havendo pré-definição da forma jurídica de tal ato.

[401] Hüffer, Uwe; Koch, Jens. *Aktiengesetz.* 14ª ed. München: C. H. Beck, 2020, p. 2210; e Oliveira, Ana Perestrelo. *Grupos de Sociedades e deveres de lealdade.* Coimbra: Almedina, 2012, p. 495.

[402] Antunes, José Engrácia. *Liability of corporate groups*: autonomy and control in parent-subsidiary relationships in US, German and EU law: an international and comparative perspective. Deventer: Kluwer Law and Taxation, 1994, p. 341.

[403] Schmidt, Karsten; Lutter, Marcus. AktG Kommentar. 4ª ed. Köln: Otto Schmidt, 2020, p. 3874; Oliveira, Ana Perestrelo. *Grupos de Sociedades e deveres de lealdade.* Coimbra: Almedina, 2012, p. 497.

[404] Tröger, Tobias H. *Germany's Reluctance to Regulate Related Party Transactions.* Brussels: European Corporate Governance Institute, 2018.

desvantajoso dela recorrente seja objetivamente imputável à controladora, devendo haver uma conexão causal juridicamente relevante entre três componentes: a *influência* exercida pela sociedade controladora; a medida adotada pela administração de sua controlada sob a esfera de influência da primeira; e, finalmente, o efeito desvantajoso[405].

Terceiro, é necessário considerar a natureza da instrução emitida pela sociedade controladora: se desvantajosa, neutra ou benéfica à sociedade controlada. De acordo com a doutrina, o caráter *desvantajoso* de uma instrução decorre de diminuição do patrimônio ou da rentabilidade da companhia, ocorrida pela influência da empresa dominante[406]. Ademais, é necessário considerar todas as oportunidades comerciais e todos os riscos empresariais associados aos respectivos negócios[407], com base em uma comparação entre o caso concreto e a situação patrimonial que seria verificada se essa mesma companhia fosse (i) *independente*, isto é, não estivesse sujeita ao poder de sociedade dominante em um grupo[408]; e (ii) gerida por um gestor *criterioso* e *ordenado*[409]. Se a sociedade, nessa situação hipotética de independência, obtivesse o mesmo resultado que a companhia subordinada, então a medida sob avaliação não pode ser considerada desvantajosa.

405 Oliveira, Ana Perestrelo. *Grupos de Sociedades e deveres de lealdade*. Coimbra: Almedina, 2012, p. 497.

406 Hüffer, Uwe; Koch, Jens. *Aktiengesetz*. 14ª ed. München: C. H. Beck, 2020, p. 2220; Tröger, Tobias H. *Germany's Reluctance to Regulate Related Party Transactions*. Brussels: European Corporate Governance Institute, 2018 e Tröger, Tobias H. Corporate groups: A German's European perspective. Frankfurt: Sustainable Architecture for Finance in Europe, 2014; e Bürgers, Tobias; Körber, Torsten. *Aktiengesetz*. 2ª ed. Heidelberg: C. F. Müller, 2011, p. 2264.

407 Schmidt, Karsten; Lutter, Marcus. *AktG Kommentar*. 4. ed. Köln: Otto Schmidt, 2020, p. 3880.

408 Scheuch, Alexander. Konzernrecht: An Overview of the German Regulation of Corporate Groups and Resulting Liability Issues. *European Company Law*. Alphen aan den Rijn, v. 13, n. 5, p. 191-198, 2016.

409 Schmidt, Karsten; Lutter, Marcus. *AktG Kommentar*. 4. ed. Köln: Otto Schmidt, 2020, p. 3880; Antunes, José Engrácia. Liability of corporate groups: autonomy and control in parent-subsidiary relationships in US, German and EU law: an international and comparative perspective. Deventer: Kluwer Law and Taxation, 1994, p. 349-350 e Oliveira, Ana Perestrelo. *Grupos de Sociedades e deveres de lealdade*. Coimbra: Almedina, 2012, p. 496.

Essa comparação é fruto da interpretação sistemática do §311 em conjunto com o §317, da AktG[410], que institui a responsabilidade da empresa dominante no caso de instrução desvantajosa não compensada. No §317, (2), a lei afasta obrigação de compensação, caso se entenda que a conduta ou a omissão praticadas sob a influência da empresa dominante, apesar de desvantajosas, também teriam sido adotadas por um gestor criterioso e ordenado de uma companhia *independente*[411]. Assim, caso se conclua que o gestor hipotético teria praticado o mesmo ato, a despeito de seus efeitos, não se pode qualificar, para os fins do §311, a medida como *desvantajosa*[412].

Essa avaliação deve ser baseada na referência ao momento em que a medida, o negócio ou a operação foram determinados[413], com fundamento, por sua vez, nos fatos e nas informações conhecidos naquele tempo[414]. Trata-se de um juízo de prognose *ex ante*. Afinal, não seria admissível levar em conta os elementos de fato que somente *ex post* se encontrariam disponíveis para avaliação do ato em questão e que não poderiam ser considerados nem mesmo por um gestor diligente de uma sociedade independente[415].

Para aferição da natureza desvantajosa de uma medida, também é relevante compará-la com os padrões praticados em um ambiente de mercado com funcionamento hígido e em condições de concorrência, quando existentes[416]. A comparação pode ser *interna* (leva em considera-

410 Schmidt, Karsten; Lutter, Marcus. *AktG Kommentar*. 4. ed. Köln: Otto Schmidt, 2020, p. 3380.

411 Scheuch, Alexander. Konzernrecht: An Overview of the German Regulation of Corporate Groups and Resulting Liability Issues. *European Company Law*. Alphen aan den Rijn, v. 13, n. 5, p. 191-198, 2016.

412 Emmerich, Voker; Habersack, Mathias. *Aktien- und GmbH-Konzernrecht*. 6ª ed. rev. München: C.H. Beck, 2010, p. 568.

413 Hüffer, Uwe; Koch, Jens. *Aktiengesetz*. 14ª ed. München: C. H. Beck, 2020, p. 2221.

414 Bürgers, Tobias; KÖRBER, Torsten. *Aktiengesetz*. 2ª ed. Heidelberg: C. F. Müller, 2011, p. 2265.

415 Oliveira, Ana Perestrelo. *Grupos de Sociedades e deveres de lealdade*. Coimbra: Almedina, 2012, p. 498.

416 Schmidt, Karsten; Lutter, Marcus. *AktG Kommentar*. 4. ed. Köln: Otto Schmidt, 2020, p. 3384; Hüffer, Uwe; Koch, Jens. *Aktiengesetz*. 14ª ed. München: C. H. Beck, 2020, p. 2223; Eoliveira, Ana Perestrelo. Grupos de Sociedades e deveres de lealdade. Coimbra: Almedina, 2012, p. 497.

ção o preço que seria pago quando a empresa dominante ou outro membro do grupo *vende* o mesmo produto ou serviço em mercado similar); ou *externa* (avalia o preço que seria pago quando um *terceiro* realiza a venda do mesmo produto ou serviço a outro *terceiro*)[417].

Quarto, há de se analisar a *quantificação* da desvantagem. A aferição é igualmente efetuada com base na comparação entre, de um lado, os efeitos provocados pela medida no caso concreto e, de outro, um cenário hipotético no qual a mesma sociedade é independente e conduzida por administradores que observam os respectivos deveres legais[418].

É pressuposto de licitude da medida que ela seja passível de *compensação*, sob pena de ser considerada desde já como ilícita. Isso porque não há como compensar algo que não é mensurável – ou seja, compensação depende da aferição quantitativa da desvantagem provocada à sociedade. Por isso, é ilegal o exercício de direção unitária cujos efeitos inviabilizam a individualização e a mensuração das desvantagens dele decorrentes[419]. Não é aceitável, também, recorrer a um juízo de *probabilidade* de uma compensação futura, em contraposição ao que parte da doutrina italiana defende[420]. O apelo a juízos vagos de possibilidade de compensação no futuro não serve como mecanismo de tutela dos interesses da sociedade controlada. Ao revés, opera-se como uma permissão para lesar os interesses da companhia dependente, sem que haja possibilidade de exercer controle jurídico sobre a licitude da conduta da empresa dominante[421].

De acordo com a doutrina alemã, a desvantagem não deve necessariamente – para que possa ser compensada nos termos do §311 – ser refletida no balanço da companhia dependente. Por exemplo, a transferência de oportunidades de negócios da sociedade dominada a outra

[417] Oliveira, Ana Perestrelo. *Grupos de Sociedades e deveres de lealdade*. Coimbra: Almedina, 2012, p. 528-529.

[418] Schmidt, Karsten; Lutter, Marcus. *AktG Kommentar*. 4. ed. Köln: Otto Schmidt, 2020, p. 3883.

[419] Oliveira, Ana Perestrelo. *Grupos de Sociedades e deveres de lealdade*. Coimbra: Almedina, 2012, p. 494.

[420] Como se verá no item 4.2.4.1.

[421] Oliveira, Ana Perestrelo. *Grupos de Sociedades e deveres de lealdade*. Coimbra: Almedina, 2012, p. 494-495.

é uma desvantagem que deve ser compensada segundo a regra do §311, ainda que essa circunstância não se traduza em uma perda financeira, a ser refletida nas demonstrações financeiras da companhia[422]. Assim, se a desvantagem tiver sido registrada nas demonstrações financeiras, a compensação correspondente deve ser igualmente reportada no balanço da companhia. Caso a desvantagem não tenha sido refletida nas demonstrações financeiras, em razão da própria natureza, a compensação também não precisa o ser, exigindo-se tão somente que esta seja passível de quantificação[423].

Mais uma vez, a quantificação do prejuízo deve ser embasada nos fatos e nas informações que as partes tinham à disposição, à época da prática da medida ou ato desfavoráveis (prognose *ex ante*). Exclui-se o prejuízo decorrente das circunstâncias que não poderiam ser reconhecidas ao tempo dos fatos examinados. Portanto, o prejuízo juridicamente relevante é aquele previsível nas condições do momento de realização do ato ou da instrução desvantajosa[424].

Por fim, cabe avaliar se houve efetiva compensação em benefício da sociedade que sofreu a desvantagem no prazo conferido pela lei. A verificação da desvantagem em si é imprescindível para a confirmação da licitude da conduta praticada pela sociedade controladora.

Aqui, é fundamental distinguir *compensação* de *indenização*[425]. A compensação é *condição de licitude* do fato. Já a indenização é consequência da verificação da responsabilidade civil que, por seu turno, pressupõe a ilicitude da conduta praticada pela parte infratora. A indenização é tipicamente exigida pela vítima em dinheiro, enquanto a compensação pode ser realizada em dinheiro ou *in natura*, podendo revestir-se de

[422] Schmidt, Karsten; Lutter, Marcus. *AktG Kommentar.* 4. ed. Köln: Otto Schmidt, 2020, p. 3882.

[423] Tröger, Tobias H. *Germany's Reluctance to Regulate Related Party Transactions.* Brussels: European Corporate Governance Institute, 2018.

[424] OLIVEIRA, Ana Perestrelo. *Grupos de Sociedades e deveres de lealdade.* Coimbra: Almedina, 2012, p. 498.

[425] Emmerich, Voker; Habersack, Mathias. *Aktien- und GmbH-Konzernrecht.* 6ª ed. rev. München: C.H. Beck, 2010, p. 570; e Oliveira, Ana Perestrelo. *Grupos de Sociedades e deveres de lealdade.* Coimbra: Almedina, 2012, p. 499.

*qualquer forma*, a ser determinada, de forma discricionária, pela empresa dominante[426].

Por fim, não há exigência de nexo causal entre o ato lesivo e a compensação subsequente. Ou seja, a compensação pode decorrer de outra medida, de outro ato ou de uma política distinta e sem relação direta com aquela instrução que especificamente causou a desvantagem. Ademais, a compensação pode ocorrer antes ou depois do ato desvantajoso[427], observado o prazo de compensar (ou de definir, a forma de compensação) dentro do mesmo exercício social.

Analisado em detalhes o funcionamento do sistema de compensação pontual para os grupos de fato alemães, passa-se a examinar no item seguinte o regime de publicidade conferido às referidas compensações.

### 4.1.5. Relatório de dependência

A efetividade do sistema está diretamente relacionada à exigência prevista nos §§312 e seguintes da AktG, que prescrevem à administração da companhia controlada o dever de elaborar um relatório anual, usualmente referido pela doutrina como *relatório de dependência*, com indicação detalhada[428] (i) sobre todos os negócios jurídicos realizados entre a empresa dominante e as respectivas sociedades dependentes[429]; e (ii) sobre as medidas que a administração tenha tomado ou deixado de tomar sob a influência da empresa dominante[430]. Por *medidas*, deve-se entender qualquer ato ou decisão realizados no âmbito da sociedade dependente

[426] Oliveira, Ana Perestrelo. *Grupos de Sociedades e deveres de lealdade*. Coimbra: Almedina, 2012, p. 499.

[427] Oliveira, Ana Perestrelo. *Grupos de Sociedades e deveres de lealdade*. Coimbra: Almedina, 2012, p. 488.

[428] Hommelhoff, Peter. Protection of Minority Shareholders, Investors and Creditors in Corporate Groups: the Strengths and Weaknesses of German Corporate Group Law. *European Business Organization Law Review*. The Hague, vol. 2, n. 1, pp. 61-80, mar. 2001.

[429] Scheuch, Alexander. Konzernrecht: An Overview of the German Regulation of Corporate Groups and Resulting Liability Issues. *European Company Law*. Alphen aan den Rijn, v. 13, n. 5, p. 191-198, 2016.

[430] Tröger, Tobias H. *Corporate groups*: A German's European perspective. Frankfurt: Sustainable Architecture for Finance in Europe, 2014.

sob a influência da empresa dominante[431]. São exemplos a decisão de aproveitar – ou de renunciar a – determinada oportunidade de negócio, bem como a concessão de garantias cruzadas e a implementação de política de caixa único[432].

Ao final do relatório, a administração deve declarar se, com base nas circunstâncias fáticas conhecidas no tempo de uma transação ou medida, a companhia sofreu, ou não, desvantagem e se houve compensação. O relatório de dependência não faz parte das demonstrações financeiras anuais da companhia, mas a declaração indicada ao final do documento deve ser incluída no relatório da administração exibido anualmente à assembleia geral de acionistas[433]. O relatório também deve ser submetido ao conselho de supervisão da companhia dependente, que poderá tanto formular objeções sobre os negócios reportados, como apresentar observações sobre o documento[434].

O objetivo do relatório de dependência é compelir a administração da companhia controlada a cumprir o disposto no §311 da AktG, por meio da imposição de um dever de realizar o controle interno das desvantagens e compensações, por sua vez associadas à influência exercida pela empresa dominante. Opera-se, desse modo, pela via do relatório, uma *proteção preventiva* contra violação da norma[435].

Entretanto, a utilidade prática do relatório é altamente questionada, uma vez que o documento não é publicado[436] e, portanto, não é disponibilizado para os acionistas, nem para os credores[437]. Isso porque, no

[431] Schmidt, Karsten; Lutter, Marcus. *AktG Kommentar*. 4. ed. Köln: Otto Schmidt, 2020, p. 3930.

[432] Schmidt, Karsten; Lutter, Marcus. *AktG Kommentar*. 4. ed. Köln: Otto Schmidt, 2020, p. 3929.

[433] Schmidt, Karsten; Lutter, Marcus. *AktG Kommentar*. 4. ed. Köln: Otto Schmidt, 2020, p. 3919 e seguintes.

[434] Tröger, Tobias H. Corporate groups: *A German's European perspective*. Frankfurt: Sustainable Architecture for Finance in Europe, 2014.

[435] Schmidt, Karsten; Lutter, Marcus. *AktG Kommentar*. 4. ed. Köln: Otto Schmidt, 2020, p. 3919-3920.

[436] Schmidt, Karsten; Lutter, Marcus. *AktG Kommentar*. 4. ed. Köln: Otto Schmidt, 2020, p. 3920.

[437] Hommelhoff, Peter. Protection of Minority Shareholders, Investors and Creditors

relatório, expõem-se informações sensíveis sobre os negócios da companhia[438]. Acionistas minoritários e credores só têm acesso à declaração final realizada pelos administradores e pelo relatório do conselho de supervisão[439]. A declaração final, no caso, é publicada em conjunto com as demonstrações financeiras anuais das controladas[440].

A sociedade dominada, que é *diretamente* interessada no cumprimento da regra, tem acesso às informações relevantes, para fiscalizar o cumprimento da sociedade controladora, pois é a sua administração que elabora o relatório. Contudo, os acionistas minoritários e os credores, a quem o sistema alemão atribui o direito de mover ação indenizatória derivada em benefício da companhia, nos termos do §317 da AktG, não têm acesso ao relatório completo, sendo privados de receber as informações que permitiriam a efetivação do sistema previsto no §311[441].

Essa circunstância compromete a eficácia do sistema de responsabilização previsto no §317. Sendo o ônus da prova imposto ao autor da demanda, cabe a este comprovar, individualizar e quantificar as medidas desvantajosas causadas à companhia dependente; porém, contraditoriamente, acionistas e credores não têm acesso às informações necessárias para instrução da demanda[442]. Soma-se a isso a ausência de incentivos para que legitimados a atuar pela companhia ingressem com medida judicial com esse propósito. São desincentivos associados aos custos e aos riscos atrelados à demanda, bem como à falta de retornos econômi-

in Corporate Groups: the Strengths and Weaknesses of German Corporate Group Law. *European Business Organization Law Review*. The Hague, vol. 2, n. 1, pp. 61-80, mar. 2001.

438 Scheuch, Alexander. Konzernrecht: An Overview of the German Regulation of Corporate Groups and Resulting Liability Issues. *European Company Law*. Alphen aan den Rijn, v. 13, n. 5, p. 191-198, 2016.

439 Scheuch, Alexander. Konzernrecht: An Overview of the German Regulation of Corporate Groups and Resulting Liability Issues. *European Company Law*. Alphen aan den Rijn, v. 13, n. 5, p. 191-198, 2016..

440 Hommelhoff, Peter. Protection of Minority Shareholders, Investors and Creditors in Corporate Groups: the Strengths and Weaknesses of German Corporate Group Law. *European Business Organization Law Review*. The Hague, vol. 2, n. 1, pp. 61-80, mar. 2001.

441 Tröger, Tobias H. *Germany's Reluctance to Regulate Related Party Transactions*. Brussels: European Corporate Governance Institute, 2018.

442 Reich-Graefe, René. Changing paradigms: the liability of corporate groups in Germany. *Connecticut Law Review*. Hartford, v. 37, n. 3, p. 785-817, 2004.

cos, visto que a indenização, se obtida, será vertida à companhia, e não ao autor da ação[443].

Excepcionalmente, acionistas poderão mover um procedimento judicial para solicitar a revisão do relatório. O procedimento ocorre mediante nomeação de um perito judicial e em três hipóteses restritas[444]: (i) caso a própria administração tenha declarado que a companhia controlada sofreu desvantagens sem a devida compensação; (ii) caso os auditores independentes tenham emitido parecer sobre o relatório com ressalvas, ou tenham-se recusado a apresentar o parecer; ou (iii) caso o conselho de supervisão tenha exprimido objeções em relação ao relatório da administração[445].

Feita exposição panorâmica sobre o modelo desenhado na AktG aos grupos de fato, passa-se a apresentar apreciações críticas ao sistema posto.

### 4.1.6. Limites operacionais ao sistema de compensação pontual e os grupos de fato qualificados

Como se viu nos itens anteriores, o sistema alemão admite a subordinação do interesse de uma companhia dependente aos interesses da empresa dominante ou de outras entidades do grupo[446], desde que haja compensação em modo e tempo a serem determinados, no prazo legal, pela empresa dominante. O modelo confere alguma flexibilidade à última, em contraposição à rígida vedação à subordinação de interesses tradicionalmente prevista na lei societária.

Há casos, porém, em que a direção unitária é exercida de forma altamente centralizada, havendo forte integração econômica entre as socie-

443 Antunes, José Engrácia. *Liability of corporate groups*: autonomy and control in parent-subsidiary relationships in US, German and EU law: an international and comparative perspective. Deventer: Kluwer Law and Taxation, 1994.

444 AktG, §315.

445 Vio, Daniel de Avila. *Grupos Societários: Ensaio sobre os Grupos de Subordinação, de Direito e de Fato no Direito Societário Brasileiro.* São Paulo: Quartier Latin, 2016, p. 151-152.

446 Oliveira, Ana Perestrelo. *Grupos de Sociedades e deveres de lealdade.* Coimbra: Almedina, 2012, p. 562.

dades dependentes, inclusive em seus negócios ordinários[447]. Nessas circunstâncias, parece difícil individualizar cada ato ou cada omissão que tenham sido provocados sob a influência da empresa dominante no âmbito de cada uma de suas subsidiárias; igualmente, revela-se difícil mensurar eventual desvantagem a ser individualmente compensada segundo a mecânica do §311[448]. São casos em que se verifica impedimento para operacionalizar o sistema legal.

Os grupos contratuais não enfrentam essas limitações, dado que a mecânica de compensação é global e anualizada, independentemente da origem do ato e da responsabilidade da empresa dominante sobre os respectivos prejuízos. Se a regra opera uma transferência automática dos prejuízos apurados em balanços das sociedades dependentes, não há necessidade de individualizar, nem mensurar, separadamente, cada uma das medidas desvantajosas realizadas sob a influência da empresa controladora.

As dificuldades para implementar o §311, evidenciadas com base na comparação com a regra desenhada para os grupos contratuais, renderam severas críticas doutrinárias ao mecanismo legal. Durante anos, argumentou-se que o modelo não é adequado para regular grupos de fato nos quais a direção unitária seja exercida de forma permanente, profunda e extensiva, não sendo possível implementar a mecânica de compensação que tutela os interesses da sociedade dominada[449]. À exceção de casos típicos em que se verifica, com clareza, o efeito desvantajoso da empresa dominante (*v.g.*, contrato bilateral celebrado com a sociedade dependente a preços ostensivamente distintos dos praticados no mercado), chegou-se a afirmar que não há nenhuma possibilidade de individualizar, de segregar, nem de medir os atos realizados sob a influência da

[447] Reich-Graefe, René. Changing paradigms: the liability of corporate groups in Germany. *Connecticut Law Review*. Hartford, v. 37, n. 3, p. 785-817, 2004.

[448] Trata-se de opinião predominante doutrina alemã, cf. resumo em Reich-Graefe, René. Changing paradigms: the liability of corporate groups in Germany. *Connecticut Law Review*. Hartford, v. 37, n. 3, p. 785-817, 2004, nota de rodapé nº 33.

[449] Schmidt, Karsten; Lutter, Marcus. *AktG Kommentar*. 4. ed. Köln: Otto Schmidt, 2020, p. 3868.

empresa dominante, dada a intensidade que esta ocorre sobre os negócios das respectivas controladas[450].

Para além da excessiva rigidez do modelo desenhado para os grupos de fato, apontavam-se outras dificuldades operacionais para fazer implementar o §311 da AktG. Como visto no item imediatamente acima, a avaliação da natureza da medida praticada sob a influência da empresa dominante exige uma comparação do ato com a situação de uma companhia isolada conduzida por um gestor diligente. Entretanto, após a integração de uma empresa em um grupo, sobrevêm indagações. Como definir o interesse da companhia, caso esta não tivesse sido integrada a um grupo? Qual teria sido a decisão empresarial tomada por um gestor diligente em tal situação? A avaliação de ambos os critérios é artificial e, de certa forma, arbitrária, pois é baseada em um cenário hipotético e subjetivo. Dada a dificuldade de avaliar as condições do mercado e os elementos de informação que o gestor possuía no momento da decisão, bem como o amplo espectro de liberdade concedida ao empresário para gerir seus negócios, apenas condutas manifestamente ilícitas seriam reprovadas nesse teste[451].

Foi nesse contexto que, por volta da década de 1970, a doutrina e jurisprudência desenvolveram o conceito de *grupo de fato qualificado*[452]. O objetivo era conferir tratamento jurídico especial para os casos em que os grupos de fato apresentavam alto grau de centralização[453], ou seja, quando a intervenção da empresa dominante nas atividades das socie-

[450] BÜRGERS, Tobias; KÖRBER, Torsten. *Aktiengesetz.* 2ª ed. Heidelberg: C. F. Müller, 2011, p. 2259 e 2266. No mesmo sentido, ANTUNES, José Engrácia. *Liability of corporate groups*: autonomy and control in parent-subsidiary relationships in US, German and EU law: an international and comparative perspective. Deventer: Kluwer Law and Taxation, 1994, p. 352-353.

[451] ANTUNES, José Engrácia. *Liability of corporate groups*: autonomy and control in parent-subsidiary relationships in US, German and EU law: an international and comparative perspective. Deventer: Kluwer Law and Taxation, 1994, p. 349-351

[452] Sobre a evolução dos precedentes sobre grupos de fato qualificados, sob a perspectiva, porém, do dever de preservação do capital social, ver DINIZ, Gustavo Saad. *Subcapitalização Societária:* financiamento e responsabilidade. Belo Horizonte: Forum, 2012, p. 214-223.

[453] ANTUNES, José Engrácia. *Liability of corporate groups*: autonomy and control in parent-subsidiary relationships in US, German and EU law: an international and comparative perspective. Deventer: Kluwer Law and Taxation, 1994, p. 368-372.

dades dependentes se aprofunda em tal grau, que não é mais possível individualizar, nem mensurar, medidas ou transações desvantajosas nos termos do §311[454]. Na maioria dos casos, a empresa dependente não era uma sociedade anônima, mas, sim, uma sociedade por responsabilidade limitada (GmbH), às quais se buscava aplicar, por analogia, as regras da AktG[455].

Assim, nos grupos não contratuais em que a direção unitária fosse exercida de forma permanente e extensiva, configurando o que então se denominou *grupo de fato qualificado*, as cortes alemãs passaram a *presumir* que a empresa dominante exerceria influência desvantajosa e contrária aos interesses das empresas dependentes[456]. Com base nessa presunção, aplicava-se, por analogia, o dever de compensação de perdas globais do §302, originalmente designado aos grupos contratuais[457].

A aplicação dessa corrente jurisprudencial decorria da análise da *estrutura* fática do grupo – se altamente centralizada ou descentralizada –, e não mais com base em uma *conduta* praticada sob a influência da empresa dominante no âmbito das respectivas dominadas[458]. Ainda, invertia-se o ônus da prova em desfavor da empresa dominante, cabendo a esta demonstrar que não exerceu influência sobre a sociedade dependente ou que não prejudicou os seus interesses[459].

454 OLIVEIRA, Ana Perestrelo. *Grupos de Sociedades e deveres de lealdade*. Coimbra: Almedina, 2012, p. 494.

455 REICH-GRAEFE, René. Changing paradigms: the liability of corporate groups in Germany. *Connecticut Law Review*. Hartford, v. 37, n. 3, p. 785-817, 2004 e QU, Charles Zhen; AHL, Björn. Lowering the Corporate Veil in Germany: a case note on BGH 16 July 2007 (Trihotel). *Oxford University Comparative Law Forum*, Oxford, 2008. Disponível em <https://ouclf.law.ox.ac.uk/articles/>. Acesso em 6/11/2022.

456 REICH-GRAEFE, René. Changing paradigms: the liability of corporate groups in Germany. *Connecticut Law Review*. Hartford, v. 37, n. 3, p. 785-817, 2004.

457 HÜFFER, Uwe; KOCH, Jens. *Aktiengesetz*. 14ª ed. München: C. H. Beck, 2020, p. 2214; e OLIVEIRA, Ana Perestrelo. *Grupos de Sociedades e deveres de lealdade*. Coimbra: Almedina, 2012, p. 65.

458 REICH-GRAEFE, René. Changing paradigms: the liability of corporate groups in Germany. *Connecticut Law Review*. Hartford, v. 37, n. 3, p. 785-817, 2004

459 REICH-GRAEFE, René. Changing paradigms: the liability of corporate groups in Germany. *Connecticut Law Review*. Hartford, v. 37, n. 3, p. 785-817, 2004

Essa construção foi amplamente acolhida pela jurisprudência alemã até o início do século XX[460], quando passou a enfrentar críticas doutrinárias, em razão de dois motivos principais. Primeiro, não havia definição das características que determinariam um *grupo de fato qualificado*, o que, por seu turno, gerava insegurança jurídica quanto à possibilidade de aplicação tanto dos precedentes jurisprudenciais, como das respectivas consequências jurídicas. Segundo, questionava-se a possibilidade de aplicação analógica das disposições desenhadas para grupos contratuais às organizações societárias de fato, sobretudo envolvendo sociedades de responsabilidade limitada (GmbH)[461].

Em 2001, a mesma corrente sofreu uma reviravolta no julgamento do caso *Bremer Vulkan*, envolvendo a responsabilização do sócio de uma sociedade limitada (GmbH)[462]. O BGH afastou a aplicação analógica das disposições da AktG e fundamentou a responsabilização da empresa dominante pela violação da obrigação de proporcionar capitalização adequada à sociedade, de modo a garantir tanto a *existência*, como a *independência financeira* da sociedade em si[463]. Poucos anos depois, no precedente

[460] Munhoz, Eduardo Secchi. *Empresa contemporânea e o direito societário*. São Paulo: Juarez de Oliveira, 2002, p. 278.

[461] QU, Charles Zhen; AHL, Björn. Lowering the Corporate Veil in Germany: a case note on BGH 16 July 2007 (Trihotel). *Oxford University Comparative Law Forum, Oxford*, 2008. Disponível em <https://ouclf.law.ox.ac.uk/articles/>. Acesso em 6/11/2022 e Bürgers, Tobias; Körber, Torsten. *Aktiengesetz*. 2ª ed. Heidelberg: C. F. Müller, 2011, p. 2266.

[462] BGH, ZR 178/99, II Senat, julgado em 17/01/2001. Sobre as repercussões do precedente, Bürgers, Tobias; Körber, Torsten. *Aktiengesetz*. 2ª ed. Heidelberg: C. F. Müller, 2011, p. 2266. Em síntese: Bremer Volkan, uma empresa de construção de navios, adquiriu uma GmbH, denominada MTW, do governo alemão. Como parte do processo de privatização, a MTW recebeu subsídios financeiros do governo alemão sob a condição de que esses fundos seriam utilizados exclusivamente para o desenvolvimento de suas atividades. Contudo, Bremer Volkan possuía um sistema de caixa único, que unificava as aplicações financeiras das respectivas subsidiárias. Em seguida, Bremer Volkan entrou em dificuldades financeiras, consumindo a integralidade dos recursos disponíveis no sistema de caixa único do grupo, inclusive aqueles que haviam sido destinados pelo governo à MTW (Reich-Graefe, René. Changing paradigms: the liability of corporate groups in Germany. *Connecticut Law Review*. Hartford, v. 37, n. 3, p. 785-817, 2004).

[463] QU, Charles Zhen; AHL, Björn. Lowering the Corporate Veil in Germany: a case note on BGH 16 July 2007 (Trihotel). *Oxford University Comparative Law Forum*, Oxford, 2008. Disponível em <https://ouclf.law.ox.ac.uk/articles/>. Acesso em 6/11/2022.

*Trihotel*, também envolvendo a responsabilização de sócios de sociedades de responsabilidade limitada[464], as disposições da AktG foram afastadas, e a responsabilidade da empresa dominante foi apurada com base na cláusula geral de responsabilidade civil prevista no §826 do BGB[465].

A mudança de orientação jurisprudencial marcou o regresso ao sistema jurídico anterior, baseado na análise individualizada na conduta da sociedade controladora. Se, até aquele momento, a jurisprudência estava baseada na *estrutura* de um grupo de fato, sobretudo considerando o grau de centralização e integração econômica, os novos precedentes regressaram a uma análise essencialmente casuística. Esta por sua vez, fundamentava-se na avaliação *ex post* sobre cada uma das *condutas* praticadas pela empresa dominante, bem como sobre os respectivos efeitos[466]. Precedentes subsequentes confirmaram a nova orientação jurisprudencial, baseada nas normas gerais de responsabilidade civil delitual do

[464] BGH, ZR 3/04, II Senat, julgado em 16/07/2007. Em síntese: no caso Trihotel, réu era diretor de três sociedades limitadas (empresas A-GmbH, J-GmbH e W-Hotel-GmbH), cujos sócios eram membros de sua família. Os negócios de hotelaria da empresa A-GmbH eram conduzidos sob a premissa de que a propriedade era arrendada pelo réu. Contudo, o réu extinguiu o contrato de arrendamento 5 meses antes do prazo de validade, e, ato contínuo, arrendou a propriedade para W-Hotel-GmbH. A-GmbH continuou a exercer atividades empresariais em nome de W-Hotel-GmbH, reduzindo significativamente o faturamento de A-GmbH. Para satisfazer suas necessidades financeiras, A-GmbH tomou empréstimo de um dos parentes do réu, dando em garantia os bens sociais. A situação financeira de A-GmbH deteriorou-se, e a corte de apelação alemã determinou a responsabilidade do réu perante os credores sociais. Posteriormente, o BGH reformou a decisão, determinando que a corte de apelação reapreciasse o caso sob os novos parâmetros de responsabilização, acima delineados (QU, Charles Zhen; AHL, Björn. Lowering the Corporate Veil in Germany: a case note on BGH 16 July 2007 (Trihotel). *Oxford University Comparative Law Forum*, Oxford, 2008. Disponível em <https://ouclf.law.ox.ac.uk/articles/>. Acesso em 6/11/2022).

[465] Hüffer, Uwe; KOCH, Jens. *Aktiengesetz*. 14ª ed. München: C. H. Beck, 2020, p. 2214; e QU, Charles Zhen; AHL, Björn. Lowering the Corporate Veil in Germany: a case note on BGH 16 July 2007 (Trihotel). *Oxford University Comparative Law Forum*, Oxford, 2008. Disponível em <https://ouclf.law.ox.ac.uk/articles/>. Acesso em 6/11/2022.

[466] Reich-Graefe, René. Changing paradigms: the liability of corporate groups in Germany. *Connecticut Law Review*. Hartford, v. 37, n. 3, p. 785-817, 2004.

BGB[467]-[468], que procuram imputar à sociedade controladora um *ato ilícito* específico[469].

Os novos precedentes, derradeiramente, encerraram uma longa fase de críticas e de ceticismo doutrinários em relação ao §311 da AktG[470]. Segundo Karsten Schmidt e Marcos Lutter, a prática e o meio acadêmico passaram a aceitar o modelo legal original da AktG, reputando a este como suficiente para proteção das sociedades dominadas e dos respectivos acionistas e credores, a despeito das dificuldades para individualizar e para mensurar as desvantagens e as medidas de compensação correlatas[471].

Ainda de acordo com os autores, não há lacuna legal para tratar os grupos de fato *qualificados*, nos quais a intensidade da integração entre as sociedades é tanta, que é impossível individualizar medidas desvantajosas, bem como as respectivas compensações[472]. A interpretação doutrinária predominante é, portanto, a de que é vedado estabelecer um grupo societário no qual o sistema de compensação individualizado do §311 da

467 Oliveira, Ana Perestrelo. *Grupos de Sociedades e deveres de lealdade.* Coimbra: Almedina, 2012, p. 565.

468 A responsabilidade é baseada no §826 do Código Civil alemão (Scheuch, Alexander. Konzernrecht: An Overview of the German Regulation of Corporate Groups and Resulting Liability Issues. *European Company Law*. Alphen aan den Rijn, v. 13, n. 5, p. 191-198, 2016.).

469 Oliveira, Ana Perestrelo. *Grupos de Sociedades e deveres de lealdade.* Coimbra: Almedina, 2012, p. 68-69.

470 Na prática, desenvolveu-se uma responsabilidade intragrupo a partir do caso *Autokran*. Todavia, essa interpretação mudou com a decisão dos casos Bremer Vulkan e KBV que, na prática, afastaram o sistema de grupos de fato qualificado para GmbH, instituíram o dever de respeito suficiente pelo interesse da controlada e fixou a responsabilidade externa da sociedade dominante se efetivamente foi destruída a existência autônoma da sociedade dependente (...)" (Diniz, Gustavo Saad. *Grupos Societário:* da formação à falência. Rio de Janeiro: Forense, 2016, p. 52).

471 Schmidt, Karsten; Lutter, Marcus. *AktG Kommentar*. 4. ed. Köln: Otto Schmidt, 2020, p. 3868. No mesmo sentido, Emmerich, Voker; Habersack, Mathias. *Aktien- und GmbH-Konzernrecht.* 6ª ed. rev. München: C.H. Beck, 2010, p. 554.

472 Schmidt, Karsten; Lutter, Marcus. *AktG Kommentar*. 4. ed. Köln: Otto Schmidt, 2020, p. 3869.

AktG não possa ser operacionalizado[473]. Se a orientação prejudicial da empresa dominante não é *compensável* nos termos do §311, o comportamento empresarial é ilícito[474].

Por esse motivo, afirma-se que o sistema de compensação do §311 é a *pedra de toque* do sistema alemão, pois é a possibilidade, ou não, de compensar os atos da empresa dominante que determina a licitude, ou a ilicitude, da organização empresarial[475]. Assim, grupos de fato só podem ser organizados de forma relativamente *descentralizada*, preservando considerável grau de autonomia e de independência das companhias controladas[476]. Se os ativos e operações das empresas do grupo foram imbrincados de tal forma que não seja mais possível individualizar a conduta da sociedade controladora, o grupo de fato não é lícito; e a influência exercida pela controladora é reputada como ilegal. Da mesma forma, a empresa controladora não pode exercer sua influência no grupo de modo a induzir as sociedades dominadas a assumir riscos incalculáveis, ou a celebrar transações para as quais não existam padrões razoáveis para mensurar a desvantagem e a respectiva compensação[477].

Examinado o sistema alemão, passa-se, a seguir, ao ordenamento italiano. A análise do último país é igualmente relevante, porque contrasta com as escolhas legislativas alemãs em, sobretudo, dois pontos principais. Primeiro, porque, na Itália, não há divisão rígida entre grupos contratuais e grupos de fato. Segundo, porque, no modelo italiano, o sistema de compensações de desvantagens foi estruturado de maneira mais flexível que na AktG, permitindo interpretação doutrinária mais leniente em relação às atividades realizadas, no interior do grupo, pela empresa dominante.

473 Schmidt, Karsten; Lutter, Marcus. *AktG Kommentar*. 4. ed. Köln: Otto Schmidt, 2020, p. 3869.

474 Kropff, Bruno. Zur Konzernleitungspflicht. 1984, p. 112-133, Engrácia, p. 355, Oliveira, Ana Perestrelo. *Grupos de Sociedades e deveres de lealdade*. Coimbra: Almedina, 2012, p. 494 e 596.

475 Kropff, Bruno. Zur Konzernleitungspflicht. *Zeitschrift für Unternehmens- und Gesellschaftsrecht*. Berlin, vol. 13, n. 1, p. 112-133, 1984.

476 Kropff, Bruno. Zur Konzernleitungspflicht. *Zeitschrift für Unternehmens- und Gesellschaftsrecht*. Berlin, vol. 13, n. 1, p. 112-133, 1984.

477 Kropff, Bruno. Zur Konzernleitungspflicht. *Zeitschrift für Unternehmens- und Gesellschaftsrecht*. Berlin, vol. 13, n. 1, p. 112-133, 1984.

## 4.2. O sistema italiano: a teoria das vantagens compensatórias

A legislação societária italiana passou por uma profunda reforma por meio da Lei n 6/2003, que cuidou, entre outras matérias, dos grupos societários. A reforma foi impulsionada por um movimento favorável à flexibilização das normas societárias e à ampliação do grau de liberdade contratual conferido aos agentes econômicos[478], sob a influência tanto de experiências estrangeiras, como de teorias econômicas[479].

Especificamente em relação aos grupos societários, o novo arcabouço regulatório foi inspirado em correntes doutrinárias e jurisprudenciais[480] que buscavam reconhecer os grupos como fenômeno econômico legítimo, em benefício da eficiência empresarial[481]. Caberia ao direito estabelecer um modelo que admitisse a gestão organizada de sociedades para a obtenção tanto de ganhos de sinergia, como de economias de escala, de modo que o resultado global produzido pelo grupo fosse superior ao resultado individual de cada uma das sociedades atuando isoladamente[482].

Segundo a corrente doutrinária dominante, cujas contribuições culminaram nessa reforma legislativa[483], a subordinação de uma sociedade aos interesses de outra é eficiente, caso o prejuízo causado pontualmente a uma sociedade seja *compensado* pelas vantagens globais decorrentes da associação a um grupo societário. Essa linha de raciocínio, denominada como "teoria das vantagens compensatórias" (*teoria dei vantaggi*

[478] Kousedghi, Samira. Protection of Minority Shareholders and Creditors in Italian Corporate Group Law. *European Company Law*. Alphen aan den Rijn, v. 4, n. 5, p. 217-226, 2007.

[479] Ventoruzzo, Marco. Experiments in Comparative Corporate Law: The Recent Italian Reform and the Dubious Virtues of a Market for Rules in the Absence of Effective Regulatory Competition. *Texas International Law Journal*. Austin, vol. 40, n. 1, p. 113-156, 2004.

[480] Spiotta, Marina. La teoria dei vantaggi compensativi: quale momento migliore per metterla in pratica? *Orizzonti del Diritto Commerciale*. Torino, ano 2021, n. 2, p. 823-866, 2021.

[481] Denozza, Francesco. Rules vs. Standards nella disciplina dei gruppi: l'inefficienza dela compensazioni 'virtuali'. *Giurisprudenzia commerciale*. Milano, vol. 27, n. 3, p. 327-338, 2000.

[482] Scognamiglio, Giuliana. I gruppi e la riforma del diritto societario: prime riflessioni. *dircomm.it*, jun 2003. Disponível em < http://www.dircomm.it/2003/n.6.03/04.html>. Acesso em 10/10/2022..

[483] Fasciani, Paola. Groups of Companies: The Italian Approach. *European Company and Financial Law Review*. Berlin, vol. 4, n. 2, p. 195-231, 2007.

*compensativi*)[484], foi recepcionada em um novo dispositivo que trata da responsabilidade da sociedade controladora nos grupos societários. É o que se verá nos itens 4.2.3 e 4.2.4 adiante. Antes, porém, é preciso apresentar o panorama geral do sistema italiano, exposto nos itens 4.2.1 e 4.2.2.

### 4.2.1. Direção e coordenação de sociedades

As normas destinadas aos grupos societários foram inseridas em novo capítulo do *Codice Civile*, denominado como *Direzione e coordinamento di società*. Os arts. 2497 e seguintes cuidaram de regular aspectos pontuais dos grupos societários, sem diferenciar grupos de direito de grupos de fato e sem conceber uma disciplina completa do fenômeno, como sucedeu na experiência alemã[485].

O legislador italiano não buscou definir o que se deve entender por "grupo societário". O termo "grupo" sequer é encontrado no capítulo inserido no *Codice*[486], adotando-se, ao revés, a premissa de que o grupo é um fenômeno essencialmente fático[487] e de que cabe, portanto, ao direito regular algumas de suas consequências jurídicas[488]. O legislador italiano disciplinou o fenômeno por meio de uma *fattiespecie* denominada *direção e coordenação* de sociedades. Trata-se tipo jurídico impreciso e aberto que ocupa o núcleo da regulamentação concebida no novo capítulo do *Codice Civile*, em alusão à atividade[489] exercida pela *sociedade* ou pelo *ente* que domina o grupo.

[484] Montalenti, Paulo. Conflitto di interessi nei gruppi di società e teoria dei vantaggi compensativi, *Giurisprudenza Commerciale*. Milano, ano. XXII, n. 5, p. 710-736. 1995.

[485] Oliveira, Ana Perestrelo. *Grupos de Sociedades e deveres de lealdade*. Coimbra: Almedina, 2012, p. 71-72.

[486] Corapi, Diego; Benincasa, Domenico. National Report on Italy. *In*: MANÓVIL, Rafael Mariano (coord). *Groups of companies*: a comparative law overview. Cham: Springer, 2020, p. 109-127.

[487] Oliveira, Ana Perestrelo. *Grupos de Sociedades e deveres de lealdade*. Coimbra: Almedina, 2012, p. 73

[488] Corapi, Diego; Benincasa, Domenico. National Report on Italy. *In*: Manóvil, Rafael Mariano (coord). *Groups of companies:* a comparative law overview. Cham: Springer, 2020. p. 109-127.

[489] MONTALENTI, Paulo. Direzione e coordinamento nei gruppi societari: principi e problemi. *Rivista dele Società*. Milano, ano. LII, n. 2-3, p. 317-344, 2007, com ênfase na

Grosso modo, afirma-se que a *atividade de direção e coordenação* corresponde essencialmente ao conceito dogmático de "direção unitária"[490]-[491], o qual traduz o poder de ingerência de uma sociedade sobre outra. O art. 2497-sexies estabelece uma presunção relativa, segundo a qual a direção e coordenação são exercidas (i) pela sociedade ou entidade *controladora* segundo a definição do art. 2359 do *Codice Civile*, a qual, por seu turno, remete à titularidade da maioria dos votos em sede de assembleia geral[492]; ou (ii) por uma sociedade que seja juridicamente obrigada a consolidar as suas demonstrações financeiras com a de outras entidades.

A atividade de direção e coordenação é semelhante ao conceito de *controle* no direito italiano, mas não se confunde com este. Isso porque no sistema italiano controle corresponde ao conceito de maioria, mas não de exercício de poder. Por isso, nesse ordenamento, essa noção é apenas a possibilidade, em potência, de gerir e de conduzir os negócios das controladas. Já a atividade de direção e de coordenação representa o *efetivo exercício* do poder em si[493].

atividade de direção e coordenação enquanto um conjunto de atos teleogicamente orientados a uma finalidade, e não um ato isolado.

490 Oliveira, Ana Perestrelo. *Grupos de Sociedades e deveres de lealdade*. Coimbra: Almedina, 2012, p. 75.

491 Sobre o conceito de direção unitária adotado na AktG, ver item 4.1.1.

492 "Art. 2359. Sociedades controladas e sociedades coligadas. São consideradas sociedades controladas: 1) as sociedades em que outra sociedade detém a maioria dos votos exercíveis na assembleia ordinária; 2) as sociedades em que outra sociedade detém votos suficientes para exercer uma influência dominante na assembleia ordinária; 3) as sociedades que estão sob a influência dominante de outra empresa devido a laços contratuais específicos com ela (...)". Tradução livre de: *"Art. 2359. Società controllate e società collegate. Sono considerate società controllate: 1) le società in cui un'altra società dispone della maggioranza dei voti esercitabili nell'assemblea ordinaria; 2) le società in cui un'altra società dispone di voti sufficienti per esercitare un'influenza dominante nell'assemblea ordinaria; 3) le società che sono sotto influenza dominante di un'altra società in virtù di particolari vincoli contrattuali con essa (...)"*.

493 Oliveira, Ana Perestrelo. *Grupos de Sociedades e deveres de lealdade*. Coimbra: Almedina, 2012, p. 78-81. No mesmo sentido, Ventoruzzo, Marco. Experiments in Comparative Corporate Law: The Recent Italian Reform and the Dubious Virtues of a Market for Rules in the Absence of Effective Regulatory Competition. *Texas International Law Journal*. Austin, vol. 40, n. 1, p. 113-156, 2004.

Com base no conceito uno de direção e de coordenação, lei italiana reconheceu, expressamente, o poder de gestão exercido pela sociedade controladora sobre as respectivas controladas, o qual, antes da reforma, era tratado apenas como um fenômeno fático e socioeconômico[494]. Na nova lei, a direção e a coordenação não constituem uma atividade exercida exclusivamente por meio do exercício direito de voto em assembleia geral, mas por meio da relação de informalidade e de confiança que se estabelece entre, de um lado, sociedade controladora e, de outro, os próprios administradores e os administradores das respectivas controladas[495].

Essa relação de confiança concretiza-se com base em direções emitidas pela sociedade controladora aos administradores das controladas. São direções que não se explicitam em atos societários públicos e formalizados, e cuja executividade não decorre de poder legal, ou contratual, da sociedade controladora sobre os administradores. Trata-se, em verdade, de uma manifestação fática e espontânea, que nada mais é do que uma consequência natural do poder jurídico da sociedade controladora de eleger e de destituir os administradores de suas controladas[496]. Assim, o novo capítulo do *Codice Civile* parte da premissa, dúplice, de que os administradores das controladas agem como *longa manus* dos administradores da sociedade controladora e de que estes, por seu turno, agem como *longa manus* da própria controladora. Logo, a sociedade controladora em si é a verdadeira fonte do poder de direção e de coordenação que traduz a *fattiespecie* dos grupos[497].

Veja-se, portanto, que a palavra *coordenação* que integra a expressão criada pelo legislador italiano não parece fazer correspondência com os grupos de *coordenação* ou *horizontais*, tipo previsto no §18 da AktG e

[494] Kousedghi, Samira. Protection of Minority Shareholders and Creditors in Italian Corporate Group Law. *European Company Law*. Alphen aan den Rijn, v. 4, n. 5, p. 217-226, 2007.
[495] Galgano, Francesco. I gruppi nella riforma delle società di capitali. *Contratto e impresa*. Padova, vol. 18, n. 3, p. 1015-1045, 2002.
[496] Galgano, Francesco. I gruppi nella riforma delle società di capitali. *Contratto e impresa*. Padova, vol. 18, n. 3, p. 1015-1045, 2002.
[497] Galgano, Francesco. I gruppi nella riforma delle società di capitali. *Contratto e impresa*. Padova, vol. 18, n. 3, p. 1015-1045, 2002

amplamente reconhecido pela doutrina societária[498], nos quais não há um poder de domínio efetivo de uma empresa sobre outra, mas, sim, colaboração mútua. Na lei italiana, o termo *coordenação* vem sempre associado ao termo *direção*, o qual, por sua vez, opera em sentido vertical e hierárquico. Assim, a noção de "coordenação" parece assinalar que, em um grupo hierárquico e verticalizado, há pluralidade de sujeitos, com aspirações distintas da sociedade controladora, formando uma composição dialética de diversos interesses conflitantes entre si[499].

A lei italiana apenas reconhece a atividade de direção e de coordenação exercida por *sociedades* ou *entidades controladoras*, e não por uma pessoa física[500]. Note-se, porém, que o novo capítulo denominado como *Direzione e coordinamento di società* não se aplica exclusivamente às sociedades anônimas, tal como sucede na Alemanha e no Brasil[501], onde as regras de grupo são destinadas apenas às companhias. Na Itália, a atividade de direção e de coordenação pode ser reconhecida em grupos formados por qualquer modalidade societária, desde que a entidade controladora seja efetivamente uma sociedade, e não uma pessoa natural.

Apresentada a fisiologia da atividade de *direção e coordenação*, o item subsequente avalia a sua patologia.

### 4.2.2. Abuso de direção unitária

A principal mudança introduzida no capítulo denominado como *Direzione e coordinamento di società* consiste na introdução de uma nova modalidade de responsabilização da sociedade controladora, desta vez por *abuso de direção unitária*[502]. Convém reproduzir a redação do art. 2497, logo no parágrafo inicial:

[498] Sobre grupos de coordenação, ver capítulo 1 e Munhoz, Eduardo Secchi. *Empresa contemporânea e o direito societário*. São Paulo: Juarez de Oliveira, 2002, p. 116-118.

[499] Oliveira, Ana Perestrelo. *Grupos de Sociedades e deveres de lealdade*. Coimbra: Almedina, 2012, p. 75.

[500] Montalenti, Paulo. Direzione e coordinamento nei gruppi societari: principi e problemi. *Rivista dele Società*. Milano, ano. LII, n. 2-3, p. 317-344, 2007.

[501] Fasciani, Paola. Groups of Companies: The Italian Approach. *European Company and Financial Law Review*. Berlin, vol. 4, n. 2, p. 195-231, 2007.

[502] Montalenti, Paulo. Direzione e coordinamento nei gruppi societari: principi e problemi. *Rivista dele Società*. Milano, ano. LII, n. 2-3, p. 317-344, 2007.

Art. 2497. Responsabilidade. As sociedades ou entidades que, ao exercerem atividades de administração e coordenação de sociedades, atuem no interesse empresarial próprio ou alheio em violação dos princípios da correta gestão societária e empresarial de tais sociedades, respondem diretamente perante os acionistas de tais sociedades pelo prejuízo causado à rentabilidade e ao valor das participações societárias, bem como aos credores de tais sociedades pelo dano causado à integridade do patrimônio da empresa. Não há responsabilidade quando o prejuízo deixa de existir à luz do resultado global da atividade de direção e coordenação ou quando é completamente eliminado como resultado de operações dirigidas para esse fim[503].

Com efeito, o dispositivo estabelece deveres e responsabilidades para a sociedade que exerça a atividade de direção e de coordenação. Cabe a esta agir conforme "os princípios da correta gestão societária e empresarial de tais sociedades", expressão vaga que a legislação não cuidou de definir. A sociedade que viola os princípios em benefício de um interesse externo ao objeto de suas controladas, próprio ou alheio, comete ato ilícito. Trata-se de responsabilidade aquilina por fato culposo, cabendo ao autor provar tanto a culpa da sociedade controladora, como o nexo causal entre esta e o dano[504].

Uma particularidade do sistema italiano deve ser destacada desde já: diferentemente dos demais ordenamentos estudados e do que sucede no Brasil, nos quais a vítima do ilícito é a *sociedade controlada*, o dispositivo italiano estabelece que as pessoas lesadas pelo abuso de direção unitária são *acionistas e credores*. Ambos atores têm, portanto, um caminho para buscar a responsabilização *direta* da sociedade controladora, de forma que a

[503] Tradução livre de: "*Art. 2497. Responsabilità. società o gli enti che, esercitando attività di direzione e coordinamento di società, agiscono nell'interesse imprenditoriale proprio o altrui in violazione dei princìpi di corretta gestione societaria e imprenditoriale delle società medesime, sono direttamente responsabili nei confronti dei soci di queste per il pregiudizio arrecato alla redditività ed al valore della partecipazione sociale, nonché nei confronti dei creditori sociali per la lesione cagionata all'integrità del patrimonio della società. Non vi è responsabilità quando il danno risulta mancante alla luce del risultato complessivo dell'attività di direzione e coordinamento ovvero integralmente eliminato anche a seguito di operazioni a ciò dirette*".

[504] GALGANO, Francesco. I gruppi nella riforma delle società di capitali. *Contratto e impresa*. Padova, vol. 18, n. 3, p. 1015-1045, 2002.

indenização, se cabível, beneficie exclusivamente os respectivos patrimônios individuais, e não a companhia da qual participam.

Trata-se de escolha legislativa curiosa. Afinal, se o exercício da direção unitária implica a subordinação dos interesses das sociedades investidas, seriam essas entidades, e não os credores e acionistas, as vítimas diretas do tipo ilícito previsto nesse dispositivo. Ao que tudo indica, o legislador italiano assumiu que a sociedade controlada não agiria espontaneamente contra a própria controladora. Isso porque a vontade daquela empresa e a conduta de seus administradores são, em certa medida, mera extensão dos interesses da sociedade controladora[505]. Por isso, entendeu-se como prudente estabelecer uma via de responsabilização imediata entre, no lado ativo, acionistas e credores e, no lado passivo, a sociedade controladora. A despeito da tentativa de cautela, a escolha legislativa é criticável. Afinal, a sociedade controlada, que é diretamente prejudicada, não receberá indenização, em prejuízo do interesse social e da coletividade de acionistas e de credores – sejam presentes, sejam futuros – que não buscarem, em juízo, o ressarcimento do patrimônio individual[506].

Efetuada a observação sobre a vítima do *abuso de direção unitária*, vale destacar que a responsabilização da sociedade controladora impõe relevante ônus da prova ao autor da demanda[507]. É que a conduta praticada pela sociedade controladora se materializa em direções informais, invisíveis a terceiros – e por isso "secretas", para usar a expressão de Francesco Galgano[508]. As instruções são dirigidas aos administradores das controladas, os quais, por sua vez, executam os atos societários determinados pelas sociedades controladoras. Logo, a participação ou a influência exercida pelas controladoras em si não transparece aos olhos dos demais acionistas do grupo, nem dos de terceiros. Apesar disso, cabe àqueles ter-

[505] Galgano, Francesco. I gruppi nella riforma delle società di capitali. *Contratto e impresa*. Padova, vol. 18, n. 3, p. 1015-1045, 2002

[506] Vio, Daniel de Avila. *Grupos Societários: Ensaio sobre os Grupos de Subordinação, de Direito e de Fato no Direito Societário Brasileiro*. São Paulo: Quartier Latin, 2016, p. 164-167.

[507] Scognamiglio, Giuliana. I gruppi e la riforma del diritto societario: prime riflessioni. *dircomm.it*, jun 2003. Disponível em < http://www.dircomm.it/2003/n.6.03/04.html>. Acesso em 10/10/2022.

[508] Galgano, Francesco. I gruppi nella riforma delle società di capitali. *Contratto e impresa*. Padova, vol. 18, n. 3, p. 1015-1045, 2002

ceiros, na posição de autores de eventual demanda de responsabilidade, provar a conduta ilícita e as suas consequências.

A lei italiana, ainda, permite presumir que a sociedade que é titular do poder de controle, nos termos do art. 2359 do *Codice Civile*, exerce atividade de direção e de coordenação; contudo, não há base legal para presumir que a sociedade que exerce direção unitária seja mandante ou coautora de todos os atos praticados pelos administradores das entidades integrantes do grupo. Pelo contrário, a lei italiana não afasta a autonomia, nem a independência funcionais dos órgãos administrativos. Logo, devem ser sempre objeto de comprovação a *influência* ou a *determinação* da sociedade controladora sobre os atos dos administradores.

Após a exposição panorâmica sobre a *fattispecie* de direção e coordenação e os contornos do exercício abusivo da atividade em questão, convém analisar o sistema de compensação de desvantagens na empresa plurissocietária, tal como se verifica na legislação italiana.

### 4.2.3. A teoria das vantagens compensatórias

O art. 2497 do *Codice Civile* exclui expressamente a responsabilidade da sociedade controladora, caso o prejuízo causado aos acionistas ou aos credores seja neutralizado "à luz do resultado global da atividade de direção e coordenação", ou então quando o próprio prejuízo seja eliminado por uma operação diretamente dirigida a essa finalidade. A exclusão de ilicitude prevista na norma é diretamente inspirada *na teoria das vantagens compensatórias*, desenvolvida pela doutrina e pela jurisprudência italianas – anos antes da introdução do dispositivo no *Codice Civile*[509].

Antes da reforma legislativa, a jurisprudência italiana já havia consolidado o entendimento de que as circunstâncias fáticas nas quais uma sociedade integrante de um grupo se encontra são fundamentalmente distintas das condições que circundam as companhias isoladas. Verificaram-se, assim, critérios jurídicos distintos para avaliação da conduta

[509] Spiotta, Marina. La teoria dei vantaggi compensativi: quale momento migliore per metterla in pratica? *Orizzonti del Diritto Commerciale*. Torino, ano 2021, n. 2, p. 823-866, 2021 e Fasciani, Paola. Groups of Companies: The Italian Approach. *European Company and Financial Law Review*. Berlin, vol. 4, n. 2, p. 195-231, 2007.

praticada pela sociedade controladora em um grupo[510]. Citem-se quatro exemplos de precedentes[511]:

(i) a remissão da dívida da sociedade controladora *credora* em favor da controlada *devedora* não é mero ato de liberalidade, mas uma decisão realizada no próprio interesse patrimonial, haja vista que reduz o passivo da sociedade controlada e o respectivo risco de insolvência;
(ii) a concessão de uma garantia sem contrapartida em favor de financiamento contraído por outra sociedade do grupo tampouco é, necessariamente, um ato de liberalidade, pois o grupo inteiro poderá beneficiar-se com condições de crédito mais favoráveis para o exercício de suas atividades econômicas;
(iii) a subordinação de uma sociedade à vontade da sociedade controladora não necessariamente representa uma violação do objeto e do interesse social da primeira, pois a participação no grupo pode conferir à própria controlada vantagens econômicas concretas, como utilização de bens e serviços oferecidos pelo grupo, obtenção de economias de escala e ganho reputacional perante o mercado, facilitando a contratação de taxas de juros menores; e, por fim,
(iv) a alienação de produtos de uma sociedade à outra de mesmo grupo por preço inferior ao de mercado não necessariamente implicará prejuízo à sociedade vendedora, pois o desconto aplicado sobre o preço pode ter como contrapartida a segurança de que a vendedora colocará a integralidade de sua produção no mercado, sem a insegurança e o risco que teria de incorrer caso o mesmo contrato fosse celebrado com um terceiro independente.

A jurisprudência italiana concluiu que nenhuma das hipóteses identificadas acima configura prática de violação do objeto social das socie-

[510] Galgano, Francesco. I gruppi nella riforma delle società di capitali. *Contratto e impresa*. Padova, vol. 18, n. 3, p. 1015-1045, 2002.

[511] Cf. resumo de jurisprudência italiana em Galgano, Francesco. I gruppi nella riforma delle società di capitali. *Contratto e impresa*. Padova, vol. 18, n. 3, p. 1015-1045, 2002

dades integrantes do grupo. São casos em que o favorecimento de uma sociedade satisfaz, ainda que mediata e indiretamente, interesses patrimoniais das demais sociedades do grupo. Daí decorre a formulação básica da teoria das vantagens compensatórias, segundo a qual uma operação objetivamente *vantajosa* para uma sociedade e *desvantajosa* para outra não necessariamente representará prejuízo efetivo para a última, caso o ato seja *contrabalanceado* por *vantagens* decorrentes da participação da sociedade aparentemente desfavorecida no grupo societário[512].

Ademais, a corrente teórica parte da premissa de que participação de uma sociedade em um grupo altera substancialmente as condições de exercício da atividade empresarial. Nesse cenário, o cálculo correto da relação custo/benefício de uma decisão empresarial não pode partir do mesmo critério de avaliação jurídica aplicável sobre uma decisão formulada no âmbito de uma sociedade isolada. No grupo, a avaliação deve ponderar os custos e as vantagens decorrentes da associação na empresa plurissocietária[513]. O interesse social não pode, portanto, ser avaliado apenas perante uma operação isoladamente considerada, mas, sim, diante do *quadro geral e dinâmico do grupo*, no qual se desenvolve a atividade empresarial[514].

A reforma italiana buscou capturar essa constatação, pois excluiu a responsabilidade da sociedade controladora em duas hipóteses principais e alternativas: na primeira, quando o prejuízo causado por sua conduta tenha sido integralmente eliminado em operações dirigidas a essa finalidade; ou, na segunda, alternativamente, quando a mesma conduta tenha deixado de existir *à luz do resultado global* da atividade de direção e de coordenação.

Por aludir ao *resultado global* da atividade de direção e de coordenação, parte da doutrina entende que a legislação italiana recepcionou o

[512] GALGANO, Francesco. I gruppi nella riforma delle società di capitali. *Contratto e impresa*. Padova, vol. 18, n. 3, p. 1015-1045, 2002.

[513] GALGANO, Francesco. I gruppi nella riforma delle società di capitali. *Contratto e impresa*. Padova, vol. 18, n. 3, p. 1015-1045, 2002.

[514] SCOGNAMIGLIO, Giuliana. I gruppi e la riforma del diritto societario: prime riflessioni. *dircomm.it*, jun 2003. Disponível em < http://www.dircomm.it/2003/n.6.03/04.html>. Acesso em 10/10/2022.

conceito de *interesse de grupo*. Afinal, é exigida a avaliação abrangente dos benefícios e das consequências decorrentes da participação no grupo, para além dos efeitos dos atos praticados no âmbito de uma companhia, isoladamente considerada[515]. Afirma-se que o interesse do grupo está para a empresa plurissocietária, tal qual o interesse social está para a sociedade individual e autônoma. Trata-se, em essência, da substituição do interesse social pelo interesse do grupo, na condição de modelo de orientação e de avaliação da conduta, tanto das sociedades, como dos administradores do grupo. Assim, a expressão "*risultato complessivo*" referida no texto legal nada mais é do que uma alusão à realização do *interesse do grupo*, tal como for determinado pela sociedade controladora, em benefício das sociedades que o integram[516].

As alternativas aptas a afastar o abuso de direção unitária, tal como previstas no art. 2497 do *Codice Civile*, comportam interpretações doutrinárias divergentes acerca dos requisitos para compensação de um prejuízo causado à companhia controlada. Passa-se a examiná-las no item abaixo.

### 4.2.4. Compensação efetiva ou compensação potencial?

Antes da reforma legislativa que culminou na inclusão do novo capítulo do *Codice Civile*, a teoria das vantagens compensatórias já provocava aceso debate na doutrina italiana. Autores assumiram duas vertentes interpretativas distintas em torno de *quais* vantagens ou *quais* benefícios podem ser considerados, a fim de que se exclua ilicitude da conduta praticada pela sociedade controladora[517].

De um lado, parte dos autores adota uma visão elástica do instituto, segundo a qual não é necessário comprovar a existência de uma vanta-

[515] Galgano, Francesco. I gruppi nella riforma delle società di capitali. *Contratto e impresa*. Padova, vol. 18, n. 3, p. 1015-1045, 2002.

[516] Galgano, Francesco. I gruppi nella riforma delle società di capitali. *Contratto e impresa*. Padova, vol. 18, n. 3, p. 1015-1045, 2002.

[517] Spiotta, Marina. La teoria dei vantaggi compensativi: quale momento migliore per metterla in pratica? *Orizzonti del Diritto Commerciale*. Torino, ano 2021, n. 2, p. 823-866, 2021 Scognamiglio, Giuliana. I gruppi e la riforma del diritto societario: prime riflessioni. *dircomm.it*, jun 2003. Disponível em < http://www.dircomm.it/2003/n.6.03/04.html>. Acesso em 10/10/2022.

gem, nem de um benefício efetivos para compensar, *quantitativamente*, todo e qualquer prejuízo causado às controladas, levando a um saldo algébrico de *soma-zero*. Basta que a sociedade controladora demonstre que compensação é *possível*, ainda que no *futuro*, considerando as políticas empresariais adotadas pelo grupo. Essa corrente assemelha-se à doutrina Rozenblum[518], analisada no item 4.3.1 adiante, quando se verá que a jurisprudência francesa, assim como as propostas legislativas nela inspiradas[519], também reputa como suficiente que a compensação possa ser *esperada* diante das circunstâncias fáticas do grupo, dentro de um período razoável. Não há, portanto, necessidade de provar que a compensação realmente ocorreu.

De outro lado, há autores que assumem uma postura mais rigorosa perante a teoria. Nessa linha de rigidez, a responsabilidade da companhia controladora só pode ser afastada caso a compensação em questão seja *real* e *efetiva*, com fundamento em avaliação aritmética tanto do dano, quanto do benefício causados a uma das sociedades do grupo. A perspectiva aproxima-se do §311 da AktG[520], em que se exige, expressamente, que a desvantagem apurada em uma sociedade seja efetivamente compensada[521]. Há, todavia uma diferença: ao passo que o sistema alemão estabelece um prazo certo e determinado para verificar a compensação, a teoria italiana não fixa um limite temporal para tanto.

Em que pese a candência do embate doutrinário, a reforma legislativa introduzida na legislação societária italiana não o pacificou, pois se averiguam elementos textuais que corroboram ambos os sentidos disputados.

A primeira vertente interpreta que a expressão "*ou*" ("*ovverro*") da parte final do art. 2497 do *Codice Civile* alterna dois cenários possíveis, em relação de subsidiariedade: não há responsabilidade quando o prejuízo "deixa de existir" ("*mancante*") à luz do resultado global da atividade de

[518] CALLEGARI, Mia. Corporate Groups under Italian Law: A Comparative Approach and the Brand-New Crisis Code. *Frontiers of Law in China*. Beijing, vol. 14, no. 4, December 2019, pp. 533-559.

[519] Ver item 4.3 a seguir.

[520] SPIOTTA, Marina. La teoria dei vantaggi compensativi: quale momento migliore per metterla in pratica? *Orizzonti del Diritto Commerciale*. Torino, ano 2021, n. 2, p. 823-866, 2021.

[521] Ver itens 4.1.3 e 4.1.4 acima.

direção e de coordenação; ou, subsidiariamente, quando este é integralmente eliminado ("*integralmente eliminato*")[522]. A primeira hipótese da norma, que contrasta com a segunda, representaria a aceitação legal de um critério mais elástico, segundo o qual as vantagens compensatórias podem decorrer das políticas gerais do grupo de médio e longo prazo, sem exigir rígida proporção entre prejuízos e benefícios apurados.

A segunda vertente, mais rigorosa, argumenta que a referência ao resultado global da atividade de direção e de coordenação é demasiadamente vaga, ao passo que a presença, no mesmo dispositivo, da expressão que alude à *eliminação integral* do prejuízo ("*integralmente eliminato*") levaria à conclusão de que as vantagens devem ser efetivas e quantitativamente aptas a eliminar a desvantagem apurada[523].

O mesmo debate é refletido na interpretação do art. 2634 do *Codice Civile*, que afasta o crime de infidelidade patrimonial cometido por administradores, caso o prejuízo causado à sociedade tenha sido compensado por vantagens *obtidas* ou *razoavelmente previsíveis* decorrentes da participação da própria sociedade em um grupo[524]. A primeira corrente defende que a leitura conjunta dos arts. 2497 e 2634 reforça a conclusão segundo a qual a constatação da possibilidade de uma vantagem *futura*, desde que *razoavelmente previsível*, é suficiente para afastar o ilícito, civil ou penal[525]. Já a segunda interpreta que a norma penal é mais flexível que a civil, porque esta atua como *ultima ratio*. Logo, o ilícito civil pode restar configu-

[522] SPIOTTA, Marina. La teoria dei vantaggi compensativi: quale momento migliore per metterla in pratica? *Orizzonti del Diritto Commerciale*. Torino, ano 2021, n. 2, p. 823-866, 2021.

[523] FASCIANI, Paola. Groups of Companies: The Italian Approach. *European Company and Financial Law Review*. Berlin, vol. 4, n. 2, p. 195-231, 2007.

[524] "*Art. 2634. Infedeltà patrimoniale. Gli amministratori, i direttori generali e i liquidatori, che, avendo un interesse in conflitto con quello della società, al fine di procurare a sé o ad altri un ingiusto profitto o altro vantaggio, compiono o concorrono a deliberare atti di disposizione dei beni sociali, cagionando intenzionalmente alla società un danno patrimoniale, sono puniti con la reclusione da sei mesi a tre anni (...). In ogni caso non è ingiusto il profitto della società collegata o del gruppo, se compensato da vantaggi, conseguiti o fondatamente prevedibili, derivanti dal collegamento o dall'appartenenza al gruppo (...)*".

[525] GALGANO, Francesco. I gruppi nella riforma delle società di capitali. *Contratto e impresa*. Padova, vol. 18, n. 3, p. 1015-1045, 2002.

rado, ainda que a mesma conduta seja considerada, sob o ponto de vista criminal, como irrelevante[526].

Autores se referem a esse debate como uma disputa entre a compensação possível *versus* a efetiva; ou então, a virtual *versus* a real[527]. Outros doutrinadores retratam que o debate traduz uma divisão entre aqueles que entendem que a teoria das vantagens compensatórias deveria corresponder a um *standard* genérico de conduta, a ser interpretado de forma elástica, diante das particularidades de cada caso, ou a uma *regra* efetiva, que prescreve objetivamente os requisitos jurídicos aplicáveis aos agentes regulados[528]-[529].

Ainda, é possível traçar um paralelo às noções de eficiência de Pareto e de Kaldor-Hicks, com ambos os conceitos analisados no capítulo 3. Aqueles que preconizam a compensação *efetiva* filiam-se à noção de eficiência de Pareto, em que ao menos uma sociedade é beneficiada por determinada política adotada a no grupo e em que todos os prejuízos são neutralizados, de modo que nenhuma sociedade permanece em posição

[526] Fasciani, Paola. Groups of Companies: The Italian Approach. *European Company and Financial Law Review*. Berlin, vol. 4, n. 2, p. 195-231, 2007.

[527] Spiotta, Marina. La teoria dei vantaggi compensativi: quale momento migliore per metterla in pratica? *Orizzonti del Diritto Commerciale*. Torino, ano 2021, n. 2, p. 823-866, 2021.

[528] Denozza, Francesco. Rules vs. Standards nella disciplina dei gruppi: l'inefficienza dela compensazioni 'virtuali'. *Giurisprudenzia commerciale*. Milano, vol. 27, n. 3, p. 327-338, 2000; Scognamiglio, Giuliana. "Clausole generali", principi di diritto e disciplina dei gruppi di società. *Orizzonti del Diritto Commerciale*. Roma, 2013, n. 1, p. 1-33, 2013 e Spiotta, Marina. La teoria dei vantaggi compensativi: quale momento migliore per metterla in pratica? *Orizzonti del Diritto Commerciale*. Torino, ano 2021, n. 2, p. 823-866, 2021.

[529] É relevante distinguir *regras* de normas jurídicas que concebem padrões ou *standards* gerais de comportamento. A principal diferença entre as *regras* e os *standards* refere-se ao momento em que o intérprete deve extrair o conteúdo da norma, isto é, antes ou depois da ação dos agentes. Regras proibitivas ou de conteúdo objetivo têm conteúdo prescritivo *ex ante*, enquanto *standards* conferem ampla margem de interpretação para que o jurista decida em caráter *ex post* se houve ou não violação da norma de conduta em questão, à luz dos elementos do caso concreto. Sobre a diferença entre *regras* e *standards* Kaplow, Louis. Rules versus standards: an economic analysis. Duke Law Journal. Durham, vol. 42, n. 3, pp. 557-629, 1992 e Kraakman, Reinier *et al. The Anatomy of Corporate Law*. A comparative and functional approach. 3. ed. Oxford: Oxford University Press, 2017, p. 40.

de desvantagem. Já autores filiados à versão leniente da teoria das vantagens compensativas satisfazem-se com a eficiência de Kaldor-Hicks, segundo a qual basta que a compensação seja possível, mas não efetiva[530].

Cada uma dessas correntes pode ser bem representada pela divergência doutrinária estabelecida entre os Professores Paolo Montalenti[531] e Francisco Denozza[532]. O primeiro é amplamente reconhecido por defender uma linha de interpretação flexível em torno da teoria das vantagens compensatórias[533]; já o segundo, por oferecer uma perspectiva crítica, em prol de uma abordagem mais austera[534]. Passa-se a examiná-las suscintamente a seguir.

#### 4.2.4.1. Abordagem flexível[535]

Entende-se que seria contraditório reconhecer a possibilidade de subordinação dos interesses de uma sociedade em benefício de outras e, ao mesmo tempo, exigir a neutralização do prejuízo causado à empresa subordinada. Isso porque a neutralização do dano busca alcançar o resultado econômico equivalente àquele que teria sido obtido, caso a mesma sociedade atuasse de forma isolada. Não faria sentido, portanto, reconhecer a legitimidade dos grupos, mas, ao fim, exigir que cada sociedade seja compensada, de modo a eliminar completamente os efeitos decorrentes da integração no grupo, como se este nunca tivesse existido. Trata-se de uma *aporia lógica*, pois, de um lado, se busca reconhecer e legitimar os

530 Denozza, Francesco. Rules vs. Standards nella disciplina dei gruppi: l'inefficienza dela compensazioni 'virtuali'. *Giurisprudenzia commerciale.* Milano, vol. 27, n. 3, p. 327-338, 2000.

531 Montalenti, Paulo. Conflitto di interessi nei gruppi di società e teoria dei vantaggi compensativi, *Giurisprudenza Commerciale*, 1995, p. 710-236.

532 Denozza, Francesco. Rules vs. Standards nella disciplina dei gruppi: l'inefficienza dela compensazioni 'virtuali'. *Giurisprudenzia commerciale.* Milano, vol. 27, n. 3, p. 327-338, 2000.

533 Spiotta, Marina. La teoria dei vantaggi compensativi: quale momento migliore per metterla in pratica? *Orizzonti del Diritto Commerciale.* Torino, ano 2021, n. 2, p. 823-866, 2021.

534 Scognamiglio, Giuliana. "Clausole generali", principi di diritto e disciplina dei gruppi di società. *Orizzonti del Diritto Commerciale.* Roma, 2013, n. 1, p. 1-33, 2013.

535 Baseada em Montalenti, Paulo. Conflitto di interessi nei gruppi di società e teoria dei vantaggi compensativi, *Giurisprudenza Commerciale*, 1995, p. 710-236.

grupos, mas, de outro lado, pretende-se estabelecer uma regra de compensação que reconduz a uma visão atomística do direito societário.

Assim, a diferenciação entre a *fisiologia* e a *patologia* nos grupos não deveria depender da simulação de uma situação de completa independência das sociedades que integram o grupo, reconduzindo à visão tradicional do direito societário. O que interessa é a avaliação da *conduta* praticada pela sociedade controladora – daí a compreensão da teoria das vantagens compensatórias como um *standard* – a ser examinada com base nos elementos fáticos disponíveis aos agentes quando o ato questionado foi efetivamente praticado.

O objeto da análise jurídica é, portanto, a racionalidade e a coerência de uma *decisão empresarial*: embora prejudicial a uma ou mais sociedades do grupo, pode-se *razoavelmente esperar* que as políticas ou estratégias econômicas gerais do grupo de médio a longo prazo proporcionarão uma vantagem capaz de compensar o dano, ainda que a vantagem seja produzida em outro momento e se materialize num plano econômico diferente daquele no qual o ato questionado foi praticado.

Portanto, não interessa apurar o *resultado final*, positivo ou negativo, de cada sociedade, mas o resultado global que poderia ser *razoavelmente esperado* no momento em que decisão foi tomada, com base em uma avaliação econômica e funcional das políticas do grupo existentes ao tempo da decisão ou do ato em questão, dispensando-se um exame *quantitativo*. Ademais, indenização e compensação não se confundem: enquanto a primeira cuida da identificação e da quantificação de um prejuízo, a fim de buscar o ressarcimento em dinheiro à vítima, a abordagem flexível da teoria das vantagens compensatórias busca apenas *qualificar a decisão* tomada no âmbito de um grupo como lícita ou ilícita.

### 4.2.4.2. Abordagem rígida[536]

Essa segunda corrente doutrinária, mais austera que a primeira, defende que o problema central dos grupos *não* é o de estabelecer um critério jurídico para avaliação da *conduta* da sociedade controladora no con-

[536] Baseada em DENOZZA, Francesco. Rules vs. Standards nella disciplina dei gruppi: l'inefficienza dela compensazioni 'virtuali'. *Giurisprudenzia commerciale.* Milano, vol. 27, n. 3, p. 327-338, 2000.

fronto entre o interesse do grupo e o interesse social de uma sociedade isoladamente considerada.

Pelo contrário, conforme a abordagem rigorosa, o verdadeiro objetivo da lei societária é permitir que os grupos promovam *eficiência* empresarial. Afinal, se as razões que militam em torno do reconhecimento jurídico dos grupos são orientadas pelo objetivo de eficiência[537], é preciso questionar se, sob essa mesma perspectiva – a de eficiência –, é suficiente que as vantagens produzidas pelo grupo sejam *razoavelmente esperadas*, dispensando-se a compensação efetiva do dano. A abordagem rígida da teoria das vantagens compensatórias responde negativamente a essa indagação.

À falta de uma norma jurídica clara que exija compensação efetiva dos danos causados às sociedades que integram os grupos, abre-se flanco para que a sociedade controladora transfira ativos, passivos, oportunidades empresariais, entre outros recursos, de uma empresa para a outra, de forma *discricionária* e *imprevisível*.

Essa situação introduz um novo elemento de risco no mercado em que os grupos atuam, em prejuízo dos investidores e da própria atividade empreendedora desenvolvida pelos grupos. Risco esse que é imprevisível e de difícil mensuração, dada a impossibilidade de antever o resultado das políticas empresariais conduzidas no seio do grupo, considerando três fatores fundamentais: quais empresas terão seus interesses subordinados às demais; em que momento; e em qual extensão. Empresas serão ora beneficiadas, ora exploradas, em momentos diferentes, a depender da decisão discricionária da sociedade controladora.

Considerando que o parâmetro de referência para a regulação do mercado de capitais é o do investidor racional, e não o do jogador, a introdução de um elemento de risco não mensurável em sua probabilidade e extensão pode impactar o objetivo de buscar eficiente alocação de recursos entre as companhias. Prejudica-se a avaliação econômica racional sobre a melhor forma de aplicar o capital disponível para investimento; e privilegia-se a atividade especulativa. Efeito semelhante seria enfrentado no mercado de crédito, interferindo na avaliação dos credores quando

[537] Aqui, Francesco Denozza parece usar o termo *eficiência* no sentido mais amplo, e não naquele específico atrelado à eficiência alocativa, conceito econômico apresentado no item 3.7.

decidem conceder financiamento a uma das empresas do grupo, dada a dificuldade de antever o risco de inadimplemento e de insolvência, bem como o de monitorar o comportamento dos beneficiários do empréstimo.

Tanto não bastasse, a sociedade controladora do grupo pode dispor de incentivos, para promover operações no âmbito do grupo que não conduzem à eficiência empresarial, mas que lhes permite extrair benefícios econômicos *privados* em relação às demais sociedades[538]. Como é cediço, a sociedade controladora tem incentivo natural para favorecer a sociedade na qual tem maior participação acionária, em detrimento das entidades em que participa com menor percentual de capital. Assim, o grupo de comando poderá privilegiar políticas que favoreçam a sociedade na qual a controladora possua maior interesse econômico; políticas que não são, necessariamente, as medidas que levarão à melhor gestão das atividades do grupo.

Nesse contexto, a criação de um *standard* aberto que se contente com a *possibilidade razoável de compensação de prejuízos* não parece ser a melhor estratégia regulatória para promover a eficiência empresarial. Nada garante que as vantagens *possíveis* serão efetivamente distribuídas entre as sociedades do grupo, de modo a obter um resultado global melhor do que aquele que seria produzido pelas sociedades isoladamente consideradas.

Dessa constatação decorrem duas consequências. Primeiro, a *mera filiação a um grupo*, por si só, não permite inferir que existirão vantagens capazes de compensar os respectivos prejuízos. Com efeito, como visto no capítulo 2 deste trabalho, a participação de um grupo pode levar a que certas empresas sejam instrumentalizadas em benefícios de outras, não havendo como antever o grau, nem a extensão, desse resultado; tampouco é possível prever se eventuais vantagens serão efetivamente traduzidas em benefícios ao grupo, como um todo.

A segunda consequência é que não basta, para afastar a ilicitude da instrumentalização de uma sociedade aos interesses de outras, a identificação vantagens possíveis e futuras, ainda que razoavelmente esperadas com base nas políticas de grupo existentes. É preciso que haja uma

[538] Sobre o conceito de benefícios privados, ver item 3.3, nota de rodapé nº 54 deste trabalho.

regra jurídica objetiva que exija compensação efetiva e específica para as empresas desfavorecidas no grupo, bem como que existam obrigações de transparência sobre as transações realizadas no âmbito dessas organizações empresariais. Logo, eventuais vantagens futuras só poderiam ser levadas em consideração se a incerteza e probabilidade de sua ocorrência puderem ser estimadas a partir de parâmetros mensuráveis pelo mercado, traduzindo-se em desconto no preço pago aos valores mobiliários emitidos por companhias integrantes de grupos e em taxas de juros maiores.

Abordou-se, em síntese, as duas abordagens doutrinárias acerca da teoria das vantagens compensatórias. Para encerrar a exposição do regime italiano, apresenta-se, no item seguinte, o regime especial de transparência concedido às relações societárias mantidas sob a atividade de direção e coordenação.

### 4.2.5. Transparência e publicidade

Assim como na Alemanha, o novo capítulo destinado aos grupos do *Codice Civile* estabeleceu regras especiais de publicidade a serem cumpridas pelos administradores do grupo. São regras fundamentais para a efetividade do regime de deveres e responsabilidades imposto sobre a sociedade que exerce atividade de direção e coordenação. Isso porque as informações disponibilizadas sobre as operações realizadas nos grupos constituem fonte de fiscalização, bem como de meios de prova em favor de acionistas minoritários e credores.

De forma semelhante ao relatório de dependência previsto no §312 da AktG, o art. 2497-*bis*, 5º exige que os administradores das sociedades controladas indiquem, no relatório da administração publicado em conjunto com as demonstrações financeiras anuais, as relações e operações mantidas com a sociedade controladora e as demais sociedades do grupo, bem como o efeito da atividade de direção e coordenação nos resultados da sociedade em questão[539].

Note-se, porém, que o §312 da AktG exige que o relatório demonstre efetiva congruência entre os seguintes itens: (i) as prestações e contraprestações das operações; (ii) a utilidade e a conveniência de cada medida

[539] Fasciani, Paola. Groups of Companies: The Italian Approach. *European Company and Financial Law Review*. Berlin, vol. 4, n. 2, p. 195-231, 2007.

adotada pelas controladas sob a influência da empresa dominante; e (iii) a compensação ou vantagem que neutraliza eventuais desvantagens. Em sentido diverso, e de forma consistente com a norma prevista no art. 2497 do *Codice Civile*, o dever de publicidade objeto do art. 2497-bis preocupa-se menos com as medidas individualmente consideradas no âmbito do grupo e com a congruência intrínseca de seus elementos, conforme requer a lei alemã. Preocupa-se, pelo contrário, mais com o efeito global econômico da atividade de direção e de coordenação no âmbito de uma sociedade integrante do grupo[540], ao fazer referência aos *efeitos* que das atividades de direção e coordenação sobre as *operações* e *resultados* do grupo ("*l'effetto che tale attività ha avuto sull'esercizio dell'impresa sociale e sui suoi risultati*"). Veja-se[541]:

> Art. 2497-bis. A empresa deve apresentar, em uma seção especial das notas explicativas, um resumo dos dados essenciais das últimas demonstrações financeiras da empresa ou da entidade que exerce atividades de direção e coordenação sobre ela.
> Da mesma forma, os administradores devem indicar no relatório da administração as relações com a pessoa que exerce atividades de administração e coordenação e com as outras empresas que estão sujeitas a elas, bem como o efeito que tais atividades tiveram sobre as operações e resultados da empresa.

Adicionalmente, o art. 2497-ter determina que as decisões das sociedades controladas tomadas sob influência da sociedade controladora devem ser devidamente motivadas, indicando as razões e os interesses ela subjacentes[542]. Trata-se de relevante fonte para revelação de conflito

[540] Galgano, Francesco. I gruppi nella riforma delle società di capitali. *Contratto e impresa*. Padova, vol. 18, n. 3, p. 1015-1045, 2002.

[541] Tradução livre de: "*Art. 2497-bis. Pubblicità (...). La società deve esporre, in apposita sezione della nota integrativa, un prospetto riepilogativo dei dati essenziali dell'ultimo bilancio della società o dell'ente che esercita su di essa l'attività di direzione e coordinamento. Parimenti, gli amministratori devono indicare nella relazione sulla gestione i rapporti intercorsi con chi esercita l'attività di direzione e coordinamento e con le altre società che vi sono soggette, nonché l'effetto che tale attività ha avuto sull'esercizio dell'impresa sociale e sui suoi risultati*".

[542] Sobre o dever de motivação das decisões, ver Scognamiglio, Giuliana. Motivazione delle decisioni e governo del gruppo. *Rivista di Diritto Civile*. Padova, v. 55, n. 6, p. 757–783, nov./dez. 2009.

de interesses e para efetivação da regra de responsabilidade do art. 2497, proporcionando provas e documentos para ações movidas pelos acionistas e por credores[543].

Finda a exposição sobre o sistema italiano, passa-se a estudar o modelo francês, concebido pela jurisprudência em corrente habitualmente referida como "doutrina Rozenblum". A sequência analítica aqui arbitrada é justificada, de saída, porque são notórias as semelhanças entre a doutrina francesa e a abordagem flexível da teoria das vantagens compensatórias italianas, apresentada no item 4.2.1.1 acima. Ademais, a doutrina Rozenblum é relevante não apenas por contrastar com o regime pioneiro dos grupos de fato concebido na Alemanha, como se verá nos itens 4.3.1 e 4.3.2, mas porque foi, ainda, fonte de inspiração de sucessivas propostas legislativas direcionadas, no âmbito da União Europeia, à unificação do direito dos grupos societários.

## 4.3. Doutrina Rozenblum na Europa: direito de agir no interesse do grupo e probabilidade de compensação futura

A partir do século XX, a preocupação com a criação de um regime jurídico apropriado à empresa plurissocietária fomentou a organização de sucessivos grupos de trabalho formados por juristas europeus de prestígio. Parte desses movimentos foi, inclusive, organizada pela Comissão Europeia, com a finalidade de inspirar mudanças legislativas nos países da União[544]. Aqueles juristas buscavam conceber normas jurídicas uniformes aos países-membro, que permitiriam que a sociedade controladora do grupo conduzisse os negócios de suas controladas de forma eficiente, assim buscando a maximização do valor do grupo societário entendido como unidade econômica.

O modelo alemão foi o primeiro a admitir e regular a subordinação de uma sociedade aos interesses de outras no contexto do grupo. Nada obstante o pioneirismo, a estrutura legal desenhada para os grupos de fato era considerada como excessivamente rígida, já que exigia a compensa-

543 Fasciani, Paola. Groups of Companies: The Italian Approach. *European Company and Financial Law Review*. Berlin, vol. 4, n. 2, p. 195-231, 2007.

544 Enriques, Luca; Gilotta, Sergio. *The Case Against a Special Regime for Intragroup Transactions*. Brussels: European Corporate Governance Institute, 2022.

ção efetiva e quantitativa das desvantagens provocadas em cada uma das sociedades[545].

Ao invés de tomar como referência o modelo germânico, esses grupos de trabalho europeus buscaram inspiração na solução desenvolvida pela jurisprudência francesa, popularmente conhecida como "doutrina Rozenblum". Em linhas gerais, defende-se que a integração em um grupo societário tem como uma de suas consequências a mudança dos deveres jurídicos que recaem sobre a sociedade controladora e os administradores: estes passam a vincular-se ao dever de agir no *interesse do grupo*, e não mais ao interesse individual das sociedades que o integram. Essa abordagem, formulada em parâmetros genéricos e flexíveis de conduta, foi amplamente aceita e passou a dominar diversas propostas legislativas sobre o direito dos grupos na União Europeia.

### 4.3.1. A doutrina Rozenblum

Os arts. L.242-6 e L.241-3 do *Code de Commerce*[546], aplicáveis às sociedades anônimas e limitadas, respectivamente, preveem que os administradores que usam os bens sociais ou o poder que exercem sobre a companhia (art. L.242-6) ou sobre a sociedade limitada (art. L.241-3) de má-fé e de forma contrária ao interesse social com a finalidade de obter vantagens pessoais ou de favorecer outra empresa na qual tenham interesse direto ou indireto incorrem no tipo penal de "abuso dos bens sociais" ("*abus de biens sociaux*"). Veja-se, exemplificativamente, passagem do art. L.242-6[547]:

[545] Teichmann, Christoph. Towards a European Framework for Cross-Border Group Management. *European Company Law*. Alphen aan den Rijn, v. 13, n. 5, p. 191-198, 2016.

[546] Araujo, Danilo Borges dos Santos Gomes. de. A Doutrina Rozenblum do direito francês; o reconhecimento do caráter exoneratório dos grupos de sociedades em matéria de crimes de *abus de biens sociaux* e a consequente influência do direito penal na estruturação e no funcionamento dos grupos de sociedades. *In*: Araujo, Danilo Borges dos Santos Gomes de; Warde Jr., Walfrido Jorge (coords). *Os Grupos de Sociedades:* organização e exercício da empresa. São Paulo: Saraiva, 2012, p. 83-113.

[547] Tradução livre de: "*Art. L.242-6*
*Est puni d'un emprisonnement de cinq ans et d'une amende de 375 000 euros le fait pour: (...)*
*3º Le président, les administrateurs ou les directeurs généraux d'une société anonyme de faire, de mauvaise foi, des biens ou du crédit de la société, un usage qu'ils savent contraire à l'intérêt de celle-ci, à des fins personnelles ou pour favoriser une autre société ou entreprise dans laquelle ils sont intéressés directement ou indirectement ;*

> Art. L.242-6
> Serão punidos com cinco anos de prisão e uma multa de 375.000 euros: (...)
> 3º O presidente, administradores ou diretores de uma sociedade anônima para, de má-fé, fazer uso do patrimônio ou crédito da sociedade que eles sabem ser contrário aos interesses da sociedade, para fins pessoais ou para favorecer outra sociedade ou empreendimento no qual eles estejam direta ou indiretamente interessados;
> 4º O presidente, diretores ou diretores administrativos de uma sociedade anônima para, de má-fé, fazer uso dos poderes que possuem ou dos votos que têm, nessa qualidade, que sabem ser contrário aos interesses da sociedade, para fins pessoais ou para favorecer outra sociedade ou empreendimento em que estejam direta ou indiretamente interessados.

Ambos os dispositivos foram concebidos em 1935, época à qual os grupos ainda não ocupavam o centro dos debates doutrinários, nem legislativos[548]. Com o tempo, a previsão desse delito passou a suscitar preocupações no âmbito dos grupos, nos quais são corriqueiros tanto a subordinação, como o favorecimento, de umas sociedades em detrimento de outras. Não parecia adequado tipificar como crime uma conduta que é natural e inerente ao fenômeno dos grupos societários. Ademais, difundiu-se a crença, entre a doutrina, de que atos societários prejudiciais ao patrimônio de uma sociedade podem resultar em benefícios a essa mesma sociedade, ainda que em longo prazo ou de forma indireta, o que neutraliza o prejuízo inicialmente infligido[549].

*4º Le président, les administrateurs ou les directeurs généraux d'une société anonyme de faire, de mauvaise foi, des pouvoirs qu'ils possèdent ou des voix dont ils disposent, en cette qualité, un usage qu'ils savent contraire aux intérêts de la société, à des fins personnelles ou pour favoriser une autre société ou entreprise dans laquelle ils sont intéressés directement ou indirectement*".

548 Conac, Pierre. National Report on France. *In*: Manóvil, Rafael Mariano (coord). *Groups of companies*: a comparative law overview. Nature: Springer, 2020, p. 87-108.

549 Araujo, Danilo Borges dos Santos Gomes. de. A Doutrina Rozenblum do direito francês; o reconhecimento do caráter exoneratório dos grupos de sociedades em matéria de crimes de *abus de biens sociaux* e a consequente influência do direito penal na estruturação e no funcionamento dos grupos de sociedades. In: Araujo, Danilo Borges dos Santos Gomes de; Warde Jr., Walfrido Jorge (coords). *Os Grupos de Sociedades:* organização e exercício da empresa. São Paulo: Saraiva, 2012, p. 83-113.

O tipo legal do *abus de biens sociaux* não diferenciava conduta praticada no seio de uma empresa isolada da conduta praticada no seio de um grupo societário. Logo, os diretores que atuavam em empresas agrupadas incorriam grave risco de responsabilização criminal por atos inerentes aos grupos. Acionistas minoritários poderiam apresentar uma denúncia penal contra diretores a baixos custos, pois a demanda poderia ser processada com menores dificuldades de ônus da prova, dado que o ordenamento francês conferia amplos poderes ao juízo competente para acessar os documentos da companhia em questão[550].

Em 1985, a *Cour de Cassasion* julgou um precedente paradigmático sobre o tema, reconhecendo o dever fiduciário dos administradores de atuar em prol do *interesse do grupo*[551]. O julgado confirmou uma corrente jurisprudencial que se delineava, a partir de 1970, favoravelmente aos grupos societários nas cortes inferiores: era orientação na qual se admitia que a sociedade controladora e os administradores por ela eleitos praticassem atos desvantajosos à companhia controlada, ainda que sem comutatividade, nem compensações patrimoniais imediatas[552]. O Sr. Rozenblum possuía participação societária em sociedades dedicadas a atividades distintas e geria os respectivos negócios como *administrador de fato*[553]. Nessa posição, realizou operações internas ao grupo de modo a promover a transferência de ativos relevantes de uma sociedade a outra. A *Cour de Cassasion* confirmou a condenação das cortes inferiores,

[550] CONAC, Pierre. National Report on France. In: MANÓVIL, Rafael Mariano (coord). *Groups of companies:* a comparative law overview. Charm: Springer, 2020, p. 87-108.

[551] FRANÇA. *Cour de Cassation, Chambre criminelle.* Nº de pourvoi : 84-91.581. Rapporteur : M. Le Gunehec, 14 de fevereiro de 1985. Disponível em https://www.legifrance.gouv.fr/juri/id/JURITEXT000007064646. Acesso em 04/09/2022.

[552] CONAC, Pierre. National Report on France. *In*: MANÓVIL, Rafael Mariano (coord). *Groups of companies:* a comparative law overview. Charm: Springer, 2020, p. 87-108.

[553] Sobre o fenômeno e o conceito jurídico em torno dos *administradores de fato*, ver a obra COSTA, Ricardo Alberto Santos. *Os Administradores de Facto das Sociedades Comerciais.* Coimbra: Almedina, 2014. Trata-se, em síntese, da atribuição dos deveres e consequências jurídicas típicas dos administradores a pessoas que, embora não sejam formalmente membros da administração, ajam na prática como tais.

porém, ao fazê-lo, anunciou as condições fáticas que, se apuradas, afastariam a tipificação criminal[554]:

> [A] assistência financeira prestada por administradores de fato ou de direito de uma sociedade a outra empresa do mesmo grupo em que tenha interesse direto ou indireto deve ser ditada por um interesse econômico, social ou financeiro comum, avaliado à luz de uma política elaborada para a totalidade do grupo, e não deve ser isenta de uma contrapartida ou nem pode romper o equilíbrio entre as obrigações recíprocas, nem exceder as possibilidades financeiras da empresa que suporta o ônus.

O precedente originou entendimento jurisprudencial conhecido como "doutrina Rozenblum"[555], cujos preceitos passaram a ser aplicados tanto em precedentes envolvendo responsabilização criminal, quanto em casos de responsabilidade civil imputáveis a administradores de sociedades pertencentes a grupos societários [556]. O desenvolvimento da jurisprudência resultou na formulação de quatro critérios que devem estar cumulativamente presentes, no caso concreto, para que a subordinação dos interesses de uma sociedade em favorecimento de outra seja considerada – tanto sob a perspectiva civil, como a criminal – como lícita.

[554] Tradução livre de: "*[L]e concours financier apporte, par les dirigeants de fait ou de droit d'une societe, a une autre entreprise d'un meme groupe dans laquelle ils sont interesses directement ou indirectement, doit etre dicte par un interet economique, social ou financier commun, apprecie au regard d'une politique elaboree pour l'ensemble de ce groupe, et ne doit ni etre demuni de contrepartie ou rompre l'equilibre entre les engagements respectifs des diverses societes concernees, ni exceder les possibilites financieres de celle qui en supporte la charge*" (FRANÇA. Cour de Cassation, Chambre criminelle. Nº de pourvoi : 84-91.581. Rapporteur : M. Le Gunehec, 14 de fevereiro de 1985. Disponível em https://www.legifrance.gouv.fr/juri/id/JURITEXT000007064646. Acesso em 04/09/2022)

[555] Araujo, Danilo Borges dos Santos Gomes. de. A Doutrina Rozenblum do direito francês; o reconhecimento do caráter exoneratório dos grupos de sociedades em matéria de crimes de *abus de biens sociaux* e a consequente influência do direito penal na estruturação e no funcionamento dos grupos de sociedades. *In*: Araujo, Danilo Borges dos Santos Gomes de; Warde Jr., Walfrido Jorge (coords). *Os Grupos de Sociedades:* organização e exercício da empresa. São Paulo: Saraiva, 2012, p. 83-113.

[556] Conac, Pierre. National Report on France. In: Manóvil, Rafael Mariano (coord). *Groups of companies*: a comparative law overview. Charm: Springer, 2020, p. 87-108.

Primeiro, as sociedades envolvidas devem fazer parte de um grupo nos quais as empresas que o integram mantêm participações societárias umas nas outras[557]. A doutrina Rozenblum não é, portanto, aplicável a grupos formados por liames contratuais, nem por outros vínculos jurídicos que não seja a via da participação societária[558].

Segundo, as sociedades do grupo devem ser integradas, de modo a compartilhar interesses econômicos, financeiros ou sociais entre si, por meio de políticas ou estratégias empresariais consistentes, as quais, por sua vez, devem ser transparentes e bem estabelecidas, não se limitando a situações esporádicas e pontuais[559]. A exigência não impõe que o grupo seja necessariamente conduzido de forma altamente centralizada, tampouco que todas as sociedades exerçam a mesma atividade econômica. Exige-se, porém, que as atividades das sociedades envolvidas sejam interligadas e que, portanto, formem unidade empresarial[560]. Ademais, os administradores, devem demonstrar que seus atos não foram orientados por interesses pessoais, nem pela vontade externa de outra sociedade; mas, sim, pelo *interesse do grupo*[561].

Note-se, porém, que o grupo societário não tem personalidade jurídica, razão pela qual não possui objeto social, tampouco órgãos societários com competências e atribuições legais próprias. Logo, os grupos não

[557] Antunes, José Engrácia, Baums, Theodor, Clarke, Blanaid J., Conac, Pierre-Henri, Enriques, Lucas, Hanaka, Andras I, Hansen, Jesper Lau, De Kluiver, H.J., KNAPP, Vanessa, Lenoir, Noële, Linnainmaa, Leena, Soltysinski, Stanislaw, Wymeersch, Eddy. Report of the Reflection Group on the Future of EU Company Law. Brussels: European Comission, 2011. Disponível em: <http://ssrn.com/abstract=1851654>.Acesso em 15.02.2022.

[558] Conac, Pierre-Henri. Director's Duties in Groups of Companies–Legalizing the Interest of the Group at the European Level. *European Company and Financial Law Review*. Berlin, v. 10, n. 2, p. 194-226, 2013.

[559] Conac, Pierre-Henri. Director's Duties in Groups of Companies–Legalizing the Interest of the Group at the European Level. *European Company and Financial Law Review*. Berlin, v. 10, n. 2, p. 194-226, 2013

[560] FORUM EUROPAEUM CORPORATE GROUP LAW. Corporate Group Law for Europe. *European Business Organization Law Review*. The Hague, vol. 1, n. 2, p. 165–264, jun. 2000.

[561] Pariente, Maggy. The Evolution of the Concept of "Corporate Group" in France. *European Company and Financial Law Review*. Berlin, vol. 4, n. 3, p. 317-345, 2007.

têm vontade autônoma, distinta e destacada dos desejos de seus membros[562]. Foi por isso que a construção jurisprudencial francesa enfrentou dificuldades para consolidar o conceito de *interesse do grupo*. Afinal, se o grupo não é pessoa, não pode ter interesse próprio. Atualmente, a definição desse conceito acomodou-se em torno de uma formulação *negativa*: o interesse do grupo é a realização de um objetivo. Este pode ser econômico (*v.g.*, gestão eficiente e diversificação de riscos empresariais); financeiro (*v.g.*, política de caixa único e empréstimos intragrupo); ou social (*v.g.*, proteção dos interesses dos funcionários). Independentemente da espécie, é necessário que seja *diferente* do interesse individual da sociedade controladora, bem como do de cada uma das sociedades controladas[563].

Terceiro, as transações, negócios ou atos envolvendo as sociedades que integram o grupo devem apresentar contrapartida econômica, por sua vez, apta a *contrabalancear* a desvantagem provocada às sociedades envolvidas[564], de modo que não haja desequilíbrio entre prestações recíprocas[565]. O requisito tem a finalidade de proteger, ainda que indiretamente, os interesses dos acionistas minoritários[566], haja vista que desvantagens ou prejuízos patrimoniais incorridos por uma sociedade impactam a expectativa de rentabilidade da empresa.

Entretanto, o terceiro critério não exige a definição de prestações recíprocas estritamente comutativas, de modo que exista perfeita equivalência entre elas, tampouco que a compensação de prejuízos seja imediata[567]. Pelo contrário, o que se exige é que haja *alguma modalidade* de

562 Pariente, Maggy. The Evolution of the Concept of "Corporate Group" in France. *European Company and Financial Law Review*. Berlin, vol. 4, n. 3, p. 317-345, 2007.

563 Pariente, Maggy. The Evolution of the Concept of "Corporate Group" in France. *European Company and Financial Law Review*. Berlin, vol. 4, n. 3, p. 317-345, 2007.

564 Pariente, Maggy. The Evolution of the Concept of "Corporate Group" in France. *European Company and Financial Law Review*. Berlin, vol. 4, n. 3, p. 317-345, 2007.

565 Conac, Pierre-Henri. Director's Duties in Groups of Companies–Legalizing the Interest of the Group at the European Level. *European Company and Financial Law Review*. Berlin, v. 10, n. 2, p. 194-226, 2013.

566 THE INFORMAL COMPANY LAW EXPERT GROUP (ICLEG). Report on the recognition of the interest of the group. [*S. l.*]: [*s. n.*], 2016. Disponível em <https://dx.doi.org/10.2139/ssrn.2888863>.

567 Araujo, Danilo Borges dos Santos Gomes. de. A Doutrina Rozenblum do direito francês; o reconhecimento do caráter exoneratório dos grupos de sociedades em matéria de

compensação à sociedade prejudicada em questão. É compensação que não precisa ser necessariamente monetária e que pode ser diferida no tempo[568], desde que não seja *grosseiramente inadequada* à companhia prejudicada[569]. Admite-se a o sacrifício temporário do patrimônio das sociedades que integram o grupo, o qual deverá ser compensado no médio e no longo prazos e em conformidade com as políticas do grupo[570].

Quarto e por fim, o ato, a medida ou a operação em questão não podem exceder a capacidade de pagamento das sociedades controladas, de modo a torná-las insolventes[571]. Trata-se de requisito oferece proteção indireta aos interesses dos credores das sociedades que integram o grupo[572], já que o patrimônio social representa a principal garantia de adimplemento das obrigações contraídas pela sociedade perante terceiros.

Portanto, a doutrina Rozenblum não se contenta com uma abordagem reducionista do fenômeno dos grupos, pois não reputa como ilícita a

crimes de *abus de biens sociaux* e a consequente influência do direito penal na estruturação e no funcionamento dos grupos de sociedades. *In*: Araujo, Danilo Borges dos Santos Gomes de; Warde JR., Walfrido Jorge (coords). *Os Grupos de Sociedades:* organização e exercício da empresa. São Paulo: Saraiva, 2012, p. 83-113.

568 Conac, Pierre-Henri. Director's Duties in Groups of Companies–Legalizing the Interest of the Group at the European Level. *European Company and Financial Law Review*. Berlin, v. 10, n. 2, p. 194-226, 2013; Enriques, Luca; Gilotta, Sergio. *The Case Against a Special Regime for Intragroup Transactions*. Brussels: European Corporate Governance Institute, 2022.

569 Conac, Pierre. National Report on France. In: Manóvil, Rafael Mariano (coord). *Groups of companies:* a comparative law overview. Cham: Springer, 2020, p. 87-108; Enriques, Luca; Gilotta, Sergio. *The Case Against a Special Regime for Intragroup Transactions*. Brussels: European Corporate Governance Institute, 2022.

570 Araujo, Danilo Borges dos Santos Gomes. de. A Doutrina Rozenblum do direito francês; o reconhecimento do caráter exoneratório dos grupos de sociedades em matéria de crimes de *abus de biens sociaux* e a consequente influência do direito penal na estruturação e no funcionamento dos grupos de sociedades. *In*: Araujo, Danilo Borges dos Santos Gomes de; Warde JR., Walfrido Jorge (coords). *Os Grupos de Sociedades:* organização e exercício da empresa. São Paulo: Saraiva, 2012, p. 83-113.

571 Conac, Pierre. National Report on France. In: Manóvil, Rafael Mariano (coord). *Groups of companies*: a comparative law overview. Charm: Springer, 2020, p. 87-108.

572 THE INFORMAL COMPANY LAW EXPERT GROUP (ICLEG). Report on the recognition of the interest of the group. [*S. l.*]: [*s. n.*], 2016. Disponível em <https://dx.doi.org/10.2139/ssrn.2888863>.

mera subordinação do interesse de uma sociedade ao de outra. De forma semelhante ao §311 da AktG e à disciplina italiana, a jurisprudência francesa leva em consideração a existência de *vantagens* e de *benefícios* associados à estrutura do grupo, capazes de compensar o prejuízo causado a uma sociedade que o integra[573].

Nada obstante as semelhanças, as duas abordagens – francesa e alemã – divergem radicalmente no que se deve considerar como "vantagem", ou como "desvantagem"[574]. No âmbito do §311 da AktG, cada ato, cada medida ou cada transação devem ser analisados de forma *individualizada*, de modo a *quantificar* tanto a desvantagem incorrida, como a medida compensatória aplicada. Assim, exige-se a *exata* correspondência entre desvantagem e compensação[575]. Trata-se de uma tarefa árdua, custosa e de difícil comprovação, como visto no item 4.1.4 acima.

De modo distinto, a doutrina Rozenblum procura analisar tanto a *estrutura* do grupo, como as políticas empresariais que o conduzem, com a finalidade avaliar se essa estrutura é capaz de proporcionar um equilíbrio entre os interesses das sociedades que o integram; e, ainda, de acordo com as políticas e com as estratégias globais adotadas nessa organização. Portanto, a regularidade de um ato praticado pela sociedade controladora não depende de rígida correspondência entre *desvantagem* e *compensação* – na realidade, a compensação é examinada com base na posição da sociedade na estrutura do grupo e dos benefícios decorrentes dessa mesma posição; e a compensação, inclusive, pode ser satisfeita em futuro indefinido[576].

[573] FORUM EUROPAEUM CORPORATE GROUP LAW. Corporate Group Law for Europe. *European Business Organization Law Review*. The Hague, vol. 1, n. 2, p. 165–264, jun. 2000.

[574] FORUM EUROPAEUM CORPORATE GROUP LAW. Corporate Group Law for Europe. *European Business Organization Law Review*. The Hague, vol. 1, n. 2, p. 165–264, jun. 2000.

[575] CONAC, Pierre-Henri. Director's Duties in Groups of Companies–Legalizing the Interest of the Group at the European Level. *European Company and Financial Law Review*. Berlin, v. 10, n. 2, p. 194-226, 2013.

[576] FORUM EUROPAEUM CORPORATE GROUP LAW. Corporate Group Law for Europe. *European Business Organization Law Review*. The Hague, vol. 1, n. 2, p. 165–264, jun. 2000.

Afirma-se que o sucesso da doutrina Rozenblum pode ser demonstrado pela baixa quantidade de casos que chegam às cortes francesas com a finalidade de responsabilizar os administradores por transações praticadas no grupo[577]. Consolidou-se a visão segundo a qual a subordinação do interesse individual de uma sociedade é consequência corriqueira – e legítima – no âmbito dos grupos societários. Apenas os casos de ilegalidade flagrante são remetidos às cortes francesas, nos quais, por esse motivo, a doutrina Rozenblum é usualmente rejeitada como argumento de defesa dos administradores responsabilizados[578].

A flexibilidade proporcionada pela doutrina Rozenblum em relação à exigência de compensação de desvantagens atreladas ao grupo é atributo que tornou a doutrina atrativa aos olhos de juristas engajados em formular propostas legislativas voltadas à regulação da empresa plurissocietária na União Europeia. É o que se verá no item 4.3.2 a seguir.

### 4.3.2. Propostas legislativas para União Europeia inspiradas na doutrina Rozenblum

A despeito da vagueza dos quatro critérios consagrados por essa corrente jurisprudencial e apesar da ampla flexibilidade em torno do requisito de compensação adequada, a doutrina Rozenblum passou a ser citada como referência em recentes debates legislativos no âmbito da União Europeia.

Em diversas oportunidades, grupos de juristas europeus de diferentes países-membros reuniram-se, com a finalidade de propor estratégias para regulação dos grupos societários. Parte dos trabalhos foi organizada

[577] Esse é o diagnóstico apresentado por Conac, Pierre. National Report on France. In: Manóvil, Rafael Mariano (coord). *Groups of companies:* a comparative law overview. Charm: Springer, 2020, p. 87-108.

[578] Conac, Pierre. National Report on France. In: Manóvil, Rafael Mariano (coord). *Groups of companies:* a comparative law overview. Charm: Springer, 2020, p. 87-108; no mesmo sentido, Antunes, José Engrácia, Baums, Theodor, Clarke, Blanaid J., Conac, Pierre-Henri, Enriques, Lucas, Hanaka, Andras I, Hansen, Jesper Lau, De Kluiver, H.J., Knapp, Vanessa, Lenoir, Noële, Linnainmaa, Leena, Soltysinski, Stanislaw, Wymeersch, Eddy. *Report of the Reflection Group on the Future of EU Company Law*. Brussels: European Comission, 2011. Disponível em: <http://ssrn.com/abstract=1851654>. Acesso em 15.02.2022.

pela própria Comissão Europeia; outra parcela decorreu de iniciativa privada[579]. A Comissão conduziu múltiplas tentativas de estabelecer uma estrutura jurídica pan-europeia para os grupos com base nas propostas nas e reflexões desses grupos de trabalho, muito embora nenhuma delas tenha sido bem-sucedida até o presente momento[580].

Não constitui objetivo deste trabalho examinar exaustivamente as propostas elaboradas por cada um desses comitês. Pretende-se tão somente ilustrar, ainda que de forma exemplificativa, a repercussão da doutrina Rozenblum e de seus preceitos no pensamento dominante em países de *civil law*.

Arrolem-se quatro casos especialmente emblemáticos, ordenados cronologicamente.

#### 4.3.2.1. *Forum Europaem Corporate Group Law*

Em 2000, o *Forum Europaem Corporate Group Law* propôs recomendações para legislações europeias, com o escopo de regular grupos societários, invocando-se, expressamente para tanto, os preceitos da doutrina Rozenblum como uma solução superior à adotada no §311 da AktG, por dois motivos[581]. Primeiro, porque a ênfase da análise francesa recai sobre a estrutura do grupo como um todo, e não nas empresas que o integram, individualmente analisadas. Segundo, porque, nessa abordagem, a proteção jurídica das sociedades controladas não é baseada em uma transação individualizada, mas na análise global, e mais abrangente, do ambiente organizativo do grupo como um todo.

[579] Para um resumo desse tema, ver ENRIQUES, Luca; GILOTTA, Sergio. *The Case Against a Special Regime for Intragroup Transactions.* Brussels: European Corporate Governance Institute, 2022 e TEICHMANN, Christoph. Towards a European Framework for Cross-Border Group Management. *European Company Law.* Alphen aan den Rijn, v. 13, n. 5, p. 191-198, 2016.

[580] ENRIQUES, Luca; GILOTTA, Sergio. *The Case Against a Special Regime for Intragroup Transactions.* Brussels: European Corporate Governance Institute, 2022.

[581] FORUM EUROPAEUM CORPORATE GROUP LAW. Corporate Group Law for Europe. *European Business Organization Law Review.* The Hague, vol. 1, n. 2, p. 165–264, jun. 2000

De acordo com o *Forum Europaem Corporate Group Law*[582], a subordinação do interesse de uma sociedade ao interesse de outra é lícita, diante de três condições:

(i) se o grupo compreende uma estrutura empresarial balanceada e estabilizada;
(ii) se a administração da companhia prejudicada pode razoavelmente assumir que a perda, o prejuízo ou a desvantagem serão compensados com vantagem, benefício ou ganho, dentro de período razoável; e
(iii) desde que a perda não ameace a capacidade da companhia controlada de solver as próprias obrigações.

Observados esses preceitos, a sociedade controladora e os administradores têm liberdade para instrumentalizar as sociedades subsidiárias sem que a conduta seja caracterizada como ilícito societário.

Os autores da proposta enfatizaram, porém, que a mera associação a um grupo não é por si só uma *vantagem* capaz de contrabalancear uma perda, prejuízo ou desvantagem provocada a uma sociedade do grupo. Do contrário, estaria aberta a via para, sem a devida contrapartida, subordinar livremente os interesses das sociedades controladas. Entretanto, o fato de a sociedade subsidiária integrar um grupo, associado à existência de outras vantagens decorrentes dessa associação, pode representar benefícios expressivos, a exemplo da existência de oportunidades de negócios e da obtenção, em melhores condições, de taxas de crédito.

### 4.3.2.2. *Reflection Group on Future EU Company Law*

Em 2010, a Comissão Europeia estabeleceu um grupo de trabalho denominado como *Reflection Group on Future EU Company Law*[583], dirigido a

[582] FORUM EUROPAEUM CORPORATE GROUP LAW. Corporate Group Law for Europe. *European Business Organization Law Review*. The Hague, vol. 1, n. 2, p. 165-264, jun. 2000.

[583] ANTUNES, José Engrácia, BAUMS, Theodor, CLARKE, Blanaid J., CONAC, Pierre-Henri, ENRIQUES, Lucas, HANAKA, Andras I, HANSEN, Jesper Lau, DE KLUIVER, H.J., KNAPP, Vanessa, LENOIR, Noële, LINNAINMAA, Leena, SOLTYSINSKI, Stanislaw, WYMEERSCH, Eddy.

elaborar um relatório com sugestões para modernizar a legislação societária dos membros da União Europeia. Em razão da crise econômica global deflagrada em 2008, o grupo de trabalho destacou a importância de estabelecer um sistema jurídico flexível e capaz de oferecer tanto um ambiente apropriado para o desenvolvimento de novos negócios, como a adaptação a novas circunstâncias.

Publicado em 2011, o relatório identificou que os grupos societários representam a principal forma organizativa de empresas de grande porte europeias. Ademais, indicou-se ali que o principal motivo para o sucesso dessa estrutura é a gestão empresarial sofisticada e flexível, resultante da combinação ótima entre, de um lado, o *controle* exercido pela sociedade controladora e, de outro, a *autonomia* local concedida às subsidiárias. Ainda conforme o relatório, nenhuma iniciativa regulatória bem-sucedida pode ignorar a relevância dos grupos, nem a necessidade de autorizar a gestão flexível da empresa plurissocietária; pelo contrário, os esforços legislativos dos países-membro devem admitir estruturas dessa natureza e reforçar um modelo de gestão adequado para as atividades empresariais no âmbito dessas organizações.

No contexto das averiguações, o documento publicado pelo grupo exortou os membros da União Europeia a consagrarem o *interesse do grupo*, com a finalidade de alcançar os objetivos ali elencados. O interesse do grupo funcionaria como "porto seguro" para impedir a responsabilização civil e criminal de administradores, caso estes tenham agido de forma contrária ao interesse social de uma das sociedades do grupo, inclusive sob a determinação da sociedade controladora[584]. Argumentou-se, ainda, que a introdução da regra conferiria segurança jurídica a práticas que já são amplamente consagradas nos grupos, tais como implementação de regimes de caixa único (*cash pooling*) e empréstimos intragrupo.

*Report of the Reflection Group on the Future of EU Company Law*. Brussels: European Comission, 2011. Disponível em: <http://ssrn.com/abstract=1851654>.Acesso em 15.02.2022.

584 Antunes, José Engrácia, Baums, Theodor, Clarke, Blanaid J., Conac, Pierre-Henri, Enriques, Lucas, Hanaka, Andras I, Hansen, Jesper Lau, De Kluiver, H.J., KNAPP, Vanessa, Lenoir, Noële, Linnainmaa, Leena, Soltysinski, Stanislaw, Wymeersch, Eddy. *Report of the Reflection Group on the Future of EU Company Law*. Brussels: European Comission, 2011. Disponível em: <http://ssrn.com/abstract=1851654>.Acesso em 15.02.2022.

Na esteira da doutrina Rozenblum, o *Reflection Group on Future EU Company Law* apontou que os *stakeholders* das sociedades controladas seriam protegidos por meio da exigência de um *equilíbrio* entre *desvantagens* e *vantagens*, estas, por sua vez, inter-relacionadas à associação ao grupo societário. Não obstante os indicativos, há duas lacunas ostensivas: primeira, o relatório não aprofundou esses requisitos; segunda, tampouco indicou se a compensação pelos prejuízos deveria seguir um modelo mais flexível da doutrina Rozenblum, ou se deveria adotar uma abordagem mais restrita, tal como ocorre no sistema alemão.

#### 4.3.2.3. *Informal Company Law Expert Group*

Em 2016, o *Informal Company Law Expert Group* aprofundou, por solicitação da Comissão Europeia, estudo do *interesse do grupo* nos países-membro, desse modo dando seguimento ao trabalho publicado em 2011 pelo *Reflection Group on Future EU Company Law*[585].

Com base em pesquisas e em consultas organizadas pela Comissão Europeia junto aos Estados-membro, o *Informal Company Law Expert Group* verificou que eles adotam posturas distintas relação ao reconhecimento do *interesse do grupo*. Com efeito, diversos países atribuem algum grau de flexibilidade à gestão dos grupos e às operações celebradas entre as sociedades que os integram; contudo, cada Estado-membro adota uma abordagem distinta em relação a esse tema, notadamente no que diz respeito à exigência, ou não, de compensação efetiva e integral pelas desvantagens causadas a uma sociedade.

Tanto a Alemanha, como os demais Estados-membro que seguem uma abordagem semelhante ao modelo germânico, não reconhecem o interesse do grupo – portanto, adotam postura mais rígida quanto ao dever de compensação. Contudo, o relatório apontou que a maioria dos países reconhece o interesse do grupo – seja pela lei, seja pela jurisprudência –, baseando-se em larga medida no modelo criado pela doutrina Rozenblum. Assim, nas próprias palavras do documento: "aparentemente, a doutrina Rozenblum – ou uma formulação semelhante – alcançou o *status* próximo

[585] THE INFORMAL COMPANY LAW EXPERT GROUP (ICLEG). Report on the recognition of the interest of the group. [*S. l.*]: [*s. n.*], 2016. Disponível em <https://dx.doi.org/10.2139/ssrn.2888863>.

ao de *ius commune* para os Estados-membro que reconhecem o interesse do grupo"[586]. Entre os Estados que reconhecem o interesse do grupo, nenhum se afastou dos preceitos da doutrina Rozenblum em prol de uma abordagem mais rígida do dever de compensação por desvantagens, ou por perdas, ainda que alguns elementos da legislação alemã tenham sido incorporados (*v.g.*, o relatório de dependência, conforme apresentado no item 4.1. 5 acima).

Ademais, o *Informal Company Law Expert Group* exaltou a adoção do *interesse do grupo* como solução regulatória flexível e moderna para a regulação dos grupos na União Europeia. Ainda segundo o relatório publicado pelos juristas do grupo, a doutrina Rozenblum tem o mérito de conferir segurança jurídica a práticas empresariais consagradas no âmbito da gestão do grupo – tais como a adoção de política de caixa único e de empréstimos intra-grupo –, as quais, derradeiramente, tanto facilitam o financiamento interno, como reduzem a dependência de crédito bancário a fim de obter recursos para o desenvolvimento dos respectivos negócios.

Entretanto, diante das divergências identificadas entre os membros da União Europeia, o *Informal Company Law Expert Group* posicionou-se de forma tímida sobre o tema. Limitou-se a defender que as iniciativas pan-europeias deveriam reconhecer o interesse do grupo, nos moldes da doutrina Rozenblum, apenas no âmbito de *subsidiárias integrais*. Sobre estas, há consenso, entre os Estados-membros, quanto à necessidade de conferir maior flexibilidade à gestão empresarial. Quanto às demais modalidades de sociedade, o *Informal Company Law Expert Group* defendeu que os Estados-membro deveriam optar por estender, ou não, o reconhecimento do interesse do grupo às sociedades com acionistas minoritários (modelo de *opt in*).

[586] Tradução livre de: "*It appears that the Rozenblum doctrine—or a similar formulation—has reached a status approaching ius commune for Member States that recognize the interest of the group*" (THE INFORMAL COMPANY LAW EXPERT GROUP (ICLEG). Report on the recognition of the interest of the group. [*S. l.*]: [*s. n.*], 2016. Disponível em <https://dx.doi.org/10.2139/ssrn.2888863>).

#### 4.3.2.4. *European Model Companies Act*

Em 2017, um grupo de juristas com origem em países distintos da Europa publicou o *European Model Companies Act*[587]. Trata-se de lei modelo oferecida aos Estados-membro e à Comissão Europeia, de modo que as regras ali propostas pudessem servir como inspiração a futuras reformas legislativas, tanto nacionais, quanto internacionais.

A lei modelo é resultado de um longo trabalho iniciado em 2007 e, ainda, baseado tanto em produções acadêmicas, como no desenvolvimento legislativo e jurisprudencial dos Estados-membro da União Europeia[588]. Um dos objetivos centrais do projeto era o de desenhar um capítulo específico para regulação dos grupos, dando continuidade às iniciativas anteriores, notadamente, o relatório produzido pelo *Reflection Group on Future EU Company Law*, logo acima examinado[589]. Trata-se da mais recente proposta acadêmica desenvolvida para a harmonização das normas voltadas aos grupos, assim consolidando os esforços empreendidos em trabalhos anteriores[590].

O *European Model Companies Act* veio acompanhado de uma declaração de objetivos, entre os quais se destaca o propósito de oferecer uma estrutura regulatória simples e flexível: privilegia-se a adoção de *standards* abertos, em detrimento do uso de normas rígidas e fechadas. Isso porque, ainda segundo os autores da lei modelo, as duas décadas anteriores haviam marcado uma ampla transformação nos paradigmas da legislação societária: ao passo que, antes, os esforços legislativos se satisfaziam com a proteção de acionistas e credores, naquele momento, adotava-se, como

587 Andersen, Paul Krüger; Andersson, Jan Bertil *et al. European Model Companies Act (EMCA)*. [S. l.]: [s. n.], 2017. (Nordic & European Company Law Working Paper). Disponível em: https://papers.ssrn.com/sol3/papers.cfm?abstract_id=2929348>.

588 Conac, Pierre-Henri. The Chapter on Groups of Companies of the European Model Company Act (EMCA). *European Company and Financial Law Review*. Berlin, vol. 13, n. 2, p. 301-321, 2016.

589 Conac, Pierre-Henri. The Chapter on Groups of Companies of the European Model Company Act (EMCA). *European Company and Financial Law Review*. Berlin, vol. 13, n. 2, p. 301-321, 2016.

590 Enriques, Luca; Gilotta, Sergio. *The Case Against a Special Regime for Intragroup Transactions*. Brussels: European Corporate Governance Institute, 2022.

finalidade precípua, a promoção da eficiência econômica[591]. Especificamente no que diz respeito aos grupos societários, buscou-se alcançar esses objetivos mediante a propositura de normas jurídicas revolucionárias, em oposição aos modelos tradicionais de direito societário[592]. Na eleição de novos paradigmas, destacam-se duas regras.

Primeiro, o *European Model Companies Act* afirma expressamente que a sociedade controladora tem o *direto* de emitir *instruções* aos órgãos administrativos das sociedades controladas, seja por meio de resoluções da assembleia geral, seja por meio de seus administradores; já os administradores das sociedades controladas têm o *dever* de seguir as mesmas instruções. Confira-se passagem da Seção 15.09 da lei modelo[593]:

> Seção 15.09 – Direito de uma Sociedade Controladora de dar instruções à administração de uma Controlada
> (1) Uma sociedade controladora, atuando como acionista na assembleia geral de acionistas ou através de seu conselho de administração ou de sua diretoria, tem o direito de dar instruções ao órgão de administração de suas

[591] "Over the last decade or two there has been a paradigm shift in European company law. In short, under the influence of the US, the aim of company legislation/regulation has shifted from being exclusively shareholder and creditor protection to explicitly including the promotion of economic efficiency" (Andersen, Paul Krüger; Andersson, Jan Bertil et al. European Model Companies Act (EMCA). [S. l.]: [s. n.], 2017. (Nordic & European Company Law Working Paper). Disponível em: https://papers.ssrn.com/sol3/papers.cfm?abstract_id=2929348>, p. 9).

[592] Conac, Pierre-Henri. The Chapter on Groups of Companies of the European Model Company Act (EMCA). *European Company and Financial Law Review*. Berlin, vol. 13, n. 2, p. 301-321, 2016.

[593] Tradução livre de: "*Section 15.09 Right of a Parent Company to Give Instructions to the Management of a Subsidiary*
*(1) A parent company, acting as a shareholder in the general shareholders' meeting or through its board of directors or senior management, has the right to give instructions to the organ of management of its subsidiaries. A subsidiary may receive instructions from any parent company, including a foreign parente company.*
*(2) Subject to the conditions specified in Section 16 and the exceptions in Subsection (3), the organ of management of a subsidiary shall comply with the instructions issued by its parent* (...)" (ANDERSEN, Paul Krüger; Andersson, Jan *Bertil et al. European Model Companies Act (EMCA)*. [S. l.]: [s. n.], 2017. (Nordic & European Company Law Working Paper). Disponível em: https://papers.ssrn.com/sol3/papers.cfm?abstract_id=2929348>, p. 379).

controladas. Uma controlada pode receber instruções de qualquer sociedade controladora, incluindo uma sociedade controladora estrangeira.
(2) Sujeito às condições especificadas na Seção 16 e as exceções da subseção (3), o órgão de administração de uma controlada deve cumprir as instruções emitidas por sua controladora (...).

Trata-se de tentativa de não só reconhecer, mas de legitimar, no texto da lei, o que já sucede rotineiramente na prática dos grupos: as subsidiárias são geridas de acordo com políticas empresariais determinadas pela sociedade controladora[594], a despeito de a legislação proclamar a soberania da assembleia geral de acionistas e a autonomia formal dos órgãos administrativos. A expressão *instruções* – alusiva a qualquer forma de orientação, de influência, ou, ainda, de ordem exercidas pela controladora sobre suas subsidiárias[595] – é inspirada no modelo alemão, no qual se reconhece o direito de a empresa dominante emitir, no âmbito dos grupos contratuais, instruções às subsidiárias[596].

Segundo, o *European Model Companies Act* permite expressamente que administradores ajam "de forma contrária aos interesses da subsidiária", sem que a conduta implique violação de seus deveres fiduciários, desde que satisfeitas *três* condições *simultâneas*[597]:

594 CONAC, Pierre-Henri. The Chapter on Groups of Companies of the European Model Company Act (EMCA). *European Company and Financial Law Review*. Berlin, vol. 13, n. 2, p. 301-321, 2016.

595 CONAC, Pierre-Henri. The Chapter on Groups of Companies of the European Model Company Act (EMCA). *European Company and Financial Law Review*. Berlin, vol. 13, n. 2, p. 301-321, 2016.

596 Cf. examinado no item 4.1 acima.

597 "Seção 15.16 – Interesse do Grupo
(1) Se a administração de uma controlada, seja ou não como resultado de uma instrução emitida pela controladora, agir de forma contrária aos interesses da controlada, um conselheiro ou diretor não será considerado como tendo agido em violação de seus deveres fiduciários se
(a) a decisão é do interesse do grupo como um todo, e
(b) a administração, agindo de boa-fé com base nas informações disponíveis e que estariam disponíveis se cumprissem seus deveres fiduciários antes de tomar a decisão, pode razoavelmente supor que a perda/danos/desvantagem será, dentro de um período razoável, equilibrada por benefício/ganho/vantagem, e

(i) que a decisão seja tomada "no interesse do grupo, como um todo";
(ii) que a administração, agindo de boa-fé e com base nas informações disponíveis, possa "razoavelmente assumir que a perda/dano/desvantagem será, em um período razoável, balanceada por um "benefício/ganho/vantagem"; e
(iii) que a "perda/dano/desvantagem" não ameace a existência da sociedade prejudicada.

Caso os requisitos não estejam presentes, os administradores poderão recusar-se a cumprir as instruções emitidas pela sociedade controladora.

A abordagem adotada na lei modelo é declaradamente inspirada na doutrina Rozenblum[598], conferindo-se, porém, ainda maior flexibilidade

(c) A perda/danos/desvantagem, referida na primeira frase aqui mencionada, não é de natureza a colocar em risco a continuidade da existência da empresa.
(2) Se a controlada for de subsidiária integral, o parágrafo (1)(b) não se aplica.
(3) A administração da controlada pode se recusar a cumprir as instruções da empresa mãe se as condições estabelecidas no parágrafo (1) não forem satisfeitas".
Tradução livre de: "*Section 15.16 Interest of the Group (1) If the management of a subsidiary, whether or not as a result of an instruction issued by the parent company, acts in a way contrary to the interests of the subsidiary, a director or manager shall not be deemed to have acted in breach of their fiduciary duties if*
*(a) the decision is in the interests of the group as a whole, and*
*(b) the management, acting in good faith on the basis of the information available to them and that would be available to them if they complied with their fiduciary duties before taking the decision, may reasonably assume that the loss/damage/disadvantage will, within a reasonable period, be balanced by benefit/gain/advantage, and*
*(c) the loss/damage/disadvantage, referred to in the first sentence hereof, is not such as would place the continued existence of the company in jeopardy.*
*(2) If the subsidiary is wholly-owned, paragraph (1)(b) does not apply.*
*(3) The management of the subsidiary may refuse to comply with instructions from the parent company if the conditions set in paragraph (1) are not satisfied*" (ANDERSEN, Paul Krüger; ANDERSSON, Jan *Bertil et al. European Model Companies Act (EMCA)*. [S. l.]: [s. n.], 2017. (Nordic & European Company Law Working Paper). Disponível em: https://papers.ssrn.com/sol3/papers.cfm?abstract_id=2929348>, p. 385).

[598] ANDERSEN, Paul Krüger; ANDERSSON, Jan Bertil *et al. European Model Companies Act (EMCA)*. [S. l.]: [s. n.], 2017. (Nordic & European Company Law Working Paper). Disponível em: https://papers.ssrn.com/sol3/papers.cfm?abstract_id=2929348>, p. 386.

aos requisitos exigidos, para que assim se admita a subordinação dos interesses das subsidiárias[599]. Isso porque, ao contrário da jurisprudência francesa,[600] a lei modelo não exige que haja forte integração empresarial entre as sociedades do grupo. Basta que haja uma política de grupo coerente e de longo prazo. Ademais, enquanto a doutrina Rozenblum exige ou o equilíbrio de contraprestações, ou a presença de compensação que não seja *grosseiramente inadequada* frente a "perda/dano/desvantagem", a lei modelo apenas exige que os administradores possam *razoavelmente* assumir que a "perda/dano/desvantagem" será, em um período razoável, contrabalanceada por outro "benefício/ganho/vantagem".

Em outras palavras, a regra desenhada na lei modelo não determina que a compensação seja materializada após a prática de um ato contrário ao interesse social; ao revés, exige-se apenas que, quando o ato é praticado, a compensação possa ser *esperada* dentro de um período razoável. Veja-se que a administração deve estar ciente tanto sobre a natureza prejudicial do ato praticado, como sobre a magnitude do dano potencial; nada obstante, não há necessidade de *quantificar*, nem de *explicitar*, a desvantagem e a compensação que potencialmente neutralizará, no futuro, o dano.

Por fim, o *European Model Companies Act* dispensa o requisito da compensação, caso a sociedade prejudicada seja uma subsidiária integral, o que reforça a perspectiva doutrinária segundo a qual a regra é voltada à proteção de acionistas minoritários. Os credores, por seu turno, estariam protegidos pelo terceiro requisito acima apresentado, o qual exige que a desvantagem praticada não ameace a *existência* da sociedade controlada, isto é, não a torne insolvente[601].

Apresentada a origem e os principais contornos da doutrina Rozenblum, bem como as propostas legislativas nela inspiradas, cabe

[599] Conac, Pierre-Henri. The Chapter on Groups of Companies of the European Model Company Act (EMCA). *European Company and Financial Law Review*. Berlin, vol. 13, n. 2, p. 301-321, 2016.

[600] Cf. analisada no item 4.3.1 acima.

[601] Conac, Pierre-Henri. The Chapter on Groups of Companies of the European Model Company Act (EMCA). *European Company and Financial Law Review*. Berlin, vol. 13, n. 2, p. 301-321, 2016.

realizar reflexão crítica sobre o modelo regulatório preconizado, em comparação com o sistema pioneiramente concebido na Alemanha. No item seguinte, o destaque conferido ao *European Model Companies Act* deve-se ao fato de que este representa proposta regulatória mais recente para regulação dos grupos em nível europeu e, por esse motivo, pode exercer potencial influência sobre reformas legislativas a serem adotadas nos países-membro.

### 4.3.3. Reflexão crítica sobre o *European Model Companies Act*

Foi fonte de aceso debate doutrinário a permissão explícita de atuar contra o interesse social e, ainda, contra a dispensa de compensação efetiva. Parte dos autores recepcionou a proposta preconizada no *European Model Companies Act* de forma positiva, na esteira das correntes doutrinárias que advogam por normas societárias flexíveis, em prol da eficiência econômica[602]. Outros criticam o notório enfraquecimento da proteção e das defesas jurídicas cabíveis aos acionistas minoritários, em contraposição ao rigor do sistema alemão, objeto do item 4.1[603].

De todo modo, o principal mérito da lei modelo é oferecer uma abordagem jurídica maleável aos grupos societários. Enquanto as normas societárias tradicionais[604] privilegiam uma análise centralizada em *cada uma das operações* realizadas, de forma *individualizada*, assim avaliando o preço praticado diante dos parâmetros de mercado[605], as regras propostas no *European Model Companies Act* exigem que uma transação singular seja apreciada sob perspectiva mais abrangente.

602 Aqui, usa-se o termo eficiência no sentido mais amplo, e não o sentido específico atrelado à eficiência alocativa, conceito econômico apresentado no item 3.7.

603 Sobre as diferentes visões doutrinárias sobre a *European Model Companies Act*, ver Enriques, Luca; Gilotta, Sergio. *The Case Against a Special Regime for Intragroup Transactions.* Brussels: European Corporate Governance Institute, 2022.

604 Na Lei das S.A., a análise individualizada das operações intragrupo é objeto do art. 245, cf. se verá no capítulo 5. Na AktG, é objeto do §311, objeto dos itens 4.1.3 e 4.1.4.

605 Para uma crítica à abordagem individualizada, ver Dammann, Jens. Corporate Ostracism: Freezing Out Controlling Shareholders. *Journal of Corporation Law*. Iowa City, vol. 33, n. 3, p. 681-774, 2008; e Dammann, Jens. Related Party Transactions and Intragroup Transactions. *In*: Enriques, Luca; Tröger, Tobias H. (eds.) *The Law and Finance of Related Party* Cambridge: Cambridge University Press, 2019, p. 218-244.

Deve-se levar em consideração a estrutura do grupo, reconhecendo que essas organizações também proporcionam vantagens, benefícios ou ganhos às sociedades que não poderiam ser obtidos, caso essas empresas atuassem de modo isolado[606]. De fato, uma transação individualizada pode *parecer* prejudicial ou injusta à sociedade; porém, o grupo também proporciona outros benefícios a essa mesma empresa – os quais, definitivamente, não podem ser desconsiderados. Operações que seriam terminantemente vedadas pelas regras jurídicas tradicionais podem ser celebradas, conferindo benefícios econômicos a uma sociedade agrupada.

As normas sugeridas no *European Model Companies Act* também proporcionam redução de custos – tanto diretos, quanto indiretos – das transações realizadas entre as sociedades de um grupo. A regulação societária tradicional geralmente impõe a observância de um conjunto de regras procedimentais para a validação de operações entre partes relacionadas[607]. São exemplos dessas regras a aprovação em comitês independentes; a deliberação pelos acionistas não conflitados em sede assembleia geral; e a contratação de assessores externos. Em suma, são medidas que buscam mitigar o conflito de interesses entre as sociedades contratantes[608]. Os procedimentos são custosos e morosos, para além de, nem sempre, levar à melhor decisão negocial. Afinal, administradores ou membros de comitês independentes nem todas as vezes são familiarizados com as especificidades dos negócios da companhia e podem assumir uma postura excessivamente conservadora, assim impedindo que transações vantajosas sejam concretizadas[609]. E, mesmo que a transação seja

606 Enriques, Luca; Gilotta, Sergio. *The Case Against a Special Regime for Intragroup Transactions*. Brussels: European Corporate Governance Institute, 2022.

607 Essa é a abordagem adotada no teste de *entire fairness*, objeto do item 5.8.2 adiante. Sobre os requisitos procedimentais desse teste de revisão de condutas, ver Einsenberg, Melvin Aron. The divergence of standards of conduct and standards of review in corporate law. *Fordham Law Review*. New York, v. 62, n. 3, p. 437-486, 1993; e Sá, Rafael Vieira de Andrade de. O entire fairness test no direito norte-americano. *Revista de Direito Bancário e do Mercado de Capitais*. São Paulo, vol. 21, n. 79, p. 99-125, jan./mar. 2018.

608 Enriques, Luca; Gilotta, Sergio. *The Case Against a Special Regime for Intragroup Transactions*. Brussels: European Corporate Governance Institute, 2022

609 Enriques, Luca; Gilotta, Sergio. *The Case Against a Special Regime for Intragroup Transactions*. Brussels: European Corporate Governance Institute, 2022.

concluída, eventual revisão judicial ou administrativa da equitatividade da transação é igualmente custosa, além de trazer insegurança jurídica quanto ao resultado da decisão.

O *European Model Companies Act* buscou *naturalizar* operações internas ao grupo, bem como a subordinação de interesses de uma sociedade aos de outra. O objetivo não é eliminar, de antemão, o conflito de interesse, por meio de normas procedimentais custosas. O conflito, inerente aos grupos, é reconhecido. A proposta busca, então, mitigar os efeitos, quando reconhece que o grupo também deve propiciar vantagens econômicas às sociedades que o integram. Afastadas as exigências procedimentais de equitatividade, reduz-se a probabilidade de questionamento jurídico acerca dessas operações, já que há menos argumentos para questionar o mérito de uma transação dessa natureza.

Contudo, se o *European Model Companies Act* permite que operações aparentemente injustas, mas economicamente eficientes[610], sejam praticadas nos grupos societários, também é verdade que esse diploma admite que operações aparentemente benéficas, mas verdadeiramente danosas, sejam conduzidas no seio dos grupos[611]. Administradores podem concluir, erroneamente, que uma transação poderá ser razoavelmente compensada no futuro; e a compensação pode nunca vir a ocorrer. E – mesmo que a compensação seja *provável*, de modo que a análise dos administradores seja correta, com base nos elementos de informação disponíveis ao tempo da decisão –, ainda é possível que a contrapartida esperada jamais venha a ser materializada.

Ou seja, as normas desenhadas pela lei modelo inviabilizam o questionamento judicial de operações praticadas no âmbito dos grupos. Caso haja disputa em torno da legalidade de determinada transação, os administradores envolvidos sempre poderão argumentar que a compensação era *razoavelmente esperada* ao tempo do ato[612]. É fácil formular argumento

[610] Aqui, novamente usa-se o termo "eficiência" no sentido mais amplo (não àquele específico atrelado à específica "eficiência alocativa", apresentado no item 3.7).

[611] Enriques, Luca; Gilotta, Sergio. *The Case Against a Special Regime for Intragroup Transactions*. Brussels: European Corporate Governance Institute, 2022.

[612] Enriques, Luca; Gilotta, Sergio. *The Case Against a Special Regime for Intragroup Transactions*. Brussels: European Corporate Governance Institute, 2022.

de ocasião em defesa do ato sob exame: basta que os administradores identifiquem *qualquer* benefício ou *qualquer* vantagem, de *qualquer* natureza, que se tenham materializado *após* o ato, mesmo que tal benefício ou vantagem não tenha sido vislumbrado por aquele que praticou o ato. Basta, assim, que se busque demonstrar que a compensação era previsível ao tempo da decisão, ainda que o benefício não tenha sido verdadeiramente vislumbrado quando os atos foram praticados.

Essa linha de defesa pode ser adotada, mesmo que a compensação apontada não tenha sido originalmente planejada com a finalidade específica de contrabalancear a operação que, agora, é objeto de questionamento. O argumento, ainda, poderia ser apresentando, mesmo que o benefício apontado pela defesa tenha servido para neutralizar *outros* atos prejudiciais às sociedades do grupo que não a medida especificamente impugnada[613]. Isso porque operações internas ao grupo são corriqueiras, sendo que é possível que grande parte delas sequer seja levada ao conhecimento dos acionistas minoritários e, tampouco, ao de terceiros[614]. Sem ter visibilidade de *todas* as *vantagens* ou *desvantagens* praticadas no grupo dentro de um período de tempo determinado e, tampouco, da *compensação* destinada a neutralizar cada ato, o aplicador do direito não disporá de ferramentas para contestar a defesa apresentada pela sociedade controladora ou pelos administradores, por mais artificial que esta seja.

A impossibilidade de examinar uma transação – e de, portanto, reputá-la como eivada de ilicitude – acabaria por estimular a realização de operações negativas ao grupo, as quais privilegiariam apenas os interesses de uma das sociedades em detrimento das outras e *reduziriam*, ao invés de impulsionar, a eficiência. Trata-se de resultado contrário à noção de *interesse do grupo*, cujo objetivo é justamente admitir prejuízos pontuais, em

[613] Enriques, Luca; Gilotta, Sergio. *The Case Against a Special Regime for Intragroup Transactions*. Brussels: European Corporate Governance Institute, 2022.

[614] Daí a relevância de haver um regime de transparência específico às relações intragrupo, como sucede nos modelos alemão e italiano, objeto dos itens 4.1.5 e 4.2.5 acima, respectivamente.

prol da maximização global das atividades e resultados do grupo[615]. No entanto, o conceito de interesse do grupo é amplo, genérico e de difícil apreciação judicial. São impedimentos que resultam no inevitável questionamento: como o juiz poderá avaliar se a operação é, de fato, capaz de maximizar a eficiência de todas as sociedades, a longo prazo? Afinal, os critérios gerais criados pelo *European Model Companies Act* são frouxos – e a flexibilização das normas jurídicas existentes pode inviabilizar o exercício de controle jurídico dessas operações, favorecendo a exploração de uma sociedade em detrimento da outra.

## 4.4. Síntese: apreciação crítica dos fundamentos e dos limites dos diferentes sistemas de compensação nos grupos societários

Neste capítulo, buscou-se analisar duas estratégias jurídicas fundamentalmente distintas para disciplinar os grupos societários.

Todos os modelos examinados neste capítulo 4 – desde o alemão, até às propostas legislativas inspiradas na doutrina Rozenblum – aceitam que o grupo, antes de ser uma situação de *perigo* para as sociedades controlada, credores e acionistas minoritários, é uma poderosa ferramenta econômica. É instrumental capaz de beneficiar aos membros do grupo, ainda que as vantagens proporcionadas a estes sejam mediatas e indiretas. Se o grupo proporciona tanto vantagens quanto desvantagens – favorecendo ora uma sociedade, ora desfavorecendo outra –, é evidente que as relações entre essas empresas não podem ser examinadas pelo jurista, sem que este descure contexto mais amplo e mais complexo produzido pela dinâmica que é própria dos grupos. Por isso, examinar uma transação entre sociedades de forma *isolada*, sem considerar o ambiente maior na qual a própria transação se insere, é uma visão míope e devidamente superada pela doutrina e pela jurisprudência atentas à realidade grupal na condição de fenômeno econômico.

A empresa plurissocietária é considerada como eficiente e, portanto, benéfica em relação à comunidade na qual a empresa se insere, quando as sinergias e as vantagens econômicas proporcionadas pelo grupo promovem um *resultado global*, em termos de produtividade e de rentabilidade,

615 Enriques, Luca; Gilotta, Sergio. *The Case Against a Special Regime for Intragroup Transactions.* Brussels: European Corporate Governance Institute, 2022.

*superior* ao resultado que seria obtido, caso as sociedades que integram o grupo explorassem as respectivas atividades econômicas de forma isolada[616]. Nesse sentido conceitual, grupos societários formam uma unidade econômica mais eficiente do que a mera soma das suas partes[617].

Dito isso, há de se apontar as principais diferenças existentes entre os sistemas examinados.

Em um extremo oposto, há a disciplina alemã, destinada aos *grupos contratuais*[618], que expressamente autoriza a subordinação dos interesses de uma sociedade aos de outra. Contudo, exige-se a contrapartida de comungar os riscos empresariais das sociedades agrupadas, cabendo à sociedade controladora tanto responder pelas perdas globais de suas controladas, como pagar dividendos não atrelados ao resultado efetivo de suas controladas. O sistema, como se buscou demonstrar, caiu em desuso[619].

Em outro extremo, há (i) o modelo alemão designado aos grupos *de fato*[620]; (ii) o modelo italiano, voltado a regular a atividade de direção e coordenação de sociedades[621]; e (iii) o modelo francês, também fonte de inciativas legislativas direcionadas à uniformização do direito dos grupos na União Europeia[622]. Esses três sistemas apresentam pontos em comum: não rompem com a disciplina tradicional destinada às sociedades isoladas; não relativizam o princípio da limitação de reponsabilidade; e respeitam a segregação formal de riscos de cada sociedade agrupada. Busca-se, porém, nesses três modelos, conceder *algum grau de flexibilidade*. Isso para que a sociedade controladora possa gerir a empresa plurissocietária, promovendo integração econômica e alocando recursos da forma mais eficiente entre seus membros – ainda que, para tanto, a sociedade con-

[616] Scognamiglio, Giuliana. I gruppi e la riforma del diritto societario: prime riflessioni. *dircomm.it*, jun 2003. Disponível em < http://www.dircomm.it/2003/n.6.03/04.html>. Acesso em 10/10/2022.

[617] Lübking, Johannes. *The Group of Companies, Efficiency and the Law*. 1994. Tese (L.L.M.) – European University Institute, Department of Law, Fiesole 1994, p. 66.

[618] Ver item 4.1.2.

[619] Ver item 4.1.2.

[620] Ver itens 4.1.3 a 4.1.6.

[621] Ver item 4.2.

[622] Ver item 4.3.

troladora tenha de sacrificar, temporariamente, o próprio interesse, ou o interesse social de suas controladas. Permite-se, então, que a sociedade controladora subordine os interesses de suas controladas, causando-lhes desvantagens, desde que essas desvantagens, ainda que juridicamente lícitas, sejam *contrabalanceadas*, seja com benefícios decorrentes da associação no grupo, seja com medidas diretamente destinadas a neutralizar as próprias desvantagens.

Afinal, sobrevêm perguntas. As vantagens globais devem ser efetivamente redistribuídas entre as sociedades do grupo, de forma a compensar as desvantagens suportadas em benefício do grupo? Alternativamente, basta que o resultado global seja superior ao resultado individual de cada sociedade, dispensando-se a efetiva redistribuição de resultados? Essas são as indagações que protagonizam a discussão sobre os grupos societários, bem exploradas pela doutrina italiana, examinada no item 4.2, e que subjazem aos diferentes modelos regulatórios apresentados ao longo deste capítulo 4.

Transposta para a linguagem econômica, essas questões materializam as diferenças entre, de um lado, a eficiência de Pareto e, de outro, a eficiência de Kaldor-Hicks. Viu-se no item 3.7 que a primeira qualifica como eficiente a alocação de recursos que favorece ao menos um agente, sem prejudicar nenhum. A segunda, por sua vez, considera que determinada alocação de recursos é superior à outra, caso os benefícios dela decorrentes possam, *potencialmente*, compensar os prejuízos incorridos por outros; e, ainda sim, proporcionar vantagens líquidas em relação à situação inicial. Trata-se, porém, de compensação meramente potencial.

Nesse passo, dois sistemas de compensação distintos contrapõem-se. De um lado, a disciplina alemã destinada aos grupos de fato e a doutrina Rozenblum exigem a compensação efetiva de cada uma das desvantagens proporcionadas às sociedades do grupo, reconduzindo-o a uma situação de eficiência de Pareto, na qual nenhuma sociedade pode restar prejudicada. De outro lado, há (i) o sistema italiano – ainda que para apenas uma parte da doutrina local – e; (ii) mais recentemente, as propostas legislativas apresentadas à União Europeia, culminando na *European Model Companies Act*. Nestes, é suficiente demonstrar que, no momento da decisão empresarial, a sociedade controladora ou os administradores do grupo podem razoavelmente assumir que a sociedade desfavorecida será compensada, dentro de determinado período, e desde que a medida ou operação em questão não comprometam a viabilidade empresarial da empresa que restou desfavorecida. Essa segunda abordagem alinha-se à noção de eficiência de Kaldor-Hicks, mais leniente que a de Pareto, satisfazendo-se com a possibilidade de compensação, sem a impor.

Viu-se, no item 4.3.2, que o sistema de compensação alemão voltado aos grupos de fato é criticado pela excessiva rigidez e pelas dificuldades de implementá-lo. É preciso, portanto: (i) identificar cada uma das medidas, atos ou operações realizadas pelas sociedades do grupo sob a influência da sociedade dominante; (ii) quantificar os seus efeitos; e, então, (iii) neutralizar os mesmos efeitos. Caso seja inviável individualizar cada uma das medidas ou atos praticados no grupo, devido ao alto grau de integração e centralização econômica entres seus membros, reputa-se que o grupo é ilegal. Ou seja, grupos altamente integrados são proibidos.

Ainda, para determinar se houve desvantagem, ou não, a uma sociedade do grupo, é necessário comparar a realidade concreta a uma situação hipotética, em que a sociedade em questão estivesse atuando de forma isolada. Dessa hipótese, advém a pergunta: se a sociedade analisada estivesse isolada, como um gestor diligente teria agido na mesma situação? A resposta é que caberia ao juiz realizar essa análise, simulando um cenário artificial e incerto. Também se aponta que há certa contradição entre, de um lado, legitimar a existência dos grupos, considerando as vantagens proporcionadas à atividade empresária, mas, de outro lado, exigir a neutralização da desvantagem de modo a alcançar um resultado econômico ao menos equivalente aquele que teria sido obtido caso essa mesma sociedade atuasse de forma isolada.

Para a disciplina italiana e para algumas das propostas apresentadas à União Europeia, que fazem antagonismo ao sistema alemão designado para os grupos de fato, não interessa apurar o resultado, positivo ou negativo, de cada sociedade, com base na simulação de uma situação de completa independência das entidades que integram o grupo. Busca-se examinar a *conduta* da sociedade controladora e dos administradores, a fim de saber se, quando a decisão empresarial foi tomada, era *possível* assumir que a sociedade desfavorecida poderia ser razoavelmente compensada no contexto do grupo. Sob essa perspectiva, o sistema de vantagens compensatórias funciona como um *standard* de comportamento, e não como uma norma que impõe efetiva redistribuição de recursos no seio dos grupos. Viu-se, ainda, que o mesmo sistema recorre à noção genérica e aberta de *interesse de grupo* como norte condutor para decisão empresarial tomada no âmbito dessas organizações empresariais, em inegável paralelismo com o interesse social que funciona como pedra de toque na disciplina das sociedades anônimas isoladas.

Ocorre que esse segundo sistema (referente à disciplina italiana, tal como interpretada por parte da doutrina, e a algumas das propostas apresentadas à União Europeia) parece negligenciar a proteção dos interesses daqueles agentes que circundam uma ou mais sociedades do grupo, *mas que não usufruem dos resultados globais da empresa plurissocietária*. É o caso dos credores e dos acionistas minoritários que não estão ligados à cadeia de controle societário do grupo. Seus interesses poderão ser lesados, caso a sociedade na qual investiram ou mantêm relações contratuais (de crédito ou de outra natureza, *v.g.*, a de fornecimento) seja desfavorecida, mas não seja compensada dentro do prazo do investimento, do financiamento ou do contrato realizados com a sociedade.

As disciplinas mais lenientes aos grupos admitem que operações aparentemente benéficas, mas verdadeiramente danosas, sejam conduzidas no seio dos grupos. Isso porque, mesmo que a compensação seja *provável* ao tempo da decisão empresarial, a análise conduzida no tempo do ato pode não se concretizar, representando um dano permanente a uma das sociedades do grupo e, consequentemente, aos acionistas minoritários e credores que nelas investem e com elas celebram contratos. Como resultado, o risco empresarial de não materialização do benefício empresarial é *externalizado* para acionistas minoritários e para credores.

Com efeito, o objetivo da lei societária não pode limitar-se à legitimação de técnicas organizativas que promovam eficiência alocativa, no sentido de Kaldor-Hicks. É papel do direito realinhar os interesses dos atores que circundam a companhia, de modo a protegê-los. Relembre-se, aqui, que a eficiência de Kaldor-Hicks não dispensa a compensação porque a repudia ou porque a considera como inútil; e, sim, porque seus autores entenderam que a neutralização de desvantagens escapa à noção estritamente econômica de eficiência, tratando-se, na realidade, de uma questão de política *distributiva*. Contudo, ainda que estranhas ao economista, regras distributivas não escapam ao direito. Este tem, entre suas funções, o propósito de equilibrar e de proteger interesses juridicamente tutelados, como é o caso de credores e de acionistas minoritários. O direito não visa apenas a obter eficiência alocativa.

Esses sistemas demasiadamente flexíveis também criam um cenário de insegurança jurídica ao mercado no qual o grupo societário atua. Não há possibilidade de antever uma série de fatores: como as políticas empresariais serão conduzidas no seio grupo; quais sociedades funcionarão como centros de custo; quais funcionarão como centros de lucro; quais serão favorecidas, quais serão desfavorecidas; e em qual momento. Assim, é prejudicada a avaliação econômica racional sobre a melhor forma de aplicar o capital disponível, para investimento, ou para concessão de financiamento, bem como para celebração de contratos, haja vista tanto o risco, como a imprevisibilidade gerados pela integração econômica de uma sociedade na empresa plurissocietária.

Tanto não bastasse, a ampla flexibilidade conferida à sociedade controladora e aos administradores do grupo abre flanco para que a primeira transfira ativos, passivos e oportunidades empresariais, entre outros recursos, de uma sociedade à outra, tão somente para favorecer a própria sociedade controladora e para prejudicar outros interesses. Em grupos nos quais a sociedade controladora detenha direitos econômicos proporcionalmente maiores em uma sociedade controlada do que em outra, a controladora terá natural incentivo para favorecer essa controlada em detrimento das demais sociedades investidas, ainda que a medida não promova nenhuma eficiência ao grupo.

É situação em que não seria fácil questionar, judicialmente, os atos e as operações ali tomados, por dois motivos principais. A uma, porque há verdadeira assimetria informacional entre, de um lado, a sociedade controladora e os administradores das sociedades do grupo; e, de outro, acionistas minoritários e credores, que são externos às sociedades. É difícil ter visibilidade sobre todas as *vantagens*, ou *desvantagens*, praticadas no grupo dentro de um período de tempo determinado, tampouco sobre a *compensação* destinada a neutralizar cada ato. A duas, porque, em caso de disputa em torno da legalidade de um ato ou de uma transação, a sociedade controladora e os administradores envolvidos terão facilidade para argumentar que a compensação era razoavelmente esperada ao tempo do ato. Basta, para tanto, apontar *qualquer* benefício ou *qualquer* vantagem, de *qualquer* natureza, que se tenham materializado *após* a medida em benefício da sociedade prejudicada, ainda que o próprio benefício não tenha sido originalmente planejado e seja insuficiente para contrabalancear a desvantagem.

Em síntese, os modelos jurídicos examinados neste capítulo revelam estratégia regulatória destinada a lidar com o fenômeno dos grupos. Enfatizaram-se os sistemas que não rompem com os padrões tradicionais da lei societária (em contraposição ao modelo alemão criado para os grupos contratuais, hoje superado). Isso porque foram aqueles sistemas os que não só prevaleceram na prática, mas, ainda, iluminam a compreensão da disciplina dos grupos de fato, tal como prevista na Lei das S.A. Em todos os sistemas avaliados, concebeu-se um sistema de compensação de *vantagens* e *desvantagens* atreladas ao grupo para solucionar a temporária admissão da subordinação de interesses no âmbito da empresa plurissocietária – cada qual com as respectivas particularidades, bem destacadas no presente item. É preciso, então, direcionar-se ao sistema brasileiro e às indagações a seu respeito. Como, afinal, a Lei das S.A. procurou lidar, nos grupos societários de fato, com a integração econômica e com as respectivas consequências? É, justamente, o escopo do capítulo 5.

Antes de adentrar o sistema brasileiro cabe, porém, examinar brevemente as regras aplicáveis às transações com partes relacionadas no âmbito do direito europeu, com foco nos três sistemas jurídicos objeto deste trabalho – alemão, italiano e francês. Afinal, parte dessas normas incidem, também, sobre os grupos societários[623].

## 4.5. Transações com partes relacionadas no direito europeu

Uma vez que esta dissertação é voltada ao sistema de compensações nos grupos societários, este trabalho debruçou-se sobre as normas de direito comparado que auxiliam a investigar a finalidade, o alcance e a eficácia do pagamento compensatório, propriamente dito. Embora seja este o foco da pesquisa, os itens acima debruçaram-se sobre as normas jurídicas voltadas aos grupos societários em um espectro mais amplo do que a compensação em si, com intuito de apresentar uma visão completa de

[623] Sobre as diferenças e os pontos comuns entre "grupos societários" e "transações com partes relacionadas", ver capítulo 1.1.2.

cada sistema jurídico analisado. Nessa ordem de ideias, também é útil examinar, ainda que de forma suscinta, a estrutura regulatória europeia aplicável às transações com partes relacionadas, pois estas regras incidem também sobre várias formas de relações grupais, como examinou-se em capítulo introdutório desta obra[624].

Como já visto no capítulo 1.1.2, transações com partes relacionadas são *negócios consigo próprio* com contornos distintos dos grupos societários. Essas transações não são tipicamente associadas a um propósito empresarial, nem acontecem, necessariamente, em um contexto de organização dos meios de produção. Por isso, se verá que a estratégia regulatória adotada para lidar com essas operações é essencialmente diversa dos mecanismos de compensação presentes nos grupos, acima examinados.

Quando se trata de transações com partes relacionadas, a ênfase é dada sobre as normas de caráter *ex ante*, que incidem sobre o processo decisório dessas operações, com a finalidade de *eliminar* a parte relacionada e, portanto, *conflitada*, da decisão societária. Trata-se de técnica essencialmente diversa do sistema de pagamento compensatório, cuja finalidade é neutralizar os *efeitos* negativos do grupo para a companhia, os acionistas e os credores, *após* certa medida ser tomada dentro do grupo.

A seguir, passa-se a examinar as regras vigentes para transações com partes relacionadas na União Europeia e a refletir sobre sua efetividade.

### 4.5.1. Avanços e retrocessos após a implementação da Diretiva (UE) 2017/828

Na União Europeia, a regulação de transações com partes relacionadas foi incluída na Diretiva (UE) 2017/828. Referido ato normativo alterou a antiga Diretiva (UE) 2007/36/CE, a qual já regulava, anos antes, o exercício dos direitos de acionistas em assembleias gerais de companhias listadas. A nova Diretiva (UE) 2017/828 foi concebida com a finalidade de aprimorar a governança das companhias abertas europeias[625] após a crise

[624] Ver capítulo 1.1.2.

[625] Skog, Rolf. Related Party Transactions – a closer look at the emergence of the new EU regime. *European Company and Financial Law Review*. Berlin, vol. 18, n. 5, p. 697-713, dez. 2021.

financeira de 2008 e 2009[626], cuja deflagração foi associada à "excessiva assunção de riscos a curto prazo por parte dos gestores"[627] e à ausência de engajamento efetivo dos acionistas nas companhias investidas[628]. A Diretiva (UE) 2017/828 enuncia que seu objetivo é, de fato, incentivar o envolvimento dos acionistas a longo prazo na companhia, além de aumentar a transparência perante os investidores.

Nesse contexto, o novo diploma normativo adicionou, entre outros dispositivos, o art. 9-C à antiga Diretiva (UE) 2007/36/CE, com a finalidade de estabelecer parâmetros aos membros da União Europeia para a regulação de transações com partes relacionadas. Em seu preâmbulo, a Diretiva (UE) 2017/828 declara, justamente, que transações dessa natureza "podem causar prejuízo a companhias e aos acionistas, posto que conferem às partes relacionadas a oportunidade de apropriar-se de valores da companhia"[629]. Assim foi justificada a necessidade de regulá-las.

A União Europeia valeu-se da definição de "transação com parte relacionada" prevista no *International Accounting Standard n. 24* editado pelo *International Financial Report Standards – IFRS*[630]. O capítulo 1.1.2 acima já examinou a definição contábil internacional dessa expressão, sendo útil relembrar que o termo "transações" se refere a negócios que envolvem, de um lado, a companhia e, de outro, uma parte relacionada. Já a expressão "parte relacionada" é objeto de minuciosa definição. Em benefício da brevidade, o conceito pode ser resumido em três categorias: relações de controle, de influência ou de participação na administração da socie-

[626] BIRKMOSE, Hanne S.; SERGAKIS, Konstantinos. SRD II: Political Ambitions and Regulatory Rationales. *In*: BIRKMOSE, Hanne S.; SERGAKIS, Konstantinos. *The Shareholder Rights Directive II*: A Commentary. Cheltenham: Edward Elgar, 2021, p. 2-17

[627] Preâmbulo, §2º da Diretiva (UE) 2017/828 (tradução livre de: "*the financial crisis has revealed shareholders in many cases supported managers' excessive short-term risk taking*") .

[628] SRD II, p. 5.

[629] Tradução livre de: "*Transactions with related parties may cause prejudice to companies and their shareholders, as they may give the related party the opportunity to appropriate value belonging to the company*" (Preâmbulo, §42 da Diretiva (UE) 2017/828).

[630] O *International Accounting Standard n. 24* foi adotado na União Europeia pelo Regulamento (UE) nº 632/2010, o qual aditou o Regulamento (CE) nº 1126/2008.

dade[631]. Partes relacionadas podem ser pessoas naturais, como acionistas, administradores, empregados e respectivos familiares; ou entidades, como sociedades controladoras ou controladas.

Em que pese a intenção original da Diretiva (UE) 2017/828, voltada à criação de um regime rigoroso para proteger acionistas minoritários, a versão final do art. 9-C foi aprovada de forma bastante distinta da proposta original da Comissão Europeia[632]. De fato, o projeto inicial sofreu forte resistência de alguns países[633], entre os quais destacou-se a Alemanha[634]. À época, a Alemanha não possuía um regime jurídico específico para as transações com partes relacionadas enquanto categoria jurídica própria, limitando-se, ao revés, a regular as relações existentes nos grupos societários[635], que é fenômeno distinto[636].

Originalmente, a proposta da Diretiva (UE) 2017/828 baseava-se em três pilares[637]. O primeiro referia-se ao regime de transparência: as companhias listadas deveriam divulgar ao mercado as respectivas transações

[631] BAUR, Daniel. Der Begriff der nahestehenden Person gemäß § 111 a Abs. 1 Satz 2 AktG. *Zeitschrift für Unternehmens- und Gesellschaftsrecht*. Berlin, vol. 50, n. 3, p. 395-435, jun. 2021.

[632] DAVIES, Paul L. *et al. Implementation of the SRD II Provisions on Related Party Transactions*. Brussels: European Corporate Governance Institute, 2020.

[633] BIANCHI, Marcello; MILIČ, Mateja. Article 9C: Transparency and Approval of Related Party Transactions. *In*: BIRKMOSE, Hanne S.; SERGAKIS, Konstantinos. *The Shareholder Rights Directive II*: A Commentary. Cheltenham: Edward Elgar, 2021, p. 286-318.

[634] TRÖGER, Tobias H. Germany's Reluctance to Regulate Related Party Transactions: An Industrial Organization Perspective. *In*: ENRIQUES, Luca; TRÖGER, Tobias H. (ed.). *The Law and Finance of Related Party Transactions*. Cambridge, United Kingdom: Cambridge University Press, 2019, p. 426-451.

[635] ENGERT, Andreas; FLORSTEDT, Tim. Which related party transactions should be subject to ex ante review? Evidence from Germany. *Journal of Corporate Law Studies*. Abingdon, vol. 29, n. 2, p. 263-290, 2020; e ENRIQUES, Luca, Related Party Transactions: Policy Options and Real-World Challenges (With a Critique of the European Commission Proposal). European Corporate Governance Institute, 2014 (Law Working Paper No. 267/2014). Disponível em: https://ssrn.com/abstract=2505188 or http://dx.doi.org/10.2139/ssrn.2505188.

[636] Ver capítulo 1.1.2.

[637] SKOG, Rolf. Related Party Transactions – a closer look at the emergence of the new EU regime. *European Company and Financial Law Review*. Berlin, vol. 18, n. 5, p. 697-713, dez. 2021 e ENGERT, Andreas; FLORSTEDT, Tim. Which related party transactions should be subject to ex ante review? Evidence from Germany. *Journal of Corporate Law Studies*. Abingdon, vol. 29, n. 2, p. 263-290, 2020.

com partes relacionadas que possuíssem valor superior a 1% do total de ativos da companhia em até, no máximo, a data da conclusão de tal operação. A divulgação deveria ser acompanhada de um relatório elaborado por um *terceiro*, o qual deveria atestar que a transação foi realizada em condições normais de mercado. O segundo pilar recaia sobre o processo decisório: transações com partes relacionadas que representassem mais de 5% do valor total dos ativos da companhia ou, alternativamente, que pudessem impactar significativamente os lucros ou o faturamento da companhia, deveriam ser aprovadas em sede de assembleia geral de acionistas, onde o acionista interessado estaria impedido de votar.

Enquanto parte dos Estado-membro consideraram a proposta da Comissão Europeia excessivamente rigorosa, como é o caso da Alemanha[638], justamente por não possuir um regime sobre o tema, outra parcela da doutrina a julgava demasiadamente frouxa[639].

Aqueles que a consideravam excessivamente rígida atacavam dois de seus aspectos centrais. Primeiro, a exigência de publicação de um relatório emitido por terceiro isento foi considerada custosa, além de pouco confiável, posto que um terceiro externo à empresa nem sempre está na melhor posição de avaliar o interesse social[640]. Segundo, a exigência de aprovação pela maioria da minoria foi considerada uma solução inadequada para companhias com controle concentrado e, portanto, com minorias que possuem interesse econômico limitado na empresa. Acreditava-se que esses acionistas não teriam o melhor alinhamento com o interesse social, tampouco a expertise e o conhecimento necessários para decidir sobre a transação posta em deliberação[641].

[638] Davies, Paul L. *et al. Implementation of the SRD II Provisions on Related Party Transactions.* Brussels: European Corporate Governance Institute, 2020.

[639] Análise crítica em Enriques, Luca, Related Party Transactions: Policy Options and Real-World Challenges (With a Critique of the European Commission Proposal). European Corporate Governance Institute, 2014 (Law Working Paper No. 267/2014). Disponível em: https://ssrn.com/abstract=2505188 or http://dx.doi.org/10.2139/ssrn.2505188.

[640] Bianchi, Marcello; Milič, Mateja. Article 9C: Transparency and Approval of Related Party Transactions. *In*: Birkmose, Hanne S.; Sergakis, Konstantinos. *The Shareholder Rights Directive II*: A Commentary. Cheltenham: Edward Elgar, 2021, p. 286-318.

[641] Bianchi, Marcello; Milič, Mateja. Article 9C: Transparency and Approval of Related

Já os doutrinadores que consideraram a Diretiva (UE) 2017/828 frouxa apontaram, em primeiro lugar, a inadequação do uso da definição de parte relacionada prevista no *International Accounting Standard n. 24*. Como visto, o critério contábil define "transações" como operações que envolvem, necessariamente *a companhia*, deixando de fora os negócios celebrados entre *as subsidiárias* e as partes relacionadas da companhia. Desta forma, seria fácil contornar as regras da Diretiva: para evitar sua aplicação, bastaria que a companhia transferisse o ativo para uma subsidiária para que então esta, por seu turno, efetuasse a transação com a parte relacionada interessada[642]. Quanto ao processo decisório, destacou-se que a regra de impedimento de voto recairia apenas sobre o acionista interessado, sem, porém, afastar o voto *das partes relacionadas* desse mesmo acionista. Estaria novamente aberta a via para circundar a regra: o sócio conflitado não votaria diretamente na deliberação, mas poderia fazê-lo por meio de interposta pessoa.

As normas originais foram significativamente modificadas após a fase de negociações entre os Estados-membro[643]. Embora parte da doutrina tenha considerado a minuta original excessivamente frouxa, a versão final exacerbou esse aspecto. Diversas exigências foram substituídas por balizas mínimas a serem seguidas pelos Estados e por normas genéricas, conferindo amplo espaço de discricionariedade para cada jurisdição regular o tema conforme melhor lhe conviesse[644].

Como visto, originalmente, o espaço de incidência das normas era definido a partir de um critério objetivo, correspondente a uma fração do valor da transação sobre o montante total dos ativos da companhia (1% para efeito das regras de publicidade e 5% para as normas referentes ao processo decisório). Contudo, a versão final do art. 9-C adotou um requisito subjetivo para a finalidade de deliminar o escopo da Diretiva,

Party Transactions. *In*: Birkmose, Hanne S.; Sergakis, Konstantinos. *The Shareholder Rights Directive II*: A Commentary. Cheltenham: Edward Elgar, 2021, p. 286-318.

642 Davies, Paul L. *et al. Implementation of the SRD II Provisions on Related Party Transactions*. Brussels: European Corporate Governance Institute, 2020.

643 Sobre os detalhes das negociações da Diretiva, ver SKOG, Rolf. Related Party Transactions – a closer look at the emergence of the new EU regime. *European Company and Financial Law Review*. Berlin, vol. 18, n. 5, p. 697-713, dez. 2021.

644 SRD II, p. 291.

agora incidente apenas sobre transações "materiais"[645]. De acordo com o art. 9-C (1), cabe a cada Estado-membro definir os atributos de materialidade aplicáveis às respectivas companhias, considerando o impacto financeiro ou a natureza da operação[646]. Essa orientação conferiu ampla liberdade para que os membros da União Europeia escolhessem a abrangência das normas em suas respectivas jurisdições[647]-[648].

Ademais, a própria Diretiva excluiu certas transações com partes relacionadas do regime jurídico por ela concebido: nos termos do art. 9-C (6), as normas da Comissão Europeia não vinculam as operações (i) realizadas no curso ordinário dos negócios da companhia; e (ii) que tenham sido concluídas em condições normais de mercado[649]. Embora a racionalidade subjacente à regra seja compreensível – afinal, transações que seguem condições normais de mercado são equiparáveis a transações negociadas entre partes independentes e, portanto, não conflitadas – a regra permite que cada jurisdição defina, à sua própria maneira, o que se deve entender por *curso ordinário dos negócios* e por *condições normais de mercado*.

A versão final da Diretiva (UE) 2017/828 também permite que os Estados-membro excluam outras modalidades de transação desse regime jurídico, entre as quais é relevante destacar (i) as transações entre companhias e subsidiárias integrais; (ii) as transações que digam respeito à

[645] Tradução livre de "material transactions", nos termos do art. 9-C, (1) da Diretiva (UE) 2017/828.

[646] Art. 9-C, (2) da Diretiva (UE) 2017/828.

[647] DAVIES, Paul L. *et al. Implementation of the SRD II Provisions on Related Party Transactions.* Brussels: European Corporate Governance Institute, 2020.

[648] Segundo Andreas Engert e Tim Florstedt, o teste de materialidade nos termos da Diretiva contempla tipicamente três elementos: um numerador, correspondente ao valor da companhia, um denominador, um valor de referência que pode ser baseado em diversos critérios, a razão que corresponde à divisão entre esses dois fatores, que é precisamente o que definirá o espaço de incidência da norma. O denominador escolhido pode ser um entre uma multiplicidade de critérios, como valor do capital social, capitalização de mercado e valor total dos ativos (ENGERT, Andreas; FLORSTEDT, Tim. Which related party transactions should be subject to ex ante review? Evidence from Germany. *Journal of Corporate Law Studies.* Abingdon, vol. 29, n. 2, p. 263-290, 2020).

[649] Art. 9-C, (5) da Diretiva (UE) 2017/828.

remuneração de diretores, objeto de regulação apartada na mesma Diretiva; (iii) as transações que, segundo o direito nacional de cada Estado-membro, sejam matéria de competência da assembleia geral; e (iv) transações "propostas aos acionistas nos mesmos termos, assegurando tratamento igualitário a todos os acionistas e a proteção dos interesses da companhia", descrição genérica que veio desacompanhada de exemplos que esclareçam o objeto do texto[650].

A versão final da Diretiva manteve a obrigação de divulgar transações entre partes relacionadas ao mercado[651], porém, como visto, esse regime de transparência aplica-se apenas aos liames societários que atendam ao critério de materialidade definido livremente por cada Estado-membro[652], e não mais às transações de valor superior a 1% do total de ativos da companhia, como antes se pretendeu. Tal obrigação de divulgação estende-se, também, para transações entre uma parte relacionada da companhia e uma subsidiária da companhia[653].

Segundo a Diretiva, a publicação da operação deve ser realizada até a data da conclusão da transação sob divulgação[654], acompanhada de informações mínimas para identificar o negócio[655], bem como de informações que permitam que o mercado avalie se a transação é justa e razoável sob a perspectiva da companhia e dos acionistas que não são partes relacionadas[656]. Todavia, a versão final da Diretiva deixou de exigir que os Estados-membro obrigassem as companhias a divulgarem um relatório elaborado por terceiro independente atestando a aderência às condições normais

[650] Tradução livre de: "*transactions offered to all shareholders on the same terms where equal treatment of all shareholders and protection of the interests of the company is ensured*", cf. Art. 9-C, (6) da Diretiva (UE) 2017/828.

[651] Art. 9-C, (1) da Diretiva (UE) 2017/828.

[652] Art. 9-C, (5) da Diretiva (UE) 2017/828.

[653] Art. 9-C, (7) da Diretiva (UE) 2017/828.

[654] O "tempo de conclusão" da transação (tradução livre de "*at the time of the conclusion*", cf. art. 9-C(2) da Diretiva) é impreciso, deixando espaço para que os Estados o definam (SRD II, p. 299).

[655] A natureza da transação, identificação das partes envolvidas, data e valor, cf. Art. 9-C, (2) da Diretiva (UE) 2017/828.

[656] Art. 9-C, (2) da Diretiva (UE) 2017/828.

de mercado[657]. Restou na Diretiva a desnecessária *permissão* para que os Estados-membro exijam o referido relatório, se assim o quiserem[658].

O segundo pilar da Diretiva, voltado ao processo decisório para aprovação de transações com partes relacionadas, também foi sensivelmente enfraquecido na versão final do ato normativo. Facultou-se aos Estado-membro duas modalidades de aprovação: em sede de assembleia geral ou no órgão de administração, em ambos os casos, "por meio de procedimentos que impeçam que a parte relacionada explore a sua posição"[659]. Novamente, esta regra é obrigatória apenas para as transações abarcadas pelo critério de materialidade que for escolhido por cada país[660].

Em princípio, o acionista ou administrador *envolvido* na transação sob aprovação não pode participar da votação[661]. O termo "envolvido"[662] previsto no texto da Diretiva não permite esclarecer se o impedimento de voto abrange apenas o acionista ou administrador que celebrar a transação ou se, alternativamente, o impedimento de voto estende-se, também, sobre o acionista ou administrador *interessado* no negócio, ainda que não seja contraparte da companhia na avença[663].

657 Davies, Paul L. *et al. Implementation of the SRD II Provisions on Related Party Transactions.* Brussels: European Corporate Governance Institute, 2020.

658 Art. 9-C, (3) da Diretiva (UE) 2017/828.

659 Tradução livre de: "*according to procedures which prevent the related party from taking advantage of its position*", cf. art. 9-C, (4) da Diretiva (UE) 2017/828.

660 Art. 9-C, (1) da Diretiva (UE) 2017/828. Note-se que o requisito adotado para fins da regra de aprovação não precisa, necessariamente, coincidir com o requisito escolhido para deliminar o âmbito de aplicação das regras de publicidade descritas acima.

661 Art. 9-C, (4) da Diretiva (UE) 2017/828.

662 "Envolvido" é fruto da tradução livre do termo "*involves*", cf. art. 9-C, (4) da Diretiva (UE) 2017/828.

663 Essa dúvida não resistiria, porém, a uma interpretação sistemática da Diretiva. É que o art. 9-C(4) da Diretiva estabelece uma exceção à regra de impedimento de voto, autorizando o acionista que é parte relacionada a votar em certas condições ("*Member States may allow the shareholder who is a related party to take part in the vote*"). A referência é claramente feita ao acionista que *é parte relacionada*, e não ao acionista *envolvido*, o que permite inferir que, na regra geral, o impedimento de voto também se aplica apenas ao acionista que é parte relacionada. Interpretação diversa criaria a incongruente situação na qual o acionista que é parte relacionada estaria excepcionalmente autorizado a votar em certas circunstâncias, mas o acionista meramente *envolvido* (e que, portanto, tem apenas um interesse *indireto* na transação) permaneceria impedido de votar (Bianchi, Marcello;

Apesar de autorizar que a deliberação sobre a transação seja tomada no órgão de administração, a Diretiva limita-se a impedir o voto do administrador *envolvido*, sem, porém, excluir o voto do membro *eleito* pelo acionista interessado transação[664]. Dado que o acionista interessado detém o poder de nomear e destituir os representantes da companhia, é razoável assumir que estes últimos membros atuarão de modo a favorecer os interesses daquele que os indicou ao cargo, sob pena de destituição[665]. A Diretiva omite-se perante essa realidade. Ao fazê-lo, deixou de eliminar a influência do acionista verdadeiramente interessado na transação, ainda que de forma indireta[666].

Durante a negociação da Diretiva, a regra de impedimento de voto foi alvo de assíduas discussões entre os Estados-membro, as quais levaram à inclusão de uma exceção para deliberações tomadas em sede de assembleia geral[667]. O texto final permite que Estados-membro autorizem o voto do acionista interessado, desde que "impeçam a parte relacionada de aprovar a transação em contrariedade à decisão da maioria de acionistas desinteressados ou à decisão da maioria dos administradores independentes"[668]. Em que pese a falta de clareza do texto, o preâmbulo

Milič, Mateja. Article 9C: Transparency and Approval of Related Party Transactions. *In*: Birkmose, Hanne S.; Sergakis, Konstantinos. *The Shareholder Rights Directive II*: A Commentary. Cheltenham: Edward Elgar, 2021, p. 286-318).

[664] Engert, Andreas; Florstedt, Tim. Which related party transactions should be subject to ex ante review? Evidence from Germany. *Journal of Corporate Law Studies*. Abingdon, vol. 29, n. 2, p. 263-290, 2020.

[665] Cf. por exemplo, Guerreiro, José Alexandre Tavares. Poder e Dominação. *Revista de Direito Mercantil Industrial, Econômico e Financeiro*. São Paulo, ano XXIII (Nova Série), n. 53, p. 72-80, jan./mar. 1984; Galgano, Francesco. I gruppi nella riforma delle società di capitali. *Contratto e impresa*. Padova, vol. 18, n. 3, p. 1015-1045, 2002 e Kraakman, Reinier *et al. The Anatomy of Corporate Law*: A comparative and functional approach. 3. ed. Oxford: Oxford University Press, 2017. Também a esse respeito, ver capítulo 3.3.

[666] Davies, Paul L. *et al. Implementation of the SRD II Provisions on Related Party Transactions*. Brussels: European Corporate Governance Institute, 2020.

[667] Davies, Paul L. *et al. Implementation of the SRD II Provisions on Related Party Transactions*. Brussels: European Corporate Governance Institute, 2020.

[668] Tradução livre de "*by preventing the related party from approving the transaction despite the opposing opinion of the majority of the shareholders who are not a related party or despite the opposing opinion of the majority of the independent directors*", cf. art. 9-C, (4) da Diretiva (UE) 2017/828.

da Diretiva oferece uma pista sobre como esse dispositivo pode ser interpretado[669], ao fazer referência à implementação de uma regra de quórum superqualificado em substituição à técnica do impedimento de voto[670].

Expostos os termos gerais da Diretiva, passa-se a examinar, suscintamente, o regime jurídico desenvolvido na Alemanha, na Itália e na França.

### 4.5.2. Implementação da Diretiva (UE) 2017/828

#### 4.5.2.1. Transações com partes relacionadas na Alemanha

Antes da entrada em vigor da Diretiva (UE) 2017/828, a Alemanha não possuía uma disciplina específica para transações com partes relacionadas[671]. Assim, a AktG foi atualizada com a introdução dos §§111a, 111b e 111c por meio da Lei de Implementação da Segunda Diretiva de Direitos dos Acionistas[672], de dezembro de 2019, com a finalidade de recepcionar as disposições da nova regulamentação aprovada na União Europeia[673]. A referida lei entrou em vigor em janeiro de 2020, aplicando-se às companhias listadas alemãs[674].

O novo §111a da AktG define "transações com partes relacionadas" de maneira semelhante ao conceito do *International Accounting Standard n. 24*[675], mas não de modo idêntico. São essas as "transações" ou "medidas"[676] por meio das quais um objeto ou um ativo é efetivamente transferido ou colocado à disposição de uma parte[677], com ou sem con-

[669] Davies, Paul L. *et al. Implementation of the SRD II Provisions on Related Party Transactions.* Brussels: European Corporate Governance Institute, 2020.

[670] Preâmbulo, §43 da Diretiva (UE) 2017/828.

[671] Skog, Rolf. Related Party Transactions – a closer look at the emergence of the new EU regime. *European Company and Financial Law Review*. Berlin, vol. 18, n. 5, p. 697-713, dez. 2021.

[672] Tradução livre de "*Gesetz zur Umsetzung der zweiten Aktionärsrechtsrechterichtlinie*".

[673] Koch, Jens. *Aktiengesetz*. 17ª ed. C. H. Beck: München, 2023, p. 990.

[674] Koch, Jens. *Aktiengesetz*. 17ª ed. C. H. Beck: München, 2023, p. 991.

[675] Davies, Paul L. *et al. Implementation of the SRD II Provisions on Related Party Transactions.* Brussels: European Corporate Governance Institute, 2020.

[676] Koch, Jens. *Aktiengesetz*. 17ª ed. C. H. Beck: München, 2023, p. 991.

[677] Koch, Jens. *Aktiengesetz*. 17ª ed. C. H. Beck: München, 2023, p. 992.

trapartida monetária[678]-[679]. "Transações" abrangem contratos e atos jurídicos unilaterais, enquanto "medidas" abrange qualquer ação que possa ter um efeito sobre os ativos ou resultados da companhia[680]. Já a definição de "parte relacionada" é feita por meio de referência expressa às normas internacionais de contabilidade, tal como recepcionadas pela Comissão Europeia[681].

Seguindo a orientação da Diretiva (UE) 2017/828, a AktG excluiu do novo regime as transações celebradas no curso ordinário dos negócios e em condições normais de mercado, cumulativamente[682]. Presume-se a presença das condições normais do mercado se os termos adotados poderiam ser alcançados em uma transação ou medida envolvendo a companhia e um *terceiro*. Já o curso normal dos negócios inclui operações consideradas típicas e repetitivas, sendo o conteúdo, o escopo e a frequência fatores decisivos nessa análise[683]. Exemplos contundentes são as transações intra-grupo, como a prática de *cash pooling* (política de consolidação de caixa)[684], desde que as condições de tal prática correspondam às consideradas usuais para essas modalidade de transação[685]. De acordo com o §111a (2) da AktG, o conselho de supervisão deve estabelecer um

[678] Cf. §111a(1) da AktG.

[679] Já a omissão, pura e simples, não é caracterizada como um negócio (Groß-Bölting, Christian; Rabe, Kai. § 111a Geschäfte mit nahestehenden Personen. *In*: Hölters, Wolfgang; Weber, Markus. *Aktiengesetz Kommentar.* 4ª ed. München: C. H. Beck, 2022, p. 1125-1135).

[680] Schick, Werner Paul. § 111a: Geschäfte mit nahestehenden Personen. *In*: Wachter, Thomas (ed.). *Kommentar zum Aktiengesetz.* 4ª ed. Köln: RWS, 2022, p. 866-874.

[681] Cf. §111a(1) da AktG. Como visto, o *International Accounting Standard n. 24* foi adotado na União Europeia pelo Regulamento (UE) nº 632/2010, o qual aditou o Regulamento (CE) nº 1126/2008.

[682] Cf. §111a(2) da AktG.

[683] Schick, Werner Paul. § 111a: Geschäfte mit nahestehenden Personen. *In*: WACHTER, Thomas (ed.). *Kommentar zum Aktiengesetz.* 4ª ed. Köln: RWS, 2022, p. 866-874.

[684] Groß-Bölting, Christian; Rabe, Kai. § 111a Geschäfte mit nahestehenden Personen. *In*: Hölters, Wolfgang; Weber, Markus. *Aktiengesetz Kommentar.* 4ª ed. München: C. H. Beck, 2022, p. 1125-1135 e Koch, Jens. *Aktiengesetz.* 17ª ed. C. H. Beck: München, 2023, p. 995.

[685] Schick, Werner Paul. § 111a: Geschäfte mit nahestehenden Personen. *In*: Wachter, Thomas (ed.). *Kommentar zum Aktiengesetz.* 4ª ed. Köln: RWS, 2022, p. 866-874.

procedimento interno com a finalidade de avaliar a presença ou não desses dois requisitos cumulativos que excepcionam o regime[686].

A AktG deixa também de fora da nova regulamentação certas modalidades de transação que apresentam menor perigo a acionistas minoritários[687] (v.g. transações entre companhias e subsidiárias integrais) ou que já são alvo de regulamentação apartada[688] (v.g. transações envolvendo remuneração de diretores, operações de redução de capital social, ou transações que sejam matéria de competência da assembleia geral[689])[690].

O centro da disciplina alemã foi positivado no §111b da AktG, que adotou um critério de materialidade objetivo para definir as transações sujeitas a essas normas. Curiosamente, a Alemanha optou por um percentual inferior àquele indicado na proposta original da Diretiva (UE) 2017/828. Como visto, a minuta da Diretiva sugeria que transações equivalentes a 5% do valor total dos ativos da companhia estivessem sujeitas a essas regras, enquanto na AktG basta que essa equação resulte em 1,5%[691].

[686] GROß-BÖLTING, Christian; RABE, Kai. § 111a Geschäfte mit nahestehenden Personen. *In*: HÖLTERS, Wolfgang; WEBER, Markus. *Aktiengesetz Kommentar*. 4ª ed. München: C. H. Beck, 2022, p. 1125-1135 e KOCH, Jens. *Aktiengesetz*. 17ª ed. C. H. Beck: München, 2023, p. 996.

[687] KOCH, Jens. *Aktiengesetz*. 17ª ed. C. H. Beck: München, 2023, p. 997.

[688] Com efeito, a Diretiva (UE) 2017/828 admite exceção porque a legislação nacional já providencia salvaguardas específicas aos acionistas minoritários (ENGERT, Andreas; FLORSTEDT, Tim. Which related party transactions should be subject to ex ante review? Evidence from Germany. *Journal of Corporate Law Studies*. Abingdon, vol. 29, n. 2, p. 263-290, 2020).

[689] No caso de deliberações remetidas à assembleia geral, o legislador parte da premissa de que as regras do quórum, os deveres de publicidade e o direito de impugnar decisões já confere proteção suficiente (GROß-BÖLTING, Christian; RABE, Kai. § 111a Geschäfte mit nahestehenden Personen. *In*: HÖLTERS, Wolfgang; WEBER, Markus. *Aktiengesetz Kommentar*. 4ª ed. München: C. H. Beck, 2022, p. 1125-1135).

[690] Cf. §111a(3) da AktG.

[691] De acordo com levantamento empírico realizado por Andreas Engert e Tim Florstedt com dados de companhias abertas alemães referentes ao exercício social de 2017, os percentuais originalmente propostos pela Comissão Europeia capturariam cerca de 17% a 33% das companhias para fins do dever de divulgação, e cerca de 7 a 12% das companhias abertas para fins das regras decisórias. Já o percentual de 1,5% adotado no país capta cerca de 13 a 27% das companhias abertas alemãs (ENGERT, Andreas; FLORSTEDT, Tim. Which

Com efeito, nos termos do §111b da AktG, transações com partes relacionadas cujo valor econômico[692], individual ou agregado[693], exceda 1,5% do valor total dos ativos fixos e correntes da companhia, segundo as demonstrações financeiras mais recentes[694], deverão ser previamente aprovadas pelo conselho de supervisão ou por um comitê constituído nos termos do §107(3) da AktG[695]. Referido comitê é justamente um órgão especial nomeado pelo conselho de supervisão com competência para aprovar as transações com partes relacionadas que atendam ao critério de materialidade previsto no §111b[696].

De acordo com o §111b (2) da AktG, os membros do conselho de supervisão que (i) sejam partes relacionadas no negócio sob aprovação; ou (ii) apresentem um conflito de interesses por manterem um vínculo com a parte relacionada não podem exercer direito de voto na referida deliberação[697]. Caso, alternativamente, a deliberação seja atribuída ao comitê especial, o §107(3) da AktG prevê que (i) as partes relacionadas

related party transactions should be subject to ex ante review? Evidence from Germany. *Journal of Corporate Law Studies*. Abingdon, vol. 29, n. 2, p. 263-290, 2020).

692 Correspondente ao valor de mercado, de acordo com Koch, Jens. *Aktiengesetz*. 17ª ed. C. H. Beck: München, 2023, p. 1001.

693 O valor econômico da transação pode ser determinado a partir do valor de mercado objeto do objeto ou ativo transferido. Note-se também que a verificação do critério de 1,5% não é feita exclusivamente com o valor econômico da transação individual, pois o que interessa é a conjunção das transações realizadas com a mesma parte relacionada dentro do mesmo exercício fiscal ((Schick, Werner Paul. § 111b: Zustimmungsvorbehalt des Aufsichtsrats bei Geschäften mit nahestehenden Personen. *In*: Wachter, Thomas (ed.). *Kommentar zum Aktiengesetz*. 4ª ed. Köln: RWS, 2022, p. 874-878).

694 Caso a companhia seja controladora, os valores de referência referem-se ao balanço consolidado (Schick, Werner Paul. § 111b: Zustimmungsvorbehalt des Aufsichtsrats bei Geschäften mit nahestehenden Personen. *In*: Wachter, Thomas (ed.). *Kommentar zum Aktiengesetz*. 4ª ed. Köln: RWS, 2022, p. 874-878).

695 O comitê pode ser permanente ou *ad hoc*, bem como corresponder a um comitê preexistente (Groß-Bölting, Christian; RABE, Kai. § 111b Zustimmungsvorbehalt des Aufsichtsrats bei Geschäften mit nahestehenden Personen. *In*: Hölters, Wolfgang; Weber, Markus. *Aktiengesetz Kommentar*. 4ª ed. München: C. H. Beck, 2022, p. 1135-1140).

696 Caso a transação seja rejeitada pelo conselho de supervisão ou pelo comitê, a diretoria pode pedir que a transação seja deliberada em assembleia geral de acionistas, na qual as partes relacionadas envolvidas na transação estão impedidas de votar, cf. §111a(4).

697 Koch, Jens. *Aktiengesetz*. 17ª ed. C. H. Beck: München, 2023, p. 1003.

envolvidas na transação não poderão ser membros desse órgão; e (ii) a maioria do comitê deve ser formada por pessoas que não apresentem um conflito de interesses em virtude de liame com a parte relacionada[698].

Nesse aspecto, a AktG parece ter adotado uma postura mais rigorosa que a Diretiva (UE) 2017/828. Esta última limita-se a impedir o voto do diretor envolvido na operação, deixando, portanto, dúvida se o impedimento alcança o administrador que não é parte, mas que possui interesse indireto no desfecho do negócio[699]. Em contraposição, a AktG parece ter ampliado a regra ao referir-se tanto ao membro envolvido na operação, quanto a uma situação que suscite preocupação de haver um conflito de interesses em virtude da presença de um vínculo entre o administrador e a parte relacionada. Nessa análise, deve-se verificar, objetivamente, (i) se o referido administrador teria razões para alinhar sua decisão com os interesses da parte relacionada, em detrimento do interesse social; e (ii) se esta última exerceu influência sobre o administrador [700].

Caso o conselho de supervisão se recuse a aprovar a operação, o §111b (3) prevê que a administração poderá remetê-la à assembleia geral. Neste caso, o quórum de aprovação é o de maioria simples[701], sendo certo que as partes relacionadas envolvidas na operação também não poderão votar. Entretanto, no âmbito da assembleia geral, referido impedimento de voto não se estende ao acionista conflitado por manterem um vínculo com a parte relacionada, como ocorre com o administrador no âmbito do conselho de supervisão[702].

A AktG adota o mesmo critério de materialidade para definir o escopo do regime de publicidade. De acordo com o §111c, operações que apre-

[698] GROß-BÖLTING, Christian; RABE, Kai. § 111b Zustimmungsvorbehalt des Aufsichtsrats bei Geschäften mit nahestehenden Personen. *In*: HÖLTERS, Wolfgang; WEBER, Markus. *Aktiengesetz Kommentar*. 4ª ed. München: C. H. Beck, 2022, p. 1135-1140.

[699] Ver item 4.5.1.

[700] GROß-BÖLTING, Christian; RABE, Kai. § 111b Zustimmungsvorbehalt des Aufsichtsrats bei Geschäften mit nahestehenden Personen. *In*: HÖLTERS, Wolfgang; WEBER, Markus. *Aktiengesetz Kommentar*. 4ª ed. München: C. H. Beck, 2022, p. 1135-1140.

[701] SCHICK, Werner Paul. § 111b: Zustimmungsvorbehalt des Aufsichtsrats bei Geschäften mit nahestehenden Personen. *In*: WACHTER, Thomas (ed.). *Kommentar zum Aktiengesetz*. 4ª ed. Köln: RWS, 2022, p. 874-878.

[702] KOCH, Jens. *Aktiengesetz*. 17ª ed. C. H. Beck: München, 2023, p. 1004.

sentem valor acima de 1,5% do total dos ativos da companhia, segundo as demonstrações financeiras mais recentes, estão sujeitas às normas especiais de transparência. E, em linha com a Diretiva, a obrigação de divulgação estende-se às transações entre uma parte relacionada da companhia e uma subsidiária da companhia que atendam a esse mesmo requisito de materialidade. A finalidade é evitar a evasão da regra de transparência mediante a transferência do ativo ou da operação para a subsidiária[703]-[704]. O §111c estabelece o conteúdo mínimo que deve ser divulgado ao mercado, de forma a refletir as exigências da Diretiva, inclusive as informações necessárias para que seja possível avaliar se a transação é ou não apropriada sob a perspectiva da companhia[705] e de outros acionistas que não sejam partes relacionadas.

Note-se que as transações com partes relacionadas realizadas sem a observância do procedimento decisório previsto nos §§111b e 111c são válidas e eficazes perante terceiros[706], embora os membros da administração fiquem sujeitos à responsabilização pessoal em caso de descumprimento dessas regras[707]. O sistema francês, analisado no item 4.5.2.3 adiante, contempla previsão semelhante no texto do *Code de Commerce*, assegurando os efeitos da transação e a vinculação da companhia aos seus termos e condições, a despeito da violação das regras de aprovação e de publicidade.

Exposto brevemente o regime criado pela AktG para refletir as normas da Diretiva (UE) 2017/828, passa-se a examinar o sistema italiano.

[703] Schick, Werner Paul. § 111c: Veröffentlichung von Geschäften mit nahestehenden Personen. *In*: Wachter, Thomas (ed.). *Kommentar zum Aktiengesetz*. 4ª ed. Köln: RWS, 2022, p. 878-881.

[704] Por outro lado, nem a Diretiva, nem a AktG, abrangem as transações celebradas pelas subsidiárias da companhia para fins das regras decisórias dessas mesmas transações.

[705] O padrão substantivo para avaliar o consentimento dado à transação, no conselho de supervisão, comitê ou assembleia, é o interesse da companhia (Schick, Werner Paul. § 111b: Zustimmungsvorbehalt des Aufsichtsrats bei Geschäften mit nahestehenden Personen. *In*: Wachter, Thomas (ed.). *Kommentar zum Aktiengesetz*. 4ª ed. Köln: RWS, 2022, p. 874-878).

[706] Schick, Werner Paul. § 111a: Geschäfte mit nahestehenden Personen. *In*: Wachter, Thomas (ed.). *Kommentar zum Aktiengesetz*. 4ª ed. Köln: RWS, 2022, p. 866-874.

[707] Koch, Jens. *Aktiengesetz*. 17ª ed. C. H. Beck: München, 2023, p. 1004 e 1008.

### 4.5.2.2. Transações com partes relacionadas na Itália

A Itália exerceu forte influência sobre as negociações travadas entre os Estados-membro acerca da Diretiva (UE) 2017/828, as quais resultaram em substancial flexibilização da proposta original da Comissão Europeia[708]. Não por acaso, a versão final da Diretiva aproximou-se do modelo que já estava posto na Itália, dispensando alterações materiais no regime vigente[709].

O sistema italiano é estruturado sobre três camadas regulatórias[710]: (i) primeiro, o *Codice Civile*, que estabelece os objetivos gerais da disciplina, quais sejam, conferir transparência e lisura substancial e procedimental às transações com partes relacionadas; (ii) em seguida, a *Consoe*, a autoridade de supervisão do mercado de capitais, estabelece as diretrizes mínimas a serem observadas pelas companhias listadas para alcançar as finalidades enunciadas no *Codice Civile*; e, por fim, (iii) as próprias companhias estabelecem os procedimentos internos aplicáveis a essas transações, obedecendo aos parâmetros mínimos definidos pela *Consob*.

A Diretiva (UE) 2017/828 foi implementada no ordenamento italiano por meio de uma alteração no art. 2391-bis do *Codice Civile*, o qual passou a delegar à *Consob* a competência para definir os principais aspectos enunciados na Diretiva. Então a *Consob*, que já havia regulamentado o tema por meio da Resolução nº 17221 de 2010, aditou o referido diploma em 2020 para implementar as novas orientações europeias.

A partir de 2020, a Resolução nº 17221 passou a adotar a definição de "parte relacionada" prevista nos princípios internacionais de contabili-

[708] Skog, Rolf. Related Party Transactions – a closer look at the emergence of the new EU regime. *European Company and Financial Law Review*. Berlin, vol. 18, n. 5, p. 697-713, dez. 2021.

[709] Skog, Rolf. Related Party Transactions – a closer look at the emergence of the new EU regime. *European Company and Financial Law Review*. Berlin, vol. 18, n. 5, p. 697-713, dez. 2021.

[710] Bianchi, Marcello; Enriques, Luca; Milič, Mateja. Enforcing Rules on Related Party Transactions in Italy: One Secuties Regulatos's Challenge. *In*: Enriques, Luca; TRÖGER, Tobias H. (ed.). *The Law and Finance of Related Party Transactions*. Cambridge, United Kingdom: Cambridge University Press, 2019, p. 477-501.

dade, seguindo a orientação da Comissão Europeia[711]. Nada obstante, o art. 2391-bis do *Codice Civile* deixa claro que as normas a serem editadas pela *Consob* aplicam-se tanto às transações com partes relacionadas envolvendo diretamente a companhia, quanto às transações com partes relacionadas realizadas entre sociedades *controladas*, nas quais a companhia é parte *indireta*[712]. Nesse aspecto, o regime italiano é mais abrangente que a Diretiva, pois esta última vincula as transações envolvendo as subsidiárias da companhia apenas para efeito das regras de publicidade, mas não para as regras que recaem sobre o processo decisório dessas operações.

A versão original da Resolução nº 17221 já afastava da regulação as transações realizadas no curso ordinários dos negócios e em condições normais de mercado. A Resolução nº 17221 esclarece, ainda, que o primeiro requisito (curso ordinário) se refere a negócios que se enquadram no exercício normal da atividade operacional e financeira da companhia, enquanto o segundo requisito (condições normais de mercado) refere-se a condições análogas àquelas geralmente praticadas com partes não relacionadas em operações de natureza, risco e extensão similares[713]. Ademais, o aditamento realizado sobre a Resolução nº 17221 ampliou o rol de exceções à disciplina, tal como autorizadas pela nova Diretiva[714].

O regime italiano oferece três testes de materialidade[715], de modo a delimitar o escopo de aplicação das disposições da *Consob*, os quais permaneceram inalterados mesmo após a entrada em vigor da nova Diretiva[716]. Assim, são transações materiais aquelas nas quais resulte em mais

[711] Nesse aspecto, relevante notar que a *Consob* incluiu a exceção prevista na Diretiva (UE) 2017/828 referente a transações cujos termos e condições sejam aplicadas de forma igualitária, estabelecendo, ainda, um rol exemplificativo de operações nas quais entende que esse requisito está satisfeito, entre as quais, redução do capital social com reembolso aos acionistas (cf. art. 13, 1-bis da Resolução nº 17221).

[712] Davies, Paul L. *et al. Implementation of the SRD II Provisions on Related Party Transactions.* Brussels: European Corporate Governance Institute, 2020.

[713] Cf. art. 3, d) e e) da Resolução nº 17221.

[714] Cf. art. 13 da Resolução nº 17221.

[715] OECD. *Related Party Transactions and Minority Shareholder Rights.* Paris: OECD Publishing, 2012, p. 115.

[716] Cf. art. 4, 1, a) e anexo 3 da Resolução nº 17221. Vale acrescentar que nas operações realizadas com uma sociedade controladora listada, o percentual é reduzido para 2,5%.

de 5% a razão entre (i) o valor da transação e o patrimônio líquido da companhia (ou o valor da capitalização de mercado da companhia); (ii) o valor total dos ativos da entidade envolvida na transação e o valor total dos ativos da companhia; ou (iii) o valor total dos passivos da entidade envolvida na transação e o valor total dos passivos da companhia.

Apenas as transações com partes relacionadas materiais são sujeitas ao regime de publicidade, sendo certo que as informações sobre a transação devem ser disponibilizadas, como regra, em até 7 dias contados da conclusão da transação[717]. O conteúdo mínimo a ser divulgado é extenso e detalhado, para além das diretrizes mínimas previstas na Diretiva[718]. Por exemplo, cabe à companhia apresentar o racional econômico da operação, os métodos utilizados para determinação de seu valor, bem como a congruência com as condições vigentes no mercado[719]. A companhia deve ainda indicar os nomes dos administradores que votaram a favor ou contra a operação, bem como a motivação correlata[720].

As transações com partes relacionadas materiais devem ser avaliadas por um comitê exclusivamente formado por administradores considerados *independentes*[721], que devem participar da fase de negociação da transação, além de emitir um parecer não vinculante[722] sobre a conveniência e a aderência ao interesse social de cada transação[723]. Em seguida, a operação deve ser deliberada pelo conselho de administração, onde os

[717] Cf. art. 4, 1, da Resolução nº 17221.

[718] Davies, Paul L. *et al. Implementation of the SRD II Provisions on Related Party Transactions*. Brussels: European Corporate Governance Institute, 2020.

[719] Cf. art. 5 e anexo 2 da Resolução nº 17221.

[720] Cf. art. 5 e anexo 2 da Resolução nº 17221.

[721] De acordo com o art. 3, h) da Resolução nº 17221, um administrador é independente se atender aos requisitos previstos no art. 148, §3 do Decreto Legislativo de 24 de fevereiro de 1998, n. 58. De acordo com o referido dispositivo, administradores independentes *não* mantêm (i) relações de parentesco com os administradores da companhia, da sociedade controladora, das controladas e das sociedades sob controle comum; (ii) vínculo de trabalho, autônomo ou subordinado, com sociedades controladas ou controladora ou sujeitas a controle comum; e (iii) relações patrimoniais com a qualquer outra modalidade de relação que possa comprometer a independência.

[722] OECD. *Related Party Transactions and Minority Shareholder Rights*. Paris: OECD Publishing, 2012, p. 115.

[723] Cf. art. 8, 1, c) da Resolução nº 17221.

administradores *envolvidos* estarão impedidos de votar[724]. A definição de administrador *envolvido* da *Consob* foi atualizada no aditamento à Resolução nº 17221 realizado em 2020, de modo a ampliar o alcance do conceito: agora, a referida Resolução afirma textualmente que o administrador *envolvido* é aquele que "tem interesse na operação, próprio ou de terceiro, de forma conflitante como o interesse da companhia"[725].

O conselho de administração pode aprovar as transações com partes relacionadas que sejam alvo de parecer contrário do comitê independente, desde que haja autorização da assembleia geral[726]. Nesse caso, a Resolução nº 17221 delega à companhia o dever de regular um procedimento que impeça que a transação seja realizada se a maioria dos acionistas que *não* sejam partes relacionadas votar contrariamente ao negócio[727]. Não se trata, propriamente, de um impedimento de voto, de modo que o acionista conflitado pode participar da deliberação. A regra apenas institui uma condição de eficácia à operação[728].

As transações com partes relacionadas que não atendam aos critérios de materialidade da Resolução nº 17221 também devem contar com parecer de um comitê independente, mas neste caso a regra de composição do órgão especial exige apenas a *maioria* de membros independentes[729], e não a totalidade, como sucede com as transações materiais[730]. Ademais, deliberações sobre operações imateriais não são, necessariamente, de competência privativa do conselho de administração. Mas se o negócio sob deliberação for, efetivamente, uma matéria atribuída a este órgão, os administradores *envolvidos* (no sentido definido pela *Consob*) são igual-

[724] Cf. art. 7, 1, d-bis) e art. 8, 1, da Resolução nº 17221.

[725] Tradução livre da definição prevista no art. 3, i-bis) da Resolução nº 17221: "*amministratori coinvolti nell'operazione" e "consiglieri coinvolti nell'operazione": gli amministratori, i consiglieri di gestione o di sorveglianza che abbiano nell'operazione un interesse, per conto proprio o di terzi, in conflitto con quello della societa*".

[726] Cf. art. 8, 2 da Resolução nº 17221.

[727] Cf. art. 11, 3 da Resolução nº 17221.

[728] OECD. *Related Party Transactions and Minority Shareholder Rights*. Paris: OECD Publishing, 2012, p. 116.

[729] Ver definição de "independente" na nota de rodapé nº 721.

[730] Cf. art. 7, 1, a) da Resolução nº 17221.

mente impedidos de votar[731]. A *Consob* também permite que companhias de menor porte ou companhias recém-listadas apliquem essas regras mais brandas mesmo para as transações materiais, desde que tais companhias não sejam controladas por uma companhia listada[732].

Por fim, a Resolução nº 17221 contempla um dispositivo adicional para regular transações realizadas com uma companhia sujeita à atividade de *direção e coordenação* – atividade que, como visto no capítulo 4.2.1, caracteriza os grupos societários na legislação italiana. Essa regra já estava presente na versão original da Resolução, não tendo sofrido alterações após a entrada em vigor da Diretiva (UE) 2017/828.

Assim, nos grupos societários, o parecer elaborado pelo comitê independente – seja no caso de transações materiais, seja no caso de transações de menor importância – deverá indicar as razões e a conveniência da operação à luz do *resultado global* da atividade de direção e de coordenação ou de operações destinadas a eliminar o prejuízo correlato[733]. É clara a alusão ao art. 2497 do *Codice Civile*, examinado no capítulo 4.2.2, ainda que a *Consob* não tenha feito referência expressa a esse dispositivo. Em seguida, a *Consob* dispensa o procedimento decisório aplicável às transações materiais caso estas sejam realizadas *com* ou *entre* as sociedades controladas ou coligadas da companhia agrupada[734], desde que essas mesmas transações não estejam contaminadas por interesses de partes relacionadas[735].

O dispositivo parece demonstrar uma preocupação da *Consob* com a harmonização das regras dos grupos societários e das normas destinadas às transações com partes relacionadas. No caso dos grupos societários, a

[731] Cf. art. 7, 1, d-bis) da Resolução nº 17221.

[732] Cf. art. 10, 1 da Resolução nº 17221.

[733] Cf. art. 14, 1 da Resolução nº 17221.

[734] A definição de sociedade controladora e sociedade coligada está prevista no art. 2359 do *Codice Civile*. Em síntese, sociedade controladora é, entre outras hipóteses, a sociedade que, direta ou indiretamente, tem a maioria dos votos em sede de assembleia geral; já sociedade coligada é aquela na qual outra sociedade exerce uma influência significativa, influência essa que é presumida quando a sociedade possui ao menos um quinto dos votos exercidos na assembleia ou 10%, no caso de companhias com ações listadas.

[735] Cf. art. 14, 2 da Resolução nº 17221.

dispensa às regras decisórias é consistente com a visão italiana de que o conflito de interesses é *ínsito* aos grupos, porquanto inerente à integração econômica[736]. Nesse cenário, compreende-se a intenção de flexibilizar o regime e retomar a ênfase no *efeito* da transação com parte relacionada à luz do contexto maior e mais amplo do grupo, em detrimento de uma intervenção mais incisiva sobre o processo decisório em si.

Descritas as principais regras vigentes no ordenamento italiano, cabe agora verificar o sistema francês.

#### 4.5.2.3. Transações com partes relacionadas na França

Antes da entrada em vigor da Diretiva (UE) 2017/828, o *Code de Commerce* já possuía regulamentação especificamente dirigida para as transações com partes relacionadas. As normas codificadas não se restringiam às companhias abertas, aplicando-se, também, a sociedades de responsabilidade limitada[737] e a sociedades anônimas de capital fechado[738]. Em 2019, esse regime foi alterado pela Lei nº 2019-486 (conhecida como "*Loi Pacte*") com a finalidade de adicionar as exigências da Diretiva (UE) 2017/828 no ordenamento francês[739].

No regime francês, o termo "transações com partes relacionadas" não é utilizado, correspondendo, na realidade, às chamadas "*conventions réglementées*"[740]. Neste trabalho, a expressão francesa será utilizada como sinônimo de transações com partes relacionadas, para fins de simplicidade. Note-se, porém, que essa categoria existia mesmo antes da entrada em vigor da Diretiva[741], com requisitos caracterizadores próprios, os

[736] A esse respeito, ver capítulo 2.

[737] Art. L.233-19 do *Code de Commerce.*

[738] Arts. L.225-38 a L.225-43 do Code de Commerce.

[739] Davies, Paul L. *et al. Implementation of the SRD II Provisions on Related Party Transactions.* Brussels: European Corporate Governance Institute, 2020.

[740] Hellringer, Geneviève. Related Party Transactions in France: A Critical Assessment. *In*: Enriques, Luca; Tröger, Tobias H. (ed.). *The Law and Finance of Related Party Transactions.* Cambridge, United Kingdom: Cambridge University Press, 2019, p. 400-425 e OECD. *Related Party Transactions and Minority Shareholder Rights.* Paris: OECD Publishing, 2012, p. 63.

[741] Davies, Paul L. *et al. Implementation of the SRD II Provisions on Related Party Transactions.* Brussels: European Corporate Governance Institute, 2020.

quais não foram alterados pela *Loi Pacte* e não fazem alusão aos padrões internacionais de contabilidade.

Assim, o art. L. 225-38 do *Code de Commerce* alude a (i) acordos celebrados entre a companhia e o administrador ou o acionista que detenha mais de 10% dos direitos de voto, diretamente ou por interposta pessoa; e (ii) acordos nos quais o administrador ou acionista em questão tenha um *interesse indireto*[742]. Logo, o *Code de Commerce* não adota o conceito de transação, preferindo a noção de "acordo", nem faz uso da detalhada definição de "parte relacionada" presente no *International Accounting Standard n. 24*. Optou, ao revés, por empregar expressões genéricas (*interposta pessoa* e *interesse indireto*)[743], potencialmente ampliando o conjunto de situações alcançadas pela norma.

O legislador francês também não concebeu um critério de materialidade para demarcar os acordos sujeitos a regras de publicidade e a um procedimento decisório mais rigoroso, a despeito da permissão presente na Diretiva (UE) 2017/828. Nesse aspecto, a França distancia-se do sistema alemão e do sistema italiano, que buscaram afastar transações menores dos ônus procedimentais a partir de critérios financeiros quantitativos[744]. O legislador francês também não adotou amplo rol de exce-

[742] Integram também esse conceito os acordos entre a companhia e uma empresa na qual um membro da administração da companhia seja, também, proprietário, sócio de responsabilidade ilimitada ou membro da administração da empresa com a qual a companhia celebrou a avença. Confira-se o art. L. 225-38 do Code de Commerce: "*Toute convention intervenant directement ou par personne interposée entre la société et son directeur général, l'un de ses directeurs généraux délégués, l'un de ses administrateurs, l'un de ses actionnaires disposant d'une fraction des droits de vote supérieure à 10 % ou, s'il s'agit d'une société actionnaire, la société la contrôlant au sens de l'article L. 233-3, doit être soumise à l'autorisation préalable du conseil d'administration.*

*Il en est de même des conventions auxquelles une des personnes visées à l'alinéa précédent est indirectement intéressée.*

*Sont également soumises à autorisation préalable les conventions intervenant entre la société et une entreprise, si le directeur général, l'un des directeurs généraux délégués ou l'un des administrateurs de la société est propriétaire, associé indéfiniment responsable, gérant, administrateur, membre du conseil de surveillance ou, de façon générale, dirigeant de cette entreprise (...).*"

[743] OECD. *Related Party Transactions and Minority Shareholder Rights*. Paris: OECD Publishing, 2012, p. 63.

[744] Ver itens 4.5.2.1 e 4.5.2.2.

ções autorizado pela Diretiva[745]-[746]. Preferiu manter a genérica exceção atribuída aos acordos realizados no curso ordinário dos negócios e em condições normais do mercado, já existente antes da Diretiva, bem como negócios com sociedades nas quais a companhia detenha, direta ou indiretamente, a totalidade do respectivo capital social[747]-[748].

Após a entrada em vigor da Diretiva, a *Loi Pacte* modificou regime de publicidade das "*conventions réglementées*" das companhias abertas, com a finalidade de adequá-lo aos novos padrões europeus. Assim, nos termos do art. L.22-10-13[749], as companhias abertas devem publicar em seu *website* informações a respeito desses acordos até a data de conclusão, em linha com a nova Diretiva[750]. As informações mínimas a serem divulgadas

[745] DAVIES, Paul L. *et al. Implementation of the SRD II Provisions on Related Party Transactions.* Brussels: European Corporate Governance Institute, 2020.

[746] Note-se, porém, que o art. L.225-43 do *Code de Commerce* proíbe, de antemão, a contração de empréstimo junto à companhia por administradores que não sejam pessoas jurídicas.

[747] Cf. Art. L.225-39 do *Code de Commerce*, no qual a expressão "*opérations courantes*" refere-se ao curso ordinário dos negócios e a expressão "*conditions normales*" refere-se às condições normais do mercado. (HELLRINGER, Geneviève. Related Party Transactions in France: A Critical Assessment. *In*: ENRIQUES, Luca; TRÖGER, Tobias H. (ed.). *The Law and Finance of Related Party Transactions.* Cambridge, United Kingdom: Cambridge University Press, 2019, p. 400-425).

[748] Na reforma criada pela *loi Pacte*, o legislador francês adicionou uma norma para companhias abertas, segundo a qual nas sociedades cujas ações sejam admitidas à negociação em mercados regulamentados, o conselho de administração deve estabelecer um procedimento interno para avaliar se transações que sejam consideradas no curso ordinário dos negócios e em condições normais de mercado de fato atendem a estas condições, sendo certo que as pessoas diretamente ou indiretamente envolvidas nas referidas transações ("*personnes directement ou indirectement intéressées*") não podem participar desta avaliação, regra esta que, atualmente, está refletida no art. L-22-10-12 do *Code de Commerce*. A *Loi Pacte* originalmente implementou a referida mudança no art. L.225-39, porém a Ordonnance nº 2020-1142 transpôs a norma para o art. L.22-10-12.

[749] A *Loi Pacte* originalmente implementou a referida mudança no art. L.225-40-2, porém a *Ordonnance* nº 2020-1142 transpôs a norma para o art. L.22-10-13.

[750] São elas a natureza da transação, a identificação das partes envolvidas, a data e o valor, cf. Art. 9-C, (2) da Diretiva (UE) 2017/828.

não foram incluídas no *Code de Commerce*, ficando à cargo de regulamentação apartada[751].

No regime francês, o procedimento decisório estrutura-se sobre duas etapas distintas, envolvendo tanto a administração, quanto a assembleia geral de acionistas[752]. Nesse aspecto, a França distanciou-se da Alemanha e da Itália[753]. Relembre-se que nesses dois países, a aprovação da assembleia é necessária apenas em caso de rejeição da transação, seja pelo conselho de supervisão, como ocorre no ordenamento alemão, seja pelo comitê independente, no caso da Itália[754]. Já na França a operação passará, necessariamente, pelo crivo dos acionistas.

Na primeira etapa do procedimento decisório, os acordos objeto do art. L. 225-38 estão sujeitos à autorização prévia do conselho de administração da companhia, sejam elas abertas, sejam elas fechadas[755]. O conselheiro direta ou indiretamente interessado não pode participar nem do quórum de instalação, tampouco do quórum de votação da medida, ficando completamente excluído do processo decisório[756]. A expressão *direta ou indiretamente interessado* ("*directement ou indirectement intéressée*") é mais ampla que o termo *envolvido* adotado na Diretiva, potencialmente alcançando o membro que, a despeito de não ser parte formal do acordo, possui interesse pessoal em seu desfecho[757]. A aprovação deve ser acompanhada de justificativa que indique as razões pelas quais o acordo é de interesse para companhia, destacando as suas implicações financei-

[751] Cf. L.22-10-13, a lista de informações será determinada por decreto do Conselho de Estado.

[752] Davies, Paul L. *et al. Implementation of the SRD II Provisions on Related Party Transactions.* Brussels: European Corporate Governance Institute, 2020.

[753] Davies, Paul L. *et al. Implementation of the SRD II Provisions on Related Party Transactions.* Brussels: European Corporate Governance Institute, 2020.

[754] Cf. §111b (3) da AktG e art. 11, 3 da Resolução nº 17221.

[755] Cf. art. L. 225-38, §1 do *Code de Commerce.*

[756] Art. L. 225-40, §1 do *Code de Commerce.*

[757] A jurisprudência francesa já interpretou o termo ora de forma restritiva, ora de forma ampla, demonstrando entendimentos incongruentes sobre o tema (ver Hellringer, Geneviève. Related Party Transactions in France: A Critical Assessment. *In*: Enriques, Luca; Tröger, Tobias H. (ed.). *The Law and Finance of Related Party Transactions.* Cambridge, United Kingdom: Cambridge University Press, 2019, p. 400-425).

ras[758]. Vale observar que a diretoria da companhia tem competência para celebrar transações com partes relacionadas sem autorização do conselho[759], mas se estas forem prejudiciais à companhia, o acordo pode ser anulado[760].

Em seguida, o presidente do conselho de administração deve informar os auditores estatutários acerca da transação aprovada, para que estes elaborem um relatório especial com informações relevantes sobre a transação, a fim de instruir a assembleia geral que deliberará a matéria[761]. Tratando-se de obrigação informacional, o referido relatório não é acompanhado de um parecer opinativo sobre a conveniência ou não da transação para a companhia[762].

O conclave pode ou não ratificar o acordo previamente aprovado no conselho, em qualquer cenário, sem computar o voto do acionista *direta ou indiretamente* interessado na matéria. Diferentemente do que sucede no âmbito do conselho de administração, o impedimento de voto não se estende sobre a formação do quórum de instalação, de modo que o acionista conflitado pode participar da reunião, ainda que sem votar[763].

Eventual rejeição do acordo pela assembleia não impede a conclusão da operação[764]: esta permanece vinculante para a companhia, exceto em caso de fraude[765]. Sem prejuízo da eficácia do acordo, o dano correlato

[758] Cf. art. L. 225-38, 4 do *Code de Commerce.*

[759] OECD. *Related Party Transactions and Minority Shareholder Rights.* Paris: OECD Publishing, 2012, p. 64.

[760] Cf. art. L. 224-42 do *Code de Commerce.*

[761] Böckli, Peter. *A Proposal for Reforming Group Law in the European Union – Comparative Observations on the Way Forward.* S. l.: s. n., 2016. Disponível em < A Proposal for Reforming Group Law in the European Union – Comparative Observations on the Way Forward>. Acesso em 28/07/2023.

[762] OECD. *Related Party Transactions and Minority Shareholder Rights.* Paris: OECD Publishing, 2012, p. 64.

[763] Art. L. 225-40, §4 do *Code de Commerce.*

[764] O legislador francês assume que a anulação do contrato ou acordo pode ser potencialmente mais prejudicial à companhia do que o próprio contrato ou acordo em si (OECD. *Related Party Transactions and Minority Shareholder Rights.* Paris: OECD Publishing, 2012, p. 64).

[765] Art. L. 225-41, §1 do *Code de Commerce.*

poderá ser imputado às partes interessadas na operação rejeitada, assim como aos membros do conselho[766]. Contudo, é relevante observar que as ações derivativas para tutela da companhia são raras na França, seja pela falta de incentivos econômicos, seja pela assimetria informacional dos acionistas minoritários potencialmente interessados[767].

O *Code de Commerce* não cria exceção para as "*conventions réglementées*" realizadas no seio dos grupos societários, como ocorre no ordenamento italiano[768]. No entanto, nos grupos, a jurisprudência francesa afasta uma das principais sanções aplicáveis em caso de violação das normas aqui expostas[769]. Trata-se do afastamento da punição para o crime de abuso dos bens sociais, caso o acordo seja realizado no interesse de um grupo societário e, cumulativamente, satisfaça outros requisitos exigidos pela já examinada doutrina Rozenblum[770]. A jurisprudência francesa também tende a oferecer uma interpretação diferenciada para afastar dos grupos as regras decisórias das operações que se caracterizam como ordinárias e em condições normais de mercado[771]. A intenção é, novamente, conferir

[766] Art. L. 225-41, §2 do *Code de Commerce*. Nesse sentido, Böckli, Peter. *A Proposal for Reforming Group Law in the European Union – Comparative Observations on the Way Forward.* S. l.: s. n., 2016. Disponível em < A Proposal for Reforming Group Law in the European Union – Comparative Observations on the Way Forward>. Acesso em 28/07/2023.

[767] Hellringer, Geneviève. Related Party Transactions in France: A Critical Assessment. *In*: Enriques, Luca; Tröger, Tobias H. (ed.). *The Law and Finance of Related Party Transactions.* Cambridge, United Kingdom: Cambridge University Press, 2019, p. 400-425.

[768] Cf. item 4.5.2.2.

[769] Segundo Hellringer, Geneviève. Related Party Transactions in France: A Critical Assessment. *In*: Enriques, Luca; Tröger, Tobias H. (ed.). *The Law and Finance of Related Party Transactions.* Cambridge, United Kingdom: Cambridge University Press, 2019, p. 400-425, crime de abuso dos bens sociais é forma mais frequente de forma de punição de crimes de colarinho branco na França, em contraposição à penalidade cível. Segundo o autor, há cerca de 500 condenações penais por ano em caso de abuso de bens sociais no âmbito de sociedades limitadas (art. L.241 do *Code de Commerce*) e cerca de 300 condenações no caso de abuso de bens sociais no âmbito de sociedades anônimas (art. L. 242-6 do *Code de Commerce*).

[770] Ver capítulo 4.3.1.

[771] OECD. *Related Party Transactions and Minority Shareholder Rights.* Paris: OECD Publishing, 2012, p. 68.

maior flexibilidade à empresa plurissocietária, dispensando-a das regras de aprovação acima examinadas[772].

São essas, em síntese, as principais características do ordenamento francês. O item seguinte apresentará considerações conclusivas sobre o capítulo 4.5, debruçando-se, mais propriamente, sobre as consequências das normas expostas nos últimos três itens para os grupos societários, que são o centro deste trabalho.

### 4.5.3. Considerações finais sobre a regulamentação das transações com partes relacionadas no direito europeu

As normas examinadas nos quatro itens anteriores podem ser aplicadas sobre as relações que acontecem dentro dos grupos societários, sujeitando-os tanto a deveres de publicidade mais rigorosos, quanto a um procedimento decisório especial. São regras que se *sobrepõem* ao examinado mecanismo de compensação de vantagens e desvantagens, sem, porém, afastá-lo. Nesses casos, incide tanto o regime especial que enfatiza normas de caráter *ex ante*, voltado à publicidade e à deliberação de uma medida praticada dentro do grupo, quanto o mecanismo compensatório, que pretende neutralizar eventuais desvantagens incorridas pela companhia após sua implementação.

Cabe questionar se a justaposição desses dois regimes – de um lado, as regras procedimentais voltadas às transações com partes relacionadas e, de outro, os mecanismos criados especificamente para os grupos societários – criaria um *excesso* regulatório[773]. Afinal, se o conflito de interesses for eliminado do processo deliberativo através de normas de impedimento de voto, seria razoável presumir que a operação é conveniente e

[772] OECD. *Related Party Transactions and Minority Shareholder Rights*. Paris: OECD Publishing, 2012, p. 68.

[773] Com preocupação nesse sentido, ROMASHCHENKO, Ivan. *Related Party Transactions and Corporate Groups*: When Eastern Europe Meets the West. Kluwer: Alphen aan den Rijn, 2020: "Se as regras para RPTs forem aplicadas sem considerar os interesses do grupo, o funcionamento dos grupos empresariais sofrerá com uma regulamentação excessiva". Tradução livre de: "*If the rules for RPTs are applied without regard for the group's interests, the functioning of corporate groups would suffer from excessive regulation*" (p. 176).

justa para a companhia[774]. Daí não haveria necessidade de estabelecer um regime de compensações para esses casos.

Sob outro ângulo de análise, também é pertinente indagar se a tentativa de eliminar o conflito de interesses do acionista interessado (que, nos grupos societários, se traduz na influência *da sociedade controladora*) seria prejudicial ao funcionamento da empresa plurissocietária, onde o *conflito de grupos* é permanente, estrutural e necessário ao funcionamento do grupo, como examinou-se nos capítulos 2 e 3[775]. Essas preocupações parecem justificar, por exemplo, a posição da *Consob* ao afastar as restrições decisórias sobre as transações realizadas nos grupos societários italianos[776], como visto no item 4.5.2.2 acima.

O exame de direito comparado responde *negativamente* a ambas as perguntas, seja sobre a suposta excessividade causada pela sobreposição de dois regimes jurídicos, seja sobre a potencial inviabilização do funcionamento do grupo societário.

Primeiro, há de se memorar que as normas especiais voltadas às transações com partes relacionadas aplicam-se apenas a uma parcela das relações grupais, notadamente, aquelas que representam transações *com a companhia*, não envolvendo transações entre os demais membros do grupo. Ademais, esses negócios são filtrados por requisitos de materialidade[777]. Assim, o ônus procedimental não recai sobre toda e qualquer medida aplicada no seio do grupo, mas apenas sobre aquelas que satisfazem tais requisitos.

E, mesmo nos casos em que a relação intragrupal é uma transação com parte relacionada que preencha o filtro de relevância, as normas incidentes não parecem ser tão rigorosas a ponto de eliminar, completamente, a influência da sociedade controladora interessada na transação[778].

[774] Presunção adotada no sistema norte-americano. De fato, assume-se que a transação é equitativa se estiver assegurada a higidez do processo decisório. A esse respeito, ver capítulo 5.8 e, especificamente, o voto proferido pelo Diretor Gustavo Gonzalez em CVM. PAS n. 1614/2019, Diretor-Relator Marcelo Barbosa, julgado em 26/05/2020.

[775] Especialmente itens 3.3 e 3.6.

[776] Cf. art. 14 da Resolução nº 17221 da *Consob*.

[777] Com exceção da França, como visto no item 4.5.2.3.

[778] Muito embora tenha sido esta a proposta original da Diretiva (UE) 2017/828, como visto no item 4.5.1.

Para descontaminar completamente a deliberação sobre uma transação com parte relacionada da vontade da sociedade controladora em um grupo societário, seria necessário (i) atribuir competência ao órgão administrativo e impedir o voto dos administradores eleitos pela sociedade controladora, haja vista a subordinação estrutural dos primeiros à vontade da segunda[779]; ou (ii) atribuir competência à assembleia geral e exigir aprovação pela maioria da minoria dos acionistas (ou por quórum superqualificado), como era a intenção original da Diretiva (UE) 2017/828.

Ocorre que nenhuma das duas medidas foi implementada, nem pela Diretiva (UE) 2017/828, nem pelos ordenamentos examinados. A França é o único Estado-membro que exige aprovação pela assembleia geral, impedindo o voto do acionista direta ou indiretamente interessado. Nada obstante, a transação é vinculante e eficaz para a companhia mesmo se a operação for rejeitada pelos acionistas, e o remédio que resta, isto é, o sistema de responsabilidade civil francês, é de rara efetivação. Já na Alemanha e na Itália, a competência é do órgão administrativo, sendo que a assembleia possui mera competência *subsidiária*[780]: só deliberará em caso de rejeição da transação pelos administradores[781].

Especificamente no âmbito do órgão de administração, a Diretiva limita-se a impedir o voto do administrador *envolvido* na operação[782], e os três ordenamentos examinados referem-se ao impedimento de voto do administrador que possui *conflito de interesses*[783] ou que tem interesse *direto* ou *indireto* na operação[784]. São noções abstratas que não aludem objetivamente ao acionista *eleito pela sociedade controladora*. As expressões "envolvido", "interesse direto ou indireto" e "conflito de interesses" são genéricas, abrindo margem para interpretação, casuística, acerca da presença ou não de um conflito, do próprio administrador ou de um terceiro.

779 Como analisado no capítulo 3.4.

780 GROß-BÖLTING, Christian; RABE, Kai. § 111b Zustimmungsvorbehalt des Aufsichtsrats bei Geschäften mit nahestehenden Personen. *In*: HÖLTERS, Wolfgang; WEBER, Markus. *Aktiengesetz Kommentar*. 4ª ed. München: C. H. Beck, 2022, p. 1135-1140.

781 Cf. §111b (3) da AktG e art. 11, 3 da Resolução nº 17221.

782 Cf. art. 9-C (4) da Diretiva (UE) 2017/828.

783 Cf. §111b (2) da AktG e arts. 7, 1, d-bis) e 8, 1, da Resolução nº 17221 da *Consob*.

784 Cf. art. L. 225-38 do *Code de Commerce*.

Logo, no âmbito dos grupos societários, essas regras não criam uma hipótese de impedimento de voto clara e objetiva em torno do administrador *eleito* pelo acionista interessado[785]. Subsiste o risco de aprovação de negócios orientados por um objetivo empresarial *externo* ao propósito da companhia, definido sob a diretriz da sociedade controladora, e em detrimento do interesse social.

Em suma, o regime criado para as transações com partes relacionadas não elimina, de forma objetiva e estrutural, a influência da sociedade controladora sobre o processo decisório dessas operações. Duas conclusões decorrem dessa contatação. A primeira é que o regime de transações com partes relacionadas europeu não impede o funcionamento do grupo nem impede sua integração econômica, sob a diretriz da sociedade controladora. Este regime apenas cria ritos procedimentais que buscam eliminar os conflitos dos administradores e de terceiros e/ou jogam luz, via publicidade, sobre situações de conflito manifestas, sem afastar estruturalmente a vontade da sociedade controladora do processo de tomada de decisão.

A segunda conclusão é que *não* há um excesso regulatório sobre as transações entre partes relacionadas realizadas nos grupos societários. Se a influência da sociedade controladora não é eliminada de forma objetiva e estrutural, a companhia permanece sujeita ao risco de ver seu interesse

[785] Viu-se nos itens anteriores que na Itália a Resolução nº 17221 afirma textualmente que o administrador *envolvido* é aquele que "tem interesse na operação, próprio ou *de terceiro*, de forma conflitante como o interesse da companhia" (art. 3, i-bis, grifou-se). Ao fazer referência a um interesse *de terceiro*, a expressão potencialmente captura a vontade da sociedade controladora, que se projeta sobre o acionista por ela eleito. Assim, o texto italiano, da forma que foi redigido, está mais próximo de uma hipótese de impedimento de voto que elimina, estruturalmente, a vontade da sociedade controladora do processo decisório. Já na Alemanha a AktG refere-se a uma situação que suscite preocupação de haver um conflito de interesses em virtude da presença de um vínculo entre o administrador e a parte relacionada. Viu-se que, nessa análise, deve-se avaliar, objetivamente, (i) se o referido administrador teria razões para alinhar sua decisão com os interesses da parte relacionada, em detrimento do interesse social; e (ii) se esta última exerceu influência sobre o administrador. Não é claro se esses parâmetros permitem concluir que o administrador meramente eleito pelo acionista interessado estaria objetivamente impedido de votar. Por fim, na França, a expressão usada é ainda mais genérica: trata-se do conselheiro *direta ou indiretamente interessado* ("*directement ou indirectement intéressée*").

social subordinado, incorrendo nas desvantagens e nos prejuízos correlatos. Nesse cenário, permanecem relevantes os mecanismos jurídicos de atuação *posterior* à implementação da transação aprovada, voltados à neutralização dos *efeitos* nocivos para a companhia, para os acionistas minoritários e para os credores. Esta é a função do sistema de compensação.

Concluída a análise de direito comparado, passa-se a examinar os grupos societários no âmbito do sistema brasileiro. Retoma-se, aqui, a indagação condutora deste trabalho, realizada ao final do item 4.4 acima: como a Lei das S.A. procurou lidar com a integração econômica e a subordinação do interesse social nos grupos societários de fato? É o que se passa a examinar a seguir.

# 5.
# O SISTEMA BRASILEIRO: SUBORDINAÇÃO DE INTERESSES E DEVER DE REALIZAR PAGAMENTO COMPENSATÓRIO ADEQUADO

A Lei das S.A. seguiu o modelo dualista alemão, designando, portanto, dois regimes jurídicos distintos: um, para os *grupos de sociedades*, usualmente referidos como *grupos de direito*; e outro, para os chamados *grupos de fato*. Cabe investigar se esses regimes equilibram a dúplice orientação regulatória acima examinada – o chamado *sinalagma regulatório*[786] –, de forma a reconhecer, a um só tempo, de um lado, a integração econômica entre sociedades como um fenômeno inerente aos grupos e, de outro lado, a necessidade de conceber um regime protetivo para companhias controladas e seus *stakeholders*.

Diferentemente do que sucede no modelo alemão, que buscou demarcar a *fattispecie* do grupo com base em um conceito jurídico central, o de *direção unitária*[787], a Lei das S.A. preferiu circunscrever as regras aplicáveis aos grupos com base em critérios objetivos. Estabeleceram-se, de forma direta, dois modelos: (ii) o das *sociedades controladoras e as suas controladas*, que podem constituir os *grupos de sociedades*, mediante celebração de uma *convenção* (art. 265); e (ii) o das *sociedades controladoras, coligadas e controladas*, que formam as relações interempresariais não consagradas por esse negócio jurídico e que são usualmente referidas como *grupos de fato* (art. 243).

[786] Ver item 3.6.

[787] Ver item 4.1.1.

Os dispositivos citados referem-se a *sociedade*[788], assim excluindo pessoas naturais e jurídicas que, apesar de não terem adotado a forma de sociedade, nos termos do art. 44, I do Código Civil, atuem como *empresas* ou como *empreendedores*, quando investem em sociedades anônimas, desse modo ensejando o típico *conflito dos grupos* acima retratado[789]. Assim, companhias controladas por *fundos de investimento em participações*, ou por *empresários individuais* que instrumentalizam as respectivas participações societárias, para realizar atividades econômicas externas às companhias em si, não formam grupos de direito, tampouco grupos de fato.

Trata-se, no caso brasileiro, de orientação legislativa substancialmente distinta do modelo estrangeiro que lhe serviu de inspiração. Isso porque o §15 da AktG define o conceito de *empresas ligadas* (ou *empresas vinculadas*), em vez de aludir a *sociedades* ou a *companhias*[790]. O objetivo da disciplina alemã é abranger todas as relações empresariais qualificadas pelo *conflito de grupos*, cuja presença não depende da natureza da pessoa, física ou jurídica, que exerce o poder de domínio, mas, sim, da finalidade e dos efeitos do poder de direção exercido por quem controla a organização empresarial. E, como visto no capítulo 3.3, o que caracteriza o conflito é a presença de uma vontade empresarial externa à companhia, vontade essa que pode ser emanada tanto de uma pessoa natural, quanto de uma pessoa jurídica.

Assim, a Lei das S.A. excluiu do regime dos grupos as pessoas que não sejam sociedades; mas que, nada obstante, atuem como *empresários*, seja na posição de acionistas controladores da *companhia* (art. 116), seja na posição de acionistas controladores da *sociedade controladora* (art. 243, §2º). A estes, aplica-se o regime geral previsto para a companhia isolada.

[788] Adamek, Marcelo Vieira Von; França, Erasmo Valladão Azevedo e Novaes. "Notas à Ação de Responsabilidade Civil Contra Acionista Controlador" *In*: Yarshell, *Flávio Luiz*; e Pereira, *Guilherme Setoguti J.* (coords.). *Processo Societário – Volume IV*. São Paulo: Quartier Latin, 2021, pp. 401-439.

[789] Ver item 3.3.

[790] Cf. item 4.1.1. Nesse sentido, por exemplo, Bürgers, Tobias; Körber, Torsten. *Aktiengesetz*. 2ª ed. Heidelberg: C. F. Müller, 2011, p. 2259.

Procedida a esta breve introdução, cumpre analisar, rapidamente, as características gerais do modelo bipartido brasileiro.

## 5.1. Subordinação de interesses nos grupos de sociedades

Formam *grupos de sociedades* ou *grupos de direito* as sociedades controladoras e as controladas que celebram *convenção*, negócio jurídico voluntário por meio da qual as partes se obrigam a "combinar recursos ou esforços para a realização dos respectivos objetos, ou a participar de atividades ou empreendimentos comuns" (art. 265).

Parte da doutrina afirma que a convenção é mero contrato plurilateral; outra parte sustenta que a convenção forma uma nova sociedade despersonificada[791], no último caso, em razão da identidade textual entre, de um lado, o art. 265 da Lei das S.A. e, de outro lado, o art. 981, *caput* do Código Civil[792], bem como em razão da possibilidade de criar órgãos administrativos específicos para o grupo, nos termos do art. 272 da Lei das S.A.[793] Independentemente da tese adotada, as sociedades que integram o grupo conservam como distintos tanto as personalidades, como os patrimônios respectivos, nos termos do art. 266 da Lei das S.A.

O art. 276, *caput* admite "a subordinação dos interesses de uma sociedade aos de outra, ou do grupo", nos termos da convenção do grupo. Já o art. 266 autoriza a "a coordenação ou subordinação dos administradores das sociedades filiadas", também nos termos da convenção. Por fim, o art. 273 prevê que os administradores das sociedades filiadas ao grupo devem

[791] Revisão dos posicionamentos doutrinários em Diniz, Gustavo Saad. *Grupos Societário:* da formação à falência. Rio de Janeiro: Forense, 2016, p. 65-66.

[792] Munhoz, Eduardo Secchi. *Empresa contemporânea e o direito societário.* São Paulo: Juarez de Oliveira, 2002, p. 282. Veja-se a semelhança estrutural dos dispositivos:
"Art. 981. Celebram contrato de sociedade as pessoas que reciprocamente se obrigam a contribuir, com bens ou serviços, para o exercício de atividade econômica e a partilha, entre si, dos resultados. (...)".
"Art. 265. A sociedade controladora e suas controladas podem constituir, nos termos deste Capítulo, grupo de sociedades, mediante convenção pela qual se obriguem a combinar recursos ou esforços para a realização dos respectivos objetos, ou a participar de atividades ou empreendimentos comuns".

[793] Resumo sobre as posições doutrinárias sobre a natureza jurídica da convenção de grupo em Diniz, Gustavo Saad. *Grupos Societário:* da formação à falência. Rio de Janeiro: Forense, 2016, p. 67-69.

"observar a orientação geral estabelecida e as instruções expedidas pelos administradores do grupo".

São dispositivos que instauram profunda ruptura à disciplina das sociedades anônimas[794], por três motivos principais. Primeiro, porque admitem, expressamente, a subordinação do interesse social, efeito oponível aos acionistas minoritários. Segundo, porque também é permitida a subordinação dos administradores das sociedades integrantes do grupo, cabendo a eles seguir as instruções determinadas pela administração do grupo. Terceiro, porque o art. 276 também alude textualmente aos interesses que são próprios *do grupo*, destacados da vontade individual de cada uma das sociedades que o integram[795]-[796].

Se a medida do interesse social está no objeto social[797]-[798], a autorização legal para subordinar o interesse social aos interesses de outras socie-

[794] Veja-se a Exposição de Motivos da Lei das S.A.: "já no "grupo" uma sociedade pode trabalhar para as outras, porque convencionam combinar recursos ou esforços para a realização dos respectivos objetos, ou para participar de atividades ou empreendimentos comuns. Em suma: o grupo são sociedades associadas a caminho da integração, que se opera mediante incorporação ou fusão; mas, até lá, as sociedades grupadas conservam a sua personalidade jurídica, e podem voltar à plenitude da vida societária, desligando-se do grupo".

[795] Guerreiro, José Alexandre Tavares. Conflitos de interesse entre sociedade controladora e controlada e entre coligadas, no exercício do voto em assembleias gerais e reuniões sociais. *Revista de Direito Mercantil, Industrial, Econômico e Financeiro*. São Paulo, ano XXII (Nova Série), n. 51, p. 29–32, jul./set. 1983; e Guerreiro, José Alexandre Tavares. Das relações internas no grupo convencional de sociedades. In: Torres, Heleno Taveira; Queiroz, Mary Elbe. (coord.). *Desconsideração da personalidade jurídica em matéria tributária*. São Paulo: Quartier Latin, 2005. p. 303-321.

[796] Segundo Fabio Konder Comparato, "legitima-se, por essa forma, a falta de autonomia das sociedades controladas, cuja atividade empresarial passa a ser exercida, legalmente, no interesse alheio" (Comparato, Fabio Konder. Os grupos societários na nova lei de sociedades por ações. *Revista de Direito Mercantil, Industrial, Econômico e Financeiro*. São Paulo, ano 1976, n. 23, p. 91-107, 1976).

[797] Guerreiro, José Alexandre Tavares. Das relações internas no grupo convencional de sociedades. *In*: Torres, Heleno Taveira; Queiroz, Mary Elbe. (coord.). *Desconsideração da personalidade jurídica em matéria tributária*. São Paulo: Quartier Latin, 2005. p. 303-321.

[798] A medida do interesse está no objeto social porque toda organização tem um propósito, de modo que o interesse é justamente a disposição de vontade para alcançar esse mesmo propósito. Sobre a relação entre interesse e objeto social, Guerreiro, José Alexandre

dades impacta o modo de dar cumprimento ao escopo da companhia que teve a vontade subordinada[799]. Também está derrogado o comando previsto no art. 115 *caput* da Lei das S.A., em que se lê que o acionista deve exercer seu direito de voto exclusivamente "no interesse da companhia". Igualmente, é afastado o dever atribuído ao acionista controlador de "usar o poder com o fim de fazer a companhia realizar o seu objeto e cumprir sua função social" (art. 116, parágrafo único).

Consequentemente, certas modalidades de abuso de poder de controle – tal como tipificadas no rol exemplificativo do art. 117, §1º da Lei das S.A. – não são aplicáveis a essas organizações empresariais. Não há como reputar como abusiva a conduta de orientar a companhia controlada para um "fim estranho ao objeto social" (alínea "a"). Afasta-se a proibição ao favorecimento de uma sociedade em prejuízo de outra (alínea "a")[800]. Não é irregular realizar reorganizações societárias para obter vantagem em detrimento da companhia (alínea "b")[801]. É lícito implementar políticas ou decisões "que não tenham por fim o interesse da companhia" (alínea "c"). Por fim, a sociedade controladora pode contratar com a companhia "em condições de favorecimento ou não equitativas" (alínea "f"). Em todos estes casos, evidentemente, desde que tais efeitos estejam amparados na constituição grupal.

Tavares. Sobre a interpretação do objeto social. *Revista de Direito Mercantil Industrial, Econômico e Financeiro*. São Paulo, ano XXIII (Nova Série), ano 54, p. 67-72, abr./jun. 1984.

799 Segundo Alexandre Tavares Guerreiro, "no grupo, o modo de dar cumprimento ao objeto social (e, pois, de promover o interesse social) deixa de ser estritamente individual, para se inserir na combinação de recursos e esforços de todo o grupo (ou seja, das sociedades que o integram)" (Guerreiro, José Alexandre Tavares. Das relações internas no grupo convencional de sociedades. In: Torres, Heleno Taveira; Queiroz, Mary Elbe. (coord.). Desconsideração da personalidade jurídica em matéria *tributária*. São Paulo: Quartier Latin, 2005. p. 303-321).

800 Teixeira, Egberto Lacerda; Guerreiro, José Alexandre Tavares. *Das sociedades anônimas no direito brasileiro*. São Paulo: Bushatsky, 1979, p. 710.

801 Caso se entenda que a expressão *vantagem indevida* compreende qualquer benefício usufruído pelo controlador em virtude de sua posição e que não seja compartilhado com a companhia ou com os acionistas minoritários, o tipo previsto nessa alínea não qualifica operações intragrupo nos quais a sociedade controladora beneficia a si própria em detrimento de suas controladas.

Em suma, os arts. 115, 116 e 117 devem ser interpretados à luz das disposições designadas para os grupos de sociedades. Afinal, a companhia filia-se a um grupo porque reconhece que a associação trará benefícios ao *próprio* interesse e ao *próprio* objeto social, considerando os efeitos econômicos e os ganhos de eficiência[802] que reverterão indiretamente aos membros do grupo[803]. Em outras palavras, o interesse social da companhia é atendido de forma *indireta*, sendo que, para alcançá-lo, admite-se, temporariamente, a subordinação da companhia à vontade que comanda o grupo societário.

De posse dessas informações, sobrevém a indagação: de que forma – visando a implementar o desejado sinalagma regulatório, necessário para proteger interesses de grupos impactados pelos efeitos acima descritos – o amplo poder conferido à sociedade controladora é contrabalanceado?

Resposta preliminar é que a aprovação da convenção grupal em assembleia geral é hipótese de recesso pelos acionistas dissidentes (art. 270, parágrafo único). Ademais, a prática de atos contrários à convenção enseja responsabilização da sociedade de comando (art. 276, §3º e art. 246). Por fim, assegura-se aos acionistas direito de fiscalização das socie-

[802] Termo utilizado no sentido lato, e não no sentido de eficiência alocativa previsto no item 3.7.

[803] Assim, a aprovação da convenção do grupo é medida correspondente ao interesse social, nos termos do art. 115, *caput*. Também dessa maneira fica cumprido o dever imposto ao acionista controlador perante a companhia de "*realizar o seu objeto e cumprir sua função social*", com a diferença de que, no grupo, a sociedade realiza seu objeto social de modo indireto, por força da "*fórmula associativa grupal*" (GUERREIRO, José Alexandre Tavares. Das relações internas no grupo convencional de sociedades. *In*: TORRES, Heleno Taveira; QUEIROZ, Mary Elbe. (coord.). *Desconsideração da personalidade jurídica em matéria tributária*. São Paulo: Quartier Latin, 2005. p. 303-321), tal como prevista na convenção. Não há desvio de objeto social se as atividades da sociedade associada forem realizadas nos termos da convenção (art. 117, §1º, "a"). Da mesma forma, não há favorecimento de uma sociedade em detrimento da companhia se o benefício que lhe for concedido for produto da associação grupal. Tal favorecimento tampouco seria considerado como vantagem *indevida* (art. 117, §1º, "b"). A mera subordinação dos interesses de uma sociedade não seria reputada medida contrária ao interesse da companhia (art. 117, §1º, "c"). Em suma, entende-se que a associação a um grupo é *meio* de fazer cumprir o interesse da companhia, em virtude dos ganhos de sinergia e eficiência decorrentes da integração econômica do grupo.

dades investidas por meio do conselho fiscal, garantida a representatividade no órgão (art. 277).

Todavia, a Lei das S.A. distanciou-se estruturalmente do modelo alemão que lhe serviu de inspiração. Memore-se que o §302 da AktG estabelece responsabilidade automática da empresa dominante pelo prejuízo contábil verificado no balanço anual de suas controladas, independentemente da origem da perda e da respectiva participação no resultado verificado a cada ano[804].

Ao contrário da explicitude averiguada na contraparte alemã, o art. 276, §2º da Lei das S.A. limita-se a indicar que "a distribuição de custos, receitas e resultados e as compensações entre sociedades" deverão ser "determinadas e registradas no balanço de cada exercício social". Não há, portanto, determinação clara para realizar compensação periódica, tal como sucede no sistema alemão. Na realidade, alusão do art. 276, §2º à convenção do grupo deixa claro que a compensação indicada no dispositivo ocorrerá *a critério da sociedade controladora*, já que a vontade desta é determinante para definição dos respectivos termos e condições[805].

A Exposição de Motivos da Lei das S.A. busca justificar a orientação escolhida, sob o argumento de que credores sempre poderiam exigir a responsabilidade da sociedade controladora pela via contratual[806]. Ignorou-se, contudo, que a norma alemã serve exatamente para proteger os interesses de acionistas minoritários e de outros credores que não tenham poder para negociar contratualmente mecanismos para proteção de seu direito de crédito (*v.g.*, trabalhadores e consumidores).

Em que pesem as diferenças de regime, há uma semelhança quanto ao seu efeito prático: assim como ocorreu no sistema alemão[807], o

[804] Ver item 4.1.2.

[805] MUNHOZ, Eduardo Secchi. *Empresa contemporânea e o direito societário*. São Paulo: Juarez de Oliveira, 2002, p. 284.

[806] Veja-se a Exposição de Motivos: "No artigo 267, o Projeto absteve-se de criar a responsabilidade solidária presumida das sociedades do mesmo grupo, que continuam a ser patrimônios distintos, como unidades diversas de responsabilidade e risco, pois a experiência mostra que o credor, em geral, obtém a proteção dos seus direitos pela via contratual, e exigirá solidariedade quando o desejar".

[807] IRUJO, José Miguel Embid. *Introducción al derecho de los grupos de sociedades*. Granada: Comares, 2003, p. 18.

modelo concebido na Lei das S.A. para os grupos de direito não logrou êxito[808]. Atribui-se um conjunto de razões para o resultado verificado no Brasil, não sendo, porém, o objetivo deste trabalho enfrentá-las pormenorizadamente.

Entre os fatores apontados, cabe destacar, porém, a artificialidade do instituto, que não pertence à tradição, nem à realidade econômica brasileiras, tendo sido concebido aqui pouco tempo após à reforma do direito alemão. Nem mesmo no ordenamento alemão os grupos contratuais foram concebidos por necessidades organizativas. Recorde-se que o

[808] Recente pesquisa elaborada por Daniel Ochsendorf Portugal demonstrou que há apenas seis grupos de direito no Brasil (PORTUGAL, Daniel Ochsendorf. Dados empíricos sobre os grupos de sociedades de direito de subordinação. *Res Severa Verum Gaudium*, Porto Alegre, v. 5, n. 1, p. 124- 154, 2020). O levantamento de Daniel Ochsendorf Portugal contesta uma pesquisa anteriormente realizada por Daniel Vio. A partir de informações da Receita Federal do Brasil, Daniel Vio havia afirmado que "em outubro de 2012, constavam dos bancos de dados de tal órgão 428 inscrições ativas, duas inscrições suspensas e 330 inscrições baixadas relativas a grupos de direito. Se confrontados com o fato de que, entre 1985 e 2005, foram constituídas mais de quatro milhões e meio de sociedades comerciais-empresárias no país, tais números atestam amplamente o insucesso do modelo dos grupos de direito na realidade econômica brasileira" (VIO, Daniel de Avila. *Grupos Societários: Ensaio sobre os Grupos de Subordinação, de Direito e de Fato no Direito Societário Brasileiro.* São Paulo: Quartier Latin, 2016, p. 333). Segundo Daniel Ochsendorf Portugal, a pesquisa de Daniel Vio falhou ao identificar que as entidades que se cadastraram como grupos de direito junto à Receita Federal o fizeram de forma equivocada. Na realidade, essa relação compreendia associações, cooperativas, consórcios, partidos políticos e organizações religiosas, bem como sociedades anônimas e limitadas que não eram vinculadas a uma convenção grupal, que se identificaram como grupos de direito de maneira equivocada. Note-se que antes de Daniel Ochsendorf Portugal, Felipe Augusto Cury já havia criticado a precisão das informações prestadas pela Receita Federal, apontando que a Resolução da Comissão Nacional de Classificação - CONCLA nº 2/2011 considera "grupos de sociedades" "as sociedades que se encontram sob controle comum, a partir de ato formal de constituição (grupo de direito) ou não (grupo de fato)". Assim, as 428 inscrições ativas verificadas não representam, necessariamente, apenas grupos de sociedade nos termos do art. 265 da Lei das S.A. Com base em pesquisa no site eletrônico da Junta Comercial de São Paulo, Felipe Augusto Cury concluiu que, naquela data, existiam apenas 15 grupos de direito no Estado de São Paulo (CURY, Felipe Augusto. *A atual perspectiva dos grupos de direito no Brasil: um estudo empírico sobre os grupos de direito no estado de São Paulo.* 2016. Dissertação (Mestrado) - Escola de Direito de São Paulo da Fundação Getulio Vargas, 2016).

regime bipartido alemão originou-se fora do sistema societário, durante o século XX, quando a legislação tributária daquele país concedia vantagens fiscais a sociedades que celebravam contratos de grupos[809]. Todavia, a realidade também caminhou no sentido oposto ao desejo do legislador alemão, sobretudo após alterações sensíveis na lei tributária, as quais suprimiram incentivos que anteriormente eram exclusivos aos grupos contratuais de subordinação[810].

Outro fator a ser ponderado é a ausência de necessidade de recorrer ao modelo dos grupos de direito para subordinar o interesse social. Estudos anteriores já denunciaram que os grupos fáticos não são usados apenas para implementar os objetivos idealizados pelo regramento legal; mas, sim, são empregados como técnica de subordinação de interesses, sem que as sociedades prejudicadas, os acionistas e os credores exijam a tutela jurídica cabível[811]. Isso porque, na tradição brasileira, as regras de responsabilidade do acionista controlador e dos administradores não são efetivadas[812], diante da assimetria informacional entre estes e os acionis-

[809] Würdinger, H. *German Company Law*. London: Oyez Publishing, 1975.

[810] Scheuch, Alexander. Konzernrecht: An Overview of the German Regulation of Corporate Groups and Resulting Liability Issues. *European Company Law*. Alphen aan den Rijn, v. 13, n. 5, p. 191-198, 2016.

[811] Exemplificativamente, Neder Cerezetti, Sheila C. Os Grupos de Sociedades e Recuperação Judicial: O Indispensável Encontro entre Direitos Societário, Processual e Concursal. *In*: Yarshell, Flávio Luiz; Pereira, Guilherme Setoguti J. (coords.). *Processo Societário: Volume II*. São Paulo: Quartier Latin, 2015, p. 735-789; Vio, Daniel de Avila. *Grupos Societários: Ensaio sobre os Grupos de Subordinação, de Direito e de Fato no Direito Societário Brasileiro*. São Paulo: Quartier Latin, 2016; p. 342-256; e Araujo, Danilo Borges dos Santos Gomes de. A Doutrina Rozenblum do direito francês; o reconhecimento do caráter exoneratório dos grupos de sociedades em matéria de crimes de *abus de biens sociaux* e a consequente influência do direito penal na estruturação e no funcionamento dos grupos de sociedades. *In*: Araujo, Danilo Borges dos Santos Gomes de; WARDE JR., Walfrido Jorge (coords). *Os Grupos de Sociedades:* organização e exercício da empresa. São Paulo: Saraiva, 2012, p. 83-113.

[812] Essa não parece ser uma peculiaridade brasileira. Segundo Uwe Hüffer e Jens Koch, os grupos de fato têm amplo significado prático na Alemanha, porém tal significado prático não é refletido em número relevante de precedentes que apliquem o disposto no §311 AktG, posto que há baixa tendência de se ajuizar medidas judiciais contra a empresa dominante, em Hüffer, Uwe; Koch, Jens. *Aktiengesetz*. 14ª ed. München: C. H. Beck, 2020, p. 2212.

tas minoritários, bem como da falta de incentivos legais conferidos para que os últimos pleiteiem, em juízo, o cumprimento dos deveres legais que recaem sobre aqueles atores, falhas essas que serão brevemente apresentadas no item 5.12.1 abaixo. Assim, cabe questionar: qual a finalidade de recorrer ao modelo contratual para realizar integração econômica e para conduzir os grupos de forma unitária, se é possível implementar ambos os efeitos na prática, sem contrapartidas legais, e sem risco de responsabilização civil?

## 5.2. Subordinação de interesses nos grupos de fato?

Os grupos *de fato* são definidos negativamente: trata-se das relações empresariais *não* consagradas por uma convenção[813]. Na Lei das S.A., o fenômeno de concentração empresarial foi traduzido nas noções de *controle* e de *coligação* (art. 243, §§1º e 2º)[814]. A lei reconheceu, em sua Exposição de Motivos[815], que essas organizações empresariais correspondem à realidade e que, portanto, exigem normas específicas[816]. É o que justifica, então, a criação de um quadro regulatório que permitisse o desenvolvimento da empresa nacional[817] e que, ao mesmo tempo, protegesse os interesses de sujeitos potencialmente lesados por essas relações intersocietárias.

Como é intuitivo, a distinção entre dois modelos para os grupos buscou demarcar propósitos distintos para cada um destes. Os grupos de direito

[813] MUNHOZ, Eduardo Secchi. *Empresa contemporânea e o direito societário.* São Paulo: Juarez de Oliveira, 2002, p. 119.

[814] Sobre o significado desses conceitos, ver item 1.1.1.

[815] Confira-se o texto da Exposição de Motivos: "O Projeto, depois de regular, até o Capítulo XIX, as companhias como unidades empresariais distintas, disciplina, nos Capítulos XX a XXII a nova realidade que são as sociedades coligadas e o grupo de sociedades. No seu processo de expansão, a grande empresa levou à criação de constelações de sociedades coligadas, controladoras e controladas, ou grupadas – o que reclama normas específicas que redefinam, no interior desses grupamentos, os direitos das minorias, as responsabilidades dos administradores e as garantias dos credores".

[816] LAMY FILHO, Alfredo; PEDREIRA, José Luiz Bulhões (coords.). *Direito das companhias.* 2ª ed. Rio de Janeiro: Forense, 2017, p. 1395.

[817] Como já apontado nas notas de rodapé nº 119 e nº 186 deste trabalho, a orientação legislativa tinha nítido viés concentracionista, cf. apontado por SALOMÃO FILHO, Calixto. *A sociedade unipessoal.* São Paulo: Malheiros, 1995, p.180-181.

atendem plenamente aos imperativos da aglomeração empresarial; já os grupos de fato só poderiam ser empregados se a constelação grupal não demandasse subordinação estrutural dos interesses individuais das companhias agrupadas. Por esse motivo, não haveria radical ruptura com as normas destinadas à companhia isolada, em contraste ao que sucede no primeiro modelo. A lei limitou-se, então, a prescrever algumas regras específicas para essas constelações empresariais, atreladas à divulgação de investimentos em participações societárias[818] e à vedação a participações recíprocas[819].

Com base nessa constatação, tem-se afirmado que a Lei das S.A. não admite, *de nenhuma forma*, a subordinação de interesses de umas sociedades às outras nos grupos de fato[820]. Essa crença parece ser reforçada, tão logo se efetua rápida leitura do art. 245, em que textualmente se lê que "os administradores não podem, em prejuízo da companhia, favorecer sociedade coligada, controladora ou controlada". Igualmente, a perspectiva é corroborada pelo art. 246. Isso porque o dispositivo – quando trata da responsabilidade da sociedade localizada no vértice do grupo – faz remissão aos arts. 116 e 117, que atribuem deveres ao acionista controlador de companhia não integrada a um grupo.

Neste trabalho, será defendido que não é sustentável interpretar que haveria *completa vedação* à subordinação de interesses nos grupos de fato. Afinal, a subordinação de interesses no grupo tem natureza estrutural, pois é efeito intrínseco à integração econômica, a qual, por sua vez, justifica a formação dessas organizações, como demonstrado no capítulo 2[821].

[818] O relatório anual da administração deve relacionar investimentos da companhia realizados em sociedades coligadas e controladas (art. 243), o balanço patrimonial da companhia deve avaliar investimentos dessa natureza pelo método da equivalência patrimonial (art. 248); as notas explicativas das demonstrações financeiras devem conter informações precisas e específicas sobre tais investimentos (art. 247); e as demonstrações financeiras devem ser consolidadas (arts. 249 e 250).

[819] A lei vedou a participação recíproca entre a companhia e respectivas coligadas ou controladas, com a finalidade de proteger a tangibilidade do capital social (art. 244).

[820] Ver item 1, notas de rodapé nº 8, nº 9, nº 15 e nº 25 deste trabalho com resumo de posicionamentos doutrinários nessa linha.

[821] Ver capítulo 2.

Se os poderes da sociedade controladora fossem rigidamente delimitados segundo o esquema dos arts. 115, 116 e 117, a lei negaria o fenômeno de integração empresarial. O diploma normativo também contrariaria o objetivo declarado na própria Exposição de Motivos ao se referir tanto aos grupos de direito como aos grupos de fato, onde se lê que o processo de expansão da empresa plurissocietária "reclama *normas específicas* que *redefinam*, no interior desses grupamentos, os direitos das minorias, as responsabilidades dos administradores e as garantias dos credores" (grifou-se)[822]-[823]-[824]. Fosse essa a orientação legislativa – a de negar, peremptoriamente, a subordinação de interesses no seio do grupo fático –, não deveria ser surpreendente a realidade em que se constata, nesse contexto, o sistemático descumprimento do interesse social nos grupos de fato[825].

[822] Na íntegra: "O Projeto, depois de regular, até o Capítulo XIX, as companhias como unidades empresariais distintas, disciplina, nos Capítulos XX a XXII a nova realidade que são as sociedades coligadas e o grupo de sociedades. No seu processo de expansão, a grande empresa levou à criação de constelações de sociedades coligadas, controladoras e controladas, ou grupadas – o que reclama normas específicas que redefinam, no interior desses grupamentos, os direitos das minorias, as responsabilidades dos administradores e as garantias dos credores. Para isso – e em forma tentativa a ser corrigida pelas necessidades que a prática vier a evidenciar – o Projeto distingue duas espécies de relacionamento entre sociedades, quais sejam:
a) sociedades coligadas, controladoras e controladas, que mantêm entre si relações societárias segundo o regime legal de sociedades isoladas e não se organizam em conjunto reguladas neste Capítulo;
b) sociedades controladoras e controladas que, por convenção levada ao Registro de Comércio, passam a constituir grupos societários, com disciplina própria, prevista no Capítulo XXI".

[823] Sobre contradição interna nos sistemas jurídicos que procuram regulamentar o fenômeno dos grupos, ver ANTUNES, José Augusto Quelhas Lima Engrácia. *Liability of corporate groups: autonomy and control in parent-subsidiary relationships in US, German and EU law: an international and comparative perspective.* Deventer: Kluwer, 1994, p. 156-160.

[824] Ana Perestrelo critica "a situação de *hipocrisia* em que tendem a viver os grupos de fato, os quais se multiplicam, mesmo na ausência de base normativa que confira legitimidade à direção unitária" (grifou-se) (OLIVEIRA, Ana Perestrelo. *Grupos de Sociedades e deveres de lealdade.* Coimbra: Almedina, 2012, p. 484, 485).

[825] Como observado no item 5.1 acima.

A interpretação rígida que se pretende combater aqui tampouco é corroborada pela ausência de convenção grupal na empresa plurissocietária de fato. É certo que o principal critério jurídico que demarca a diferença entre o regime bipartido adotado na Lei das S.A. é presença, ou não, de uma *convenção de grupo*. É verdade que o acordo expressa o *consenso* obtido entre as sociedades do grupo à subordinação de seus interesses aos propósitos de outras sociedades do grupo. Também se presta a conferir transparência e previsibilidade à distribuição de custos, de receitas e de resultados entre as sociedades (art. 276, §2º). Entretanto, a existência de um contrato não altera a natureza dos grupos, já que estes são fenômenos fáticos[826]. Dessa maneira, a formalização, ou não, do acordo não impacta a dinâmica concreta na qual ocorrem as relações intersocietárias; tampouco é impactada a forma por meio da qual o poder de controle é exercido no âmbito dessas organizações. Ademais, a exigência de *consenso* entre as sociedades não passa de uma ficção; haja vista que, na realidade, há apenas uma vontade preponderante: a da sociedade controladora, que determina os termos e as condições desse mesmo contrato[827].

Aqui, vale recorrer à lição de José Luiz Bulhões Pedreira, o coautor do anteprojeto que resultou na Lei das S.A., que já havia apontado a inadequação de uma visão rigorosa em torno do dever de perseguir o interesse social. Segundo o autor, os arts. 116 e 117 "foram redigidos para disciplinar a companhia *isolada*" (grifou-se), uma vez que não há como aplicar a rígida vedação à subordinação ao interesse social aos grupos de fato. Ainda de acordo com o coautor, é necessário "*adaptar* alguns dos tipos de abuso de poder ali previstos [nos arts. 116 e 117] às características do grupo de fato, cujo fim é obter os benefícios econômicos da ação coordenada das sociedades do grupo, *o que pode implicar em uma sociedade favorecer outra*" (grifou-se)[828]. Ao referir-se ao art. 115, José Luiz Bulhões Pedreira

826 Irujo, José Miguel Embid. *Introducción al derecho de los grupos de sociedades*. Granada: Comares, 2003, p. 9-13.

827 Antunes, José Engrácia. *Liability of corporate groups*: autonomy and control in parent-subsidiary relationships in US, German and EU law: an international and comparative perspective. Deventer: Kluwer Law and Taxation, 1994, p. 332.

828 Pedreira, José Luiz Bulhões, Grupos de Sociedades. *In*: Lamy Filho, Alfredo; Pedreira, José Luiz Bulhões (coords.). *Direito das companhias*. 2. ed. Rio de Janeiro: Forense, 2017, pp. 1408-1409.

reconheceu que "sua aplicação [a do art. 115] a companhias grupadas requer importantes adaptações, sob pena de se inviabilizar a formação e o funcionamento dos grupos de sociedade"[829].

É possível ir além. O mero fato de o art. 246 remeter aos arts. 116 e 117 não implica vedação à subordinação do interesse social. Isso porque os arts. 115 e art. 116, parágrafo único e o art. 117, *caput* são *cláusulas gerais*[830]; ou seja, são estruturas normativas "em branco", cuja vagueza resulta da escolha - frise-se consciente - do próprio legislador[831]. Portanto, a téc-

[829] PEDREIRA, José Luiz Bulhões, Grupos de Sociedades. *In*: LAMY FILHO, Alfredo; PEDREIRA, José Luiz Bulhões (coords.). *Direito das companhias*. 2. ed. Rio de Janeiro: Forense, 2017, pp. 1409-1410.

[830] ADAMEK, Marcelo Vieira Von. *Abuso de Minoria em Direito Societário*. São Paulo: Malheiros, 2014, p. 123; FRAZÃO, Ana. *Função social da empresa: repercussões sobre a responsabilidade civil de controladores e administradores de S/As*. Rio de Janeiro: Renovar, 2011, pp. 242 e ss.; FRANÇA, Erasmo Valladão Azevedo e Novaes; TANNOUS, Thiago Saddi. O acionista controlador tem o dever de sacrificar os próprios interesses em favor dos interesses da companhia, no contexto de uma relação contratual? In: BORBA, Gustavo Tavares; Borba, Rodrigo Tavares; ALMEIDA, José Gabriel Assis de (org.). *Comissão de Valores Mobiliários – precedentes COMENTADOS*. Rio de Janeiro: Forense, 2021, pp. 173-179; e SALOMÃO FILHO, Calixto. *O Novo Direito Societário*. 4 ed. São Paulo: Malheiros, 2015, p. 194. Sobre os deveres de lealdade e diligência destinados aos administradores, CAMPOS, Luis Antonio de Sampaio. Conselho de Administração e Diretoria. Deveres e Responsabilidades. *In*: LAMY FILHO, Alfredo; PEDREIRA, José Luiz Bulhões (coords.). *Direito das companhias*. 2. ed. Rio de Janeiro: Forense, 2017, pp. 792, 799, 800, 801, 822. No mesmo sentido, CVM, PAS n. RJ2012/1131, Diretora Relatora Luciana Dias, julgado em 26/05/2015.

[831] Não há consenso em torno da definição de cláusulas gerais, enquanto *técnica legislativa* ou *categoria normativa* distinta dos *conceitos jurídicos indeterminados* e dos *princípios jurídicos*. Na realidade, "cláusulas gerais são impossíveis de definir em absoluto", como bem observou Menezes Cordeiro (CORDEIRO, Antônio Menezes. *Da boa-fé no direito civil*. Coimbra: Almedina, 2013, p. 1183), sendo possível apenas delimitar algumas distinções. Obra de referência sobre o assunto é a *Introdução ao Pensamento Jurídico*, de Karl Engisch. para quem, cláusulas gerais são expressões abertas com a finalidade de abrigar, na hipótese legal, um amplo "domínio de casos" a ser submetido a um tratamento jurídico uniforme (ENGISCH, Karl. *Introdução ao pensamento jurídico*. Tradução: J. Baptista Machado. 5. ed. Lisboa: Fundação Calouste Gulbenkian, 1979, p. 189). Segundo Judith Martins Costa, cláusulas gerais são "estruturas normativas parcialmente em branco". A hipótese normativa é vaga e o enunciado também não vem acompanhado da respectiva consequência legal. Cabe então ao aplicador a dupla tarefa de (i) compreender a premissa legal, mediante pesquisa de *standards* e realidades valorativas em vigor; e, ato contínuo, (ii) definir a consequência

nica legislativa utilizada em ambos os dispositivos permite que o intérprete realize um processo valorativo diferenciado para essas normas, atento, simultaneamente, à realidade concreta, ao fenômeno econômico e à interpretação sistemática da legislação societária[832]. Já que o art. 117, §1º, se limita a indicar *exemplos* de condutas abusivas, é possível defender que o texto literal de determinadas alíneas – notadamente, "a", "b", "c" e "f" – não ilustram os ilícitos que se configuram no âmbito dos grupos de fato, haja vista a flagrante incompatibilidade com a dinâmica dessas formações empresariais. Por isso, a mera circunstância de art. 246 fazer remissão aos arts. 116 e 117 também não serve como argumento apto a sustentar a tese de que haveria rigorosa vedação à subordinação de interesses nos grupos de fato.

Todavia, a solução ofertada pelo legislador brasileiro para adequar a disciplina jurídica à realidade concreta não exige exercícios interpretativos abstratos em torno de *cláusulas gerais*, em detrimento da linguagem positivada na lei. Na verdade, a solução está textualmente indicada no próprio art. 245, ainda que de forma sutil. Após vedar o favorecimento de sociedade controladora, coligada e controlada, o dispositivo impõe aos administradores o dever de "zelar para que as operações entre as sociedades, se houver, observem condições estritamente comutativas, *ou com pagamento compensatório adequado*" (grifou-se).

O dispositivo impõe, portanto, dois parâmetros de conduta distintos. Como regra, vedam-se tanto o desfavorecimento da companhia, como a celebração de operações não comutativas. Entretanto, a parte final apresenta uma alternativa à regra geral. O pagamento compensatório é *opção*

jurídica correlata, atribuindo eficácia ao comando normativo a partir de outros elementos do sistema jurídico (Martins-Costa, Judith. A *boa-fé no direito privado: critérios para a sua aplicação.* 2ª ed. São Paulo: Saraiva, 2018, E-book).

832 O dever de *lealdade* instituído no art. 116 é amplo e genérico, desprovido de parâmetros que indiquem ao intérprete como essa norma deve ser implementada. Da mesma forma, o art. 117 alude ao *abuso de poder de controle* sem indicar os elementos que configuram o tipo, sendo que as hipóteses elencadas no §1º integram rol meramente exemplificativo da figura concebida no *caput.* Diante da abertura concedida na hipótese normativa, parece ser possível sugerir uma interpretação diferenciada para os deveres previstos no art. 116 parágrafo único e para o ilícito previsto no *caput* do art. 117 quando se trata de avaliar a conduta do controlador de um grupo societário.

à observância do interesse social e à estrita comutatividade das operações intragrupo. Trata-se de solução para a contradição aqui apontada (reconhecimento do grupo vs. dever de agir no interesse social), em que se afasta à ilicitude da subordinação de interesses no grupo.

### 5.3. Descoberta do pagamento compensatório adequado

A regra prevista no art. 245 é particularmente semelhante à do §311 da AktG[833], que regula o poder de direção exercido pela empresa dominante em um grupo de fato[834]. Contudo, há diferenças relevantes entre ambos os dispositivos, podendo-se apontar, desde já, quatro delas, quais sejam:

(i) o art. 245 da Lei das S.A. trata dos *administradores*, exclusivamente, enquanto o §311 da AktG prescreve um dever à *empresa dominante*;
(ii) o art. 245 opõe as noções de *desfavorecimento* e de *ausência* de *comutatividade* à alternativa de *compensação adequada*, enquanto o §311 não faz alusão expressa a contratos comutativos, razoáveis ou equitativos;
(iii) o art. 245 faz referência a *operações* entre sociedades, enquanto o §311 trata de *negócios jurídicos* e de *medidas* realizados sob a influência da empresa dominante; e
(iv) o art. 245 não estabelece nenhum prazo para realização do pagamento compensatório adequado, enquanto o §311 prevê que a

[833] Nesse sentido, Antunes, José Engrácia. *Liability of corporate groups*: autonomy and control in parent-subsidiary relationships in US, German and EU law: an international and comparative perspective. Deventer: Kluwer Law and Taxation, 1994, p. 326, nota de rodapé nº 326.

[834] Em tradução livre, "§311 – Limites à influência. (1) Se não houver um contrato de dominação, uma empresa dominante não poderá usar sua influência para fazer com que uma sociedade anônima ou sociedade em comandita por ações participe de um negócio jurídico que lhe seja desvantajoso, ou a tomar ou abster-se de tomar medidas desvantajosas, a menos que as desvantagens sejam compensadas". No original: "*§311 Schranken des Einflusses (1) Besteht kein Beherrschungsvertrag, so darf ein herrschendes Unternehmen seinen Einfluß nicht dazu benutzen, eine abhängige Aktiengesellschaft oder Kommanditgesellschaft auf Aktien zu veranlassen, ein für sie nachteiliges Rechtsgeschäft vorzunehmen oder Maßnahmen zu ihrem Nachteil zu treffen oder zu unterlassen, es sei denn, daß die Nachteile ausgeglichen werden*".

> compensação deve ser efetivada até o fim do exercício social no qual a sociedade dominada tenha sofrido o prejuízo ou, alternativamente, que empresa dominante, ao menos, determine, nesse prazo, como a compensação será realizada.

A despeito das discrepâncias, a similaridade estrutural entre o §311 da AktG e o art. 245 da Lei das S.A. é evidente. Assim como no sistema alemão, o art. 245 indica que o mero favorecimento de uma sociedade, ou a subordinação dos interesses de uma sociedade em benefício de outra, não são, *por si só,* ilícitos. Só haverá ilicitude na falta de compensação adequada. Logo, situações de favorecimento e de subordinação de interesses são *provisoriamente lícitas,* o que será confirmado com a efetivação do pagamento compensatório.

Já que é temporariamente *lícita,* a subordinação do interesse social não enseja, automaticamente, as perdas e danos previstos no art. 246 da Lei das S.A. A indenização pressupõe ato ilícito, além de dano e de nexo causal, nos termos do art. 927 do Código Civil. Não é o que sucede na hipótese do art. 245, porque a subordinação de interesses de uma sociedade aos de outra é, a princípio, *lícita,* a menos que não ocorra a devida compensação. Adiante se verá que a obrigação de *compensar* os efeitos do grupo é fundamentalmente distinta do dever de *indenizar*[835].

O art. 245 não é usualmente compreendido da maneira ora apresentada[836]. A título ilustrativo, ao contrastar o §311 da AktG com a Lei das S.A., Fábio Konder Comparato afirma que a orientação alemã "nada tem a ver com o sistema brasileiro em matéria de abuso de poder de controle, que entre nós, é sempre ilícito". No sentido defendido por Fábio Konder Comparato, o art. 245 seria mera "norma de *desestímulo* a manutenção de grupos de fato" (grifou-se). Isso porque, no sistema brasileiro, "todo dano provocado pelo exercício do poder de controle obriga a reparar; e não da forma e no prazo que for estipulado pela controladora"[837].

[835] Ver item 5.9.

[836] Ver item 1, notas de rodapé nº 8, nº 9, nº 15 e nº 25 deste trabalho.

[837] Comparato, Fábio Konder. Abuso de controle em grupo societário de fato: remédio jurídico cabível. In: *Direito empresarial*: estudos e pareceres. 1. ed., 2. tir. São Paulo: Saraiva, 1995, p. 293-316.

A leitura sustentada pelo referido autor contraria o texto expresso do art. 245 e recusa-se a reconhecer a notória semelhança entre este dispositivo e o §311 do modelo alemão que serviu de base à regulação dos grupos adotada na Lei das S.A. É interpretação, ainda, que nega tanto a função socioeconômica dos grupos, como a necessidade de reconhecer, juridicamente, as consequências da integração empresarial, as quais, derradeiramente, justificam a existência das próprias organizações empresariais em questão.

Apesar de minoritária, parte da doutrina já se posicionou no sentido defendido neste trabalho. Apresentem-se quatro autorias, de forma ilustrativa.

Segundo José Luis Bulhões Pedreira, "a norma do artigo 245 revela o reconhecimento de que nos grupos de sociedades nem sempre é praticamente possível ou economicamente conveniente que todos e cada um dos negócios entre as sociedades observem 'condições estritamente comutativas'" [838]. Indo além, o autor também afirma que "para permitir o funcionamento dos grupos de fato a Lei admite, alternativamente, negócios não comutativos, desde que mediante pagamento compensatório adequado"[839].

Para Eduardo Secchi Munhoz, o art. 245 torna "perfeitamente admissível que, em determinadas operações, a companhia sofra perdas, desde que elas sejam compensadas por benefícios superiores, que decorram de sua integração ao grupo"[840].

[838] LAMY FILHO, Alfredo; PEDREIRA, José Luiz Bulhões (coords.). *Direito das companhias*. 2. ed. Rio de Janeiro: Forense, 2017, p. 1407.

[839] LAMY FILHO, Alfredo; PEDREIRA, José Luiz Bulhões (coords.). *Direito das companhias*. 2. ed. Rio de Janeiro: Forense, 2017, p. 1407.

[840] MUNHOZ, Eduardo Secchi. Grupos societários de fato. Estrutura de governo e poderes do acionista controlador. *In*: CASTRO, Rodrigo Monteiro de et al. (coord.). *Direito empresarial e outros estudos de direito em homenagem ao professor José Alexandre Tavares Guerreiro*. São Paulo: Quartier Latin, 2013, p. 267-291. Note-se, porém, que o autor defende que a teoria do *interesse do grupo*, expressamente reconhecida nos grupos de direito, também seria aplicável aos grupos de fato. Discorda-se dessa intepretação, na medida em que grupos de fato não forma novo sujeito de direito ou pessoa jurídica, a quem se possa reconhecer interesse distinto de seus sócios

De acordo com Viviane Muller Prado, "o legislador foi influenciado pela legislação alemã ao permitir sejam realizados negócios não comutativos, desde que haja a devida compensação, e prevendo a responsabilidade pela não observância desta obrigação. Sem dúvida, o art. 245 assemelha-se ao disposto nos §§311 e 317 da AktG"[841].

Segundo Daniel Vio, "o grupo impõe a valoração da comutatividade por prisma diverso", havendo certa "tolerância a uma aparente perda imediata e em curto prazo – que sob uma perspectiva de longo prazo pode se revelar, em verdade, um investimento altamente recompensador para a sociedade isolada"[842]. E mais adiante: "o artigo 245 prevê ainda que, mesmo diante de evidentes perdas sofridas pela sociedade controlada, restará excluída a ilicitude do comportamento da sociedade controladora em caso de 'pagamento compensatório', nitidamente elevado pela lei a substituto da comutatividade contratual em operações específicas"[843]-[844].

Por fim, de acordo com Pedro Rebello Bortolini, a solução para lidar com os grupos de fato "não passa por tratar as sociedades deles integrantes como se fossem completamente independentes (jurídica ou economicamente) uma da outra. Porque não são." Afirma, então, que "a própria lei excepciona a possibilidade de os administradores realizarem operações em bases não comutativas entre sociedades unidas por relação de

[841] Prado, Viviane Muller. *Conflito de Interesses nos Grupos Societários*. São Paulo: Quartier Latin, 2006, p. 249.

[842] Vio, Daniel de Avila. *Grupos Sociedades:* Ensaio sobre os Grupos de Subordinação, de Direito e de Fato no Direito Societário Brasileiro. São Paulo: Quartier Latin, 2016, p. 229-230.

[843] Vio, Daniel de Avila. *Grupos Sociedades:* Ensaio sobre os Grupos de Subordinação, de Direito e de Fato no Direito Societário Brasileiro. São Paulo: Quartier Latin, 2016, p. 233.

[844] Em sentido semelhante, Modesto Carvalhosa e Fernando Kuyven, "a Lei Societária não exige que todo e cada um dos negócios realizados entre sociedades integrantes do grupo de fato seja celebrado em condições estritamente comutativas. Ela veda o favorecimento, protegendo os minoritários e o interesse social ao exigir que o conjunto das operações intragrupo durante cada exercício social não cause prejuízos indevidos a uma determinada sociedade. Essa realidade é conhecida pelo art. 245 da Lei Societária que admite negócios não comutativos desde que mediante pagamento compensatório adequado" (Carvalhosa, Modesto; Kuyven, Martins. *Sociedades anônimas.* São Paulo: Revista dos Tribunais, 2016 (coleção Tratado de Direito Empresarial, vol. III), p. 1059).

controle ou coligação desde que, nesse caso, ocorra pagamento compensatório adequado (Lei das S.A., art. 245)"[845].

Os itens subsequentes pretendem examinar detalhadamente o sistema de pagamento compensatório brasileiro, a fim de estabelecer seus contornos, de examinar a melhor forma de implementá-lo e de compreender os respectivos limites funcionais.

### 5.4. A obrigação de compensar: visão geral, semelhanças e diferenças em relação aos modelos estrangeiros analisados neste trabalho

A Lei das S.A. não exige que cada um dos negócios celebrados no grupo seja realizado em *condições estritamente comutativas*. De acordo com José Luiz Bulhões Pedreira, para assegurar a economia da companhia – e, consequentemente, os interesses de acionistas minoritários e de credores –, interessa verificar "o *conjunto* das prestações entre as sociedades" (grifou-se)[846]. Isso porque o que importa não é o efeito de cada negócio ou de cada deliberação, mas "a comparação do *conjunto* das prestações entre as sociedades durante determinado período de tempo" (grifou-se)[847].

Sob a ótica apresentada pelo referido autor, a legislação nacional deve reconhecer que os critérios para a avaliação sobre atos praticados entre as sociedades agrupadas exigem exame do quadro completo, e dinâmico, do grupo no qual elas se inserem – considera-se, assim, que a participação na empresa plurissocietária confere tanto *vantagens*, quanto *desvantagens*, aos respectivos membros, dentro de determinado *ciclo econômico*[848]. Descarta-se a abordagem tradicional adotada para examinar uma transação celebrada entre uma companhia isolada e seu

[845] Bortolini, Pedro Rabello. *Recuperação Judicial dos Grupos de Empresas*: Aspectos Teóricos e Práticos da Consolidação Processual e Substancial. Indaiatuba: Foco, 2023, p. 84-85.

[846] Bulhões Pedreira, José Luiz. Coligação e Grupamento de Sociedades. *In:* Lamy Filho, Alfredo; Pedreira, José Luiz Bulhões (coords.). *Direito das companhias.* 2ª ed. Rio de Janeiro: Forense, 2017, p. 1407.

[847] Bulhões Pedreira, José Luiz. Coligação e Grupamento de Sociedades. *In:* Lamy Filho, Alfredo; Pedreira, José Luiz Bulhões (coords.). *Direito das companhias.* 2ª ed. Rio de Janeiro: Forense, 2017, p. 1407.

[848] A expressão é de Marco Venturuzzo, sobre o sistema italiano das vantagens compensatórias, em Ventoruzzo, Marco. Responsabilità da direzione e coordinamento e vantaggi compensativi futuri. *Rivista delle società.* Milano, vol. 61, n. 2/3, p. 363-391, 2016.

acionista controlador, ou seus administradores – tradicionalismo no qual, em suma, é desconsiderado o contexto mais amplo na qual está inserida a atividade empresarial.

Entretanto, a Lei das S.A. não permite avaliar o desfavorecimento da companhia *à luz do resultado global* das atividades desempenhadas no grupo, tal como autoriza expressamente o art. 2497 do *Codice Civile*, examinado no item 4.2.3 acima. O diploma brasileiro permite *inferir* que a mera participação no grupo conferirá vantagens suficientes para equilibrar eventual desfavorecimento sofrido pela companhia que for preterida em determinada operação societária, mas não alude ao *resultado global do grupo* em certo lapso temporal. Ciente da realidade empresarial, lei brasileira apenas *tolera* a subordinação de interesses e a celebração de transações não equitativas; porém, exige compensação *efetiva* e *adequada* em contrapartida.

Com efeito, o art. 245 emprega a expressão "pagamento compensatório adequado". Há de se analisar o significado dos termos ali contidos. *Pagamento* é modo ordinário de extinção das obrigações[849], ou de cumprimento voluntário de uma obrigação[850]. Logo, quando invoca o conceito de "pagamento", a lei societária pressupõe a existência de um *vínculo obrigacional*. *Obrigações*, por sua vez, são liames jurídicos entre duas partes, em virtude dos quais uma delas se torna adstrita a satisfazer uma prestação *patrimonial* de interesse de outra[851]. Do lado da parte credora, há uma *pretensão*; e, do lado da parte devedora, *obrigação*[852]. Portanto, no direito brasileiro, a compensação exigida pela lei é uma *prestação* economicamente apreciável, sendo a companhia desfavorecida na operação a credora da própria obrigação.

[849] Venosa, Sílvio de Salvo. *Direito Civil:* Obrigações e Responsabilidade civil. 21ª ed. São Paulo: Atlas, 2021. E-book, p. 174.

[850] Pereira, Caio Mário da Silva. Instituições de Direito Civil. 33ª ed. Rio de Janeiro: Forense, 2022. E-book, v. II, p. 400.

[851] Gomes, Orlando. *Contratos.* 26ª ed. Rio de Janeiro: Forense, 2009, p. 17. Ou, segundo Caio Mario, "obrigação é o vínculo jurídico em virtude do qual uma pessoa pode exigir de outra prestação economicamente apreciável" (Pereira, Caio Mário da Silva. Instituições de Direito Civil. 33ª ed. Rio de Janeiro: Forense, 2022. E-book, v. II, p. 51).

[852] Pontes De Miranda, Francisco Cavalcanti. *Tratado de Direito Privado.* São Paulo: Revista dos Tribunais, 2012, t. XXII, p. 70.

Na acepção técnica, *obrigação* não se confunde com *dever jurídico*. A obrigação impõe uma prestação de cunho econômico, enquanto o dever se restringe a uma simples postura geral, em conformidade ao direito[853]. Especificamente na Lei das S.A., *deveres* são normas de conduta que determinaram *padrões de comportamento* a serem adotados pelos acionistas. Há, por exemplo, o dever de *votar no interesse social*, muito embora nenhum acionista esteja *obrigado* a fazê-lo; e tampouco exista um credor que possa exigir o voto do sócio[854]. Mais especificamente ainda, em relação ao acionista controlador, a referida lei estabelece o *dever geral* de usar o poder, com o fim de tanto fazer a companhia realizar o seu objeto, como o de cumprir sua função social (art. 116, parágrafo único). A bem da verdade, a única *obrigação* imposta a todos os acionistas, independentemente de sua posição na sociedade, é o de realizar o capital subscrito, da qual a companhia é credora[855].

Todavia, no âmbito dos grupos de fato, a lei optou por impor verdadeira *obrigação* de realizar pagamento compensatório à companhia desfavorecida, e não um *dever* genérico comportamental. O art. 245 não é um *standard* genérico de conduta para aferir a razoabilidade de uma decisão empresarial; é, sim, uma *obrigação* a ser adimplida.

Nesse aspecto, a lei brasileira alinha-se à orientação legislativa alemã, em que a compensação deve ser real e efetiva, para cada medida ou para cada ato que sejam desfavoráveis à companhia. Da mesma forma, no sistema da Lei das S.A., cada situação de desfavorecimento ou cada operação não comutativa criarão vínculo obrigacional entre a sociedade controladora e a sociedade desfavorecida. Trata-se de liame cuja prestação consiste, precisamente, na realização de pagamento compensatório adequado.

[853] RIZZARDO, Arnaldo. *Direitos das Obrigações*. 9ª ed. Rio de Janeiro: Forense, 2018. E-book, p. 5.

[854] BARBOSA, Marcelo. Obrigações dos Acionistas. *In:* LAMY FILHO, Alfredo; PEDREIRA, José Luiz Bulhões (coords.). *Direito das companhias*. 2ª ed. Rio de Janeiro: Forense, 2017, p. 207.

[855] BARBOSA, Marcelo. Obrigações dos Acionistas. *In:* LAMY FILHO, Alfredo; PEDREIRA, José Luiz Bulhões (coords.). *Direito das companhias*. 2ª ed. Rio de Janeiro: Forense, 2017, p. 207.

Por isso, a Lei das S.A. distancia-se de dois modelos analisados anteriormente nos itens 4.2.4.1 e 4.3: (i) da abordagem defendida por certos autores italianos em relação ao art. 2497 do *Codice Civile*; e (ii) da doutrina Rozenblum e das propostas legislativas nela inspiradas, como o *European Model Companies Act*.

Cabe rememorar, sucintamente, cada um daqueles modelos. Para parte da doutrina italiana, a norma prevista no art. 2497 do *Codice Civile* impõe mero *standard* de conduta à sociedade controladora, por meio do qual se deve *razoavelmente* esperar que as políticas ou estratégias gerais do grupo – seja no médio prazo, seja no longo –proporcionarão uma vantagem capaz de compensar o prejuízo causado a uma de suas controladas[856]. Da mesma forma, o *European Model Companies Act*[857] propõe que administradores possam agir contrariamente ao interesse social de uma sociedade do grupo se for possível "razoavelmente assumir que a perda/dano/desvantagem será, em um período razoável, balanceada por um "benefício/ganho/vantagem"[858]. Nas duas vertentes – italiana e do *European Model Companies Act* –, não interessa apurar o resultado, positivo ou negativo, de cada sociedade após a realização de um ato, de uma operação ou de medida; interessa, sim, o resultado que poderia ser *razoavelmente esperado* quando a decisão foi tomada. São abordagens que se fundamentam na doutrina do *interesse do grupo*, a qual, por sua vez, busca legitimar a gestão grupal sob lentes permissivas, renunciando-se ao rígido equilíbrio entre desvantagens e benefícios.

Não foi, contudo, a orientação adotada no ordenamento alemão[859], nem é o que sucede no Brasil[860]. Tanto no modelo germânico, como no brasileiro, confere-se algum grau de flexibilidade à gestão empresarial, mas sem a necessidade de que se recorra ao interesse do grupo, para legi-

[856] Montalenti, Paulo. Conflitto di interessi nei gruppi di società e teoria dei vantaggi compensativi, *Giurisprudenza Commerciale*, 1995, p. 710-236.

[857] Ver capítulo 4, item 4.

[858] Ver íntegra no item 4.3.2.4, nota de rodapé nº 597 deste trabalho.

[859] Prado, Viviane Muller. *Conflito de Interesses nos Grupos Societários*. São Paulo: Quartier Latin, 2006, p. 242-243.

[860] Ver capítulo 3, item 3.1.

timar a gestão grupal[861]. A tolerância – ou, segundo a doutrina alemã, o *privilégio*[862] – que conferido pelo legislador à atividade do grupo consiste, justamente, na possibilidade de subordinar os interesses de uma sociedade ao de outra de forma temporária; e, frise-se, até que seja efetivada a compensação e desde que seja possível determinar com clareza o *modo*, o *tempo* e a *natureza* da compensação, como se verá adiante[863].

Derradeiramente, prevalece a exigência de cumprir o interesse social de cada companhia agrupada, o que é logrado por meio da compensação. A finalidade é a de *neutralizar* os efeitos nocivos da associação a um grupo e de, assim, impedir a materialização de um prejuízo.

É interpretação consistente com a primeira parte do art. 245, em que se veda o favorecimento de coligada, de controladora ou de controlada *em prejuízo da companhia*[864]. É leitura igualmente consentânea com aquela interpretação mais restritiva das hipóteses de abuso de poder de controle, previstas em certas alíneas do §1º do art. 117 e nas quais a ilicitude da conduta é diretamente associada à configuração de um *prejuízo* efetivo[865]. Trata-se de prejuízo, por sua vez, que não decorre da mera subordinação de interesses, a qual é, em princípio, *lícita* nos grupos de fato. O prejuízo é, pelo contrário, decorrente da ausência de pagamento compensatório adequado.

Portanto, no âmbito da Lei das S.A. a compensação serve para garantir um jogo de *soma-zero* ou de *soma positiva* no âmbito do grupo. Será de soma-zero, caso a compensação paga por uma sociedade à outra neutralize

[861] Vio, Daniel de Avila. *Ensaio sobre os Grupos de Subordinação, de Direito e de Fato, no Direito Societário Brasileiro*. 2014. Tese (Doutorado em Direito Comercial) – Faculdade de Direito, Universidade de São Paulo, São Paulo, 2014, p. 187.

[862] Schmidt, Karsten; Lutter, Marcus. *AktG Kommnentar*. 4ª ed. Köln: Otto Schmidt, 2020, p. 3905-3906.

[863] Ver item 5.10.

[864] Munhoz, Eduardo Secchi. Grupos societários de fato. Estrutura de governo e poderes do acionista controlador. *In*: Castro, Rodrigo Monteiro de *et al.* (coord.). *Direito empresarial e outros estudos de direito em homenagem ao professor José Alexandre Tavares Guerreiro*. São Paulo: Quartier Latin, 2013, p. 267-291.

[865] As alíneas "a", "b" e "c" do art. 117, §1º, exigem a configuração de prejuízo ou a intenção de causá-lo.

(i) a *desvantagem* incorrida pela companhia desfavorecida; e (ii) a *vantagem* auferida pela sociedade favorecida. Será de soma positiva caso, mesmo após efetuar o pagamento compensatório, a sociedade inicialmente favorecida, ainda assim, se encontre em situação melhor que a inicial.

Quando exige a efetiva neutralização do prejuízo, a Lei das S.A. rejeita a lógica de eficiência de Kaldor-Hicks[866]. Relembre-se que, segundo essa teoria, determinada organização dos fatores de produção no grupo é *eficiente*, se os benefícios auferidos por determinadas sociedades são *suficientes* para compensar as desvantagens incorridas pela companhia e, ainda sim, bastem para proporcionar às primeiras uma vantagem líquida em comparação com a situação inicial[867], dispensando-se, porém, a efetiva compensação.

Quando exige *pagamento compensatório adequado*, o legislador pátrio filiou-se à noção de eficiência de Pareto, na qual a alocação de recursos só é eficiente se nenhuma sociedade resta prejudicada ao final da opera-

[866] Ao contrário, portanto, do que se defendeu em VIO, Daniel de Avila. *Grupos Societários: Ensaio sobre os Grupos de Subordinação, de Direito e de Fato no Direito Societário Brasileiro.* São Paulo: Quartier Latin, 2016, p. 121 e 230. O autor argumentou-se que o sistema do art. 245 seria orientado pelo equilíbrio de Kaldor-Hicks: "O que o legislador buscou, ao instituir a exclusão de ilicitude em caso de 'pagamento compensatório adequado', nos termos do próprio artigo 245 da Lei 6.404/1976, ou ainda ao permitir, pela via da celebração de convenção, a gestão centralizada e a subordinação de interesses no grupo de direito, consoante o artigo 276, é abrir espaço para a persecução de políticas orientadas por um equilíbrio de Kaldor-Hicks, no qual interesses individuais podem ser sacrificados em nome de uma maior utilidade total para o conjunto dos agentes" (p. 121) e ainda " É exatamente essa tolerância a uma aparente perda imediata e em curto prazo – que sob uma perspectiva de longo prazo pode se revelar, em verdade, um investimento altamente recompensador para a sociedade isolada – que permite ao grupo superar a eficiência meramente paretiana e perseguir resultados orientados por uma lógica de Kaldor-Hicks, conforme já discutido no Capítulo 3" (p. 230). Na verdade, é o contrário: a exigência de compensação prevista na Lei das S.A. é precisamente o que a afasta da noção de eficiência de Kaldor-Hicks e a reaproxima do equilíbrio clássico paretiano.

[867] KALDOR, Nicholas. Welfare Propositions of Economics and Interpersonal Comparisons of Utility. *The Economic Journal.* Oxford, vol. 49, n. 195, p. 549-552, set. 1939 e HICKS, J. R. The Foundations of Welfare Economics. *The Economic Journal.* London, vol. 49, n. 196, p. 696-712, dez. 1939.

ção[868]. Todas as desvantagens devem ser neutralizadas por meio de efetivas obrigações compensatórias.

Feita essa exposição inicial sobre o sistema brasileiro, passa-se a analisar, pormenorizadamente, a disciplina compensatória criada no art. 245. Começa-se, no item seguinte, pelos sujeitos abrangidos pela norma.

## 5.5. Abrangência da norma: os administradores e a sociedade controladora

O art. 245 estabelece condições especiais para a responsabilização dos administradores, caso estes ajam contrariamente ao interesse social e deixem de providenciar pagamento compensatório adequado. Contudo, o texto do dispositivo não é claramente direcionado à sociedade controladora, em notória oposição ao modelo alemão, cujo §311 da AktG impõe deveres de conduta à empresa dominante[869]. Também se contrapõe ao sistema italiano, no qual o art. 2497 do *Codice Civile* estabelece hipótese de responsabilidade da sociedade ou entidade que exerce atividade de *direção e de coordenação*[870].

Quando direcionou textualmente o mecanismo de pagamento compensatório apenas aos administradores de sociedades agrupadas, a Lei das S.A. criou uma regra assistemática e incompatível com os objetivos que orientam a disciplina normativa direcionada à empresa plurissocietária. Este trabalho defenderá que o sistema previsto no art. 245 – isto é, a regra geral que veda ao favorecimento de sociedade e de realização de operações não comutativas, bem como a exceção que permite violar esses preceitos sob a condição de compensação adequada – é aplicável tanto aos *administradores* de companhias agrupadas, como à *sociedade controladora* e às demais sociedades que integram essas organizações empresariais.

Relembre-se que a Lei das S.A. reconhece a influência permanente e estrutural do controlador sobre os administradores de uma compa-

868 Cheffins, Brian R. *Company law: theory, structure, and operation.* Oxford: Clarendon Press, 1997, p. 14.

869 Ver item 4.1.3.

870 Ver item 4.2.

nhia[871]-[872]. A independência formal atribuída ao órgão cede facilmente à realidade do poder societário, cuja preponderância sobre os órgãos administrativos se faz valer por meio da prerrogativa concedida ao controlador para destituir os administradores a qualquer tempo, de forma motivada ou não (art. 122, II). Essa realidade é capturada, com clareza, na própria definição de poder de controle, conceito, por sua vez, atrelado à *direção* das atividades e à *orientação* do funcionamento dos órgãos sociais, prevista textualmente no art. 116, *caput*, "b". O texto legal é coerente com a constatação realista de que, geralmente, o acionista controlador e os administradores *agem de forma concertada*, em virtude da subordinação estrutural dos últimos perante o primeiro.

Se essa constatação é correta para a sociedade isolada, é tanto mais válida nos grupos societários. Isso porque a força que mantém as sociedades unificadas, formando uma unidade econômica, é precisamente o *poder de controle* que se impõe, verticalmente, da sociedade controladora sobre as respectivas controladas. Trata-se do fenômeno similar à *direção unitária* que, nos grupos de *subordinação*, deriva do poder que a sociedade dominante exerce sobre a estrutura societária[873]. Os administradores são, portanto, *longa manus*[874] da sociedade controladora, cujas atribuições são utilizadas para fazer implementar, em cada membro do grupo, ordens, direções, políticas e estratégias que emanam da própria controladora. Em que pesem a independência e a imposição de deveres que são próprios aos administradores, o que lhes permite *desviar-se* da orientação definida pelo controlador (ainda que sob a ameaça de destituição de seu cargo)[875]-[876], os mesmos administradores são meros coadjuvantes, em cenário no qual a sociedade controladora é o ator principal.

[871] GUERREIRO, José Alexandre Tavares. Sociologia do Poder na Sociedade Anônima. *Revista de Direito Mercantil Industrial, Econômico e Financeiro*. São Paulo, ano XXIX (Nova Série), n. 77, p. 50-56, jan./mar. 1990.

[872] Ver item 3.3.

[873] Não se pode descurar as diferenças entre direção unitária e controle, como apontado no item 1.1.1 acima.

[874] GALGANO, Francesco. I gruppi nella riforma delle società di capitali. *Contratto e impresa*. Padova, vol. 18, n. 3, p. 1015-1045, 2002.

[875] Sobre natureza do poder exercido pela sociedade controladora sobre a administração, ver VENTORUZZO, Marco. Responsabilità da direzione e coordinamento e vantaggi com-

Tanto é assim que os deveres atribuídos aos *administradores* no âmbito do art. 245 – que veda tanto o *favorecimento* de sociedade em detrimento da companhia, como a condução de operações não comutativas – têm conteúdo semelhante ao dever atribuído ao *acionista controlador* no art. 117, §1º, "f", o qual reputa como abusiva a contratação com a companhia em situação seja de favorecimento, seja não equitativa[877].

Seria, desse modo, um absoluto contrassenso, por um lado, conferir *flexibilidade* aos administradores, para que estes possam gerir o grupo societário, mas, de outro lado, não conceder a mesma tolerância à sociedade controladora, da qual justamente emana a *fonte* do poder de controle que promove a integração econômica implementada pelos mesmos administradores. Integração essa que, por sua vez, tanto caracteriza o grupo societário, como justifica a razão para que este exista.

Caso a Lei das S.A. impusesse dois *standards* de conduta diferentes para o administrador e para a sociedade controladora, o resultado dessa orientação legislativa seria a de que uma mesma situação fática poderia acarretar consequências absolutamente distintas para cada um desses agentes. Por um lado, o administrador que favorecer sociedade em detrimento da companhia – mas que, posteriormente compensar a desvantagem nos termos do art. 245 – não teria agido licitamente e não será responsabilizado. Por outro lado, a sociedade controladora que celebrou a *mesma operação* sob análise teria agido mediante abuso de poder de con-

pensativi futuri. *Rivista delle società.* Milano, vol. 61, n. 2/3, p. 363-391, 2016. Segundo o autor, tratar-se de um poder de fato, porém não executável, posto que os administradores podem recursar-se a cumpri-lo.

[876] Nos grupos contratuais da Alemanha, a empresa dominante tem o poder de emitir *instruções* à administração da companhia dependentes e estes são *obrigados* a segui-la, nos termos do §308 (2), enquanto nos grupos de fato a sociedade dominante pode *influenciar* a administração da companhia dependente, mas os administradores não podem obrigar os administradores a seguir as suas orientações (Emmerich, Voker; Habersack, Mathias. *Aktien- und GmbH-Konzernrecht.* 6ª ed. rev. München: C.H. Beck, 2010, p. 550-589). A Lei das S.A. não prevê obrigação dos administradores de sociedades agrupadas implementarem as diretrizes que emanam da sociedade controladora, porém autoriza a subordinação de interesses de uma sociedade aos de outra nos termos da convenção grupal, conforme art. 276, *caput.*

[877] Sobre a semelhança entre os deveres contidos nos arts. 117, §1º, "f", 156 §1º e 245, ver item 5.8.2.

trole, podendo ser responsabilizada, nos termos do art. 246 da mesma Lei das S.A.

Diante do impasse, o art. 245 da Lei das S.A. deve ser lido de forma que a realidade jurídica seja consentânea com a realidade econômica. Isso porque deve ser evitada *hipócrita* crença[878] segundo a qual o controle exercido sobre uma companhia isolada seria qualitativamente idêntico ao controle exercido sobre um grupo.

É preciso considerar, de um lado, que os grupos são um fenômeno de subordinação a somente um poder de controle e, de outro, que a submissão da administração ao controlador é um dado de fato reconhecido pelo direito (a partir da redação do art. 116, *caput*, "b"). Com fundamento nessa dupla consideração, é irrecusável alargar o espaço que a redação do art. 245 conferiu aos grupos de fato, desse modo promovendo adequação substancial da disciplina designada aos administradores, para abarcar, também, a sociedade controladora e as demais sociedades do grupo.

A impossibilidade de restringir o mecanismo de compensação previsto no art. 245 exclusivamente em benefício dos administradores da companhia é ainda mais evidente, diante da constatação de que as *operações* às quais o dispositivo se refere, que devem, em regra, seguir parâmetros de estrita comutatividade, são celebradas *entre a companhia e as demais sociedades do grupo*, e não entre a *companhia e os administradores.*

Contratos entre a companhia e os administradores são objeto do art. 156, §1º, no qual a exigência de contratação em condições razoáveis e equitativas recai diretamente sobre os administradores, compreendidos como *partes* do negócio jurídico em questão. Por sua vez, as operações sobre as quais incide o art. 245 são realizadas *entre sociedades do grupo*. Embora os administradores *negociem, celebrem, representem* e *presentem*[879] a companhia e as demais sociedade no exercício de suas atribuições legais (art. 144), tanto a vedação ao favorecimento de sociedade, como o dever de prever condições estritamente comutativas recaem, ambos e inevita-

[878] Perestrelo, em defesa da aplicação do *princípio da lealdade* aplicável ao direito societário para adequar a disciplina portuguesa à realidade dos grupos de fato (Oliveira, Ana Perestrelo. *Grupos de Sociedades e deveres de lealdade.* Coimbra: Almedina, 2012, p. 484, 485).

[879] Pontes De Miranda, Francisco Cavalcanti. *Tratado de Direito Privado* São Paulo: Revista dos Tribunais, 2012, t. I, p. 578-590.

velmente, sobre as *partes* que efetivamente celebram a operação regulada pela norma. Logo, o padrão de conduta criado no dispositivo não pode restringir-se aos administradores da companhia. São, igualmente, destinatárias da regra as *sociedades* que integram o mesmo grupo e que celebram as referidas operações.

Há um último fundamento que reforça novamente a conclusão quanto à incidência do art. 245 sobre a conduta da sociedade controladora e das demais sociedades agrupadas. Trata-se de embasamento derivado de duas indagações, legítimas e inevitáveis. Caso a companhia seja desfavorecida ou caso haja celebração de operação não comutativa, *quem* deve efetuar o pagamento compensatório? *Quem* é o titular do patrimônio sobre o qual recai essa obrigação? É intuitivo concluir, como resposta, que o patrimônio *da sociedade favorecida* responderá pela compensação da companhia preterida no grupo, jamais o patrimônio pessoal do administrador que representou a companhia na operação em análise. E são três os motivos principais para tanto.

Primeiro, porque se não fosse assim, haveria enriquecimento sem causa da sociedade favorecida (art. 884 do Código Civil). Segundo, porque a finalidade da compensação é *equilibrar as vantagens e desvantagens do grupo*, de modo a lograr a melhor eficiência alocativa de recursos na empresa plurissocietária[880]. Cabe à sociedade temporariamente favorecida no grupo compensar as desvantagens incorridas pelas outras, de modo a equilibrar os efeitos positivos do grupo entre as sociedades que o integram. Terceiro, porque os administradores não são pessoalmente responsáveis pelas obrigações da companhia em *ato regular de gestão*, conforme art. 158 da Lei das S.A.[881]. Se a realização de pagamento compensatório *afasta a ilicitude* da conduta que provar a subordinação de interesses da companhia no grupo[882], o administrador em questão terá agido dentro das suas atribuições e em consonância com o art. 245. Logo, não deverá

[880] Ver item 3.7, no qual se demonstrou que a noção de eficiência utilizada na Lei das S.A. é a eficiência de Pareto.

[881] É cediço que os mesmos administradores respondem pessoalmente pelos prejuízos apenas em caso de violação da lei ou nas demais hipóteses previstas no art. 158 da Lei das S.A.

[882] Ver itens 5.2 e 5.3.

responder com o próprio patrimônio pela obrigação de compensar, como prevê o art. 158.

Como regra, a sociedade *favorecida* pelo ato ou operação poderá ser a sociedade controladora ou outra sociedade coligada ou controlada[883]. Entretanto, ainda que a sociedade imediatamente favorecida seja outra empresa do grupo que não a sociedade controladora, é correto assumir que esta será sempre favorecida pela medida ou pela operação em questão, ainda que de forma *indireta*. Viu-se no item 3.2 acima que as políticas, estratégias e operações conduzidas no grupo de fato não são realizadas em benefício de um abstrato *interesse do grupo*. A referência ao *interesse do grupo* é retórica vazia. Na verdade, derradeiramente, as políticas conduzidas no grupo atendem ao interesse da sociedade controladora localizada no topo da estrutura societária[884], que usa seu poder para instrumentalizar as controladas tanto em prol da própria vontade, como em benefício da unidade econômica como um todo.

Portanto, a sociedade controladora não é apenas quem, diretamente ou indiretamente, orienta os administradores e as suas controladas a realizar ato, medida ou operação desfavoráveis à companhia; a controladora é, ainda, quem se beneficia do mesmo ato, medida ou operação, ainda que de forma indireta e mediata. Daí ser correta a conclusão de que é a sociedade controladora que deve ter seu patrimônio atingido pela obrigação de efetuar pagamento compensatório, nos termos do art. 245. Uma vez realizada a compensação, resta afastada a responsabilização da sociedade controladora por perdas e por danos, nos termos do art. 246, e não somente a responsabilidade dos administradores, como preconiza o expressamente art. 245.

Se a sociedade controladora está abrangida tanto pela vedação ao favorecimento de sociedade em detrimento da companhia, quanto pela alter-

[883] O art. 245 não abrange situações de conflito de interesses fora dessas relações intersocietárias. Se o ato ou operação beneficiar interesse pessoal do acionista controlador que seja pessoa física ou dos administradores, o art. 245 não é aplicável, a subordinação de interesses não poderá se remediada via pagamento compensatório e a conduta em questão será considerada de plano ilícita, ao violar os arts. 116, 117, ou 156 da Lei das S.A.

[884] Prado, Viviane Muller. *Conflito de Interesses nos Grupos Societários*. São Paulo: Quartier Latin, 2006, p. 562.

nativa de compensação, sobrevém a indagação: como imputar o dever de compensar à sociedade controladora? É preciso *identificar a conduta* por ela praticada, conduta essa que seja passível de subsunção à norma prevista no art. 245. É do que se cuidará no item seguinte.

## 5.6. Identificação da conduta da sociedade controladora

Se foi a própria sociedade controladora que celebrou contrato ou que realizou uma operação não comutativa com a companhia, a conduta é facilmente identificável. Afinal, foi a própria controladora que celebrou negócio em desobediência ao previsto no art. 245. Cabe, então, à mesma controladora efetuar a compensação, de modo a neutralizar os efeitos negativos da operação sobre a companhia.

Entretanto, nem sempre a operação será celebrada entre a sociedade controladora e a companhia. O negócio poderá ser entre a companhia e outra sociedade do grupo, que assim o fazem *sob a orientação* da sociedade que as controla. Ademais, e como se verá melhor adiante[885], o art. 245 não recai apenas sobre contratos ou sobre operações entre duas sociedades do grupo. Isso porque a primeira parte do dispositivo veda o favorecimento de sociedade coligada, controladora ou controlada, independentemente da forma por meio da qual o benefício indevido é concretizado – seja por meio de operação entre sociedades, seja por outra medida que não se materialize em um contrato.

Nesses casos, não é tarefa trivial identificar a conduta praticada pela sociedade controladora, de modo a fazer recair sobre esta a obrigação de compensar (ou, na ausência de compensação, a obrigação de indenizar perdas e danos). Afinal, e como antes visto[886], o poder da sociedade controladora, seja na companhia individual, seja nos grupos, caso não se manifeste por *voto* ou por *contrato* com a companhia, será exercido de modo *informal* e *oculto*[887] sobre os órgãos da administração.

[885] Ver item 5.7.

[886] Ver item 3.3.

[887] Guerreiro, José Alexandre Tavares. Sociologia do Poder na Sociedade Anônima. *Revista de Direito Mercantil Industrial, Econômico e Financeiro*. São Paulo, ano XXIX (Nova Série), n. 77, p. 50-56, jan./mar. 1990. No mesmo sentido, Gomes, José Ferreira. Conflitos de interesses entre accionistas nos negócios celebrados entre a sociedade anônima e seu

Nesse aspecto, é útil examinar o §311 da AktG, que se refere a uma desvantagem provocada pela "indução" ou pela "influência" ("*einfluss*") exercida pela empresa dominante sobre a companhia. A lei alemã leva em consideração o fato óbvio de que a companhia agrupada está sob constante influência da sociedade dominante, de modo que esta usa seu poder para fazer prevalecer os próprios interesses[888]. O fenômeno da influência não é, com efeito, estranho na sistemática da Lei das S.A.: foi capturado no art. 117, §1º, "e", no qual se reputa como abusiva a *indução* do administrador à prática de atos ilegais[889].

O entendimento doutrinário alemão sobre o §311 da AktG não sana todas as dificuldades atreladas à caracterização da influência indevida; contudo, oferece ponderações produtivas e aproveitáveis para aplicação do art. 245 da Lei das S.A. Entende-se que a indução ou a influência possam manifestar-se de qualquer forma – elas podem ocorrer por meio de acordos com a companhia; de sugestões aos seus administradores; ou, ainda, pelo envio de instruções, de orientações ou de diretrizes aos administradores[890]. A indução ocorre quando a empresa dominante busca *determinar o comportamento* da sociedade dependente de forma vinculante, independentemente do modo pelo qual o faz[891], gerando efeitos, diretos ou indiretos, sobre o patrimônio ou os resultados da companhia dependente[892].

Exige-se, ainda, que a indução seja *imputável* à empresa dominante e que seja causada especificamente por uma ação ou omissão praticada por aquela empresa[893]. A mera aparência, ou mesmo possibilidade, de indução

accionista controlador. *In*: Câmara, Paulo et al (Coords). *Conflito de interesses no Direito Societário e Financeiro*. Coimbra: Almedina, 2010, pp. 76-213.

[888] Emmerich, Voker; Habersack, Mathias. *Aktien- und GmbH-Konzernrecht*. 6ª ed. rev. München: C.H. Beck, 2010, p. 559.

[889] Sobre o dispositivo, ver item 3.4.

[890] Hüffer, Uwe; Koch, Jens. *Aktiengesetz*. 14ª ed. München: C. H. Beck, 2020, p. 2216.

[891] Emmerich, Voker; Habersack, Mathias. *Aktien- und GmbH-Konzernrecht*. 6ª ed. rev. München: C.H. Beck, 2010, p. 559.

[892] Schmidt, Karsten; Lutter, Marcus. *AktG Kommnentar*. 4ª ed. Köln: Otto Schmidt, 2020, p. 3873.

[893] Ventoruzzo, Marco. Responsabilità da direzione e coordinamento e vantaggi compensativi futuri. *Rivista delle società*. Milano, vol. 61, n. 2/3, p. 363-391, 2016. No mesmo sentido, Schmidt, Karsten; Lutter, Marcus. *AktG Kommnentar*. 4ª ed. Köln: Otto Schmidt, 2020, p. 3875.

não é suficiente para a esta caracterizar. Assim, os chamados *efeitos passivos do grupo* são excluídos do âmbito de aplicação do §311[894]: são as consequências, positivas ou negativas, naturais e inerentes à formação de grupo e que, por isso, não decorrem diretamente da conduta da empresa dominante. A título ilustrativo, são efeitos passivos: (i) a possibilidade de auferir benefícios fiscais em virtude do grupo; (ii) a possibilidade de obter ganho ou prejuízo reputacionais, em razão do renome, ou do desprestígio, de uma das sociedades agrupada no mercado; e (iii) a redução ou o aumento das taxas de juros cobradas por credores por conta de majoração ou da diminuição do risco de inadimplemento, após a associação ao grupo[895].

Em um grupo hierarquizado, a existência de diversas sociedades controladoras, diretas e indiretas, poderia suscitar dúvidas acerca de quem deve pagar a compensação. Note-se, porém, que a sociedade controladora indireta está igualmente sujeita ao dever previsto no art. 245. Afinal, o art. 243, §2º claramente inclui na definição de "controlada" a sociedade na qual a controladora, "diretamente ou através de outras controladas", prepondera na assembleia geral e elege a maioria dos administradores. Indaga-se, então: quem da cadeia societária deve realizar o pagamento compensatório à companhia desfavorecida? Certamente, será aquela sociedade que detém poder em última instância, cuja ação resultou na situação de desfavorecimento da companhia e que se beneficia, direta ou indiretamente, da referida política do grupo[896]. Contudo, se a ação da sociedade controladora, da qual resultou o desfavorecimento da companhia em questão, foi exercida ao longo da cadeia societária (v.g. os administradores da sociedade controladora indireta instruíram os administradores da controladora direta a implementar tal política; e estes últimos, por seu turno, orientaram os administradores da companhia

[894] Schmidt, Karsten; Lutter, Marcus. *AktG Kommnentar.* 4ª ed. Köln: Otto Schmidt, 2020, p. 3875.

[895] Bonanno, J. Bautz. The Protection of Minority Shareholders in a *Konzern* Under German and United States Law. *Harvard International Law Journal.* Cambridge (MA), vol 18, n 1, p. 151-176 1977.

[896] A respeito da responsabilização da sociedade controladora, no âmbito de uma ação de responsabilidade civil, Comparato, Fábio Konder. Abuso de controle em grupo societário de fato: remédio jurídico cabível. *In*: *Direito empresarial: estudos e pareceres.* 1 ed., 2 tir. São Paulo: Saraiva, 1995, p. 293-316

controlada), as sociedades intermediárias também podem ser qualificadas como *coautoras* da situação de desfavorecimento[897]-[898], depreendendo-se, daí, a solidariedade entre elas[899] para compensar a companhia desfavorecida[900]-[901].

[897] Emmerich, Voker; Habersack, Mathias. *Aktien- und GmbH-Konzernrecht.* 6ª ed. rev. München: C.H. Beck, 2010, p. 556, sobre a aplicação do §311 da AktG em "conexões corporativas multinível". No mesmo sentido, Oliveira, Ana Perestrelo. *Grupos de Sociedades e deveres de lealdade.* Coimbra: Almedina, 2012, p. 502.

[898] Segundo Gabriel Saad Kik Buschinelli e Rafael Helou Bresciani, no âmbito de uma ação de responsabilidade promovida no âmbito do art. 246, a ação de responsabilidade depende da imputação de cada sociedade na cadeia societária, de modo que "é possível que ocorra abuso em deliberação assemblear da controlada que foi aprovada pelos administradores da controladora direta segundo orientação da controladora indireta", hipótese em que as controladoras diretas e indiretas serão coautoras do ilícito em questão" (Buschinelli, Gabriel Saad Kik; Bresciani, Rafael Helou. Aspectos processuais da ação de responsabilidade do controlador movida por acionista titular de menos de 5% do capital social (art. 246, § 1º, 'b', da Lei 6.4.04/76). *In*: Yarshell, Flávio Luiz; Pereira, Guilherme Setoguti J. (coords.). *Processo Societário II.* São Paulo: Quartier Latin, 2015, p. 249-303). No mesmo sentido, Daniel Vio, também sobre a ação de responsabilidade no sentido do art. 246 da Lei das S.A.: "Com efeito, permitir que a sociedade controladora indireta se furte do dever de indenizar perdas causadas, em última análise, pelas suas próprias decisões, simplesmente em função da interposição de controladas intermediárias, significaria caminhar em direção diametralmente contrária ao espírito das normas ora examinadas, que buscam precipuamente (re)conjugar poder e responsabilidade. Não parece adequado, outrossim, no que se refere às controladas controladoras intermediárias, permitir que uma sociedade atue acriticamente como canal de passagem de instruções abusivas e lesivas dos interesses de suas próprias controladas, sem com isso incorrer em nenhuma forma de responsabilidade" (Vio, Daniel de Avila. *Grupos Societários:* Ensaio sobre os Grupos de Subordinação, de Direito e de Fato no Direito Societário Brasileiro. São Paulo: Quartier Latin, 2016, p. 291).

[899] Nos termos do art. 267 do Código Civil, "cada um dos credores solidários tem direito a exigir do devedor o cumprimento da prestação por inteiro". No âmbito da responsabilidade civil de administradores e controladores, o art. 942, parágrafo único prevê que "são solidariamente responsáveis com os autores os co-autores"; na Lei das S.A., o art. 117, §2o prevê que administradores induzidos pelo controlador respondem solidariamente com este último; já o art. 158, §5º prevê que responderá solidariamente com o administrador aquele que concorrer com a prática de violação da lei.

[900] Caso a sociedade intermediária da cadeia societária efetue o pagamento compensatório à companhia desfavorecida, mas entenda que *ela própria* (na posição de sociedade intermediária) também foi desfavorecida, ao ter de (i) *repassar* uma instrução desvantajosa

Retornando ao sistema alemão, a natureza reconhecidamente informal da influência exercida pela empresa dominante sobre a companhia dependente levou à consolidação de entendimento jurisprudencial favorável à adoção de formas de *simplificação* ou de *facilitação* da prova para a companhia desfavorecida[902]. Não é permitido inferir com base na direção unitária[903] que todas as ações tomadas pela administração da companhia dependente resultam da influência advinda da empresa dominante.

Nem a AktG, nem a Lei das S.A. admitiriam a presunção, pois, em ambos os sistemas, as sociedades que integram os grupos de fato preservam respectiva autonomia e independência jurídicas. Ademais, em ambos os ordenamentos, os administradores de companhia que integra o grupo não estão juridicamente vinculados ao poder da empresa dominante ou da sociedade controladora, assim conservando as respectivas autonomia e independência. Estas lhes conferem poder para *recusar* a influência da empresa dominante ou da sociedade controladora, ainda que sob o risco potencial de destituição imotivada[904].

da sociedade controladora indireta para a companhia controlada e (ii) *arcar com a compensação*, tal sociedade poderá pleitear, então, a compensação que entende que lhe é devida da sociedade controladora localizada no vértice da hierarquia societária.

901 As mesmas observações sobre os vínculos societários em cadeia são válidas em caso de ausência de pagamento compensatório. Nesse caso, as sociedades localizadas na pirâmide societária são responsáveis solidárias pelo pagamento da indenização, nos termos do art. 942, parágrafo único, do Código Civil. Caso a sociedade intermediária que pagou a indenização à companhia lesada também se entenda prejudicada, porquanto agiu como mera *executora* de atos determinados pela controladora e, mesmo assim, teve de pagar indenização, tal sociedade intermediária poderá exercer o direito de regresso em face da *holding*, nos termos do art. 934 do Código Civil.

902 Emmerich, Voker; Habersack, Mathias. *Aktien- und GmbH-Konzernrecht.* 6ª ed. rev. München: C.H. Beck, 2010, p. 564; Schmidt, Karsten; Lutter, Marcus. *AktG Kommnentar.* 4ª ed. Köln: Otto Schmidt, 2020, p. 3875-3876; Hüffer, Uwe; Koch, Jens. *Aktiengesetz.* 14ª ed. München: C. H. Beck, 2020, p. 2219-2218.

903 Ver item 1.1.1 e 4.1.1.

904 Em oposição aos grupos contratuais, na Alemanha, nos quais a sociedade dominante tem o poder de emitir instruções à administração da companhia dependentes e estes são *obrigados* a segui-la, nos termos do §308 (2) (Emmerich, Voker; Habersack, Mathias. *Aktien- und GmbH-Konzernrecht.* 6ª ed. rev. München: C.H. Beck, 2010, p. 560). A Lei das S.A. não prevê obrigação dos administradores de sociedades agrupadas implementarem as diretrizes que emanam da sociedade controladora, porém autoriza a subordinação de

No modelo alemão, a doutrina sugere, então, a adoção da chamada *prova prima facie*, que nada mais é do que a *prova de primeira aparência*, de certa forma, semelhante à prova indiciária[905]-[906]: infere-se, da veracidade de certos fatos, aquilo que, segundo as regras de experiência de vida, tipicamente acontece[907]. A tipicidade, ou a normalidade, dos eventos decorrentes do fato provado dispensam a prova das circunstâncias precisas de todos os eventos históricos associados ao próprio fato[908].

Especificamente nos grupos, a doutrina alemã preconiza que a medida, o ato ou a operação em relação aos quais se pretende determinar como resultado da influência da empresa dominante devem, todos, ser avaliados à luz dos interesses da pessoa ou dos interesses de uma das dominadas. Caso o ato, a medida ou a operação sejam *desvantajosos* para companhia dependente, mas *vantajosos* – seja diretamente, seja indiretamente – para a empresa dominante, a prova *prima facie* permite inferir

interesses de uma sociedade aos de outra nos termos da convenção grupal, conforme art. 276, *caput*.

905 Oliveira, Ana Perestrelo. *Grupos de Sociedades e deveres de lealdade*. Coimbra: Almedina, 2012, p. 578-579.

906 Segundo Arruda Alvim, a prova *prima facie* tem origem no sistema alemão, a partir do sistema de *presunções*, sendo aplicável à realidade brasileira, sobretudo para fins de aplicação da responsabilidade civil. Ainda segundo o autor, há discussão se a prova prima facie encontra-se no campo dogmático da valoração da prova, se é regra de inversão do ônus da prova ou, ainda, se pode ser assimilada a uma presunção, concluindo, por fim, que na sua visão o melhor enquadramento da figura é conferido pelo ônus da prova, já que a parte é desincumbida de provar o desencadeamento completo dos fatos que alega (Arruda Alvim, José Manuel de. *Manual de Direito Processual Civil*. 20ª ed. São Paulo: Revista dos Tribunais, 2021. E-book, item 24.3.9).

907 Segundo Cândido Dinamarco, o sistema processual brasileiro admite a facilitação da prova por meio de presunções legais e judiciais (presunção *hominis*), sendo que estas últimas decorrem de ilações a partir das quais o juiz é autorizado, nos termos do art. 375 do Código de Processo Civil, a valer-se das máximas de experiência comum, a partir dos valores e da experiência acumulada pela sociedade em que vivem (Dinamarco, Cândido Rangel. *Instituições de Direito Processual Civil*. 3ª ed. São Paulo: Malheiros, 2003, vol. III, p. 122).

908 Oliveira, Ana Perestrelo. *Grupos de Sociedades e deveres de lealdade*. Coimbra: Almedina, 2012, p. 578-579.

que o ato decorre da influência desta[909]. É o caso, por exemplo, de garantia gratuitamente concedida pela sociedade dependente em uma operação de financiamento contraída em benefício da empresa dominante[910]. Naturalmente, a prova de primeira aparência pode ser afastada por contraprova concreta e que seja capaz de provar a ausência de influência[911].

A facilitação da prova com base nos elementos imediatamente acima apresentados pode auxiliar a determinar a conduta da sociedade controladora para os fins do art. 245 da Lei das S.A. O ordenamento brasileiro também autoriza a adoção de técnicas de facilitação da prova, com fundamento de regras de experiência, como se verá nos itens 5.11.1 e 5.11.2.

Concluídas as considerações sobre os sujeitos abrangidos pela norma, passa-se, a seguir, a examinar o núcleo do art. 245: a vedação ao favorecimento de sociedade do grupo e a exigência de comutatividade. Isso porque o desvio desses dois parâmetros é o que enseja a obrigação de efetuar pagamento compensatório adequado.

## 5.7. Favorecimento de sociedade coligada, controladora ou controlada em detrimento da companhia

O art. 245 veda duas modalidades de conduta. De um lado, proíbe o *favorecimento* de sociedade coligada, controladora ou controlada. De outro, exige que as *operações entre sociedades* observem condições estritamente comutativas. Nenhuma das condutas será reputada como *ilícita*, caso os efeitos do desfavorecimento ou da ausência de comutatividade sejam contrabalanceados, mediante pagamento compensatório adequado. A primeira situação será examinada neste item; e a segunda, no próximo.

Enquanto o art. 117, §1º alínea "f" da Lei das S.A. qualifica como abuso de poder de controle a *contratação* com a companhia em condições de favorecimento, a situação de favorecimento abordada no art. 245 não recai apenas sobre contratos ou sobre negócios envolvendo duas ou mais

[909] Schmidt, Karsten; Lutter, Marcus. *AktG Kommnentar.* 4ª ed. Köln: Otto Schmidt, 2020, p. 3876.

[910] Oliveira, Ana Perestrelo. *Grupos de Sociedades e deveres de lealdade.* Coimbra: Almedina, 2012, p. 580.

[911] Oliveira, Ana Perestrelo. *Grupos de Sociedades e deveres de lealdade.* Coimbra: Almedina, 2012, p. 580.

sociedades do mesmo grupo. Isso se torna explícito na segunda parte do dispositivo, em que é lido que, *se houver* operações entre sociedades, estas deverão ser comutativas. A interpretação *a contrario sensu* revela que, mesmo que não haja operações entre sociedade, permanece vedado o favorecimento de uma sociedade em detrimento da companhia.

São exemplos de desfavorecimento fora de uma situação de contratação com a companhia: o aproveitamento de oportunidade comercial; o exercício de atividade concorrente; a distribuição excessiva de lucros à sociedade controladora; a escolha da sede social em jurisdição que prestigie o planejamento fiscal do grupo, mas que seja prejudicial aos negócios de determinada sociedade; e assim por diante. O núcleo do dispositivo é, portanto, a vedação ao *favorecimento* de uma sociedade e, consequentemente, ao *desfavorecimento* de outras, independentemente da forma, ou da modalidade, da conduta praticada.

Cabe, portanto, indagar: o que se deve entender por *desfavorecimento* de uma companhia? É interessante traçar um paralelo com o §311 da AktG, que se refere a uma *desvantagem* ("*nachteil*") causada à sociedade dependente. Nem a lei brasileira, nem a lei alemã referem-se à situação de *dano* ou de *prejuízo* ("*schadens*"). O dano é pressuposto para a responsabilização da sociedade controladora em caso de ausência de compensação, conforme art. 246 da Lei das S.A. e §317 da AktG, respectivamente. Não se confunde, portanto, com a noção de *desfavorecimento*, nem de *desvantagem*. Essa distinção é fundamental para caracterizar a situação fática sobre a qual incide o art. 245 da Lei das S.A.

É útil recorrer à interpretação doutrinária alemã sobre o que se deve entender por *desvantagem* que enseja o dever de compensação. Esta caracteriza-se com base em dois elementos[912]. O primeiro é fundamentado na perspectiva dos acionistas minoritários e dos credores sociais, a quem o dispositivo visa tutelar, ainda que de forma indireta[913]: desvantagem é qualquer medida que implique redução do valor dos ativos sociais ou

[912] SCHMIDT, Karsten; LUTTER, Marcus. *AktG Kommnentar.* 4ª ed. Köln: Otto Schmidt, 2020, p. 3880-3881.

[913] HÜFFER, Uwe; KOCH, Jens. *Aktiengesetz.* 14ª ed. München: C. H. Beck, 2020, p. 2220.

dos resultados da companhia[914], desde que decorrentes da conduta (ação ou omissão) da empresa dominante. A diminuição do patrimônio social afeta os interesses dos credores, pois ele serve como garantia ao adimplemento do crédito. Já a redução da rentabilidade da companhia frustra a expectativas dos acionistas minoritários à percepção de lucros[915].

O segundo elemento, por sua vez, exige a realização de uma comparação entre, de um lado, o caso concreto e, de outro, o cenário fictício[916] no qual a mesma companhia estaria, caso a sociedade fosse independente (desvinculada ao grupo) e fosse gerida por um gestor *criterioso* e *ordenado*[917], considerando os deveres legais de cuidado e de diligência que são atribuídos[918]. Não há desvantagem quando um administrador, atento aos deveres legais, tomaria o mesmo curso de ação definido pela sociedade dominante no caso concreto, considerando que companhia não esteja agrupada e que, ainda, esteja submetida às mesmas circunstâncias fáticas presentes no caso concreto. Ou seja, o ponto de referência – para a aferição da natureza *desvantajosa* de determinado ato ou medida e, consequentemente, a incidência do dever de compensação – é a situação *ideal* de *independência* da companhia, na qual não há subordinação do interesse social. Em outras palavras, a aplicação do dispositivo exige a realização de um exercício hipotético de supressão dos efeitos gerados pelo grupo societário sobre a companhia, no caso concreto.

A referência a um *gestor* criterioso e ordenado, como parâmetro para a avaliação da conduta da empresa dominante, parece ser um contrassenso. Afinal, sobrevém a pergunta: por que a empresa dominante deveria pautar seu comportamento com base nos deveres que recaem sobre a administração? Duas particularidades do sistema alemão parecem explicar essa interpretação. A primeira decorre da leitura sistemática do §311

[914] Emmerich, Voker; Habersack, Mathias. *Aktien- und GmbH-Konzernrecht.* 6ª ed. rev. München: C.H. Beck, 2010, p. 556

[915] Hüffer, Uwe; Koch, Jens. *Aktiengesetz.* 14ª ed. München: C. H. Beck, 2020, p. 2220

[916] Emmerich, Voker; Habersack, Mathias. *Aktien- und GmbH-Konzernrecht.* 6ª ed. rev. München: C.H. Beck, 2010, p. 568.

[917] Oliveira, Ana Perestrelo. *Grupos de Sociedades e deveres de lealdade.* Coimbra: Almedina, 2012, p. 496

[918] Schmidt, Karsten; Lutter, Marcus. *AktG Kommnentar.* 4ª ed. Köln: Otto Schmidt, 2020, p. 3880.

em conjunto com o §317, quando se trata responsabilidade da empresa dominante, em caso de prejuízo à controlada e por falha no dever de compensação. De acordo com o texto do §317 (2), não há responsabilidade da empresa dominante, caso se conclua que um administrador, atento aos próprios deveres legais, teria agido de idêntica forma. A segunda especificidade deriva da constatação de que a legislação alemã não atribuiu um conjunto de deveres gerais de conduta à empresa dominante, ao contrário do que sucede na Lei das S.A., que o fez, de forma pioneira, no art. 116, parágrafo único.

Ambos os critérios (redução do valor dos ativos ou resultados e/ou comparação hipotética com um gestor de uma companhia isolada) iluminam, em alguma medida, o que se deve entender por *desfavorecimento*, para os fins do art. 245. Ao se admitir que o art. 245 tutela a companhia desfavorecida e, indiretamente, os credores e os acionistas minoritários, o primeiro elemento indicado pela doutrina alemã – a redução do valor dos ativos sociais ou dos resultados da companhia – também serve para caracterizar uma situação de *desfavorecimento* no âmbito do dispositivo brasileiro. É desfavorecimento que deve ser medido com base na diminuição do patrimônio social, ou com fundamento na perspectiva de rentabilidade da companhia, desde que o efeito decorra da conduta praticada ou pela sociedade controladora, ou pelos administradores do grupo.

O segundo critério – baseado na comparação entre o caso concreto com a situação ideal de independência da companhia em questão – também é válido para os fins do art. 245. Isso porque a disciplina desenhada para os grupos de fato não rompe radicalmente com a disciplina jurídica atribuída à sociedade isolada, de modo que o interesse social permanece como o norte que guia a conduta do controlador e dos administradores[919]. Sendo assim, o parâmetro para verificar se determinada sociedade foi desfavorecida, ou não, no grupo – e, portanto, merecedora de pagamento compensatório adequado – é o quadro ideal de uma companhia que seja conduzida de acordo com o respectivo interesse social. Logo, para aplicar a regra prevista no art. 245, é preciso comparar, de um lado, os fatos e, de outro, a situação ideal na qual a companhia não estivesse

[919] Ver item 5.2.

influenciada por um *interesse empresarial externo*[920], assim se eliminando o denominado *conflito do grupo*[921].

Diferentemente do que sucede no sistema alemão, no qual a conduta da sociedade dominante é sempre comparada com a postura de um administrador criterioso, a sociedade controladora deve pautar, no sistema brasileiro, sua atuação pelos deveres que lhe são próprios, tal como previstos no art. 116, parágrafo único. Já os administradores das sociedades agrupadas devem guiar-se pelos deveres fiduciários que recaem sobre suas atribuições, nos termos do art. 153 e seguintes. Adicionalmente, as particularidades fáticas do caso devem ser consideradas nessa análise[922], sendo necessário avaliar se, na mesma situação concreta, a sociedade controladora ou o administrador – atento aos seus deveres e, portanto, norteado pelo interesse social – teriam, ou não, agido da mesma maneira.

Decorrência lógica dessas constatações é que o *momento* relevante para avaliação de uma situação de favorecimento, ou de desfavorecimento, é o quando o ato, a medida, ou a operação sob análise foram praticados pela sociedade controladora, ou pela administração. Afinal, se essa é uma norma direcionada à avaliação de uma *conduta* potencialmente antijurídica, é preciso considerar os elementos de informação que estavam disponíveis aos destinatários da norma, exatamente quando a decisão empresarial foi formulada[923]. Trata-se de uma análise prognóstica *ex ante*, baseada nos fatos contemporâneos à conduta questionada. Não é admissível englobar, no juízo, elementos imprevisíveis e posteriores ao

[920] Ao interpretar a natureza *desvantajosa* de um ato, Karsten Schmidt e Marcus Lutter referem-se especificamente à eliminação o interesse da sociedade dominante e das demais sociedades do grupo, buscando-se unicamente o interesse da companhia em questão (Schmidt, Karsten; Lutter, Marcus. *AktG Kommnentar.* 4ª ed. Köln: Otto Schmidt, 2020, p.3882).

[921] Ver item 3.3.

[922] Schmidt, Karsten; Lutter, Marcus. *AktG Kommnentar.* 4ª ed. Köln: Otto Schmidt, 2020, p. 3882.

[923] Emmerich, Voker; Habersack, Mathias. *Aktien- und GmbH-Konzernrecht.* 6ª ed. rev. München: C.H. Beck, 2010, p. 569; Schmidt, Karsten; Lutter, Marcus. *AktG Kommnentar.* 4ª ed. Köln: Otto Schmidt, 2020, p. 3882-3883, Hüffer, Uwe; Koch, Jens. *Aktiengesetz.* 14ª ed. München: C. H. Beck, 2020, p. 2221.

ato examinado, nos quais o controlador, ou o administrador em questão jamais poderiam ter baseado a própria decisão[924].

É um aspecto que diferencia, fundamentalmente, de um lado, a noção de *desfavorecimento* do sistema do art. 245 e, de outro, o conceito de *dano* ou de *prejuízo* que compõe a tríade da responsabilidade civil[925]. Enquanto a avaliação do *desfavorecimento* da companhia pondera apenas as circunstâncias *contemporâneas* à decisão, a mensuração do prejuízo, para fins de imputação de responsabilidade civil, pondera *toda a extensão do dano*, considerando o curso conhecido dos eventos *após* a realização de uma conduta antijurídica, em análise *ex post*. É o que, precisamente, prevê o art. 944 do Código Civil, que textualmente afirma: "a indenização mede-se pela extensão do dano"[926].

[924] Oliveira, Ana Perestrelo. *Grupos de Sociedades e deveres de lealdade*. Coimbra: Almedina, 2012, p. 498.

[925] A respeito da diferença entre desvantagem e dano, ver Emmerich, Voker; Habersack, Mathias. *Aktien- und GmbH-Konzernrecht*. 6ª ed. rev. München: C.H. Beck, 2010, p. 570; e Schmidt, Karsten; Lutter, Marcus. *AktG Kommnentar*. 4ª ed. Köln: Otto Schmidt, 2020, p. 3883. No mesmo sentido, Prado, Viviane Muller. *Conflito de Interesses nos Grupos Societários*. São Paulo: Quartier Latin, 2006, p. 180-182; e VIO, Daniel de Avila. *Grupos Societários: Ensaio sobre os Grupos de Subordinação, de Direito e de Fato no Direito Societário Brasileiro*. São Paulo: Quartier Latin, 2016, nota de rodapé nº 498.

[926] O atual Código Civil deixa claro que as perdas e danos abrangem toda a extensão do dano, emergentes e lucros cessantes, e não somente o que se poderia esperar na data da obrigação. O antigo Código Civil de 1916 previa no art. 1.059 que "as perdas e danos devidos ao credor, abrangem, além do que ele efetivamente perdeu, o que razoavelmente deixou de lucrar". porém o parágrafo único do dispositivo indicava que "o devedor, porém, que não pagou no tempo e forma devidos, só responde pelos lucros, *que foram ou podiam ser previstos na data da obrigação*" (grifou-se). Tal parágrafo único não foi reproduzido no art. 402 do Código Civil. A esse respeito, Judith Martins-Costa: "pela extirpação dessa regra [art. 1.059, parágrafo único, do Código Civil de 1916] atende-se ao princípio da reparação integral e as perdas e danos têm maior amplitude, a reparação é a mais ampla possível, estabelecendo-se, pela conexão intersistemática com a lei processual, um articulado sistema de cômputo das perdas e danos". Há de se ressalvar, porém, que a indenização só abrange as perdas efetivas e os lucros que o credor deixou de realizar como consequência direta e imediata da inexecução" (Martins-Costa, Judith. *Comentários ao Novo Código Civil*, volume V, tomo II: do inadimplemento das obrigações. Rio de Janeiro: Forense, 2003, p. 335-337).

Portanto, uma decisão tomada *no interesse social* – e, por isso plenamente lícita – não poderá ser considerada como *desfavorável* à companhia, ainda que, posteriormente, a mesma medida cause perda, dano ou prejuízo inicialmente inesperados à companhia[927]. Afinal, a lei não protege a sociedade contra maus negócios, nem a blinda do risco inerente à atividade empresarial. É cenário em que não há de se falar em "pagamento compensatório".

O reverso também é verdadeiro: caso o administrador ou a sociedade controladora tenham agido *contrariamente* ao interesse social, favorecendo outra sociedade do grupo, a qualificação dessa decisão, desse ato ou dessa medida como *desfavoráveis* à companhia não desaparece, mesmo se as circunstâncias posteriores e supervenientes ao ato forem afortunadas, eliminando completamente a desvantagem incorrida pela companhia[928]. Neste caso (o de desfavorecimento revertido por circunstância positiva superveniente), o pagamento compensatório permanece como exigível da sociedade controladora, na condição de contrapartida à conduta contrária ao interesse social, sob pena de que a conduta em si seja reputada como *ilícita*. Evidentemente, a falha do dever de compensar o desfavorecimento não pode resultar na responsabilidade civil da sociedade controladora, ou do administrador, caso as circunstâncias fáticas posteriores tenham eliminado completamente os danos; porém, isso não remove a *ilicitude* da conduta daquele que desfavoreceu a companhia e deixou de providenciar o pagamento compensatório adequado.

Bem compreendida a situação de desfavorecimento, passa-se a examinar o dever de comutatividade que recai sobre as operações internas ao grupo.

## 5.8. Operações entre sociedades e condições estritamente comutativas

A segunda parte do art. 245 trata das *operações* entre sociedades, assim exigindo a observância de condições *estritamente comutativas*.

A palavra *operações* não possui acepção técnica precisa, sedo utilizada na lei societária para descrever distintas situações. Entre outras, enfati-

[927] Hüffer, Uwe; Koch, Jens. *Aktiengesetz*. 14ª ed. München: C. H. Beck, 2020, p. 2221.
[928] Hüffer, Uwe; Koch, Jens. *Aktiengesetz*. 14ª ed. München: C. H. Beck, 2020, p. 2221.

zem-se estas, aqui ordinalmente arroladas: emissão de novas ações (art. 13, §1º); negociação pela companhia com as próprias ações (art. 30, §1º, alínea "a"); resgate ou amortização de ações (art. 44, *caput*); reembolso a acionistas dissidentes (art. 45); emissão de debêntures (art. 72); transformação (art. 220, *caput*); incorporação; e fusão e cisão (art. 223, §1º 224, V, VI, e VII e 225, *caput*). Relembre-se, porém, que o art. 245 alude a operações *entre sociedades*, desse modo abrangendo negócios que envolvam, ao menos, dois membros do grupo.

O termo *comutatividade*, por seu turno, representa *equivalência entre as prestações* assumidas pelas partes envolvidas no contrato[929]. De início, cabe diferenciar, de um lado, "condições comutativas" para os fins da Lei das S.A. e, de outro, a categoria dos *contratos comutativos* tipicamente reconhecida pela doutrina civilista.

De acordo com a classificação civilista, contratos comutativos são aqueles nos quais a prestação e a respectiva contraprestação são equivalentes, pré-definidas e conhecidas pelas partes no momento da contratação[930]. Opõem-se aos contratos *aleatórios*, nos quais o conteúdo de uma prestação é ignorado no momento da contratação[931]. Nos contratos aleatórios, há incerteza se a vantagem esperada será, ou não, proporcional ao sacrifício, a depender da materialização, ou não, de fatos futuros ou imprevisíveis[932], desse modo expondo um dos contratantes às chances de ganho ou de perda[933]. Já que não há equivalência material entre

[929] Bulhões Pedreira, José Luiz. Coligação e Grupamento de Sociedades. In: Lamy Filho, Alfredo; Pedreira, José Luiz Bulhões (coords.). Direito das companhias. 2ª ed. Rio de Janeiro: Forense, 2017, p. 1406; Eizirik, Nelson. A Lei das S/A Comentada. 3ª ed. São Paulo: Quartier Latin, 2021, p. 292; Campinho, Sérgio. Responsabilidade Civil de Administradores de Sociedades Integrantes de Grupo de Fato. *In*: Coelho, Fábio Ulhoa (coord). *Lei das Sociedades Anônimas Comentada*. Rio de Janeiro: Forense, 2021. E-book, p. 1357.

[930] Tepedino, Gustavo; Konder, Carlos N.; Bandeira, Paula G. *Fundamentos do Direito Civil: Contratos. v.3*. Rio de Janeiro: Forense, 2022, E-book, p. 75.

[931] Venosa, Sílvio de Salvo. *Direito Civil:* Obrigações e Responsabilidade civil. 21ª ed. São Paulo: Atlas, 2021. E-book, p. 68.

[932] Rizzardo, Arnaldo. *Contratos*. 20ª ed. Rio de Janeiro: Forense, 2022. E-book, p. 72.

[933] Gomes, Orlando. *Contratos*. 26ª ed. Rio de Janeiro: Forense, 2009, p. 107.

as prestações não existe, nos contratos aleatórios, garantia contra vícios redibitórios, nem contra evicção (art. 441 do Código Civil)[934].

Sucede que a comutatividade típica do direito civil se satisfaz com a equivalência *subjetiva* das prestações e das contraprestações, conforme livremente apreciadas pelas partes, no exercício da autonomia da vontade. Logo, pode não haver equivalência objetiva entre as prestações e as contraprestações. Aqui, é mais relevante a certeza objetiva quanto à *existência* das prestações e das contraprestações (em contraposição aos contratos aleatórios) do que a efetiva *correspondência* de valores entre si[935].

Não é, porém, o sentido adotado na Lei das S.A. A legislação societária não está necessariamente adstrita às categorias do direito civil, já que constitui um sistema normativo distinto e com objetivos regulatórios que lhe são próprios. Na realidade, o art. 245 deve ser apreciado à luz do art. 117, §1º, "f", que considera como abusiva a contratação com a companhia em condições de favorecimento, ou não equitativas. Deve, ainda, considerar-se a redação do art. 156, §1º, segundo a qual o administrador só poderá contratar com a companhia "em condições razoáveis ou equitativas". Os três dispositivos buscam contornar cenários de conflito de interesse – do acionista controlador, do administrador ou da sociedade controladora –, por meio da imposição de condições *justas* e *razoáveis*, em

934 TEPEDINO, Gustavo; KONDER, Carlos N.; BANDEIRA, Paula G. F*undamentos do Direito Civil: Contratos. v.3.* Rio de Janeiro: Forense, 2022, E-book, p. 76.

935 GOMES, Orlando. *Contratos.* 26ª ed. Rio de Janeiro: Forense, 2009, p. 107. No mesmo sentido, PEREIRA, Caio Mário da Silva. Instituições de Direito Civil. 33ª ed. Rio de Janeiro: Forense, 2022. E-book v. II, p. 81: "São comutativos os contratos em que as prestações de ambas as partes são de antemão conhecidas, e guardam entre si uma relativa equivalência de valores. Não se exige a igualdade rigorosa destes, porque os bens que são objeto dos contratos não têm valoração precisa. Podendo ser, portanto, estimadas desde a origem, os contratantes estipulam a avença, e fixam prestações que aproximadamente se correspondem". Também nesse sentido, Luiz Gastão Paes de Barros Leães: "são comutativos os contratos em que as prestações de ambas as partes guardam uma equivalência de valores. Não se exige a igualdade rigorosa e objetiva destes, mas a subjetiva, quando esses valores devem corresponder às vantagens procuradas pelas partes, em suas emissões volitivas" (LEÃES, Luiz Gastão Paes de Barros. *Pareceres.* São Paulo: Editora Singular, 2005, v. I, p. 513) e ainda, BRITTO, Adriana Cristina Dullius. *Responsabilidade do Administrador em face do art. 245 da Lei das Sociedades Anônimas.* 2017. Dissertação (Mestrado). Faculdade de Direito, Universidade de São Paulo, São Paulo, 2017, p. 94-96.

benefício de ambos os lados da relação. Em cenário de conflito de interesses, a apreciação da razoabilidade nunca poderia ser *subjetiva*, porque, nessas situações, não existem duas partes independentes: há, pelo contrário, tão somente uma vontade em jogo[936]. A necessidade de comutatividade *objetiva* é corroborada pelo texto do art. 156, §1º, que se refere ao padrão das relações de troca, tal como estabelecidos *no mercado*.

Em síntese, o paralelismo entre as três normas permite concluir que, (i) na Lei das S.A., comutatividade é sinônimo de equitatividade[937]; e que (ii) o critério para aferir a equitatividade ou a comutatividade de uma operação é o parâmetro do mercado, de modo que seja *indiferente*, para a companhia, contratar com sociedade do grupo ou com um terceiro[938].

[936] Em sentido semelhante, Bulhões Pedreira, José Luiz. Coligação e Grupamento de Sociedades. *In:* Lamy Filho, Alfredo; Pedreira, José Luiz Bulhões (coords.). *Direito das companhias.* 2ª ed. Rio de Janeiro: Forense, 2017, p. 1407: "Na aplicação do disposto no artigo 245 hão de prevalecer, entretanto, os padrões de relações de troca objetivos, e não os subjetivos. O fim da lei é evitar que a companhia favoreça, com prejuízo próprio, a controladora ou outra sociedade do grupo. Favorecimento pressupõe obséquio, parcialidade: não há favorecimento enquanto a sociedade contrata aos preços em vigor no mercado ou fixados pelo Estado, ou nas mesmas condições em que estaria disposta a contratar com terceiros".

[937] Vio, Daniel de Avila. *Grupos Societários: Ensaio sobre os Grupos de Subordinação, de Direito e de Fato no Direito Societário Brasileiro.* São Paulo: Quartier Latin, 2016, p. 258; Vio, Daniel de Avila. Prova difícil e inadimplemento da obrigação de contratar em condições equitativas nos termos da Lei das S.A. *Revista de Direito Privado.* São Paulo, vol. 14, n. 55, p. 227-262, jul./set. 2013: "Enfim, o art. 245 da lei acionária, que trata do comportamento dos administradores em relação a sociedades coligadas, controladas ou controladoras, determina que as operações entre tais partes unidas por vínculos de participação societária devem se orientar por condições "estritamente comutativas" – expressão que parece ser substancialmente equivalente à noção de condições equitativas. Todas essas regras são motivadas por cenários de latente conflito de interesse (ou, se preferirmos, de agência) e se articulam por meio da imputação da obrigação de apenas fazer com que a companhia celebre contratos em condições "justas", ou seja, que espelhem os termos de operações que houvessem sido negociadas por partes racionais e independentes, com a capacidade e a intenção de obter para si o melhor resultado econômico possível". No mesmo sentido, Frazão, Ana. Responsabilidade dos Administradores de Sociedades Unidas pelo Controle ou Pela Influência Significativa. *In*: Coelho, Fábio Ulhoa (coord). *Lei das Sociedades Anônimas Comentada.* Rio de Janeiro: Forense, 2021. E-book, p. 1356.

[938] Carvalhosa, Modesto. Comentários à Lei de Sociedades Anônimas. 5ª ed. São Paulo: Saraiva, 2011, v.1, p. 650.

Em razão das dificuldades para valorar operações intragrupo sob o prisma da comutatividade, tanto doutrina[939] como jurisprudência[940] costumam recorrer ao teste de justiça integral ("*entire fairness*"), formulado pela jurisprudência norte-americana.

Trata-se de regra de revisão de condutas[941] para avaliar situações de *self-dealing*[942] (transações entre, de um lado, a companhia e, de outro, os respectivos controlador, controladas ou diretores)[943]. Há duas formas de examinar a justiça integral de uma operação[944]. Por um lado, pode-se

[939] Nelson Eizirik defende que o teste de entire fairness é especialmente útil para avaliar a comutatividade de operações de reoganizacao societária e contratos de curto período de tempo, como de compra e venda (Eizirik, Nelson. *A Lei das S/A Comentada.* 3ª ed. São Paulo: Quartier Latin, 2021, v. 4, p. 295). Modesto Carvalhosa defende que o art. 156 incorporou o conteúdo do art. 41 do Model Business Corporation Act, onde exige-se que o contrato seja justo e razoável para a companhia (Carvalhosa, Modesto. Comentários à Lei de Sociedades Anônimas. 5ª ed. São Paulo: Saraiva, 2011, v. 3, p. 377- 379). No mesmo sentido, Spinelli, Luis Felipe. *Administração das sociedades anônimas: lealdade e conflito de interesses.* São Paulo: Almedina, 2020, p. 110; Britto, Adriana Cristina Dullius. *Responsabilidade do Administrador em face do art. 245 da Lei das Sociedades Anônimas.* 2017. Dissertação (Mestrado). Faculdade de Direito, Universidade de São Paulo, São Paulo, 2017, p. 99; Costa, Luiz Felipe Duarte Martins. *Contribuição ao Estudo da Responsabilidade Civil dos Administradores de Companhias Abertas.* 2006. Dissertação (Mestrado). Faculdade de Direito da Universidade de São Paulo, São Paulo, 2006, p. 104.

[940] CVM, PAS n. RJ2005/1443. Diretor-Relator Pedro Oliva Marcilio de Sousa, julgado em 10/05/2006. No mesmo sentido, os votos proferidos pelo Diretor Gustavo Gonzalez em CVM, PAS n. RJ2013/11703, Diretor-Relator Gustavo Tavares Borba, julgado em 31/07/2018 e em CVM. PAS n. 1614/2019, Diretor-Relator Marcelo Barbosa, julgado em 26/05/2020.

[941] Sobre a diferença entre padrões de conduta e padrões de revisão de conduta, Melvin Aron Eisenberg: "A standard of conduct states how an actor should conduct a given activity or play a given role. A standard of review states the test a court should apply when it reviews an actor's conduct to determine whether to impose liability or grant injunctive relief" (Einsenberg, Melvin Aron. The divergence of standards of conduct and standards of review in corporate law. *Fordham Law Review.* New York, v. 62, n. 3, p. 437-486, 1993).

[942] SÁ, Rafael Vieira de Andrade de. O entire fairness test no direito norte-americano. *Revista de Direito Bancário e do Mercado de Capitais.* São Paulo, vol. 21, n. 79, p. 99-125, jan./mar. 2018; Clark, Robert Charles. *Corporate Law.* New York: Aspen Law & Business, 1986, p. 147.

[943] Clark, Robert Charles. *Corporate Law.* New York: Aspen Law & Business, 1986, p. 159.

[944] Clark, Robert Charles. *Corporate Law.* New York: Aspen Law & Business, 1986, p. 147-148.

comparar a transação com outras operações semelhantes praticadas em ambiente de mercado, funcional e competitivo. Por outro lado, é possível verificar se a transação teria o mesmo resultado de uma operação hipotética que teria sido negociada por partes independentes, racionais, bem-informadas e sem conflitos (*arms's lenght comparison*).

Embora a jurisprudência estadunidense não seja completamente pacífica sobre o tema, entende-se, de forma geral, que o teste de revisão deva desdobrar-se em duas avaliações. A primeira recai sobre o preço e sobre as demais condições do negócio (*fair price*); e a segunda, sobre o procedimento adotado para a respectiva celebração (*fair dealing*)[945]. O primeiro aspecto refere-se às condições econômicas e financeiras da operação[946], de modo a garantir que a companhia receba uma contraprestação equivalente à respectiva prestação[947]. À falta de parâmetros de mercado, busca-se avaliar se as condições implementadas são apropriadas, ou não, sob uma perspectiva financeira[948]-[949]. O segundo aspecto busca examinar se a operação foi negociada por partes independentes (sem que tenha havido imposição forçada dos termos e das condições a um dos polos do negócio) e adequadamente informadas sobre todos os elementos e implicações da operação em si[950].

O teste da justiça integral não é, contudo, bipartido em cada um desses aspectos. Ao revés, exige-se que seja realizada uma avaliação *conjunta* de cada um desses dois elementos, apreciando-se o negócio como um

945 EINSENBERG, Melvin Aron. The divergence of standards of conduct and standards of Review in corporate law. *Fordham Law Review*. New York, v. 62, n. 3, p. 437-486, 1993.

946 Conforme a clássica decisão da Suprema Corte de Delaware em Weinberger v. UOP (1983).

947 SÁ, Rafael Vieira de Andrade de. O entire fairness test no direito norte-americano. *Revista de Direito Bancário e do Mercado de Capitais*. São Paulo, vol. 21, n. 79, p. 99-125, jan./mar. 2018.

948 Voto proferido pelo Diretor Gustavo Gonzalez em CVM. PAS n. 1614/2019, Diretor-Relator Marcelo Barbosa, julgado em 26/05/2020.

949 Para uma exposição dos métodos de avaliação de transações internas ao grupo nas hipóteses em que inexistem operações comparáveis no mercado, ver OLIVEIRA, Ana Perestrelo. *Grupos de Sociedades e deveres de lealdade*. Coimbra: Almedina, 2012, p. 526-529.

950 SÁ, Rafael Vieira de Andrade de. O entire fairness test no direito norte-americano. *Revista de Direito Bancário e do Mercado de Capitais*. São Paulo, vol. 21, n. 79, p. 99-125, jan./mar. 2018.

todo[951]. Ainda que o preço deva ser o aspecto central e preponderante dessa análise – afinal, a lei impõe verdadeira *obrigação de resultado* às operações intersocietárias[952] –, uma transação cujos temos sejam substancialmente equiparáveis aos padrões do mercado não é considerada como justa, caso o procedimento de negociação não seja adequado. Por exemplo se, durante as tratativas, o controlador deixou de revelar um elemento de informação que teria rebaixado o preço pago pela companhia, será reputado que a transação falhou no teste de justiça integral, ainda que o valor praticado, no caso, seja compatível com o aquele cobrado, no mercado, pelos pares[953].

O inverso também deveria ser verdadeiro: a higidez do procedimento não necessariamente levará à condução de uma transação equitativa. Ocorre que, nem sempre, o preço justo será um valor claro e objetivo; mas será, sim, uma *faixa de valores*[954]. Ainda, há casos nos quais sequer há comparativo de mercado para a operação em questão[955]. É por isso que, em determinadas circunstâncias, o procedimento acaba por assumir significativa relevância para o teste de *entire fairness*: seja para fins de inversão do ônus da prova; seja para, em situações excepcionais, descartar totalmente necessidade de se proceder à revisão do mérito da decisão tomada[956]. Prestigiam-se, então, *os meios*, em detrimento dos resultados.

[951] Weinberger v. UOP (1983).

[952] Voto proferido pelo Diretor Gustavo Gonzalez em CVM. PAS n. 1614/2019, Diretor-Relator Marcelo Barbosa, julgado em 26/05/2020.

[953] EINSENBERG, Melvin Aron. The divergence of standards of conduct and standards of review in corporate law. *Fordham Law Review*. New York, v. 62, n. 3, p. 437-486, 1993.

[954] EINSENBERG, Melvin Aron. The divergence of standards of conduct and standards of review in corporate law. *Fordham Law Review*. New York, v. 62, n. 3, p. 437-486, 1993. No mesmo sentido, SÁ, Rafael Vieira de Andrade de. O entire fairness test no direito norte-americano. *Revista de Direito Bancário e do Mercado de Capitais*. São Paulo, vol. 21, n. 79, p. 99-125, jan./mar. 2018 e CVM, PAS n. RJ2005/1443. Diretor-Relator Pedro Oliva Marcilio de Sousa, julgado em 10/05/2006.

[955] EMMERICH, Voker; HABERSACK, Mathias. *Aktien- und GmbH-Konzernrecht*. 6ª ed. rev. München: C.H. Beck, 2010, p. 579.

[956] DIAS, Luciana. As Transações com Partes Relacionadas no Direito Societário Brasileiro e a Lei de Melhoria do Ambiente de Negócios. *In:* FRAZÃO, Ana; CASTRO, Rodrigo R. Monteiro de; CAMPINHO, Sérgio (org.). *Direito Empresarial e Suas Interfaces:* Homenagem a Fábio Ulhoa Coelho. São Paulo: Quartier Latin, 2022, vol. II, p. 485-518. Quando a revisão

Isso porque se acredita que a higidez do processo seja capaz de eliminar o elemento extrassocial que criava o conflito dos interesses em jogo[957].

Embora a regra geral seja a exigência de operações estritamente comutativas, buscou-se confirmar, ao longo de todo este trabalho, que não é assim que os grupos societários operam[958]. A subordinação de interesses é um efeito natural ao processo de integração econômica, efeito que justifica a formação da empresa plurissocietária. A organização da atividade empresarial no grupo é vantajosa, precisamente porque o fluxo de recursos dentro do grupo – o *mercado interno* – não segue os padrões típicos do mercado externo, no qual a companhia transaciona com terceiros.

Se tanto a vedação ao favorecimento de sociedade como a exigência de comutatividade podem, ambas, ser consideradas como padrões de conduta *artificiais* para os grupos societários, é ainda mais utópico esperar que as sociedades agrupadas busquem alcançar esse *standard* legal por meio da *procedimentalização* do processo decisório. Estabelecer soluções organizativas voltadas à eliminação do conflito de interesses – que é ínsito às relações do grupo (a exemplo de outros métodos, a criação de comitês independentes e a aprovação em assembleia geral) – seria não apenas moroso e custoso, mas, ainda e sobretudo, contrário à racionalidade subjacente à formação dos grupos societários.

É justamente por esse motivo que a Lei das S.A., à semelhança do sistema alemão e de outros ordenamentos jurídicos que partilham da mesma preocupação, permite que a sociedade controladora e os administradores da companhia agrupada se *desviem* desses rígidos padrões de conduta. A condição, para tanto, é a de que os efeitos negativos infligidos pela companhia desfavorecida sejam neutralizados mediante *pagamento compensatório adequado*.

de mérito da transação é descartada, a conduta dos administradores que celebraram o negócio é avaliada sob a um teste de revisão de conduta mais brando e menos intrusivo no mérito da decisão empresarial, a *business judgement rule* (CVM, PAS n. RJ2013/11703, Diretor-Relator Gustavo Tavares Borba, julgado em 31/07/2018).

957 Voto proferido pelo Diretor Gustavo Gonzalez em CVM. PAS n. 1614/2019, Diretor-Relator Marcelo Barbosa, julgado em 26/05/2020.

958 Especialmente no capítulo 2.

Na hipótese, o montante da compensação deve ser calculado, de modo que ele seja suficiente para absorver os efeitos patrimoniais negativos do desfavorecimento incorrido pela companhia. Em caso de operação não comutativa, a compensação deve cobrir a diferença entre o preço praticado e o valor aplicável no mercado, caso existente. Em caso de usurpação de uma oportunidade de negócio, a compensação deve neutralizar o custo da oportunidade perdida[959], abrangendo aquilo que a empresa *razoavelmente deixou de ganhar*[960].

De posse dessas informações, cabe, a seguir, examinar, detidamente, o conteúdo da obrigação de compensar.

## 5.9. Pagamento compensatório deve ser realizado em dinheiro? O conteúdo da obrigação de compensar

Já se afirmou que a regra prevista no art. 245 encerra "inelutável dever de ressarcimento específico e *em dinheiro* para a sociedade controlada pelas políticas da controladora para o grupo de fato" (grifou-se)[961]. Este trabalho, pelo contrário, defenderá interpretação diversa para o dispositivo. Trata-se de uma obrigação específica, como anteriormente se buscou demonstrar[962]; porém, não há exigência de que a compensação seja efetivada em dinheiro.

Há de se analisar, preliminarmente, o léxico "pagamento". No sentido coloquial, o termo significa cumprimento de uma obrigação pecuniária[963]. Entretanto, no sentido técnico, pagamento é *toda* forma de

[959] Sobre a definição de custo de oportunidade, Eizirik, Nelson. *A Lei das S/A Comentada.* 3ª ed. São Paulo: Quartier Latin, 2021, p. 296.

[960] A esse respeito, ver item 5.7, nota de rodapé nº 926 deste trabalho.

[961] Vio, Daniel de Avila. *Grupos Societários: Ensaio sobre os Grupos de Subordinação, de Direito e de Fato no Direito Societário Brasileiro.* São Paulo: Quartier Latin, 2016, p. 264.

[962] Ver item 5.4.

[963] Venosa, Sílvio de Salvo. *Direito Civil:* Obrigações e Responsabilidade civil. 21ª ed. São Paulo: Atlas, 2021. E-book, p. 174; Pereira, Caio Mário da Silva. *Instituições de Direito Civil.* 33ª ed. Rio de Janeiro: Forense, 2022. E-book, p. 401; Tepedino, Gustavo; Schreiber, Anderson. *Fundamentos do Direito Civil – Obrigações. v. 2.* 2ª ed. Rio de Janeiro: Forense. E-book, cap. VII, item 1.

cumprimento voluntário de qualquer obrigação[964]. Esse também é, precisamente, o significado empregado nos arts. 304 e seguintes do Código Civil. Os dispositivos integram o capítulo que regula o adimplemento e extinção das obrigações, exatamente denominado como "Do Pagamento", e que regra o cumprimento ordinário de *todas* as modalidades de obrigações, isto é, de dar coisa certa, ou incerta; de fazer, de não fazer; e não apenas aquelas em dinheiro. Pagamento é sinônimo de *adimplemento, cumprimento* ou *solução* da obrigação[965]. Portanto, é errôneo depreender da palavra "pagamento" uma restrição para que a compensação seja realizada de outra forma, que não exclusivamente em dinheiro.

Ademais, o vocábulo "compensação" empregado no art. 245 não remete à *compensação legal*, prevista nos arts. 368 a 380 do Código Civil. Esta última pressupõe que as duas partes da relação sejam "ao mesmo tempo credor e devedor uma da outra" (art. 368) e que ambas as obrigações sejam dívidas líquidas, vencidas e de *coisas fungíveis* (art. 369), servindo, pois, para extinguir duas dívidas *em dinheiro*. Nessas condições, a compensação ocorre *ipso iure*, isto é, decorre automaticamente da lei[966]. O objetivo é o de eliminar um *circuito inútil*. Isso porque, se as duas partes são reciprocamente credoras e devedoras umas das outras, não é necessário realizar duas operações de pagamento[967].

No âmbito do art. 245, pagamento compensatório tem significado completamente diverso daquele previsto nos arts. 368 a 380 do Código

964 "Assim, o pagamento deve ser visto nas obrigações de dar, fazer e não fazer. Paga-se, na compra e venda, quando se entrega a coisa vendida. Paga-se, na obrigação de fazer, quando se termina a obra ou atividade encomendada. Paga-se, na obrigação de não fazer, quando o devedor se abstém de praticar fato ou ato a que se comprometeu negativamente, por tempo mais ou menos longo" (Venosa, Sílvio de Salvo. *Direito Civil:* Obrigações e Responsabilidade civil. 21ª ed. São Paulo: Atlas, 2021. E-book, p. 174). No mesmo sentido, Pereira, Caio Mário da Silva. Instituições de Direito Civil. 33ª ed. Rio de Janeiro: Forense, 2022. E-book v. II, p. 402; Tepedino, Gustavo; Schreiber, Anderson. *Fundamentos do Direito Civil – Obrigações. v.* 2. 2ª ed. Rio de Janeiro: Forense. E-book, cap. VII, item 1.

965 Gomes, Orlando. *Contratos.* 26ª ed. Rio de Janeiro: Forense, 2009, p. 110.

966 Tepedino, Gustavo; Schreiber, Anderson. *Fundamentos do Direito Civil – Obrigações. v.* 2. 2ª ed. Rio de Janeiro: Forense. E-book, cap. IX, 2.

967 Gomes, Orlando. *Contratos.* 26ª ed. Rio de Janeiro: Forense, 2009, p. 159.

Civil[968]. Duas são as razões principais. A uma, porque a sociedade controladora e a companhia desfavorecida não são reciprocamente credoras e devedoras umas das outras. A companhia desfavorecida nada deve à sociedade controladora, figurando apenas como credora da obrigação de compensar. A duas, porque a compensação regrada no diploma civil não é *pagamento*, pois este é modalidade *ordinária* de solver uma prestação. A compensação legal do Código Civil é modo *especial* de extinção de obrigações nas situações em que estejam presentes os pressupostos, operando de pleno direito[969]. Ou há pagamento (situação ordinária), ou há compensação legal (situação extraordinária). A compensação prevista na Lei das S.A. jamais poderia remeter ao instituto regulado no Código Civil; pois, sob a lógica civilista, é uma contradição de termos falar em "pagamento" com o adjetivo "compensatório". Portanto, nem a palavra *pagamento*, nem a palavra *compensação* permitem inferir que o art. 245 da Lei das S.A. seja uma exigência de neutralização do desfavorecimento à companhia *em dinheiro*.

Note-se que a legislação societária também utiliza o termo *compensação* no art. 276 §2º, aplicável aos grupos de direito. Como visto[970], nesse dispositivo, a subordinação de interesses é admitida, desde que esteja prevista na convenção. Assim, o §2º do referido dispositivo não exige que *toda* situação de desfavorecimento da companhia seja neutralizada via compensação; mas prevê que as "compensações entre sociedades", uma vez previstas na convenção, "deverão ser *determinadas* e *registradas no balanço* de cada exercício social" (grifou-se). Logo, o termo *compensação*, quando usado para regular os grupos de direito, também não está associado a uma contrapartida em dinheiro. Basta que ela seja *determinada*.

Na realidade, a Lei das S.A. é expressa quando regula obrigações que só podem ser adimplidas em dinheiro. O capital social "poderá ser for-

[968] A Lei das S.A. usa a palavra *compensar* com significado diverso da compensação objeto do Código Civil e do art. 245. A título ilustrativo, no art. 193, § 2º, a legislação estabelece que reserva legal tem o objetivo de "compensar prejuízos ou aumentar o capital social"; no art. 195, a Lei das S.A. institui a reserva de contingências, com a finalidade de "compensar, em exercício futuro, a diminuição do lucro decorrente de perda julgada provável, cujo valor possa ser estimado".

[969] GOMES, Orlando. *Contratos*. 26ª ed. Rio de Janeiro: Forense, 2009, p. 110.

[970] Ver item 5.1.

mado com contribuições *em dinheiro* ou em qualquer espécie de bens suscetíveis de avaliação" (art. 7º, grifou-se); a constituição da companhia depende da "realização, como entrada, de 10% (dez por cento), no mínimo, do preço de emissão das ações subscritas *em dinheiro*" (art. 80, II, grifou-se); e apenas os lucros registrados na reserva de lucros a realizar "que forem os primeiros a serem realizados *em dinheiro*" podem ser pagos como dividendo obrigatório (arts. 197, §2º e 202, III, grifou-se). Não há referência a *dinheiro* no art. 245.

A segunda parte do art. 245 é relevante para a correta interpretação sobre a obrigação de compensar, pois a diferencia das perdas e dos danos. O dispositivo prevê que, se há infração à obrigação de indenizar, os administradores "respondem perante a companhia pelas *perdas e danos* resultantes" (grifou-se). Perdas e danos representam o remédio cabível em caso de inadimplemento de uma obrigação, nos termos dos arts. 389 e 402 do Código Civil. Esses, sim, são tradicionalmente identificados como indenização *em dinheiro*[971]. Portanto, é a *falha* no cumprimento da obrigação de compensar que enseja a obrigação de ressarcir em dinheiro, e não o pagamento compensatório que deve ser efetuado em numerário.

Se o dever de compensar houvesse de ser efetuado em dinheiro, não haveria diferença entre a consequência prática entre este e a obrigação

[971] Schreiber, Anderson. Da Responsabilidade Civil. *In*: Schreiber, Anderson et al. (coord.). Código Civil comentado: doutrina e jurisprudência. 3ª ed. Rio de Janeiro: Forense, 2021, E-book p. 699. No mesmo sentido, Martins-Costa, Judith. *Comentários ao Novo Código Civil*, volume V, tomo II: do inadimplemento das obrigações. Rio de Janeiro: Forense, 2003, p. 96; e Venosa, Sílvio de Salvo. *Direito Civil:* Obrigações e Responsabilidade civil. 21ª ed. São Paulo: Atlas, 2021. E-book, p. 324-325. Note-se, porém, que as perdas e danos não são efetivadas necessariamente em dinheiro. O sistema da reparação civil brasileiro prevê a reparação in natura como solução primária do dever de indenizar, de modo a repor o estado de coisas no momento anterior à efetivação do dano, sendo aplicável a indenização pelo equivalente pecuniário apenas quando a prestação in natura não puder ser realizada (Martins-Costa, Judith. *Comentários ao Novo Código Civil*, volume V, tomo II: do inadimplemento das obrigações. Rio de Janeiro: Forense, 2003, p. 994-996). É o que prevê o art. 947: "Se o devedor não puder cumprir a prestação na espécie ajustada, substituir-se-á pelo seu valor, em moeda corrente". Diante do inadimplemento cabe ao credor optar pela reparação em dinheiro ou a execução específica da obrigação inadimplida (Sanseverino, Paulo de Tarso Vieira. Princípio da Reparação Integral: indenização no Código Civil. São Paulo: Saraiva, 2010, E-book, p. 47).

de indenizar. É o que sobrevém da pergunta: qual seria a finalidade da compensação, se esta conduzisse aos mesmos efeitos práticos que a indenização? Violar ou não violar o dever de observar o interesse social seria indiferente para a sociedade controladora e os administradores. Afinal, a consequência seria idêntica em ambas as situações: a obrigação neutralizaria a perda da sociedade desfavorecida *em dinheiro*.

Não parece ser essa, porém, a racionalidade atrelada ao sistema de compensação previsto no art. 245, à semelhança do modelo alemão que o inspirou. Permite-se a subordinação de interesses no grupo, a fim de que este possa alcançar a finalidade concreta para a qual foi concebido, qual seja, como técnica de organização da atividade empresarial. Nesse sentido finalístico, há de se conceder flexibilidade, para que seja possível tanto integrar, como coordenar os negócios, os ativos e os passivos das empresas do grupo, em atenção ao imperativo maior de eficiência empresarial.

A imposição da compensação em dinheiro imporia excessivo ônus ao grupo, pois exigiria que a sociedade controladora dispusesse, em caixa, de recursos líquidos, para contrabalançar toda e qualquer situação de desfavorecimento à companhia. Além de onerosa, a exigência contrariaria a lógica da formação de grupos como técnica para viabilizar o autofinanciamento empresarial, por meio da criação de um mercado de capitais interno em prol da alocação eficiente dos recursos da empresa plurissocietária[972]. Se, para cada medida não equitativa, coubesse uma compensação em espécie, a norma inviabilizaria a gestão dos recursos limitados do grupo de forma eficiente, em benefício da atividade produtiva.

Aqui, vale lembrar que o §311 da AktG usa a palavra "vantagem" ("*vorteile*"), para descrever o conteúdo do dever de compensar: cada *desvantagem* contrária à sociedade dependente terá de ser compensada com uma *vantagem*[973]. Logo, a compensação é identificada como um benefício a ser conferido à sociedade dependente, de qualquer modalidade, podendo

[972] Ver capítulo 2, itens 2.2, 2.3 e 2.7.

[973] BÜRGERS, Tobias; KÖRBER, Torsten. *Aktiengesetz*. 2ª ed. Heidelberg: C. F. Müller, 2011, p. 2276.

ser efetivada em *dinheiro, ativos, direitos, serviços*[974] ou *medidas*, como a concessão de um empréstimo, ou então a prestação de uma garantia em benefício da companhia dominada[975].

O termo "vantagem" parece condizente com as considerações pragmáticas que justificam o sistema de compensação concebido, tanto no Brasil, como em outros ordenamentos. Em todos os casos, partiu-se da constatação de que o grupo confere *benefícios* e *contrapartidas* às sociedades que o integram, sendo necessário apreciar o *contexto global* no qual as políticas grupais são tomadas. É o que, por exemplo, indica o art. 2497 do *Codice Civile*; ou, ainda, o que está implícito, no Brasil, no "conjunto das operações entre as sociedades"[976], conforme assinalado por José Luiz Bulhões Pedreira [977]. O grupo, com efeito, atende à própria função econômica, quando e se as *vantagens* dele decorrentes promovem um resultado global, em termos de produtividade e de rentabilidade, superior ao resultado que seria obtido, caso as sociedades agrupadas explorassem as respectivas atividades de forma isolada[978]. Por isso, a referência a *vantagens* capazes de compensar *desvantagens* alude, também, às noções de eficiência econômica previamente examinadas[979] – mais precisamente, à concepção paretiana, no caso dos sistemas alemão e brasileiro.

O art. 245 não refere textualmente a uma *vantagem* para descrever o conteúdo do pagamento compensatório. O vocábulo *vantagem* é frequentemente empregado, na lei pátria, em conotação negativa, haja vista que descreve tipos ilícitos. Arrolem-se, assim, estas quatro hipóteses: o *voto abusivo*, quando exercido para "obter, para si ou para outrem, vantagem a

[974] Emmerich, Voker; Habersack, Mathias. *Aktien- und GmbH-Konzernrecht*. 6ª ed. rev. München: C.H. Beck, 2010, p. 583.

[975] Bürgers, Tobias; Körber, Torsten. *Aktiengesetz*. 2ª ed. Heidelberg: C. F. Müller, 2011, p. 2277.

[976] Bulhões Pedreira, José Luiz. Coligação e Grupamento de Sociedades. *In:* Lamy Filho, Alfredo; Pedreira, José Luiz Bulhões (coords.). *Direito das companhias*. 2ª ed. Rio de Janeiro: Forense, 2017, p. 1407.

[977] Ver item 5.4.

[978] Scognamiglio, Giuliana. I gruppi e la riforma del diritto societario: prime riflessioni. *dircomm.it*, jun 2003. Disponível em < http://www.dircomm.it/2003/n.6.03/04.html>. Acesso em 10/10/2022.

[979] Ver item 3.7.

que não faz jus" (art. 115, *caput*); o *abuso de poder de controle*, na hipótese em que o acionista controlador promove reorganização societária para obter "vantagem indevida" em prejuízo de acionistas, trabalhadores e investidores (art. 117, §1º, "b"); o *desvio de poder*, praticado pelo administrador que recebe vantagem pessoal sem autorização estatutária ou assemblear (art. 154, §2º, "c"), ou a *violação do dever de lealdade*, quando este deixa de aproveitar oportunidades de negócio da companhia "visando à obtenção de vantagens".

Entretanto, a ausência do termo *vantagem* no art. 245 não afasta a possibilidade de o pagamento compensatório ser implementado por meio de um ato, de uma medida, de uma operação ou, ainda, de uma política de grupo, todos com efeitos positivos, benéficos e, portanto, *vantajosos*, para a companhia que venha a ser desfavorecida, de modo a contrabalancear os efeitos de uma situação de desfavorecimento de interesses.

Os requisitos jurídicos do pagamento compensatório estão presentes no próprio texto do art. 245; e eles não definem a natureza da compensação – se deve ser em dinheiro, em bens, em operações, ou em quaisquer outras modalidades. Como já visto no item 5.4, o termo *pagamento* evidencia que a compensação é uma *obrigação*, isto é, dever jurídico específico, consubstanciado em uma prestação *economicamente apreciável.*

A lei também impõe que o pagamento compensatório seja *adequado.* Apreciada com o restante do dispositivo, a exigência de *adequação* remete à finalidade da compensação, que é a de *neutralizar* as condições de desfavorecimento, ou de uma operação não comutativa da qual uma companhia fez parte. Por isso, é fundamental que a compensação, se não for designada em espécie, seja *suscetível de avaliação em dinheiro,* de modo que seja possível ter a certeza de que o pagamento em questão se presta aos fins para qual foi designado. É relevante garantir que a companhia não reste em posição pior do que aquela em que se encontrava antes de ser desfavorecida.

Nesses aspectos, a lei brasileira novamente se aproxima do sistema alemão. Este também exige que a vantagem a ser conferida pela sociedade dominante à sociedade dependente seja uma medida concreta[980],

[980] SCHMIDT, Karsten; LUTTER, Marcus. *AktG Kommnentar.* 4ª ed. Köln: Otto Schmidt, 2020, p. 3899.

excluindo-se os chamados *efeitos passivos* do grupo societário[981]. Para os fins do §311 da AktG, a compensação também deve ser passível de avaliação ou de quantificação[982], de modo a garantir a aniquilação da desvantagem proporcionada à sociedade dependente.

Por fim, tanto aqui, quanto no sistema alemão[983]-[984], não há exigência de conexão temporal e material entre, de um lado, a conduta que implicou desfavorecimento da companhia (ou a operação não comutativa) e, de outro, o pagamento compensatório adequado. Desvantagem e compensação não precisam necessariamente resultar do mesmo evento lesivo aos interesses da companhia desfavorecida[985]. A sociedade controladora ou os administradores podem designar qualquer outro ato, medida, vantagem, operação ou prestação, que tenham a finalidade de contrabalancear os efeitos do desfavorecimento.

Analisado o modo do pagamento compensatório, volta-se ao tempo deste ato.

## 5.10. Prazo para pagamento compensatório

Segundo o §311 (2) da AktG, se a desvantagem causada à sociedade dependente não for compensada até o final do exercício fiscal em que a medida, o ato, ou a influência desvantajosos tenham ocorrido, a sociedade dominante deverá indicar, até o fim do exercício social, *quando* e

[981] Hüffer, Uwe; Koch, Jens. *Aktiengesetz.* 14ª ed. München: C. H. Beck, 2020, p. 2229 e Bonanno, J. Bautz. The Protection of Minority Shareholders in a *Konzern* Under German and United States Law. *Harvard International Law Journal.* Cambridge (MA), vol 18, n 1, p. 151-176 1977.

[982] Note-se, porém, que parte da doutrina alemã defende que uma vantagem não quantificável poderia servir de compensação para uma desvantagem igualmente não mensurável, conforme Schmidt, Karsten; Lutter, Marcus. *AktG Kommnentar.* 4ª ed. Köln: Otto Schmidt, 2020, p. 3900 e Hüffer, Uwe; Koch, Jens. *Aktiengesetz.* 14ª ed. München: C. H. Beck, 2020, p. 2228.

[983] Ver item 4.1.3 e 4.1.4.

[984] Schmidt, Karsten; Lutter, Marcus. *AktG Kommnentar.* 4ª ed. Köln: Otto Schmidt, 2020, p. 3901; e Emmerich, Voker; Habersack, Mathias. *Aktien- und GmbH-Konzernrecht.* 6ª ed. rev. München: C.H. Beck, 2010, p. 582.

[985] Oliveira, Ana Perestrelo. *Grupos de Sociedades e deveres de lealdade.* Coimbra: Almedina, 2012, p. 499.

*como* irá fazê-lo, conferindo um *direito* à respectiva controlada de obter a compensação nas condições por ela determinadas[986].

Em contraste, o art. 245 não estabelece prazo para a realização do pagamento compensatório e tampouco indica como este deve ser definido. A ausência de qualquer referência temporal permite distintas interpretações sobre o conteúdo da norma.

A primeira delas, baseada na mera leitura do texto normativo, rejeita reconhecer que haveria uma *omissão* no referido dispositivo: se a lei não designou qualquer prazo, é porque o agente destinatário da norma poderia efetuar a compensação quando assim desejasse. Contudo, essa perspectiva conduziria a um cenário de pura potestatividade[987], em favor da sociedade controladora e, ainda, em detrimento da segurança jurídica e da necessária proteção aos interesses da companhia e dos respectivos acionistas minoritários e credores. Fosse assim, diante de uma ação de responsabilidade ajuizada nos termos do art. 246 da Lei das S.A., a sociedade controladora sempre poderia invocar, em sua defesa, a possibilidade de realizar o pagamento compensatório no futuro. Seria fácil afastar a ilicitude imputada à própria conduta, com um simples argumento de ocasião.

Essa interpretação seria inadequada mesmo no cenário inverso, em que se assume a boa-fé da sociedade controladora. Mesmo que última tivesse, de fato, planejado realizar uma compensação futura, a sociedade controladora correria o risco de ver-se responsabilizada, caso essa contrapartida programada não tivesse sido implementada *antes* da data da sentença condenatória. Afinal, na falta desta, há o risco de se interpretar

[986] BONANNO, J. Bautz. The Protection of Minority Shareholders in a *Konzern* Under German and United States Law. *Harvard International Law Journal*. Cambridge (MA), vol 18, n 1, p. 151-176 1977.

[987] A condição puramente potestativa é vedada no art. 112 do Código Civil. Segundo Antônio Junqueira de Azevedo, condição puramente potestativa é "condição pela qual o negócio será eficaz, "se a parte quiser", ou se ela praticar determinado ato sem importância; é preciso o arbítrio" (AZEVEDO. Antônio Junqueira de. Cláusula de contrato de locação em shopping center que não prescreve valor determinado de contribuição para as despesas comuns. Não configuração de condição potestativa. Inexistência de desequilíbrio passível de anular ou resolver contrato executado tal qual por diversos anos. In: *Novos Estudos e Pareceres de Direito Privado*. São Paulo: Saraiva, 2012, E-book, p. 457).

que o art. 245 não foi cumprido, restando caracterizada a ilicitude de sua conduta.

Evidentemente, a decisão sobre a ilicitude da conduta não pode depender da existência (i) de um litígio sobre a existência ou não de compensação; e (ii) do momento da prolação da sentença. Do contrário, haveria estímulo a uma verdadeira *corrida ao tribunal*, por meio da qual seriam indenizados tão somente aqueles acionistas minoritários que fossem suficientemente rápidos para obter uma decisão judicial favorável antes da data da compensação planejada pela sociedade controladora[988]. Nesse cenário, o dano seria reconhecido antes mesmo de sua efetiva materialização. Contudo, se os planos futuros da sociedade controladora tivessem sido levados em conta, o prejuízo prematuramente reconhecido poderia ter sido neutralizado, espontaneamente e sem necessidade de ajuizar a ação.

Uma segunda linha interpretativa adota o posicionamento oposto. À falta de previsão de qualquer prazo na lei, defende-se que o pagamento compensatório "deve ser uma medida *imediata* e *pontual* dos prejuízos" (grifou-se)[989], devendo, como regra, "correr no momento do fato lesivo"[990]-[991].

Trata-se de interpretação excessivamente rígida, incompatível com a dinâmica que subjaz à disciplina dos grupos societários. Afinal, o mecanismo da compensação foi concebido justamente para adequar a disciplina legal à constatação de que tanto desvantagens quanto vantagens atreladas ao grupo podem materializar-se dentro de determinado *ciclo*

[988] Ventoruzzo, Marco. Responsabilità da direzione e coordinamento e vantaggi compensativi futuri. *Rivista delle società*. Milano, vol. 61, n. 2/3, p. 363-391, 2016.

[989] Prado, Viviane Muller. *Conflito de Interesses nos Grupos Societários*. São Paulo: Quartier Latin, 2006, p. 248.

[990] Britto, Adriana Cristina Dullius. *Responsabilidade do Administrador em face do art. 245 da Lei das Sociedades Anônimas*. 2017. Dissertação (Mestrado). Faculdade de Direito, Universidade de São Paulo, São Paulo, 2017, p. 105.

[991] De forma semelhante, afirma-se que para que o art. 245 tenha efeito legitimador dos atos dos administradores, "parece claro que o pagamento compensatório deverá ser realizado *tempestiva* e *espontaneamente*" (grifou-se) (Vio, Daniel de Avila. *Grupos Societários:* Ensaio sobre os Grupos de Subordinação, de Direito e de Fato no Direito Societário Brasileiro. São Paulo: Quartier Latin, 2016, p. 265).

*econômico*, e não de forma instantânea[992]. Essa necessidade concreta foi, com efeito, capturada no §311 (2) da AktG, no qual se permite que a sociedade controladora *defina* a forma e o prazo de compensação, ainda que em tempo superior ao término do exercício fiscal. No art. 2497 do Codice Civile, a mesma necessidade de flexibilidade foi contemplada, pela alusão ao *resultado global* da atividade de direção e de coordenação ("*risultato complessivo dell'attività di direzione e coordinamento*").

Defender que a compensação deva ser *imediata* à situação de desfavorecimento, ou à operação não comutativa, equivale a contrariar as razões subjacentes ao regramento dos grupos, cujo objetivo é, justamente, o de acomodar a realidade prática e econômica à realidade jurídica, por meio de uma disciplina adequada, flexível e pragmática. A necessidade de compensação imediata tornaria inútil o caminho de flexibilização concebido pelo art. 245. Seria mais vantajoso – tanto à sociedade controladora, como aos administradores do grupo – descumprir as vedações previstas no mesmo dispositivo, preferindo-se o risco de sofrer uma longa e morosa ação de responsabilidade civil, à obrigação de promover compensação, voluntária e instantaneamente.

Há, ainda, uma terceira forma de interpretar a regra, que consiste em sustentar que a compensação deva ser realizada dentro do mesmo exercício fiscal no qual ocorrem a situação de desfavorecimento da companhia, ou a operação não comutativa. A título ilustrativo, José Luiz Pedreira Bulhões argumentou que "a lei não se preocupa em exigir que cada um

[992] Atualmente, a sociedade controladora exige que a companhia controlada conceda uma garantia em favor de outra sociedade do grupo modo a permitir que esta última contrate uma linha de crédito perante determinada instituição financeira; no futuro, a companhia garantidora será compensada mediante empréstimo intragrupo com taxas de juros inferiores às do mercado. Atualmente, a sociedade controladora implementa política de consolidação de caixa, exigindo que a companhia controlada transfira liquidez a outras sociedades do grupo; no futuro, a companhia controlada será beneficiada com transferência de liquidez no sentido inverso. Atualmente, sociedade controladora celebra contrato com a companhia a preços inferiores aos de mercado a fim de minimizar a carga tributária incidente sobre a operação para, no futuro, reverter a economia em ganhos. investimentos realizados pela companhia incialmente desfavorecida. São esses os exemplos citados em Ventoruzzo, Marco. Responsabilità da direzione e coordinamento e vantaggi compensativi futuri. *Rivista delle società*. Milano, vol. 61, n. 2/3, p. 363-391, 2016, em posicionamento contrário à compensação imediata da desvantagem.

dos negócios realizados entre sociedades do grupo seja contratado em condições estritamente comutativas", sendo relevante, na realidade, "o conjunto das operações entre sociedades *durante cada período de determinação do lucro*" (grifou-se)[993].

Nesse passo, vale relembrar que, nos grupos de direito, o art. 276, §2º da Lei das S.A. prevê que as compensações entre as sociedades, uma vez previstas na convenção do grupo, devam ser determinadas e registradas *no balanço de cada exercício social* das sociedades interessadas. O registro em balanço serve para impor que a medida compensatória seja determinada e especificada, além de conferir publicidade a esses atos, para que acionistas e credores possam fiscalizá-los – do que se cuidará melhor no item 5.11. O mesmo registro presta-se, também, a conferir proteção especial aos acionistas minoritários: isso porque o reconhecimento da compensação no balanço ilide os efeitos da medida desfavorável sobre a capacidade da companhia de pagar dividendos anuais[994]-[995].

Há possibilidade de defender que a norma é analogicamente aplicável aos grupos de fato. Afinal, não faz sentido que a disciplina destinada aos grupos de direito, a qual rompe radicalmente com os padrões da companhia isolada, tenha exigências claras quanto à forma de divulgação e quanto o registro das compensações; mas que os grupos de fato, nos quais não há transgressão absoluta dos pilares tradicionais da lei societária, gozem de regime bem mais leniente acerca das compensações.

Entretanto, mesmo que se assuma a possibilidade de aplicação analógica do art. 276, §2º ao art. 245[996], disso não decorre, necessariamente,

[993] Bulhões Pedreira, José Luiz. Coligação e Grupamento de Sociedades. *In:* Lamy Filho, Alfredo; Pedreira, José Luiz Bulhões (coords.). *Direito das companhias.* 2ª ed. Rio de Janeiro: Forense, 2017, p. 1407.

[994] Schmidt, Karsten; Lutter, Marcus. *AktG Kommnentar.* 4ª ed. Köln: Otto Schmidt, 2020, p. 3900-3901.

[995] Para a proteção dos credores sociais, por outro lado, é relevante que a compensação neutralize eventual diminuição do valor da companhia e de seus ativos, independentemente dos efeitos contábeis (Schmidt, Karsten; Lutter, Marcus. *AktG Kommnentar.* 4ª ed. Köln: Otto Schmidt, 2020, p. 3900-3901). Afinal, o patrimônio social constitui a garantia de seu direito de crédito (Art. 391 do Código Civil e 789 do Código de Processo Civil).

[996] Essa interpretação não é isenta de críticas. Há situações de desfavorecimento que sequer geram efeitos no balanço da companhia, em virtude de sua própria natureza. É o

que a compensação deva ser realizada até o término de cada exercício social. Afinal, o dispositivo apenas indica que as compensações, *uma vez realizadas*, devam ser registradas no balanço, não impondo prazo peremptório para a compensação em si. Ainda, é preciso reconhecer que a delimitação do prazo (no caso, até o fim do exercício fiscal) não deixa de ser uma leitura rígida do art. 276, §2º, desconsiderando as peculiaridades fáticas de cada grupo.

Este trabalho sugere uma quarta perspectiva para interpretar o art. 245[997], inspirada na solução adotada no §311 (2) da AktG. No sistema alemão, a empresa dominante pode realizar compensação em prazo superior a um exercício fiscal, desde que se vincule a uma obrigação de compensar, em tempo e modos pré-definidos. Confere-se, assim, um *direito* de obter compensação, nessas condições, à companhia dependente, que poderá exigi-lo. Em outras palavras, o dispositivo prevê que, se a compensação não for realizada até o fim do exercício, a empresa dominante poderá fazer uma *promessa juridicamente vinculante* até o final do exercício, indicando quais serão a natureza e o momento da compensação[998].

caso da usurpação de potencial oportunidade de negócios da companhia pela sociedade controladora, o exercício de atividade concorrente por outra sociedade do grupo, o dano reputacional em virtude de ato praticado por outro membro do grupo, a nomeação de administradores sem experiência de mercado que tenham vínculos familiares com a sociedade controladora. Nesses casos, por que deveria haver obrigatoriedade de a compensação ser passível de determinação em balanço? Esta poderia concretizar-se, por exemplo, mediante a concessão de outra oportunidade de negócio à companhia, no oferecimento de garantias para melhorar a taxa de juros aplicável em financiamentos, entre outras possíveis medidas. Contrariamente à obrigatoriedade de registrar a compensação em balanço, SCHMIDT, Karsten; LUTTER, Marcus. *AktG Kommnentar.* 4ª ed. Köln: Otto Schmidt, 2020, p. 3900- 3901; EMMERICH, Voker; HABERSACK, Mathias. *Aktien- und GmbH-Konzernrecht.* 6ª ed. rev. München: C.H. Beck, 2010, p. 583.

[997] A proposta aqui defendida é substancialmente inspirada na sugestão defendida por Marco Ventoruzzo em VENTORUZZO, Marco. Responsabilità da direzione e coordinamento e vantaggi compensativi futuri. *Rivista delle società.* Milano, vol. 61, n. 2/3, p. 363-391, 2016. O autor busca um caminho para interpretação do art. 2497 do Codice Civile, no qual também não há indicação de prazo para realização das chamadas *vantagens compensatórias.*

[998] EMMERICH, Voker; HABERSACK, Mathias. *Aktien- und GmbH-Konzernrecht.* 6ª ed. rev. München: C.H. Beck, 2010, p. 551.

A discricionariedade conferida à sociedade dominante, para escolher o prazo e o modo da compensação, compõe aquilo que os alemães habitualmente denominam como *privilégio* da empresa plurissocietária[999]. Esse espaço discricionário concede a flexibilidade necessária para que a empresa dominante possa tanto gerir os negócios do grupo, como promover a alocação eficiente dos recursos afetos à atividade produtiva, respeitando o ciclo econômico natural das vantagens e das desvantagens atreladas à atividade grupal. Note-se que a promessa da empresa dominante é vinculante, apenas para a própria empresa, que resta comprometida com a compensação assinalada. Os administradores da companhia beneficiária, por seu turno, não estão juridicamente obrigados, nem a seguir as diretrizes da primeira, nem a aceitar a compensação ofertada[1000]. Aliás, é seu dever o de recusar-se a seguir a orientação da empresa dominante, nas seguintes hipóteses: caso a medida seja desvantajosa; caso não haja clareza sobre a capacidade da empresa dominante de compensar os efeitos da medida desvantajosa; ou, ainda, caso a compensação indicada seja insuficiente[1001].

Para os fins do art. 245, defende-se que a compensação futura – e, portanto, ainda não materializada – só poderá ser considerada como suficiente para afastar a ilicitude da conduta da sociedade controladora ou dos administradores, se os três requisitos apresentados a seguir forem satisfeitos, sendo que os três são inspirados no sistema alemão[1002].

Em primeiro lugar, no momento em que a operação não comutativa for celebrada, ou assim que a situação de desfavorecimento ocorrer, a

[999] Hüffer, Uwe; Koch, Jens. *Aktiengesetz.* 14ª ed. München: C. H. Beck, 2020, p. 2229; Emmerich, Voker; Habersack, Mathias. *Aktien- und GmbH-Konzernrecht.* 6ª ed. rev. München: C.H. Beck, 2010, p. 586.

[1000] Bürgers, Tobias; Körber, Torsten. *Aktiengesetz.* 2ª ed. Heidelberg: C. F. Müller, 2011, p. 2274.

[1001] Emmerich, Voker; Habersack, Mathias. *Aktien- und GmbH-Konzernrecht.* 6ª ed. rev. München: C.H. Beck, 2010, p. 589.

[1002] Frise-se, uma vez mais, que a proposta aqui defendida é substancialmente inspirada na sugestão defendida por Marco Ventoruzzo em Ventoruzzo, Marco. Responsabilità da direzione e coordinamento e vantaggi compensativi futuri. *Rivista delle società.* Milano, vol. 61, n. 2/3, p. 363-391, 2016. Como assinalado na nota de rodapé nº 997, o autor busca um caminho para interpretação do art. 2497 do Codice Civile, no qual também não há indicação de prazo para realização das chamadas *vantagens compensatórias*, caminho esse que também parece ter sido inspirado no sistema alemão.

sociedade controladora deverá indicar (i) qual será a compensação; (ii) qual será o seu valor, de modo a neutralizar os efeitos do desfavorecimento; e (iii) qual o prazo em que será efetuada. A compensação, em si, não precisa ser implementada imediatamente, mas as três condições devem ser imediatamente identificadas e definidas, assim que o ato ou operação potencialmente ilícitos forem praticados, tornando-se desde logo, uma *obrigação específica, vinculante* e *exequível.*

A interpretação aqui proposta é consistente com a constatação de que a compensação é uma *obrigação* (que pode ser de dar coisa certa ou incerta, de fazer, ou de não fazer), no sentido dos arts. 233 e seguintes do Código Civil[1003], e, portanto, deve ser específica e exigível. É igualmente consistente com os objetivos do art. 245 da Lei da S.A., que, embora estabeleça uma *obrigação de resultado* à sociedade controladora e administradores (cumprimento do interesse social, comutatividade ou compensação)[1004], não deixa de assinalar *parâmetros de conduta* a serem observados por esses agentes. Estes, por seu turno, não podem celebrar operação, nem realizar medida desfavoráveis à companhia, sem, *no mesmo ato*, definir qual será a contrapartida cabível – independentemente da forma e do tempo em que a própria contrapartida vier a ocorrer. Caso a justa compensação não seja planejada, indicada e fixada neste momento, terá havido violação dos deveres de comportamento previstos no art. 245.

O compromisso de compensação pode ser formalizado tanto por meio de um contrato com a companhia controlada[1005], a ser celebrado no mesmo instrumento no qual a operação não comutativa foi formalizada, como, também, pode ser efetuado de forma apartada. Alternativamente, o mesmo compromisso pode decorrer de deliberações, ou de resoluções, tomadas nos órgãos da sociedade controladora[1006].

[1003] Sobre a natureza da obrigação de compensar, ver item 5.4.

[1004] A obrigação de observar condições comitativas é uma obrigação de resultado, como constatado por

[1005] Emmerich, Voker; Habersack, Mathias. *Aktien- und GmbH-Konzernrecht.* 6ª ed. rev. München: C.H. Beck, 2010, p. 586.

[1006] Nesse caso, note-se, porém, que a deliberação ou resolução terá força vinculante *interna* para a sociedade controladora cujo órgão assim decidiu, podendo, por isso, ser revogável ou alterado por decisões ou deliberações supervenientes, como apontado em

Veja-se que o fato de o pagamento compensatório ser ajustado via contrato com a companhia desfavorecida não altera o fato de que as condições da compensação são definidas segundo a vontade da sociedade controladora. Afinal, o instrumento não resulta de típico contraditório entre partes desvinculadas, mas da afirmação de tão somente uma vontade preponderante, definida pela sociedade controladora[1007]. De modo distinto, os administradores da companhia não são obrigados a aceitar a influência do controlador, nem precisam aceitar a compensação ofertada, preservando tanto a própria independência jurídica, como os respectivos deveres fiduciários.

Em segundo lugar, é preciso avaliar o prazo indicado pela sociedade controladora para a materialização da compensação. A fim de mensurar a adequação da compensação ofertada, há de se calcular o valor do dinheiro no tempo, com base em projeções financeiras. Não parece razoável admitir compensação excessivamente remota, sendo, pois, necessário recorrer a um juízo de razoabilidade, a ser avaliado de forma casuística[1008]-[1009]. Nessa análise específica, há, naturalmente, de considerar os elementos fáticos do caso, para que, assim, seja garantida a proteção de interesses juridicamente tutelados. Por exemplo, se a operação não comutativa prejudicar a capacidade da companhia de pagar dividendos, é razoável assumir o exercício fiscal como parâmetro[1010], a exemplo do sistema alemão.

Ventoruzzo, Marco. Responsabilità da direzione e coordinamento e vantaggi compensativi futuri. *Rivista delle società*. Milano, vol. 61, n. 2/3, p. 363-391, 2016.

[1007] Vio, Daniel de Avila. *Grupos Societários: Ensaio sobre os Grupos de Subordinação, de Direito e de Fato no Direito Societário Brasileiro*. São Paulo: Quartier Latin, 2016, p. 76.

[1008] Nesse sentido, Oliveira, Ana Perestrelo. *Grupos de Sociedades e deveres de lealdade*. Coimbra: Almedina, 2012, p. 499-500.

[1009] A remissão à critérios razoáveis não é estranho no sistema da Lei das S.A., sendo objeto, por exemplo, do art. 156 §1º, ao estabelecer que os contratos entre a companhia e administradores devem ser *razoáveis* ou equitativos. Os arts. 154 §4º e 163, §5º da Lei das S.A. também remetem à razoabilidade. Ainda, o art. 562 do Código Civil faz referência expressa a "prazo razoável" para avaliação do lapso temporal relevante para cumprimento de obrigação.

[1010] "Este pagamento compensatório deve ser espontâneo e realizado dentro de um prazo razoável, se possível no mesmo exercício social". Carvalhosa, Modesto; Kuyven, Martins. *Sociedades anônimas*. São Paulo: Revista dos Tribunais, 2016 (coleção Tratado de Direito Empresarial, vol. III), p. 1059.

Definidos o tempo e o modo do pagamento compensatório, há de se apurar a *probabilidade* de a compensação futura ser efetivada, tal como prometida pela sociedade controladora[1011]. Não é necessário aguardar a maturidade da obrigação em si, para realizar um juízo de licitude sobre a compensação oferecida. Afinal, ainda que a sociedade controladora se comprometa com determinada forma de compensação, é possível que a mesma obrigação seja inadimplida, a depender da situação econômico-financeira, ou negocial, à data do vencimento. A realização de prognóstico – futuro e com base em uma avaliação probabilística – não é avessa ao sistema jurídico brasileiro em outros institutos jurídicos, notadamente, a admissão da indenização daquilo que "razoavelmente deixou de lucrar", nos termos do art. 402 do Código Civil[1012]. A perda de chance, ou de oportunidade, também exige avaliação do dano, embasada, por sua vez, em análise de situação que *provavelmente teria ocorrido*[1013].

[1011] Marco Ventoruzzo vale-se do seguinte exemplo ilustrativo: a sociedade contadora que celebra contrato R$ 90 milhões abaixo do valor de mercado, compromete-se a proporcionar como compensação contrato futuro avaliado em R$ 100 milhões, mas cuja celebração tem probabilidade de 10% de *não* ocorrer, daí decorre que a compensação ofertada não vale R$ 100 milhões, e sim 90 milhões, valor necessário para neutralizar completamente o primeiro contrato desvantajoso para a companhia (Ventoruzzo, Marco. Responsabilità da direzione e coordinamento e vantaggi compensativi futuri. *Rivista delle società*. Milano, vol. 61, n. 2/3, p. 363-391, 2016).

[1012] Segundo Sérgio Cavalieri Filho, lucro cessante "é a consequência futura de um fato já ocorrido". Segundo o autor, ao caracterizá-lo, o art. 402 do Código Civil "consagrou o princípio da razoabilidade dizendo ser aquilo que razoavelmente se deixou de lucrar. Razoável é tudo aquilo que seja, ao mesmo tempo, *adequado, necessário* e *proporcional*; é aquilo que o bom-senso diz que o credor lucraria, apurado *segundo um juízo de probabilidade*, de acordo com o normal desenrolar dos fatos." Sobre a tarefa interpretativa do juiz: "Nessa tarefa penosa deve o juiz valer-se de um juízo de razoabilidade, de um juízo causal hipotético, que, segundo Larenz, seria o desenvolvimento normal dos acontecimentos, caso não tivesse ocorrido o fato ilícito gerador da responsabilidade civil" (Cavalieri Filho, Sergio. *Programa de Responsabilidade Civil.* 10ª ed. São Paulo: Atlas, 2012, p. 79-80, grifou-se).

[1013] A teoria da perda de uma chance tem origem na doutrina francesa e tem ampla aceitação no Brasil (Martins-Costa, Judith. *Comentários ao Novo Código Civil,* volume V, tomo II: do inadimplemento das obrigações. Rio de Janeiro: Forense, 2003, p. 359 e Cavalieri Filho, Sergio. *Programa de Responsabilidade Civil.* 10ª ed. São Paulo: Atlas, 2012, p. 81). Segundo Judith Martins-Costa, "na responsabilidade pela perda de uma chance, o que é indenizado é justamente a chance de não alcançar determinado resultado, ou de auferir

Assim que a sociedade controladora definir as condições do pagamento compensatório, a companhia e a acionistas minoritários, na qualidade de substitutos processuais, já poderão questionar a adequação do pagamento compensatório proposto, com fundamento no art. 246 da Lei das S.A. O fato de a compensação assinalada ser futura – e de, portanto, ainda não estar materializada na data da ação de responsabilidade – não deve impedir a avaliação da conduta da sociedade controladora ou dos administradores. Afinal, as condições do pagamento compensatório já foram definidas de forma vinculante. Assim como a celebração de contrato não comutativo autoriza o exame da avença – à luz dos arts. 117, §1º, 156, §1º e 245, e independentemente tanto da data do *vencimento*, como da *exigibilidade* das prestações devidas pelos contratantes –, a definição da modalidade e do prazo da compensação já torna a compensação passível de apreciação para os fins do art. 245, mesmo que a materialização da compensação apenas ocorra posteriormente.

De modo distinto, e como é ostensivo, a existência de uma decisão judicial – que, no caso, reconheça a adequação da compensação ofertada pela sociedade controladora ou pelos administradores – não impede eventual futuro questionamento judicial, em caso de inadimplemento da obrigação de compensação antes reputada adequada. Estando vencida a obrigação e não sendo efetuado o pagamento da forma esperada, a socie-

certo benefício, chance que foi perdida pela vítima em razão de ato culposo do lesante" (Martins-Costa, Judith. *Comentários ao Novo Código Civil*, volume V, tomo II: do inadimplemento das obrigações. Rio de Janeiro: Forense, 2003, p. 360). Segundo Sérgio Cavalieri Filho, a perda de uma chance caracteriza-se "quando, em virtude da conduta de outrem, desaparece a probabilidade de um evento que possibilitaria um benefício futuro para a vítima", de modo que "deve-se, pois, entender por chance *a probabilidade de se obter um lucro ou de se evitar uma perda*". O juízo para avaliá-la é de probabilidade: "a adoção da teoria da perda da chance exige que o julgador bem saiba diferenciar o improvável do quase certo, bem como a *probabilidade de perda da chance de lucro,* para atribuir aos fatos as consequências adequadas". Ainda, a respeito do valor da indenização: "a indenização, por sua vez, deve ser pela perda da oportunidade de obter uma vantagem e não pela perda da própria vantagem. Há que se fazer a distinção entre o resultado perdido e a possibilidade de consegui-lo. A chance de vitória terá sempre valor menor que a vitória futura, o que refletirá no montante da indenização" (Cavalieri Filho, Sergio. *Programa de Responsabilidade Civil.* 10ª ed. São Paulo: Atlas, 2012, p. 81-82, grifou-se).

dade controladora ou os administradores da companhia ficam sujeitos à execução específica, ou às perdas e danos correlatos.

A solução ora proposta apresenta inegáveis elementos de incerteza e evidentes dificuldades de aplicação prática, conferindo-se notório protagonismo ao juiz competente para a apreciação de controvérsias. De modo oposto, as outras possíveis interpretações examinadas acima (que exigem compensação *imediata* ou até o fim do exercício fiscal) são claras e objetivas, evitando um cenário de insegurança jurídica. Entretanto, defende-se uma solução que – embora incerta e baseada em critérios genéricos (notadamente, a *razoabilidade* do prazo e a *probabilidade* de concretização da compensação futura) – parece estar mais alinhada com os objetivos subjacentes à norma, à função socioeconômica dos grupos e ao equilíbrio de todos os interesses em jogo.

A seguir, examina-se o regime de transparência (ou a ausência dele) conferido às relações intragrupo.

### 5.11. Efetivação, transparência e dificuldades de prova

Uma vez violado o dever de compensar, a consequência inexorável é a responsabilização da sociedade controladora e dos administradores por perdas e danos correlatos, como previsto no próprio art. 245 ("respondem perante a companhia pelas perdas e danos resultantes de atos praticados com infração ao disposto neste artigo"), nos moldes dos arts. 159 da Lei das S.A., para fins de responsabilização dos administradores, e do art. 246 do mesmo diploma legal, para responsabilização da sociedade controladora. Caso a operação seja celebrada com um administrador conflitado, ou, alternativamente, tenha sido aprovada em sede de assembleia geral, impõe-se, também, sua anulabilidade, nos termos do art. 156, §2º e do art. 115, §4º da Lei das S.A.[1014] A violação do art. 245 também pode ser alvo da atividade sancionadora da CVM[1015].

[1014] Pedro Rebello Bortolini defende que a anulabilidade deveria ser uma consequência jurídica *própria* de eventual violação do art. 245 da Lei das S.A., e não apenas uma consequência aplicável pela via indireta dos arts. 156, §2º e 115, §4º da Lei das S.A. Apesar de o art. 245 aludir apenas às perdas e danos, o autor defende que uma interpretação sistemática da Lei das S.A. imporia, também, a anulabilidade da operação pelo próprio art. 245. Do contrário, haveria uma incoerência entre o regime de tratamento dos negócios celebrados

Em qualquer cenário, é fundamental que haja ampla transparência ao mercado quanto às operações, aos contratos, às políticas, aos atos e às medidas realizadas entre as sociedades agrupadas, bem como em relação às respectivas compensações, nos termos do art. 245. A transparência conferida às atividades realizadas do grupo não serve apenas para induzir o comportamento da sociedade controladora e dos administradores, compelindo, todos eles, a observar os padrões de conduta exigidos por lei[1016]. Trata-se de pressuposto para que o sistema possa ser monitorado, exigido e efetivado: pelos administradores, pelos auditores, pelos acionistas minoritários, pelos credores sociais e pela autoridade sancionadora.

entre a companhia e o administrador conflitado (no qual o art. 156, §2º prevê a sanção de anulabilidade) e aqueles celebrados entre sociedades (onde o dispositivo prevê apenas perdas e danos) (Bortolini, Pedro Rabello. *Recuperação Judicial dos Grupos de Empresas*: Aspectos Teóricos e Práticos da Consolidação Processual e Substancial. Indaiatuba: Foco, 2023, p. 254-255). Uma possível explicação para a coexistência de dois regimes distintos seria o fato de, nos grupos, essas operações serem corriqueiras, além de necessárias para integração econômica entre as sociedades. Já as operações entre a companhia e seus administradores não guardam necessariamente um racional econômico empresarial – e daí se justificaria a anulabilidade. Mas essa possível explicação para a constatada incongruência não sobrevive a uma interpretação sistemática da Lei das S.A., pois há outros atos que também são anuláveis, apesar de serem corriqueiros e de haver um racional empresarial por detrás deles (v.g. deliberações sociais, inclusive as deliberações de demonstrações financeiras e de aprovação de contas da administração, anuláveis pelo regime do 115, §4º). Além disso, o valor da estabilidade dos atos societários é alcançado pelo regime especial dos prazos prescricionais (nos termos do art. 286), que são mais curtos que aqueles previstos no Código Civil (a respeito da estabilidade societária e do regime de nulidade e anulabilidade, França, Erasmo Valladão Azevedo e Novaes. Invalidade das deliberações de assembleia das S/A. 2. ed. São Paulo: Malheiros, 2017).

[1015] Sobre as diferentes formas de efetivação das normas societárias – pública e privada, ver Kraakman, Reinier *et al.* The Anatomy of Corporate Law. A comparative and functional approach. 3ª ed. Oxford: Oxford University Press, 2017. Sobre a atividade sancionadora da CVM, vale a reflexão de Trindade, Marcelo. Processo Sancionador na CVM: Limites e Possibilidades. In: Venancio Filho, Alberto; LOBO, Carlos Augusto da Silveira; Rosman, Luiz Alberto Colonna (org.). *Lei das S.A. em seus 40 anos*. Rio de Janeiro: Forense, 2017.

[1016] Sobre a transparência como mecanismo indutor de condutas, ver Dias, Luciana Pires. *Transparência como Estratégia Regulatória no Mercado de Valores Mobiliários:* Um estudo empírico das transações com partes relacionadas. 2014. Tese (Doutorado). Faculdade de Direito, Universidade de São Paulo, São Paulo, 2014, p. 110-119.

Não por acaso, tanto a AktG como o *Codice Civile* estabeleceram um regime informacional diferenciado, para divulgar as relações mantidas entre, de um lado, as sociedades agrupadas e, de outro, os efeitos da influência (ou da atividade de *direção e de coordenação*, no sistema italiano), exercida, por sua vez, pela empresa dominante sobre as respectivas controladas[1017].

Especificamente nos grupos de fato, a divulgação detalhada das políticas, das estratégias e das relações internas à empresa plurissocietária é pressuposto para efetividade do regime previsto no art. 245. Afinal, tanto a companhia como os respectivos administradores estão estruturalmente subordinados à sociedade controladora, desse modo comprometendo a atividade de monitoramento e a denúncia de eventual irregularidade[1018]. Portanto, resta aos acionistas minoritários, aos credores sociais, aos outros agentes intermediários[1019] e à autoridade sancionadora, exigir o cumprimento do sistema. Entretanto, se essas pessoas não tiverem acesso a dados ou documentos que lhes permitam tanto identificar uma situação de subordinação dos interesses da companhia, como fiscalizar eventual pagamento compensatório, não há como exigir a observância da norma[1020].

[1017] Ver itens 4.1.5 e 4.2.5, respectivamente.

[1018] Justamente por esse motivo é que a lei atribuiu legitimidade extraordinária aos acionistas minoritários para promover ação de responsabilidade contra a sociedade controladora, nos termos do art. 246 da Lei das S.A.

[1019] "Há pelo menos quatro grupos de profissionais cuja atuação no mercado de valores mobiliários ajuda investidores a perceber informações complexas: (i) auditores; (ii) analistas; (iii) agências classificadoras de risco; e (iv) investidores institucionais" (DIAS, Luciana Pires. *Transparência como Estratégia Regulatória no Mercado de Valores Mobiliários:* Um estudo empírico das transações com partes relacionadas. 2014. Tese (Doutorado). Faculdade de Direito, Universidade de São Paulo, São Paulo, 2014, p. 116).

[1020] No âmbito da Lei das S.A., as informações geralmente colocadas à disposição dos sócios, como regra, restringem-se às demonstrações financeiras, aos relatórios de administração, esclarecimentos fornecidos em sede de assembleia geral, exibição dos livros e registros, ainda que de forma restrita. A possibilidade de eleição separada de membros da administração ou do conselho fiscal não supre a deficiência informacional dos acionistas minoritários, pois o administrador por eles nomeados não pode compartilhar livremente informações que recebe no exercício de sua função em virtude do sigilo comercial que recai sobre as atividades da companhia (VIO, Daniel de Avila. Prova difícil e inadimplemento

Em que pese a relevância da transparência, e de forma contrastante ao caminho trilhado pelos modelos estrangeiros acima examinados, a Lei das S.A. foi surpreendentemente omissa em relação à exigência de divulgação das situações fáticas sobre as quais incide o art. 245. A lei pátria limitou-se a duas exigências: que (i) o relatório anual da administração da companhia indique investimentos em coligadas e controladas (art. 243), avaliados pelo método de equivalência patrimonial (art. 248); e que (ii) as notas explicativas das demonstrações financeiras indiquem informações sobre os investimentos em controladas e coligadas, entre as quais figuram "os créditos e obrigações entre a companhia as sociedades coligadas e controladas" (art. 247, IV). Ademais, a companhia que tiver mais de 30% de seu patrimônio líquido representado por investimentos em controladas deverá elaborar demonstrações consolidadas (art. 250).

Essas disposições não conferem transparência suficiente para dar efetividade ao disposto no art. 245. Os arts. 243 e 247 apenas abrangem os *investimentos* da companhia em *controladas* ou em *coligadas*, concedendo transparência apenas às relações que se situam abaixo da companhia na cadeia societária. Não há dever de identificar os relacionamentos, os contratos e as operações mantidos entre a companhia e as respectivas *controladoras* que não sejam companhias, diretas ou indiretas.

Ademais, o art. 247, IV limita-se a exigir que as notas explicativas indiquem "créditos e obrigações" existentes entre a companhia e as respectivas investidas, sem exigir detalhamento dos respectivos termos e condições. Tanto não bastasse, quando circunscreveu "créditos e obrigações", a legislação também deixou de fora possíveis políticas, estratégias, medidas ou outras decisões empresariais que possam implicar a subordinação de interesses da companhia, sem haver propriamente um contrato ou uma operação bilateral entre esta e outra sociedade (*v.g.* exercício de concorrência e aproveitamento de oportunidade comercial)[1021]. Por fim, o art. 247, IV não alude expressamente ao *pagamento compensatório* destinado a neutralizar os efeitos de eventual subordinação de interesses, ou de operação não comutativa. Diante da imprecisão, sobrevém a pergunta:

da obrigação de contratar em condições equitativas nos termos da Lei das S.A. *Revista de Direito Privado*. São Paulo, vol. 14, n. 55, p. 227-262, jul./set. 2013).

[1021] Ver item 5.7.

como saber, então, se houve, ou não, a concessão de uma compensação apta a neutralizar eventual desfavorecimento do interesse social?

No que tange à transparência, a disciplina conferida aos grupos de direito é mais completa do que aquela destinada aos grupos de fato. Isso porque o regramento exige, expressamente, a *determinação* e o *registro* das *compensações* no balanço anual de cada sociedade interessada, além de eventuais distribuições de passivos, de receitas e de resultados (art. 276, §2º). Ainda que se aplique, de forma analógica, art. 276, §2º aos grupos fáticos, a regra não proporcionará transparência suficiente às relações intragrupais. É importante que a compensação ofertada pela companhia controladora seja divulgada em conjunto com a operação não comutativa, ou com a situação de desfavorecimento, ainda que esta só venha a ser realizada no futuro, de modo que se possa depreender, para cada desfavorecimento, qual será a respectiva compensação (ainda que futura). Não serve, para tanto, a mera alusão genérica ao registro de compensações em balanço, conforme bem assinala o dispositivo em referência.

As regras de transparência aplicáveis às transações com partes relacionadas concebidas pela CVM suprem *apenas parte* da omissão legal quanto aos grupos societários de fato dos quais uma companhia aberta seja integrante.

Com efeito, quando tornou obrigatório o Pronunciamento Técnico CPC 05(R1), a CVM[1022] passou a exigir a divulgação dos relacionamentos entre a companhia e a sociedade controladora direta e final[1023]. Quando uma transação com parte relacionada tiver ocorrido, a companhia deverá divulgar, em suas demonstrações contábeis, informações pormenorizadas sobre a operação, incluindo o montante, os prazos de pagamento, as garantias, as contrapartidas, bem como eventuais provisões[1024].

A CVM também estabeleceu obrigações de produção e de envio de informações periódicas sobre transações com partes relacionadas. A Resolução CVM nº 80/22 exige que uma transação com parte rela-

[1022] Atualmente, por meio da Resolução CVM nº 94/22, que revogou a Deliberação CVM nº 642/10, que possuia conteúdo semelhante.

[1023] Item 13 do Anexo A à Resolução CVM nº 94/22.

[1024] Item 16 do Anexo A à Resolução CVM nº 94/22.

cionada que atenda a certos filtros de relevância[1025] seja comunicada ao mercado em até 7 dias contados da ocorrência, indicando os termos e as condições, como se deu o processo de negociação correlato, bem como "a justificativa pormenorizada das razões pelas quais a administração do emissor considera que a transação observou *condições comutativas ou prevê pagamento compensatório adequado*" (grifou-se)[1026]. A mesma resolução exige que o formulário de referência da companhia, divulgado em bases anuais, detalhe informações sobre as transações com partes relacionadas que devam ser divulgadas nas demonstrações contábeis[1027], incluindo a demonstração do "caráter estritamente comutativo" das condições aplicáveis, "ou o *pagamento compensatório adequado*"[1028] (grifou-se).

Os padrões de publicidade exigidos pela CVM não solucionam completamente a ausência de uma disciplina de transparência adequada na Lei das S.A. São três os motivos principais que comprovam essa deficiência. Primeiro, os padrões aplicam-se apenas a companhias abertas. Sociedades anônimas fechadas não estão sujeitas às normas editadas pela

[1025] Nos termos do Anexo F à Resolução CVM nº 80/22, regra de divulgação aplica-se à transação ou ao conjunto de transações correlatas, "cujo valor total supere o menor dos seguintes valores: a) R$ 50.000.000,00 (cinquenta milhões de reais); ou b) 1% (um por cento) do ativo total do emissor" ou cujo valor seja inferior a esses parâmetros, porém seja considerada relevante "a critério da administração", considerando "a) as características da operação; b) a natureza da relação da parte relacionada com o emissor; e c) a natureza e extensão do interesse da parte relacionada na operação".

[1026] Ainda, caso a transação seja um empréstimo concedido pela companhia, esta deverá providenciar, na mesma comunicação, a comparação entre a taxa de juros do empréstimo celebrado com as taxas aplicáveis a operações similares vigentes no mercado, explicando eventuais discrepâncias (Resolução CVM nº 80/22, Anexo F, art. 2º, parágrafo único, IV).

[1027] Com exceção das operações entre a companhia e suas subsidiárias integrais, nos termos do item 16.2 do Anexo A à Resolução CVM nº 80/22.

[1028] No Ofício Circular de 2022, a Superintendência de Relações com Empresas da CVM esclareceu ainda que ""Devem ser prestadas todas as informações necessárias para demonstrar que as operações foram realizadas em condições estritamente comutativas ou com o pagamento compensatório adequado, citando quais as bases concretas de comparação do emissor, como por exemplo, outras cotações de mercado, contratos similares firmados anteriormente com terceiros, laudos elaborados por terceiro independente etc. (...). O emissor só deve informar que a transação se deu em condições de mercado se dispuser de informações objetivas sobre transações entre partes independentes em termos e condições similares aos da transação reportada".

CVM. Segundo, como antes visto[1029], a definição contábil de transações com partes relacionadas, que demarca o âmbito de incidência da regulação ora descrita, é restrita a operações nas quais haja efetiva *transferência* de recursos, de serviços, ou de obrigações, de uma parte a outra[1030], não abrangendo outras situações de desfavorecimento que não envolvam um negócio bilateral. Terceiro, há o risco de violação da própria obrigação de revelação, tal como exigida pela CVM, caso a transação tenha sido realizada em caráter sigiloso, não seja reportada como deve e não seja posteriormente detectada pela CVM ou por outros agentes atuantes no mercado.

É bastante deficiente, portanto, o regime em vigor, o que exige análise crítica dos quatro itens adiante, 5.11.1 a 5.11.4.

### 5.11.1. Distribuição dinâmica do ônus de provar e caminhos para facilitação da prova

A assimetria informacional existente entre os destinatários da norma e os agentes interessados no cumprimento da regra é campo fértil para aplicação ora das regras de uso dinâmico dos ônus probatórios[1031], ora da técnica de facilitação da prova[1032], analisadas, respectivamente, a seguir.

O sistema brasileiro adotou, como regra, a distribuição estática do ônus probatório, segundo o qual cabe ao autor provar o fato constitutivo do direito; e ao réu cabe provar o fato impeditivo, modificativo ou extintivo do direito do autor, nos termos do art. 373 incisos I e II do Código de Processo Civil. Alternativamente, o §1º do mesmo dispositivo, capturando a experiência da jurisprudência pátria[1033], admite a transferência

[1029] Ver item 5.8.1.

[1030] Conforme Anexo A à Resolução CVM nº 94/22.

[1031] Admitido no art. 373 do Código de Processo Civil.

[1032] Admitida no direito pátrio por meio do sistema de presunções legais e judiciais, cf. Dinamarco, Cândido Rangel. *Instituições de Direito Processual Civil.* 3ª ed. São Paulo: Malheiros, 2003, vol. III, p. 113-121.

[1033] O STJ foi pioneiro em aplicar, ainda que em caráter excepcional, a teoria da distribuição dinâmica do ônus da prova, antes mesmo de ser ela positivada, no REsp 69.309/SC, relator Ministro Ruy Rosado de Aguiar, 4ª Turma, julgado em 18/06/1996. Posteriormente, destacam-se o REsp 619.148/MG, relator Ministro Luis Felipe Salomão, 4ª Turma, julgado em 20/05/2019; REsp 1.084.371/RJ, relatora Ministra Nancy Andrighi, 3ª Turma, julgado

do ônus da prova diante da impossibilidade ou da excessiva dificuldade de o autor cumprir o encargo probatório; ou, então, diante da facilidade de obtenção da prova contrária pela contraparte.

Embora seja usual referir-se a essa situação como *inversão* do ônus de provar, é correto retratá-la como *distribuição dinâmica* do encargo probatório[1034]. Isso porque, na primeira situação, o ônus continua a ser estático, prévia e abstratamente estabelecido, mas é transferido de uma parte à outra, consoante o preenchimento de certos requisitos previamente definidos em lei. Já na segunda, o encargo é alocado em razão da posição de cada uma das partes em relação ao caso concreto, em vista, por exemplo, os predicados subjetivos de uma das partes.

Já a *facilitação do ônus de provar* ocorre por meio da criação de presunções pela atividade jurisprudencial, com base naquilo que tipicamente sucede no caso concreto. Trata-se das presunções *comuns* ou *hominis*[1035], em contraposição às presunções *legais*[1036], admitidas no sistema processual brasileiro com base na autorização, prevista no art. 375 do Código de Processo Civil, para a aplicação das *regras de experiência comum* subministradas pela observação do que ordinariamente acontece[1037].

em 01/12/2011; e REsp n. 1.729.110/CE, relatora Ministra Nancy Andrighi, 3ª Turma, julgado em 02/04/2019.

[1034] STJ, REsp n. 1.729.110/CE, relatora Ministra Nancy Andrighi, 3ª Turma, julgado em 02/04/2019.

[1035] As presunções *hominis* têm lugar toda vez que a lei não as assumir de forma expressa, estão implicitamente autorizadas pelo art. 375 do CPC/2015, ao referir-se à possibilidade de o juiz fazer uso das "regras da experiência comum subministradas pela observação do que ordinariamente acontece" (Arruda Alvim, José Manuel de. *Manual de Direito Processual Civil.* 20ª ed. São Paulo: Revista dos Tribunais, 2021. E-book, item 24.3.2).

[1036] As presunções legais são estabelecidas em lei e podem ser absolutas ou relativas. As presunções comuns, por seu turno, são aquelas "deixadas a raciocínio do julgador, que poderá estabelecer, a partir de sua experiência, uma relação entre um fato que se prova e outro que o julgador reputa como certo" (Pitta, André Grünspun. Processo Administrativo Sancionador no Mercado de Valores Mobiliários: o Uso da Prova Indiciária. *In*: Yarshell, Flávio Luiz; Pereira, Guilherme Setoguti J. (coords.). *Processo Societário: Volume II.* São Paulo: Quartier Latin, 2015, p. 67-90).

[1037] Dinamarco, Cândido Rangel. *Instituições de Direito Processual Civil.* 3ª ed. São Paulo: Malheiros, 2003, vol. III, p. 120-122.

Registre-se aqui, porém, que a aplicação das técnicas de dinamização do ônus probatório ou de favorecimento da prova não são soluções completas para garantir a efetividade do art. 245. Isso porque a flexibilização da prova apenas propicia a satisfação das condições para demonstrar a presença de um pressuposto jurídico, diante de um caso concreto que levante suspeita de irregularidade. Por óbvio, essa técnica nunca poderá suprir a ausência de informação sobre a *existência* de um fato ou de uma conduta potencialmente ilícitos. Os acionistas e os credores podem fiar-se nas demonstrações financeiras, no relatório da administração e nos eventuais documentos que se tornem públicos para tomar conhecimento de possíveis infrações. Entretanto, se as condutas questionáveis não forem noticiadas de nenhuma forma, não haverá como surgir nenhuma desconfiança de violação[1038].

Uma vez conhecidos os fatos, os atos, as condutas, as medidas ou as operações potencialmente irregulares, cabe à companhia que se entender como prejudicada, ou aos respectivos acionistas minoritários, na qualidade de substitutos processuais[1039], demonstrarem que:

(i) houve *favorecimento* de uma sociedade coligada, controladora ou controlada em detrimento do interesse da companhia; ou, ainda, que houve existência de operação *não comutativa*;
(ii) a situação decorreu de *conduta* ou *influência* da sociedade controladora e/ou dos administradores envolvidos; e
(iii) não se verificou *pagamento compensatório adequado*[1040].

Os três elementos são determinantes para caracterizar a *ilicitude* de eventual ação ou omissão da sociedade controladora e/ou dos administradores. Evidentemente, a responsabilização civil por perdas e por

1038 "Ou seja, muito antes que se coloque o problema da prova em juízo, a maioria acionária já tem que lidar com a dificuldade de acesso a dados e documentos que permitam fazer emergir a própria suspeita concreta de eventual infração" (Vio, Daniel de Avila. Prova difícil e inadimplemento da obrigação de contratar em condições equitativas nos termos da Lei das S.A. *Revista de Direito Privado*. São Paulo, vol. 14, n. 55, p. 227-262, jul./set. 2013).

1039 Tal como autoriza o art. 246, §1º da Lei das S.A.

1040 Oliveira, Ana Perestrelo. *Grupos de Sociedades e deveres de lealdade*. Coimbra: Almedina, 2012, p. 569.

danos também dependerá da demonstração tanto do dano, como do nexo causal entre este e a conduta antijurídica[1041].

Analisa-se, a seguir, cada um dos três requisitos necessários para a caracterização da ilicitude da conduta à luz de possíveis técnicas de flexibilização da prova ou do ônus de provar (itens 5.11.2, 5.11.3 e 5.11.4, respectivamente).

### 5.11.2. Desfavorecimento da companhia

O desfavorecimento da companhia pode ser comprovado com base no confronto entre, de um lado, a transação praticada e, de outro, os padrões aplicáveis no mercado, se existentes. À falta destes – seja porque não existem operações semelhantes no mercado, seja porque estas, muitas vezes, não se traduzem em um valor objetivo, mas uma *faixa de valores* –tanto a doutrina[1042], como a jurisprudência da CVM[1043] têm-se inspirado na experiência consagrada a respeito da aplicação do teste de *entire*

[1041] "Se houver inadimplemento, parcial ou total, surge o dever de indenizar. Indenizar é reparar o dano, o prejuízo. Indene é aquele que não sofreu prejuízo, que está incólume. Indenizar é tornar indene. Tanto na responsabilidade contratual, como na extracontratual, para que surja o direito à indenização, há necessidade de um prejuízo, isto é, um dano avaliável, uma perda, uma diminuição no patrimônio. Esse prejuízo, afora alguns casos de responsabilidade objetiva, estudados na responsabilidade aquiliana, deve decorrer de culpa (...). O descumprimento da obrigação é noção que integra o pressuposto do prejuízo" (Venosa, Sílvio de Salvo. *Direito Civil:* Obrigações e Responsabilidade civil. 21ª ed. São Paulo: Atlas, 2021. E-book).

[1042] Por exemplo, Eizirik, Nelson. *A Lei das S/A Comentada.* 3ª ed. São Paulo: Quartier Latin, 2021, v. 4, p. 295; Carvalhosa, Modesto. Comentários à Lei de Sociedades Anônimas. 5ª ed. São Paulo: Saraiva, 2011, v. 3, p. 377- 379; Spinelli, Luis Felipe. *Administração das sociedades anônimas: lealdade e conflito de interesses.* São Paulo: Almedina, 2020, p. 110; Britto, Adriana Cristina Dullius. *Responsabilidade do Administrador em face do art. 245 da Lei das Sociedades Anônimas.* 2017. Dissertação (Mestrado). Faculdade de Direito, Universidade de São Paulo, São Paulo, 2017, p. 99, Costa, Luiz Felipe Duarte Martins. *Contribuição ao Estudo da Responsabilidade Civil dos Administradores de Companhias Abertas.* 2006. Dissertação (Mestrado). Faculdade de Direito da Universidade de São Paulo, São Paulo, 2006, p. 104.

[1043] Por exemplo, CVM, PAS n. RJ2005/1443. Diretor-Relator Pedro Oliva Marcilio de Sousa, julgado em 10/05/2006 e votos proferidos pelo Diretor Gustavo Gonzalez, em CVM, PAS n. RJ2013/11703, Diretor-Relator Gustavo Tavares Borba, julgado em 31/07/2018 e CVM. PAS n. 1614/2019, Diretor-Relator Marcelo Barbosa, julgado em 26/05/2020.

*fairness* norte-americano, a fim de dinamizar o ônus probatório em desfavor do controlador ou dos administradores. Como regra, recai sobre eles o dificílimo ônus de provar a comutatividade da operação[1044]. Admite-se, porém, a *presunção* de que a transação é equitativa, quando os procedimentos adotados são hígidos e aptos a remover do processo decisório o interesse externo, e conflitante, que o contamina[1045].

Nas situações sob exame, ambos os requisitos do art. 373, §1º do Código de Processo Civil estão presentes. A demonstração do caráter desfavorável, ou não comutativo, de ato ou de operação representa típico caso de *prova difícil*[1046], haja vista o notório desequilíbrio informacional existente entre, de um lado, a companhia, a sociedade controladora e os administradores; e, de outro, os acionistas minoritários. De modo distinto, os administradores e a sociedade controladora têm natural facilidade para demonstrar a regularidade dos atos praticados, haja vista o *domínio fático* que exercem sobre a companhia e os negócios dela[1047]. Autoriza-se, assim, a dinamização do ônus probatório em desfavor destes últimos.

Já a adoção de presunção de comutatividade de operações, em caso de higidez do procedimento, está autorizada pelo art. 375 do Código de Pro-

[1044] SÁ, Rafael Vieira de Andrade de. O entire fairness test no direito norte-americano. *Revista de Direito Bancário e do Mercado de Capitais*. São Paulo, vol. 21, n. 79, p. 99-125, jan./mar. 2018. No mesmo sentido, PEREIRA, Guilherme Setoguti J. *Enforcement e Tutela Indenizatória no Direito Societário e Mercado de Capitais*. São Paulo: Quartier Latin, 2018, p. 194-195.

[1045] Segundo Luciana Dias, quando há negociação por um comitê formado por administradores independentes ou esta for aprovada pela maioria dos acionistas não interessados na operação (ou seja, pela maioria dos acionistas minoritários), transfere-se o ônus da prova ao autor da demanda (DIAS, Luciana. As Transações com Partes Relacionadas no Direito Societário Brasileiro e a Lei de Melhoria do Ambiente de Negócios. *In:* FRAZÃO, Ana; CASTRO, Rodrigo R. Monteiro de; CAMPINHO, Sérgio (org.). *Direito Empresarial e Suas Interfaces:* Homenagem a Fábio Ulhoa Coelho. São Paulo: Quartier Latin, 2022, vol. II, p. 485-518).

[1046] Segundo Daniel Vio, a prova difícil é diferente da prova impossível. A prova impossível geralmente diz respeito a fatos negativos, posto que a *inocorrência* de algo geralmente não deixa vestígios (VIO, Daniel de Avila. Prova difícil e inadimplemento da obrigação de contratar em condições equitativas nos termos da Lei das S.A. *Revista de Direito Privado*. São Paulo, vol. 14, n. 55, p. 227-262, jul./set. 2013).

[1047] OLIVEIRA, Ana Perestrelo. *Grupos de Sociedades e deveres de lealdade*. Coimbra: Almedina, 2012, p. 585.

cesso Civil, com base nas regras de experiência comum, subministradas pela observação do intérprete da lei[1048]. Nada obstante, nos grupos societários, a procedimentalização seria onerosa e artificial, já que é contrária à dinâmica real da atividade econômica integrada. À falta de procedimentos hígidos, o equilíbrio da operação deverá ser provado pela sociedade controladora, ou pelos administradores.

Por fim, a dinamização do ônus de provar também poderia ser aplicada às situações de desfavorecimento nas quais a conduta questionada não é propriamente uma transação bilateral. Caberia ao administrador ou à sociedade controladora demonstrar que foi observado o interesse social e que não foram indevidamente favorecidas a sociedade controladora, controlada ou coligada.

### 5.11.3. Influência da sociedade controladora

Consistente na existência de ação ou da omissão imputáveis aos agentes destinatários da norma, o segundo pressuposto para ilicitude da conduta apresenta dificuldades no cenário em que se pretende demonstrar a influência causada pela sociedade controladora. Notadamente, é o que se verifica nos casos em que a conduta da controladora não é formalizada, nem documentada, por meio de um voto em sede de assembleia geral ou na celebração de um contrato do qual ela seja parte.

A esse respeito, remeta-se ao item 5.6 acima. Nele, defendeu-se, a exemplo da experiência alemã[1049], a admissão da *prova de primeira aparência*: extrai-se de certos fatos aquilo que, segundo as regras de experiência de vida, tipicamente acontece[1050], tal como autoriza o 375 do Código

[1048] Dinamarco, Cândido Rangel. *Instituições de Direito Processual Civil.* 3ª ed. São Paulo: Malheiros, 2003, vol. III, p. 120-122.

[1049] Schmidt, Karsten; Lutter, Marcus. *AktG Kommnentar.* 4ª ed. Köln: Otto Schmidt, 2020, p. 3876.

[1050] Por outro lado, Cândido Dinamarco, o sistema processual brasileiro admite a facilitação da prova por meio de presunções legais e judiciais (presunção *hominis*), sendo que estas últimas decorrem de ilações a partir das quais o juiz é autorizado, nos termos do art. 375 do Código de Processo Civil, a valer-se das máximas de experiência comum, a partir dos valores e da experiência acumulada pela sociedade em que vivem (Dinamarco, Cândido Rangel. *Instituições de Direito Processual Civil.* 3ª ed. São Paulo: Malheiros, 2003, vol. III, p. 122).

de Processo Civil. A frequência e a regularidade dos eventos, associadas ao fato provado, dispensam a demonstração das circunstâncias precisas de todos os eventos históricos decorrentes do fato em si[1051]. No item 5.6, viu-se que, se a operação ou a medida são *desfavoráveis* à companhia controlada, mas *vantajosas*, diretamente ou indiretamente, para a sociedade controladora, infere-se que o ato decorreu da influência da própria controladora.

### 5.11.4. Ausência de pagamento compensatório adequado

O terceiro, e último, elemento a ser demonstrado é a ausência de pagamento compensatório adequado. Caso o ônus de provar fosse atribuído aos acionistas minoritários, tratar-se-ia de típica *prova impossível* (*probatio diabolica*), pois estes teriam de demonstrar um fato negativo. Não há, afinal, como encontrar vestígios de algo que nunca ocorreu[1052].

[1051] Oliveira, Ana Perestrelo. *Grupos de Sociedades e deveres de lealdade*. Coimbra: Almedina, 2012, p. 578-579.

[1052] Há de se ressalvar, porém, que nem toda prova de fato negativo é impossível. A esse respeito, Ricardo de Carvalho Aprigliano: "ainda que não seja razoável exigir a prova direta da inexistência da transação, não se pode pura e simplesmente atribuir ao réu a prova do fato positivo, apenas porque o fundamento da petição inicial seja um fato negativo. A despeito de alguma dificuldade no âmbito da prova, reconhece-se a possibilidade de se provar tais fatos negativos, desde que eles sejam determinados. É importante distinguir, portanto, entre o fato negativo indefinido e o fato negativo definido. Apenas o primeiro é de prova impossível. Não se pode exigir, por exemplo, que alguém prove nunca ter estado em determinado lugar, ou prove que nunca comeu determinado alimento. Mas é possível provar fatos negativos definidos, inclusive mediante a alegação e prova de fatos contrários. Assim, uma pessoa pode demonstrar que não esteve em dado local em um dia determinado, porque nesse mesmo dia e horário ela estava em outro local, ou ao locador é possível provar que o locatário não desocupou o imóvel, após ser notificado para tanto, ou ainda que alguém não comprou determinado produto em determinado período". Na hipótese do art. 245, a ausência de conhecimento de *qualquer* modalidade de compensação adequada é um fato negativo *indeterminado*, de prova impossível (Aprigliano, Ricardo de Carvalho. Comentários ao Código de Processo Civil – volume VIII – tomo I – artigos 369 a 404 – DAS PROVAS: Disposições Gerais. In: Da Fonseca, João Francisco Naves; Bondioli, Luís Guilherme A.; Gouvêa, José Roberto F.; et al. (coords). *Comentários ao Código de Processo Civil*. São Paulo: Saraiva, 2020. E-book, p. 63).

Independentemente da constatação de impossibilidade da prova, fato é que, segundo a regra probatória estática prevista no art. 373, II do Código de Processo Civil, o ônus de provar a compensação naturalmente recairia sobre o polo passivo da ação. Isso porque a existência de pagamento compensatório é *fato impeditivo*[1053]-[1054] da responsabilização civil nos termos dos arts. 245 e 246 da Lei das S.A.

Ao réu, por seu turno, não bastará demonstrar que houve a concessão de vantagem à companhia desfavorecida, a fim de provar a realização de pagamento compensatório, nos fins do art. 245. Fosse assim, a sociedade controladora ou os administradores da companhia teriam facilidade para defender-se, com argumentos de ocasião. Com efeito, em tentativa de ilidir a responsabilização, os réus poderiam apontar *quaisquer* medidas, atos ou políticas que tenham praticado no passado e os quais tenham gerado efeitos positivos para a companhia[1055]. A assimetria informacional existente entre o autor da ação e os réus impede que o primeiro possa veri-

[1053] Fatos impeditivos são aqueles que têm "a eficácia de não permitir a formação do direito" (Dinamarco, Cândido Rangel. *Instituições de Direito Processual Civil.* 3ª ed. São Paulo: Malheiros, 2003, vol. III, p. 44). Afirma-se que como regra fatos impeditivos "são os de conteúdo negativo, demonstrativos da ausência de algum requisito genérico de validade do ato jurídico, por exemplo, a incapacidade absoluta do agente ao celebrar o contrato ou vícios de consentimento na celebração do negócio jurídico" (Apριgliano, Ricardo de Carvalho. Comentários ao Código de Processo Civil – volume VIII – tomo I – artigos 369 a 404 – DAS PROVAS: Disposições Gerais. In: Da Fonseca, João Francisco Naves; Bondioli, Luís Guilherme A.; Gouvêa, José Roberto F.; et al. (coords). *Comentários ao Código de Processo Civil.* São Paulo: Saraiva, 2020. E-book, p. 61). Mas isso nem sempre é verdadeiro, há fatos impeditivos que cunho positivo (v.g. a ocorrência de caso fortuito ou força maior, como indicado em Dinamarco, Cândido Rangel. *Instituições de Direito Processual Civil.* 3ª ed. São Paulo: Malheiros, 2003, vol. III, p. 66). Na hipótese do art. 245, porém, o fato impeditivo é justamente a previsão ou materialização de compensação adequada, tratando-se de fato de conteúdo negativo.

[1054] Oliveira, Ana Perestrelo. *Grupos de Sociedades e deveres de lealdade.* Coimbra: Almedina, 2012, p. 582. No mesmo sentido, Vio, Daniel de Avila. *Grupos Societários: Ensaio sobre os Grupos de Subordinação, de Direito e de Fato no Direito Societário Brasileiro.* São Paulo: Quartier Latin, 2016, nota de rodapé nº 519.

[1055] Crítica semelhante foi apresentada por Enriques, Luca; Gilotta, Sergio. *The Case Against a Special Regime for Intragroup Transactions.* Brussels: European Corporate Governance Institute, 2022, ao criticar as regras genéricas de compesação do European Model Companies Act, conforme item 4.3.3 acima.

ficar se a vantagem indicada pela defesa foi *originalmente planejada* como compensação para aquela situação específica de desfavorecimento, ou, alternativamente, se aquele benefício serviu para neutralizar *alguma outra* medida desvantajosa ou operação não comutativa que não tenham sido divulgadas, ou que não tenham sido questionadas em juízo.

Para impedir esse quadro e para garantir a efetividade da disciplina prevista no art. 245, é fundamental que a sociedade controladora e os administradores demonstrem que a decisão sobre a forma da compensação indicada foi tomada *no momento* em que a operação não comutativa foi celebrada, ou assim que a situação de desfavorecimento ocorreu, mediante compromisso formalizado contratualmente ou por meio de deliberações ou resoluções societárias, como defendido no item 5.10 acima. A defesa, ainda, deverá demonstrar que a compensação foi, ou será, realizada em prazo razoável, além de ser apta a neutralizar, adequadamente, o prejuízo ou a desvantagem incorridos pela companhia.

Esgotada a análise sobre o regime de transparência e as técnicas de flexibilização da prova, cumpre proceder a inevitáveis críticas ao sistema brasileiro de compensação.

## 5.12. Críticas ao sistema de compensação brasileiro

As linhas anteriores deste capítulo buscaram expor o propósito e o alcance da norma prevista no art. 245 da Lei das S.A., para além de refletir sobre a melhor maneira de aplicá-la, em linha com as finalidades a que se presta. Contudo, a descoberta dessa preterida disciplina legal e os esforços despendidos para iluminar o tema não devem desviar o intérprete de uma reflexão criteriosa acerca das limitações da própria disciplina. É o que se fará nos três itens seguintes.

### 5.12.1. Desafios para efetivação do sistema compensatório

A primeira crítica usualmente apresentada ao sistema de compensação denuncia sua difícil funcionalidade[1056]-[1057], diante de cinco motivos principais.

[1056] Kirchner, Christian, Ökonomische Überlegungen zum Konzernrecht. *Zeitschrift für Unternehmens- und Gesellschaftsrecht*. Berlin, vol. 14, n. 2, p. 214-234, 1985, a respeito do sistema alemão.

Primeiro, porque, para a efetivação da norma em face da sociedade controladora, é preciso demonstrar a *influência* exercida por esta sobre a companhia e sobre seus administradores. Trata-se de um poder que, pela própria natureza, não é rastreável[1058].

Segundo, à exceção de casos teratológicos ou de operações nas quais há evidentes critérios no mercado para exercícios comparativos, é árduo validar se determinada decisão empresarial de fato *desfavoreceu* a companhia. Para tanto, é preciso comparar os efeitos patrimoniais da medida com os efeitos patrimoniais da decisão, a qual, hipoteticamente, teria sido tomada, caso a companhia fosse gerida de forma independente: no caso da sociedade controladora, em consonância com os parâmetros do art. 116, parágrafo único; e, no caso dos administradores, com os artigos153 e seguintes. É difícil isolar o interesse da companhia mesclada em um grupo societário, a fim de determinar qual o curso de conduta que, idealmente, deveria ter sido tomado no caso concreto. Ademais, a revisão judicial sobre atos de gestão não pode adentrar o mérito negocial, valorando-o como *bom* ou *ruim*, sob pena de ameaçar o espaço da autonomia privada, ou, ainda, de eliminar o risco inerente aos negócios empresariais.

Terceiro, a mensuração dos efeitos de uma medida considerada como desfavorável – e, portanto, a determinação do valor da compensação necessária para neutralizá-la –, só podem, ambas, ser realizadas com base nos elementos de informação disponíveis à sociedade controladora ou aos administradores, quando a decisão empresarial foi tomada (prognose *ex ante*). Trata-se de tarefa bem mais complexa do que a usual determinação de indenização por danos emergentes. Enquanto esta depende do exame da situação patrimonial da companhia após a lesão em comparação com uma *realidade histórica* anterior (o *status quo ante*)[1059], a determinação da

[1057] Para um resumo das principais dificuldades associadas ao sistema alemão, semelhante, em diversos aspectos ao brasileiro, ver ANTUNES, José Engrácia. *Liability of corporate groups*: autonomy and control in parent-subsidiary relationships in US, German and EU law: an international and comparative perspective. Deventer: Kluwer Law and Taxation, 1994, p. 347-355.

[1058] Ver item 3.3.

[1059] VIO, Daniel de Avila. Prova difícil e inadimplemento da obrigação de contratar em condições equitativas nos termos da Lei das S.A. *Revista de Direito Privado*. São Paulo, vol. 14, n. 55, p. 227-262, jul./set. 2013.

situação hipotética, com base nas circunstâncias existentes ao tempo da decisão empresarial, dependerá do escrutínio do que *teria ocorrido*, com base em certas premissas fáticas. Para alguns, trata-se de ineficaz exercício de pura *futurologia*[1060].

Quarto, e particularmente no caso do sistema brasileiro, a omissão legal quanto ao prazo necessário para a compensação torna a disciplina ainda mais incerta, especialmente nos cenários em que a conduta praticada pela sociedade controladora ou pelos administradores é questionada em ação de responsabilidade ajuizada *anteriormente* à materialização da compensação. No caso, há de se avaliar não apenas se o prazo previsto para compensação é *razoável*, mas se esta é *provável*[1061].

Quinto, e por fim, a ausência de uma disciplina especial para conferir transparência às relações intragrupo obsta o efetivo monitoramento pelos agentes tutelados pela regra.

As dificuldades apresentadas não são triviais e demonstram que a efetividade do sistema é bastante desafiadora. Entretanto, não há como desconsiderar que parte significativa dos esforços de implementação do art. 245 apresenta aspectos semelhantes às adversidades usualmente enfrentadas para operacionalizar outros institutos societários, notadamente o da responsabilidade civil dos administradores e da sociedade controladora em virtude de violação da legislação societária, nos termos dos arts. 159 e 246 da Lei das S.A., respectivamente. De fato, os obstáculos identificados não são exclusivos à disciplina destinada aos grupos de fato, razão pela qual já vêm sendo enfrentados, há tempos, tanto pela doutrina, como pela jurisprudência, em outras situações[1062].

Por exemplo, a comprovação de uma situação de desfavorecimento da companhia ou da ausência de comutatividade de determinada operação em cenário de inexistência de parâmetros de mercado não é tarefa exclu-

[1060] ANTUNES, José Engrácia. *Liability of corporate groups*: autonomy and control in parent-subsidiary relationships in US, German and EU law: an international and comparative perspective. Deventer: Kluwer Law and Taxation, 1994, p. 352.

[1061] Ver item 5.10.

[1062] Nesse sentido, OLIVEIRA, Ana Perestrelo. *Grupos de Sociedades e deveres de lealdade*. Coimbra: Almedina, 2012, p. 493 e seguintes, enfrentando crítica às dificuldades de operar o sistema de compensações alemão, em defesa de adoção de modelo semelhante em Portugal.

siva daquele que pretende implementar a regra do art. 245. O mesmo pressuposto fático deve ser demonstrado para a responsabilização do acionista controlador por exercício abusivo do poder de controle no âmbito de uma companhia isolada, nos termos do art. 117, §1º, "f", da Lei das S.A., ou dos administradores de qualquer companhia, integrada, ou não, a um grupo, em caso de violação da regra de conflito de interesses prevista no art. 156, §1º.

Já as preocupações com os limites impostos à revisão de uma decisão empresarial, considerando a autonomia privada e o elemento de risco associado aos negócios, são usualmente enfrentadas na avaliação dos deveres fiduciários dos administradores, inclusive à luz da *business judgement rule*, inspirada na experiência norte-americana[1063].

Ainda, a análise dos efeitos de eventual situação de desfavorecimento com base em premissas fáticas existentes ao tempo da decisão (prognose *ex ante*) exige um esforço semelhante à tarefa desempenhada por aquele que pleiteia *lucros cessantes* ou indenização pela *perda de uma chance*[1064], onde é preciso perquirir uma situação hipotética que não ocorreu nem ocorrerá, a partir de um juízo de probabilidade. Para reparar a ausência de comutatividade de determinada operação, é necessário perquirir qual

[1063] Segundo a *business judgement rule*, não caberá ao julgador substituir-se aos administradores para avaliar a adequação e o mérito da decisão tomada. Ilustra o posicionamento da CVM em torno do tema o precedente CVM, PAS n. RJ2013/11703, Diretor-Relator Gustavo Tavares Borba, julgado em 31/07/2018.

[1064] Ver item 5.10, notas de rodapé nº 1012 e nº 1013 deste trabalho. Ali, demonstrou-se que lucro cessante "é a consequência futura de um fato já ocorrido", sendo certo que art. 402 do Código Civil "consagrou o princípio da razoabilidade dizendo ser aquilo que razoavelmente se deixou de lucrar. Razoável é tudo aquilo que seja, ao mesmo tempo, *adequado, necessário e proporcional*; é aquilo que o bom-senso diz que o credor lucraria, apurado *segundo um juízo de probabilidade*, de acordo com o normal desenrolar dos fatos" (CAVALIERI FILHO, Sergio. *Programa de Responsabilidade Civil.* 10ª ed. São Paulo: Atlas, 2012, p. 79-80, grifou-se). Demonstrou-se ainda que a teoria da perda de uma chance tem origem na doutrina francesa e tem ampla aceitação no Brasil (MARTINS-COSTA, Judith. *Comentários ao Novo Código Civil*, volume V, tomo II: do inadimplemento das obrigações. Rio de Janeiro: Forense, 2003, p. 359 e CAVALIERI FILHO, Sergio. *Programa de Responsabilidade Civil.* 10ª ed. São Paulo: Atlas, 2012, p. 81), caracterizada a partir da "*probabilidade de se obter um lucro ou de se evitar uma perda*" (CAVALIERI FILHO, Sergio. *Programa de Responsabilidade Civil.* 10ª ed. São Paulo: Atlas, 2012, p. 81-82, grifou-se).

*seria* a contrapartida adequada à companhia, caso a operação *fosse* equilibrada; ou, ainda, indagar como *estaria* a situação patrimonial da empresa, caso esta não tivesse sido desfavorecida[1065]. Nesses casos, é preciso delinear o cenário que *provavelmente teria se materializado*, com fundamento na concretização de certas premissas fáticas e em contraposição à realidade concreta[1066].

Ademais, o desequilíbrio informacional entre os destinatários das normas societárias e os agentes interessados no seu cumprimento, para além das consequentes dificuldades para produção de prova em litígios societários e de mercado de capitais, são, todos, problemas largamente reconhecidos pela doutrina e pela jurisprudência[1067], abrindo espaço para o uso das técnicas de facilitação e de distribuição dinâmica do ônus probatório, como visto no item 5.11 acima.

Logo, com ou sem o sistema compensatório do art. 245, o intérprete terá de lidar com essas dificuldades, quando efetiva os deveres e as obrigações que recaem sobre o controlador e sobre os administradores. De fato, as dificuldades atreladas à efetivação do sistema de compensação brasileiro são comparáveis aos óbices usualmente enfrentados para efetivação de normas de conduta destinadas ao acionista controlador e aos administradores. Estendem-se, portanto, desde a assimetria informacional que obstrui a coleta de dados que noticiem eventuais irregularidades, até os desafios associados à qualificação de uma ofensa ao interesse social e à comprovação de seus efeitos para a companhia prejudicada. É claro que a flexibilidade concedida, por meio do sistema de compensação, à gestão do grupo majora a complexidade da análise, porque demanda tanto a avaliação da *existência*, como a *adequação* da compensação assinalada. Contudo, a implementação dessa mecânica não agrava, estru-

[1065] Vio, Daniel de Avila. *Grupos Societários:* Ensaio sobre os Grupos de Subordinação, de Direito e de Fato no Direito Societário Brasileiro. São Paulo: Quartier Latin, 2016, p. 262.

[1066] Vio, Daniel de Avila. Prova difícil e inadimplemento da obrigação de contratar em condições equitativas nos termos da Lei das S.A. *Revista de Direito Privado.* São Paulo, vol. 14, n. 55, p. 227-262, jul./set. 2013.

[1067] Exposição de hipóteses nas quais houve inversão do ônus probatório em litígios societários e de mercado de capitais em Pereira, Guilherme Setoguti J. *Enforcement e Tutela Indenizatória no Direito Societário e Mercado de Capitais.* São Paulo: Quartier Latin, 2018, p. 193-200.

turalmente, o sistema de efetivação das normas de conduta previstas na legislação societária em vigor para além dos grupos de fato.

Uma vez violado o dever de compensar, a consequência é a responsabilização da sociedade controladora e dos administradores por perdas e danos correlatos, como visto no item 5.11. Ultrapassaria o escopo da presente dissertação tratar das dificuldades atreladas à responsabilização dos administradores e da sociedade controladora, nos termos dos arts. 159 e 246, já bastante exploradas pela doutrina[1068]. Aqui, vale resumir, sinteticamente, algumas das principais vicissitudes apresentadas por esse sistema de responsabilidade.

Se a sujeição hierárquica dos administradores à sociedade controladora torna pouco provável que (i) a controladora promova ação de responsabilidade contra os administradores por ela eleitos; e (ii) os administradores busquem responsabilizar a própria eleitora, a responsabilidade destes atores fia-se, essencialmente, no sistema de *ações sociais derivadas*, nas quais os acionistas minoritários agem na qualidade de *substitutos processuais* da companhia desfavorecida, como autorizam os arts. 159 e 246, observados os respectivos requisitos processuais[1069].

[1068] Destacando-se BUSCHINELLI, Gabriel Saad Kik; BRESCIANI, Rafael Helou. Aspectos processuais da ação de responsabilidade do controlador movida por acionista titular de menos de 5% do capital social (art. 246, § 1º, 'b', da Lei 6.4.04/76). *In*: YARSHELL, Flávio Luiz; PEREIRA, Guilherme Setoguti J. (coords.). *Processo Societário II*. São Paulo: Quartier Latin, 2015, p. 249-303; MUNHOZ, Eduardo Secchi. Influência do patrimonialismo na sociedade anônima–importância dos mecanismos privados de efetivação dos deveres do acionista controlador e dos administradores. *In*: VENANCIO FILHO, Alberto. LOBO, Carlos Augusto da Silveira. ROSMAN, Luiz Alberto Colonna (coord). *Lei das SA em seus* 40. Rio de Janeiro: Forense, 2017, p. 129-156; VIO, Daniel de Avila. *Grupos Societários: Ensaio sobre os Grupos de Subordinação, de Direito e de Fato no Direito Societário Brasileiro*. São Paulo: Quartier Latin, 2016, p. 277-294; e PEREIRA, Guilherme Setoguti J. *Enforcement e Tutela Indenizatória no Direito Societário e Mercado de Capitais*. São Paulo: Quartier Latin, 2018, p. 75-87; e ADAMEK, Marcelo Vieira Von; FRANÇA, Erasmo Valladão Azevedo e Novaes. Notas à Ação de Responsabilidade Civil Contra Acionista Controlador. *In*: YARSHELL, *Flávio Luiz*; PEREIRA, *Guilherme Setoguti J.* (coords.). *Processo Societário – Volume IV*. São Paulo: Quartier Latin, 2021, p. 401-439.

[1069] Nos Estados Unidos, é o que a doutrina denomina "promotor privado", posto que há tutela de interesse coletivo que excede a esfera jurídica do autor da ação (RUBENSTEIN,

Há relevantes barreiras processuais para que acionistas minoritários estejam autorizados a propor uma demanda derivada, impondo-se participação mínima de ao menos 5% do capital social[1070] ou pagamento de caução pelas custas e honorários advocatícios, no caso específico da ação do art. 246. Ademais, a Lei das S.A. conferiu pobres estímulos para que acionistas minoritários promovam a referida ação. Tipicamente, o autor só irá racionalmente decidir litigar quando o retorno bruto do processo exceder os custos da litigância[1071]. Devido à alta concentração acionária nas mãos do controlador e, consequentemente, o reduzido percentual detido pelos acionistas minoritários, os danos proporcionais indiretamente incorridos pelos minoritários são usualmente menores do que os custos associados à litigância, de modo que estes têm pouco incentivo para ajuizar uma ação[1072]. Ademais, embora sejam os minoritários quem paguem os custos da ação, a indenização obtida é deferida à companhia, cuja repercussão é sentida apenas reflexa e indiretamente pelos minoritários, proporcionalmente à respectiva participação societária. Uma vez que apenas o acionista que promove a ação arca com as despesas, enquanto o restante da coletividade é indiretamente beneficiado pelo resultado da demanda, natural que os acionistas prefiram aguardar que outro tome a iniciativa. No âmbito da ação do art. 246 da Lei das S.A., a lei procurou contornar a situação de desincentivo oferecendo um prêmio ao autor e honorários ao seu patrono, o que não se verifica no âmbito de uma ação contra os administradores. Além das barreiras processuais, o autor da ação enfrentará relevante ônus probatório para comprovar as respectivas alegações, considerando a regra prevista no art. 373 do Código de Processo Civil. Tanto não bastasse, este correrá o risco de arcar com as verbas sucumbenciais, em caso de improcedência da demanda.

William B. On What a "Private Attorney General" Is – and Why It Matters. *Vanderbilt Law Review*. Nashville, vol. 57, n. 6, p. 2129-2173, 2004).

1070 No exercício de competência fixada em lei (art. 291 da Lei das S.A.), a CVM editou a Resolução nº 70/22 por meio da qual alterou os percentuais mínimos para ajuizar ações de responsabilidade em função da participação no capital social.

1071 Spier, Kathryn E. Litigation. *In:* Polinsky, A. Mitchell; Shavell, Steven. *Handbook of Law and Economics*. Amsterdam, Boston: North-Holland, 2007, vol. I, p. 259-342.

1072 Black, Bernard. The Core Institution thar Support Strong Securities Markets. *The Business Lawyer*. Chicago, vol. 55, n. 4, p. 1565-1607, ago. 2000.

Por fim, é relevante destacar a criticável ausência de atribuição de legitimidade extraordinária, ainda que em caráter subsidiário, aos credores sociais. Estes não podem propor ação de reparação contra o acionista controlador ou os administradores em benefício da companhia[1073]. Se o patrimônio social é garantia do crédito (art. 391 do Código Civil) e se, no âmbito do direito dos grupos societários, a legislação preocupou-se com a repercussão dessas organizações em relação aos interesses dos credores[1074], estes têm interesse na efetivação das regras voltadas à proteção da companhia. Ao deixar de conferir legitimidade para que estes ajam como substitutos processuais da companhia, a Lei das. S.A. distanciou-se de exemplos de legislações estrangeiras, que conferem instrumentos processuais para que credores exerçam a ação social derivada em benefício da companhia e demais *stakeholders*[1075].

[1073] Sobre a omissão da lei brasileira em relação à ação sub-rogatória do credor para fins de responsabilização dos administradores, Adamek, Marcelo Vieira Von. *Responsabilidade dos administradores de S/A*. São Paulo: Saraiva, 2009, p. 386-387.

[1074] Relembre-se que os credores foram referidos expressamente na na Exposição de Motivos: "O Projeto, depois de regular, até o Capítulo XIX, as companhias como unidades empresariais distintas, disciplina, nos Capítulos XX a XXII a nova realidade que são as sociedades coligadas e o grupo de sociedades. No seu processo de expansão, a grande empresa levou à criação de constelações de sociedades coligadas, controladoras e controladas, ou grupadas – o que reclama normas específicas que redefinam, no interior desses grupamentos, os direitos das minorias, as responsabilidades dos administradores e as garantias dos credores".

[1075] Por exemplo, é o que prevê o art. 2497 do Codice Civile, na hipótese de abuso de direção unitária: "O acionista e o credor social só poderão tomar medidas contra a sociedade ou entidade que exerça a atividade de direção e coordenação se não tiverem sido satisfeitos pela sociedade sujeita à atividade de direção e coordenação". Tradução livre de: "*Il socio ed il creditore sociale possono agire contro la società o l'ente che esercita l'attività di direzione e coordinamento, solo se non sono stati soddisfatti dalla società soggetta alla attività di direzione e coordinamento*". Também é o que sucede, exemplificativamente, no direito português, que confere legitimidade aos credores sociais para (i) ajuizar ação social de responsabilidade contra os administradores em benefício da companhia na hipótese de omissão desta última ou de seus acionistas (Art. 78º do Código das Sociedades Comerciais, cf. Abreu, Jorge Manuel Coutinho de; Ramos, Maria Elisabete. "Artigo 78º – Responsabilidade para com os credores sociais" In Abreu, Jorge Manuel Coutinho de (coord). *Código das Sociedades Comerciais em Comentário*, v. I. Coimbra: Almedina, 2010, p. 892-903); e (ii) ajuizar ação contra os acionistas para restituir à companhia as importâncias indevidamente distribuídas

### 5.12.2. Confusão patrimonial e impossibilidade de compensação

A constatação sobre as limitações do regime alemão permite uma reflexão sobre as fronteiras que demarcam a viabilidade da disciplina prevista no art. 245 da Lei das S.A., seja diretamente, enquanto regra societária voltada à proteção da companhia; seja, indiretamente, a respeito dos acionistas minoritários e dos credores sociais.

Relembre-se que o §311 da AktG foi amplamente criticado, porque sua implementação pressupõe a *individualização* de cada ato, de cada medida ou de cada operação que sejam contrários desvantajosos à companhia dependente[1076]. Viu-se que a tarefa é particularmente desafiadora em grupos com alta integração econômica, nos quais a subordinação dos interesses da companhia acontece de modo tanto permanente, como estrutural. A mesma crítica poderia ser realizada em face do art. 245 da Lei das S.A., haja vista as semelhanças entre este e o modelo que o originou.

Na Alemanha, essas críticas acarretaram a corrente jurisprudencial em torno dos *grupos de fato qualificados*[1077], nos quais se passou a aplicar, por analogia, o sistema de compensação global do §302 da AktG, originalmente designado aos grupos de direito[1078]. Provada a influência pervasiva e penetrante da empresa dominante, esta passaria a responder *automaticamente* pelas perdas anuais de suas controladas, independentemente de ter contribuído, ou não, para esse resultado. Dispensava-se, então, o examine pormenorizado sobre a conduta da própria empresa dominante.

Sucede que essa construção jurisprudencial restou superada: as cortes alemãs retornaram à responsabilização da empresa dominante, com fundamento nas balizas típicas da responsabilidade civil[1079]. Contemporaneamente, consolidou-se, na Alemanha, o entendimento de que não há lacuna na disciplina do §311 da AktG para as situações de controle

aos primeiros (art. 34 do Código das Sociedades Comerciais, cf. Oliveira, Ana Perestrelo. *Grupos de Sociedades e deveres de lealdade.* Coimbra: Almedina, 2012, p. 603).

1076 Ver itens 4.1.3, 4.1.4 e 4.1.6.

1077 Bürgers, Tobias; Körber, Torsten. *Aktiengesetz.* 2ª ed. Heidelberg: C. F. Müller, 2011, p. 2266.

1078 Ver item 4.1.2.

1079 Ver item 4.1.6.

qualificado. Caso não seja possível individualizar o efeito patrimonial de cada uma das medidas desvantajosas causadas à companhia, e, portanto, tampouco seja possível compensá-las, considera-se como *ilícito* o agrupamento fático a que pertence a companhia[1080]. Daí decorre que a integração econômica só poderá obter alto grau de concentração, quando, para tanto, houver meios jurídicos de tutela aptos a assegurar o interesse de cada companhia agrupada[1081]. Por esse motivo, afirma-se que o sistema de compensação do §311 é a *pedra de toque* do modelo alemão: a possibilidade, ou não, de compensar é determinante para definir a licitude, ou a ilicitude, de determinada organização empresarial[1082].

A impossibilidade de delimitação de uma desvantagem, para os fins do §311 da AktG, ocorre quando a integração econômica é tão profunda, que já não há mais como distinguir os efeitos provocados no patrimônio da companhia controlada pela influência da empresa controladora. De modo análogo, no sistema brasileiro, a situação na qual não é possível compartimentar a esfera da sociedade controladora da esfera da companhia controlada coincide exatamente com um dos pressupostos autorizadores para a aplicação da técnica de desconsideração da personalidade jurídica, tal como prevista no art. 50 do Código Civil.

Naturalmente, a regra de desconsideração da personalidade jurídica não se confunde com a disciplina societária voltada aos grupos de fato. Trata-se de remédio jurídico voltado à tutela do credor, *externo* à companhia. A técnica permite que determinadas relações de direitos e de obrigações imputáveis à companhia possam ser, temporária e excepcionalmente, estendidas à esfera patrimonial do acionista controlador (e, em alguns casos, dos administradores)[1083]. Já a legislação societária regra

1080 SCHMIDT, Karsten; LUTTER, Marcus. *AktG Kommnentar.* 4ª ed. Köln: Otto Schmidt, 2020, p. 3868-3869; HÜFFER, Uwe; KOCH, Jens. *Aktiengesetz.* 14ª ed. München: C. H. Beck, 2020, p. 2214.

1081 OLIVEIRA, Ana Perestrelo. *Grupos de Sociedades e deveres de lealdade.* Coimbra: Almedina, 2012, 494.

1082 KROPFF, Bruno. Zur Konzernleitungspflicht. *Zeitschrift für Unternehmens- und Gesellschaftsrecht.* Berlin, vol. 13, n. 1, p. 112-133, 1984.

1083 MUNHOZ, Eduardo Secchi. Desconsideração da Personalidade Jurídica e Grupos Sociedades. *Revista de Direito Mercantil, Industrial, Econômico & Financeiro.* São Paulo, ano XLIII (Nova Série), n. 134, p. 25-47, abr./jun. 2004.

o *espaço interno* da companhia, estabelecendo parâmetros gerais de conduta que devem orientar o relacionamento mantido entre as sociedades do grupo e os respectivos administradores.

Disso não decorre, contudo, que os pressupostos fáticos para desconsideração não possam ser usados para conferir um norte interpretativo ao art. 245 da Lei das S.A. O direito societário pode, então, não se valer da consequência própria da desconsideração, mas de um dos *pressupostos fáticos* ventilados no art. 50 do Código Civil como justificadores do afastamento temporário da personalidade jurídica, para que, assim, sejam compreendidos os limites de aplicação do sistema do art. 245: a *confusão patrimonial*.

Cabe, porém, uma observação. Fábio Konder Comparato já afirmou que "a confusão patrimonial, em maior ou menor grau, é inerente a todo o grupo econômico". Isso porque o interesse social é sempre subordinado à vontade empresarial externa à empresa e porque são corriqueiras as transferências de ativos e de passivos entre empresas do grupo[1084]. Ocorre que a mera existência de grupo de fato não caracteriza, por si só, a *disfunção societária* autorizadora de medidas jurídicas excepcionais. A confusão patrimonial, para efeito da desconsideração da personalidade jurídica, só pode ser aquela confusão *qualificada*, quando tanto os ativos quanto os passivos das pessoas envolvidas estão tão imbrincados, que não há mais como separá-los, sem excessivo dispêndio de tempo ou de recursos[1085].

Nesse sentido de imbricamento, confusão patrimonial para os fins do art. 50 do Código Civil – que caracteriza a disfunção societária – pode ser definida como *o estado de promiscuidade* verificado entre os patrimônios de duas ou mais pessoas, provocado pela *apropriação dos meios de produção* da companhia pela sociedade controladora ou por seus administradores[1086].

[1084] Comparato, Fábio Konder; Salomão Filho, Calixto. *O poder de controle na sociedade anônima*. 6ª ed. Rio de Janeiro, Forense, 2014, p. 429.

[1085] A "a interconexão e a confusão entre ativos ou passivos dos devedores, de modo que não seja possível identificar a sua titularidade sem excessivo dispêndio de tempo ou de recursos" é pressuposto para consolidação substancial no âmbito da recuperação judicial conforme art. 69-K da LFR.

[1086] Definição proposta por Scalzilli, João Pedro. *Confusão Patrimonial no Direito Societário*. São Paulo: Quartier Latin, 2015, p. 92-94. Não se desconhece a importante distinção

Em outras palavras, a confusão, para efeito do art. 50, ocorre quando os meios de produção que integram o patrimônio social são desviados de sua função produtiva e *alocados na esfera jurídica de outra pessoa*, a qual passa a usar aquele patrimônio, em detrimento do real titular.

A *completa desordenação* de ativos e de passivos entre as sociedades do grupo inviabiliza a aplicação do art. 245 da Lei das S.A. Isso porque, nessa situação, não há mais como identificar nem a influência, nem o efeito prejudicial exercidos pela sociedade controladora sobre a companhia controlada, tamanha é a mistura dos patrimônios das duas pessoas. Se não há maneira de individualizar a influência negativa da sociedade controladora sobre a sua controlada, naturalmente, tampouco há como, nos termos do referido dispositivo, compensar cada ato ou cada medida contrários ao interesse social.

Acrescente-se que a disfunção societária torna inútil a existência dos grupos societários, já que as sociedades que os integram deixam de representar centros verdadeiramente autônomos e independentes[1087]. Relembre-se que a autonomia patrimonial, a limitação da responsabilidade jurídica e a blindagem da companhia contra credores dos sócios são três aspectos que não apenas caracterizam os grupos, mas justificam a relevância prática destes[1088]. Por isso, tanto a perda da autonomia, como a ausência de distinção patrimonial entre as sociedades desvirtuam, ambas, a própria razão de existir do grupo, entendido como constelação formada por sociedades apartadas[1089]. Por via de consequência, a perda e a ausên-

entre *confusão patrimonial* e *confusão de esferas*, bem diferenciados pelo autor (p. 86-92). A segunda caracteriza a impossibilidade de imputar determinado ato a uma pessoa ou outra em virtude de aparências semelhantes perante terceiros (v.g. nome empresarial, domicílio e marcas). O fenômeno que interessa para fins de interpretar o art. 245 da Lei das S.A. é o da confusão patrimonial, e não o da confusão de esferas.

1087 Neder Cerezetti, Sheila C. Os Grupos de Sociedades e Recuperação Judicial: O Indispensável Encontro entre Direitos Societário, Processual e Concursal. *In*: Yarshell, Flávio Luiz; Pereira, Guilherme Setoguti J. (coords.). *Processo Societário: Volume II*. São Paulo: Quartier Latin, 2015, p. 735-789.

1088 Ver itens 2.4, 2.5 e 2.6.

1089 Nesse sentido, Nelly, Potter. *Grupos Societários de Fato:* Aspectos de uma realidade societário contemporânea e as consequências de sua utilização abusiva. Rio de Janeiro: Lumen Juris, 2016, p. 202.

cia em questão acabam por impedir a própria concretização da disciplina compensatória destinada aos grupos de fato, tal como prevista no art. 245 da Lei das S.A.

Nesse cenário, sem possibilidade de aplicar o art. 245, há de se recorrer a remédios excepcionais aptos a proteger os agentes tutelados pela norma.

Em caso de confusão patrimonial, as legislações civil e comercial admitem o uso de medidas extraordinárias para que *terceiros* que mantenham relações obrigacionais com a companhia, aqui genericamente referidos como *credores*, possam atingir o patrimônio da sociedade controladora ou dos administradores, de modo a viabilizar o adimplemento do respectivo *crédito*[1090]. Se, por um lado, no âmbito das relações civis, a disfunção societária enseja a desconsideração da personalidade jurídica, com base no art. 50 do Código Civil, de outro lado, o direito da crise também desenvolveu solução própria para lidar com hipótese em que os mesmos pressupostos fáticos se apresentam diante de um caso concreto[1091]. A recente reforma legislativa introduzida pela Lei nº 14.112/2020 na LFR consagrou o instituto da *consolidação substancial* na recuperação judicial, autorizada quando forem averiguados, entre outros requisitos, "a interconexão e a confusão entre ativos ou passivos dos devedores, de modo que não seja possível identificar a sua titularidade sem excessivo dispêndio de tempo ou de recursos", nos termos do art. 69-J da LFR. Aqui, não se busca a satisfação de um crédito específico, nem se permite atingir o patrimônio dos administradores ou dos controladores das sociedades devedoras. Para fins de saneamento da crise, ativos e passivos das sociedades agrupadas

[1090] Não se desconhece as críticas à desconsideração como solução para responsabilidade grupal. A esse respeito, MUNHOZ, Eduardo Secchi. *Empresa contemporânea e o direito societário*. São Paulo: Juarez de Oliveira, 2002, p. 148-178.

[1091] Em defesa da utilização dos pressupostos da desconsideração da personalidade para autorização da consolidação substancial obrigatória, NEDER CEREZETTI, Sheila C. Os Grupos de Sociedades e Recuperação Judicial: O Indispensável Encontro entre Direitos Societário, Processual e Concursal. *In*: YARSHELL, Flávio Luiz; PEREIRA, Guilherme Setoguti J. (coords.). *Processo Societário: Volume II*. São Paulo: Quartier Latin, 2015, p. 735-789. No sentido contrário, MUNHOZ, Eduardo Secchi. Consolidação processual e substancial. *Revista do Advogado*, São Paulo: AASP, n.150, p. 15-31, jun. 2021, em defesa de uso mais alargado da técnica da consolidação para lidar com o fenômeno de crise nos grupos societários.

em recuperação judicial serão tratados como se pertencessem a somente um devedor, tal como autoriza o novo art. 69-K da LFR.

Se o direito civil e o direito da crise apresentam soluções especiais para a tutela dos *credores sociais* em situação de confusão patrimonial, não se pode dizer o mesmo em relação à tutela da própria companhia e de seus sócios minoritários. Em caso de completa disfunção societária, não há remédio jurídico especial cabível para assegurar seus direitos.

É verdade que a companhia e os acionistas minoritários não precisam *desconsiderar* o véu da personalidade jurídica para atingir o patrimônio da sociedade controladora. Afinal, as relações companhia-controlador-minoritários sucedem no âmbito *interno* da própria companhia. Em caso de violação da Lei das S.A., a companhia e os acionistas têm uma via de responsabilização direta contra o controlador (art. 246, para dano social; e art. 159, §7º, para dano direto aos minoritários). Contudo, em ambos os casos, o caminho é anulação de condutas ou a responsabilidade civil, por meio da qual é sempre necessário identificar a tríade consagrada de fatores: uma *conduta* contrária ao direito; o *dano* em si; e o *nexo causal* entre um e outro. Se já era difícil identificar não só a conduta da sociedade controladora, mas os efeitos patrimoniais da conduta na companhia, pelas dificuldades acima apontadas[1092], tanto o mais será fazê-lo em cenário de confusão patrimonial no grupo societário.

Portanto, enquanto o pressuposto fático para aplicação da desconsideração da personalidade jurídica é a *estrutura* da empresa plurissocietária – se há, ou não, confusão de esferas patrimoniais –, o pressuposto para a tutela ressarcitória cabível à companhia ao acionista minoritário permanece sendo uma *conduta antijurídica* e *seus efeitos patrimoniais* na companhia. Ou seja, mesmo em cenário de integração econômica que leve à imbricação de ativos e passivos das partes envolvidas, à companhia e aos acionistas minoritários sempre caberá a tarefa de *individualizar* a ação ou omissão atribuível à sociedade controladora no caso concreto e o prejuízo daí derivado, sob pena de não obter a indenização a que se faz jus.

[1092] Ver item 5.12.1.

### 5.12.3. Limites da disciplina: situações não abrangidas pelo sistema compensatório[1093]

O sistema compensatório previsto no art. 245 da Lei das S.A. pretende conciliar dois cenários antagônicos: de um lado, a admissão dos grupos de fato, com a consequente integração econômica entre as sociedades agrupadas; e, de outro lado e simultaneamente, a preservação do interesse social, por meio do sistema de compensação. De um lado, está legitimada, em caráter temporário, a subordinação da companhia e a instrumentalização do patrimônio social. De outro lado, a regra da compensação busca neutralizar esses efeitos, *reconstituindo* o status de autonomia e integridade patrimonial.

Ocorre que, em certos aspectos, a integração na empresa plurissocietária leva a companhia a uma situação de *irreversibilidade* quanto ao cenário de autonomia e de independência patrimoniais, tal como idealizado pela Lei das S.A. Isso porque, uma vez integrada ao grupo, as decisões estruturais que definirão o *objeto social*, a *natureza das atividades econômicas*, a *estrutura de capital*, o *mercado de atuação*, a *localização das atividades* e as *estratégias gerais e objetivos empresariais gerais* de uma companhia são assentadas na premissa de que a mesma empresa funcionará como um membro de uma unidade econômica maior. Essas decisões empresariais elementares, tomadas em âmbito macro da companhia, pressupõem a integração desta no grupo. Não se trata aqui de atos, nem de medidas e tampouco operações que representem *intrusão pontual* nos interesses da companhia, instrumentalizando-a ou desfavorecendo-a em benefício da sociedade controladora ou de outra empresa do grupo. Em verdade, essas são decisões estratégicas que dizem respeito à *estrutura* de toda a atividade empresarial, atreladas à definição do respectivo escopo de atuação.

Para avaliar esses assuntos, não há como *isolar* o interesse social da companhia em questão, projetando-o para fora da empresa plurissocietá-

[1093] Essa reflexão é inspirada na crítica de Engrácia Antunes ao sistema compensatório previsto no §311 da AktG em ANTUNES, José Engrácia. *Liability of corporate groups*: autonomy and control in parent-subsidiary relationships in US, German and EU law: an international and comparative perspective. Deventer: Kluwer Law and Taxation, 1994, p. 346-348 e p. 355-361.

ria, como se empresa isolada fosse. Afinal, surgem perguntas insanáveis. Como determinar qual teria sido o objeto social da companhia, caso ela jamais fosse integrada a um grupo? E quanto ao mercado de atuação? E quanto à localização geográfica? Como definir a estratégia de capital ideal para a companhia, visando exclusivamente à maximização dos seus lucros e, ainda, desconsiderando o fato de que esta integra uma esfera econômica maior?

Não há resposta para esses questionamentos. Consequentemente, não há como determinar o caráter *desfavorável* de uma decisão empresarial dessa natureza, porque simplesmente não existem parâmetros comparativos claros que permitam dizer como aquela companhia deveria ser conduzida, em um cenário de completa autonomia e independência patrimonial. Recriar o interesse social seria tarefa completamente artificial, além de arbitrária.

A realidade é que o interesse social não pode ser completamente concebido fora da realidade fática e econômica na qual aquela companhia já se encontra. Sob esse prisma, é correto concluir que, uma vez integrada em uma unidade econômica maior, não é mais possível recuperar totalmente a independência econômica, patrimonial e estratégica da companhia. Em outras palavras, não há como determinar se certas decisões empresariais favorecem ou desfavorecem a companhia para efeito do art. 245. A integração no grupo leva a um *beco sem saída*[1094], ou a um *ponto sem retorno*[1095].

Descobre-se aqui um *ponto cego* do sistema previsto no art. 245. O objetivo ideal de reconstituir a completa independência econômica da companhia não pode ser completamente alcançado. O âmbito de atuação do sistema compensatório não abarca as decisões estruturais da companhia porque não há como projetar o interesse social para fora dos

[1094] A expressão é de Christian Kirchner, a respeito da impossibilidade de reconstruir a completa independência da companhia agrupada (KIRCHNER, Christian, Ökonomische Überlegungen zum Konzernrecht. *Zeitschrift für Unternehmens- und Gesellschaftsrecht*. Berlin, vol. 14, n. 2, p. 214-234, 1985).

[1095] A expressão é de José Engrácia Antunes em ANTUNES, José Engrácia. *Liability of corporate groups*: autonomy and control in parent-subsidiary relationships in US, German and EU law: an international and comparative perspective. Deventer: Kluwer Law and Taxation, 1994, p. 347-348.

alicerces fundamentais da empresa, determinando assim, o caráter favorável ou desfavorável dessas decisões. Portanto, o espectro de atuação do art. 245 está limitado a situações de interferência da sociedade controladora, ou dos administradores, na companhia, nas quais se verifique nítido efeito patrimonial negativo sobre a companhia. A regra não incide sobre decisões empresariais estratégicas das quais não é possível inferir caráter claramente desfavorável.

Daí decorre que o objetivo regulatório idealizado na lei societária – a absoluta a neutralização dos efeitos do grupo, a ponto de reconstruir a completa independência da companhia – nunca será obtido. O efeito da disciplina compensatória adotada no art. 245 é *parcial*, limitando a casos pontuais, específicos e de maior gravidade sobre o patrimônio da companhia.

Eis, em síntese, os três principais limites do sistema de pagamento compensatório da Lei das S.A. Primeiro, há desafios práticos para implementá-lo. Segundo, o sistema não funciona em cenário de confusão patrimonial, sendo certo que não há remédio especial para companhia e para os acionistas minoritários nesta situação, tal como há a desconsideração da personalidade jurídica para a tutela do crédito. Terceiro, e derradeiramente, o sistema compensatório serve para intromissões específicas da sociedade controladora e dos administradores na companhia, mas ele não funciona como expediente para resgatar totalmente a situação ideal de autonomia e independência patrimonial da companhia. A bem da verdade, aspectos empresariais estratégicos e estruturais da companhia integrada a um grupo são, na realidade, irreversíveis.

## 5.13. Breves observações sobre transações com partes relacionadas no sistema brasileiro

Este trabalho esforçou-se para diferenciar "grupos societários" de "transações com partes relacionadas"[1096]. A despeito das distinções de conceitos e dos objetivos associados a regulação de cada um desses fenô-

[1096] Considerando a definição conferida a esta última categoria pelas normas internacionais de contabilidade, adotadas tanto aqui (capítulo 1.1.2), quanto na União Europeia (o *International Accounting Standard n. 24* foi adotado na União Europeia pelo Regulamento (UE) nº 632/2010, o qual aditou o Regulamento (CE) nº 1126/2008).

menos[1097], existe uma zona de intersecção entre ambas as categorias jurídicas, de modo que certas relações grupais são, também, alvo de normas voltadas às transações com partes relacionadas[1098].

O exame de direito comparado conduzido no capítulo 4.5 permitiu depreender três consequências acerca do regime europeu sobre as transações com partes relacionadas. Primeiro, as regras de divulgação aplicáveis às transações com partes relacionadas reforçam amplamente a transparência conferida a esses negócios. Segundo, ao afastarem a interferência do administrador conflitado da deliberação societária, as normas procedimentais que incidem sobre o processo decisório, somadas às regras de publicidade[1099], têm o mérito de neutralizar os conflitos pessoais dos administradores e de terceiros[1100]. Por fim, essas mesmas regras procedimentais não têm o efeito de eliminar, objetiva e estruturalmente, a influência exercida pela sociedade controladora sobre as respectivas controladas. Ou seja, o processo deliberativo da companhia permanece sob o risco de contaminação da vontade da sociedade controladora.

Esse terceiro e último aspecto – o risco de manutenção da influência da sociedade controladora sobre as controladas – pode ser considerado uma falha da regulação das transações com partes relacionadas na União Europeia. Afinal, essas transações são negócios consigo próprios com potencial extração de benefícios privados[1101]. A manutenção da influência do acionista interessado nas decisões societárias perpetua o risco

[1097] Quanto aos objetivos, ver capítulo 3.6.1.

[1098] São essas as relações intragrupais consubstanciadas em transações – no sentido contábil do termo -que envolvam a companhia e outra sociedade agrupada, seja ela a sociedade controladora, a sociedade coligada ou sua subsidiária.

[1099] Bianchi, Marcello; Milič, Mateja. Article 9C: Transparency and Approval of Related Party Transactions. *In*: Birkmose, Hanne S.; Sergakis, Konstantinos. *The Shareholder Rights Directive II*: A Commentary. Cheltenham: Edward Elgar, 2021, p. 286-318.

[1100] Como visto no capítulo 4.5.1, a Diretiva (UE) 2017/828 faculta os Estado-membro a atribuírem competência de deliberação sobre transações com partes relacionadas tanto para a assembleia geral, como para os órgãos administrativos, sendo esta última a opção das três jurisdições examinadas. Nas três jurisdições a assembleia tem papel residual, seja porque a assembleia é competente para avaliar a transação apenas no caso de rejeição do acordo pelo órgão administrativo (Alemanha e Itália), seja porque a rejeição da assembleia não impede a eficácia do negócio (no caso da França).

[1101] Ver capítulo 1.1.2.

identificado. Por outro lado, essa zona de influência não pode ser vista como mera frouxidão regulatória quando se trata de transações realizadas no contexto de grupos societários. Como este trabalho demonstrou, o exercício de poder pela sociedade controladora sobre a administração das controladas é justamente a força unificadora que viabiliza a integração econômica no grupo, consistindo na razão de ser da empresa plurissocietária[1102].

Todavia, a manutenção da influência da sociedade controladora sobre a companhia exige a aplicação de remédios jurídicos capazes de eliminar os efeitos negativos correlatos sobre as respectivas controladas. Nos grupos societários, este mecanismo não coincide com mera indenização. Antes da aplicação da responsabilidade civil, há o sistema de compensação, presente nos três ordenamentos jurídicos examinados: na Alemanha, na Itália e na França, cada qual à sua maneira, e com os respectivos méritos e fraquezas[1103].

O exame de direito comparado demonstra, enfim, que nos grupos há uma relação de *complementaridade* entre as normas procedimentais decisórias de caráter *ex ante*, destinadas às transações com partes relacionadas, e o mecanismo de compensação. As normas *ex ante* conferem transparência à transação e eliminam os conflitos de interesses dos administradores e de terceiros[1104]. Ao mesmo tempo, as normas procedimentais não inviabilizam o exercício do poder de controle e nem extinguem a influência estrutural exercida pela sociedade controladora nas relações grupais. Daí a relevância do pagamento compensatório, que serve para contrabalancear a subordinação do interesse social por vontade da sociedade controladora.

Agora, cumpre examinar se essa mesma complementaridade está ou não presente no quadro brasileiro.

[1102] Relembre-se o capítulo 3 deste trabalho.

[1103] Ver capítulos 4.1, 4.2 e 4.3.

[1104] A divulgação de transações materiais ao público joga luz sobre potenciais ilegalidades e deflagra possíveis reações negativas do mercado e danos reputacionais aos administradores e controladores envolvidos (BIANCHI, Marcello; MILIČ, Mateja. Article 9C: Transparency and Approval of Related Party Transactions. *In*: BIRKMOSE, Hanne S.; SERGAKIS, Konstantinos. *The Shareholder Rights Directive II*: A Commentary. Cheltenham: Edward Elgar, 2021, p. 286-318).

Primeiro, cabe avaliar as regras de transparência. No Brasil, as regras voltadas às transações com partes relacionadas permeiam tanto as diretrizes contábeis[1105], quanto as normas de transparência destinadas às companhias abertas[1106]. No capítulo 5.11 já se constatou que no campo da transparência há certa complementaridade entre as regras sobre os grupos societários e as regras específicas para as transações com partes relacionadas. Complementaridade porque as normas de divulgação suprem a constada omissão do legislador brasileiro em relação à divulgação de operações intragrupais no âmbito do art. 245, ainda que de forma parcial e insatisfatória, como antes visto.

Ainda sob o prisma da transparência, viu-se no item 5.11 que a Resolução CVM nº 80/22 faz alusão a alguns aspectos centrais da regulação dos grupos de fato: ao divulgar ao mercado uma transação com parte relacionada, a companhia deve incluir "a justificativa pormenorizada das razões pelas quais a administração do emissor considera que a transação observou condições comutativas *ou prevê pagamento compensatório adequado*" (grifou-se). Nesse aspecto, o sistema brasileiro apresenta um curioso paralelismo com as regras italianas[1107]. A *Consob* também exige que as companhias agrupadas divulguem as transações com partes relacionadas em grupos *à luz do resultado global das atividades de direção e coordenação*. Ou seja, nos grupos, a transação não é vista de forma isolada, mas analisada em um contexto maior – e mais complexo – criado pela realidade grupal. Assim, em ambos os sistemas – brasileiro e italiano –, a referência aos mecanismos compensatórios aplicáveis aos grupos societários tem o efeito de harmonizar os dois conjuntos normativos em jogo.

Em seguida, examina-se as regras procedimentais. O sistema brasileiro não possui um conjunto detalhado de regras que interfiram no *processo decisório* das transações com partes relacionadas. A CVM não

[1105] Conforme Pronunciamento Técnico CPC 05 (R1).

[1106] Como visto no item 5.11 deste capítulo, a Resolução CVM nº 80/22, que exige que operação com partes relacionadas que atendam a certo filtro de relevância devem ser divulgadas ao mercado em até 7 dias da sua conclusão, acompanhadas de informações mínimas exigidas pela autarquia. De forma semelhante à orientação da Diretiva 2017/828, implementou-se um requisito de materialidade para delimitar a incidência do dever de transparência.

[1107] Cf. Resolução nº 17221 da *Consob*.

elaborou normas obrigatórias dessa natureza[1108]. E, originalmente, a Lei das S.A. tampouco tratava de transações com partes relacionadas como uma categoria jurídica específica. A recente Lei nº 14.195/2021 incluiu apenas dois dispositivos sobre o tema, o primeiro para afastar o voto plural em assembleias gerais que deliberem sobre as transações com partes relacionadas que atendam a certos critérios de relevância (art. 110, §12º); o segundo para atribuir à assembleia geral a competência para deliberar sobre transações com partes relacionadas cujo valor corresponda a mais da metade do valor dos ativos totais da companhia (art. 122, X).

Na Lei das S.A., são apenas esses os dispositivos que interferem no processo decisório das transações com partes relacionadas. O art. 122, X, especificamente, segue a tendência europeia[1109] de estabelecer um critério de materialidade que submete apenas uma parcela das transações com partes relacionadas à regra. Entretanto, o referido dispositivo adota um percentual significativamente mais alto do que aqueles implementados nas três jurisdições examinadas. De fato, o critério correspondente a transações de *metade* do valor total de ativos da companhia parece captar um conjunto bem inferior de operações, em contraste com 1,5%, na Alemanha, 5% na Itália, e a completa ausência de filtros de materialidade na França[1110]. Ou seja, a aplicação da regra, aqui, tem natureza verdadeiramente excepcional.

Essa observação deve ser sopesada com a constatação de que a Lei das S.A. remeteu a decisão à assembleia geral, e não ao órgão de administração, como sucede nas jurisdições examinadas[1111]. Esse raciocínio poderia explicar o caráter de excepcionalidade, dado o custo e a morosidade usualmente associados a deliberações assembleares. Por outro lado,

[1108] Notório destacar, porém, a recomendação constante no Parecer nº 35/08, onde há sugestões procedimentais para aprovação de operações de fusão, incorporação e incorporação de ações envolvendo a sociedade controladora e suas controladas ou sociedades sob controle comum. A CVM recomenda, notadamente, a formação de um comitê especial independente com a finalidade de negociar a operação e submeter recomendações ao conselho de administração.

[1109] Ver capítulo 4.5.

[1110] Ver capítulo 4.5.2.

[1111] Ver capítulo 4.5.2.

a excepcionalidade escolhida pelo legislador nacional não se justifica quando se leva em consideração que a imposição de deliberação assemblear não está associada a criação de um quórum qualificado de supermaioria, tampouco a uma regra de aprovação pela *maioria da minoria*. Com efeito, o art. 122, X não cria um impedimento de voto do acionista especificamente interessado na operação. Aqui, verifica-se mais um contraste com a orientação adotada na Diretiva (UE) 2017/828, a qual prevê que, mesmo na hipótese de competência da assembleia geral, o acionista envolvido no negócio deve ser impedido de votar[1112].

Diferentemente dos sistemas europeus analisados, a Lei das S.A. também não delega ao conselho de administração a competência específica para deliberar sobre transações com partes relacionadas. É o contrário do que atualmente sucede na Alemanha, na Itália e na França, como antes visto[1113]. No Brasil, essas operações podem ou não ser matéria de deliberação do conselho, a depender se estiver presente um dos requisitos do art. 142 da Lei das S.A., que fixa a competência deste órgão, e/ou do estatuto social da companhia envolvida. O Brasil também não possui normas mandatórias[1114] que exijam a formação de um comitê de membros independentes para negociação e/ou para emissão de um parecer sobre a operação, como sucede, por exemplo, na Itália[1115].

Aqui, a ausência de regras procedimentais decisórias de caráter *ex ante*, para além dos dois dispositivos examinados (arts. 110, §12º e 122, X), contraria a evolução legislativa europeia, que caminhou para reforçá-las. A omissão é contundente quando se pensa nas transações com partes relacionadas enquanto categoria *ampla*, abrangendo, portanto, os conflitos de pessoas físicas e os conflitos que se colocam *fora* de um contexto de organização e de racionalização empresarial. De outro lado, esse silêncio normativo parece menos gravoso quando se pensa apenas na catego-

[1112] Art. 9-C, 4 da Diretiva 2017/828, como visto no capítulo 4.5.1.

[1113] Ver capítulo 4.5.2.

[1114] Destaca-se novamente o Parecer nº 35/08, onde a CVM formação de um comitê especial independente com a finalidade de negociar e manifestar-se sobre reorganizações societárias envolvendo a sociedade controladora e suas controladas ou sociedades sob controle comum.

[1115] Ver capítulo 4.5.2.2.

ria das relações intragrupais. É que, enquanto o primeiro conjunto (as transações com partes relacionadas) abarca genericamente os negócios consigo próprios que criam risco de extração de benefícios privados, no segundo (os grupos societários), o conflito de interesses está presente de forma sistemática e é tipicamente conectado a um imperativo de eficiência empresarial[1116] – justificando aqui sim, um regime mais flexível. Portanto, no cenário brasileiro, o sistema fia-se fortemente naqueles mecanismos voltados à *eliminação dos efeitos nocivos* da transação: nos grupos, destaca-se o pagamento compensatório; nos demais casos, a anulação de medidas inválidas e o instituto da responsabilidade civil, este com todas as dificuldades referidas no item 5.12.1.

É verdade que o art. 115, §1º da Lei das S.A. prevê textualmente que "o acionista não poderá votar nas deliberações" nas quais tenha "interesse conflitante com o da companhia". Seria este, então, o caminho para impedir o voto do acionista interessado em uma deliberação sobre transação com parte relacionada, caso esta seja remetida à assembleia? Parece que não. O art. 115, §1º é alvo de acalorada controvérsia na doutrina[1117] e na jurisprudência brasileira[1118], não existindo consenso se o texto traduz uma regra de *impedimento de voto* (chamado de "conflito de interesses *formal*"), ou se, alternativamente, trata-se de um *standard* de avaliação de condutas, a ser verificado *após* o voto do acionista interessado (referido como "conflito de interesses *material*"). Não é objeto deste trabalho examinar o dispositivo, tampouco posicionar-se sobre qual é a correta forma de

[1116] Ver capítulo 2 deste trabalho.

[1117] Não é o caso de transferir, para este trabalho, todas as referencias doutrinárias sobre o tema. Vale destacar França, Erasmo Valladão Azevedo e Novaes. *Conflito de Interesses nas Assembleias de S.A. (e outros escritos sobre conflitos de interesses)*. São Paulo: Malheiros, 2014, que representa a corrente doutrinária que defende que o dispositivo seja interpretado com um critério de avaliação de conduta após o voto do acionista

[1118] É paradigmático o Processo CVM n. 2009/13179, Diretor-Relator Alessandro Broedel Lopes, julgado em 09/09/2010, no qual a CVM inicialmente filiou-se a chamada tese do conflito material. Exposição dos principais precedentes da CVM sobre o tema, demonstrando a variação ora para o conflito formal, ora para o conflito material, nos votos proferidos pelo Diretor Otto Eduardo Fonseca de Albuquerque Lobo em CVM. PAS n. 2007/20, Diretor-Relator Alexandre Costa Rangel, julgado em 16/08/2022 e CVM. PAS n. 2789/23, Diretor-Relator Alexandre Costa Rangel, julgado em 23/05/2023.

interpretá-lo. Destaca-se, porém, que a CVM oscila entre as duas orientações[1119], tendo mais recentemente optado pela última delas[1120].

Ademais, vale destacar que o art. 115, §1º não é uma norma especificamente voltada para as transações com partes relacionadas, pois é aplicável a toda qualquer deliberação em assembleia. Talvez por isso haja tamanha divergência sobre o significado de seu conteúdo – já que, na lei, esta é a regra geral, e não uma panaceia para as transações de maior risco. Destaca-se também que o termo usado no dispositivo – "conflito de interesses" – é genérico, não sendo possível extrair de antemão todas as situações nele abrangidas. Por exemplo, se aplicado a uma transação com parte relacionada, não é claro se o referido "conflito" alcançaria apenas as contrapartes de uma transação, ou se abrangeria eventuais acionistas com interesses indiretos no negócio.

De modo semelhante, o art. 156, *caput* da Lei das S.A. veda que os administradores interfiram em uma operação na qual tenham "interesse conflitante com o da companhia" e prevê que, havendo conflito, cabe ao administrador cientificar os demais acerca de seu "impedimento", bem como consigná-lo em ata. Em contraposição ao art. 115 §1º, o art. 156, *caput* vale-se do termo "impedimento". Haveria, aqui, uma semelhança com os modelos europeus examinados, caso a transação seja deliberada no conselho? Também parece que não. Verifica-se igualmente nesse contexto aquele mesmo debate sobre a natureza do art. 115 §1º: se o art. 156, *caput* traduziria um impedimento de voto ou se seria uma norma de avaliação *ex post* da conduta do administrador. A diferença é que, nesta seara, a CVM tem historicamente se posicionado em favor da primeira interpretação[1121],

[1119] Ver resumo no voto do Diretor Otto Eduardo Fonseca de Albuquerque Lobo em CVM. PAS n. 2007/20, Diretor-Relator Alexandre Costa Rangel, julgado em 16/08/2022.

[1120] CVM, PAS n. RJ2068/21. Diretor-Relator Alexandre Costa Rangel, julgado em 15/08/2022.

[1121] Entre os precedentes da CVM, destaca-se processo sancionador na qual a CVM entendeu, por maioria, que o acionista e conselheiro Eike Fuhrken Batista estava impedido de votar em deliberação do conselho de administração que aprovou distrato de contrato de fornecimento de energia elétrica celebrado entre a companhia em questão e outra sociedade da qual também era sócio controlador, nos termos do art. 156 da Lei das S.A. (CVM. PAS n. 1566/19, Diretora-Relatora Flávia Perlingeiro, julgado em 23/03/2021).

enquanto a doutrina usualmente prefere a segunda[1122]. As outras observações feitas a respeito do art. 115 §1º são semelhantes em relação ao art. 156, *caput*: este último dispositivo não é uma norma especificamente dirigida para as transações com partes relacionadas, aplicando-se, de forma geral, a toda e qualquer deliberação do conselho. Ademais, a expressão "conflito de interesses" é ampla e subjetiva, não havendo fórmula para caracterizá-la[1123].

De qualquer modo, a interpretação que a CVM tem conferido ao art. 156, *caput* da Lei das S.A. – como uma regra de impedimento de voto, portanto – reaproximaria o sistema brasileiro dos ordenamentos estrangeiros examinados neste trabalho, onde vigora o impedimento de voto do conselheiro conflitado na deliberação de uma transação com parte relacionada. Contudo, assim como sucede na União Europeia, referido impedimento não obstaria, de forma clara e objetiva, o voto do administrador *eleito* pelo acionista interessado. Logo, nos grupos societários, a influência da sociedade controladora não seria objetivamente eliminada do processo decisório. Como visto ao longo deste trabalho, essa constatação gera duas conclusões: de um lado, viabiliza-se a unificação econômica do grupo; de outro, subsiste a subordinação do interesse social. Daí a relevância – e a complementaridade – dos mecanismos jurídicos voltados à eliminação das consequências negativas para a companhia, destacando-se, nos grupos, o instituto do pagamento compensatório.

[1122] Sobre os posicionamentos doutrinários e jurisprudenciais, ver extenso resumo de Spinelli, Luis Felipe. *Administração das sociedades anônimas: lealdade e conflito de interesses.* São Paulo: Almedina, 2020, p. 116-134.

[1123] Spinelli, Luis Felipe. *Administração das sociedades anônimas: lealdade e conflito de interesses.* São Paulo: Almedina, 2020, p. 117.

# CONCLUSÕES

A relevância dos grupos societários – compreendidos como técnica de organização da atividade empresária – está associada ao caráter híbrido e flexível dessas estruturas, que transitam entre dois polos antagônicos: unidade econômica e pluralidade societária; integração empresarial e autonomia jurídica; hierarquia e mercado. Forma-se um *mercado interno* ao grupo que passa a ser regido sob uma ótica de autoridade e de hierarquia, não se reproduzindo a típica estrutura de mercado externo, descentralizado e competitivo, no qual partes independentes celebram transações entre si.

Essas características dissonantes são *simultaneamente* desejadas na empresa plurissocietária, e é precisamente essa coexistência que justifica a sua razão de existir e permite que se logre a respectiva função socioeconômica, que age em prol tanto de uma alocação eficiente de recursos entre sociedades agrupadas, como da maximização do resultado dos respectivos negócios.

A disciplina formulada na Lei das S.A. para capturar a realidade empresarial é bipartida, conferindo objetivos e liberdades distintos para cada modelo de grupo. Usualmente, entende-se que apenas os grupos de direito atenderiam aos objetivos de plena aglomeração societária, conferindo-se, desse modo, ampla liberdade de atuação à sociedade controladora, em nome de um reconhecido interesse grupal. Já os grupos de fato, embora sejam produto do mesmo fenômeno concentracionista e compartilhem os mesmos imperativos de ordem econômica e prática, não teriam essa mesma liberdade. Por isso, os grupos de fato só poderiam ser utilizados quando a composição de seus membros não exigisse a subordinação do interesse da companhia.

Ocorre que, se a lei realmente tivesse adotado essa premissa para regrar os grupos de fato, teria incorrido em notória contradição. Afinal, a integração econômica e, consequentemente, a submissão da companhia um interesse empresarial *mais amplo* que o objeto social circunscrito em seu estatuto constituem, ambas, o motivo pelo qual o grupo é útil para desenvolver a atividade empresária.

Neste trabalho, buscou-se apresentar uma leitura distinta da visão doutrinária e jurisprudencial tradicional sobre o espaço de liberdade conferido aos grupos de fato. Pretendeu-se demonstrar que a contradição é, em verdade, aparente e que foi suavizada pelo legislador. A análise detalhada do regramento alemão e de outras experiências estrangeiras permitiu descobrir, no art. 245 da Lei das S.A., um caminho jurídico para flexibilizar a rigidez da lei e para aproximá-la da realidade concreta. Caminho que se obtém não com base no reconhecimento de um *interesse do grupo* na empresa plurissocietária de fato – o que seria incompatível com preceitos elementares do direito societário pátrio –, mas com fundamento em uma norma que está textualmente positivada no dispositivo, apesar de pouco compreendida pelo intérprete até esta data.

Embora a regra geral nos grupos de fato seja a vedação ao favorecimento de uma sociedade em detrimento da companhia, o art. 245 admite tanto a subordinação do interesse social, como a celebração de operações não comutativas, sob a condição de que exista pagamento compensatório adequado. Trata-se de condição de licitude de uma situação de desfavorecimento do interesse da companhia, admitida temporariamente pela lei, em reconhecimento à dinâmica de integração econômica que é ínsita aos grupos.

A flexibilidade conferida pelo sistema em análise reside na discricionariedade atribuída à sociedade controladora e aos administradores da companhia, para definir tanto a *modalidade* da compensação – por exemplo, com base em vantagem proporcionada pela associação dessa companhia no grupo –, como *o momento* no qual a própria compensação virá a ocorrer. A compensação deve ser *certa*, *específica* e em *prazo razoável*, suficiente para neutralizar o desfavorecimento praticado pela sociedade controladora. O art. 245 não se satisfaz, portanto, com uma possibilidade *genérica* e *incerta* de compensação no instante em que ocorrer a subordinação do interesse social, tal como sucede na doutrina Rozenblum, nas sucessivas propostas legislativas europeias nela inspiradas e, para alguns, no ordenamento jurídico italiano.

Se o sistema de compensação admitido no art. 245 permite aproximar a realidade econômica da realidade jurídica, em benefício da empresa plurissocietária, é forçoso concluir que a aplicação da disciplina é um imperativo de ordem prática. Sob esse raciocínio, é surpreendente constatar que, até aqui, a prática e o entendimento jurisprudencial tenham dedicado pouquíssima atenção sobre a alternativa de compensação. Afinal, apesar de sutil, o caminho sempre esteve expressamente previsto na redação do art. 245. Daí sobrevém a pergunta: por qual razão, até hoje, a via do pagamento compensatório permaneceu esquecida no Brasil, em oposição às experiências estrangeiras?

Vale refletir sobre as razões que acarretaram esse cenário. Também vale indagar se, dado esse quadro, seria possível esperar algum impacto prático derivado das conclusões apresentadas neste trabalho.

A desatenção ao instituto da compensação certamente não decorre da observância estrutural do interesse da companhia, mesmo quando esta integra um grupo de subordinação. O exame das razões de ser dos grupos demonstrou que a realidade da empresa plurissocietária é bem diversa.

Outra inferência seria a de atribuir esse resultado às dificuldades atreladas à implementação da norma. É desafiador reconhecer uma situação de desfavorecimento e seus efeitos sobre o patrimônio da companhia, quando inexistem parâmetros, no mercado, que proporcionem efetiva comparação. Ademais, não é fácil isolar qual é o interesse de uma companhia que se encontre agrupada em uma organização empresarial a qual, por seu turno, excede as fronteiras da própria personalidade jurídica daquela empresa. É, ainda, árduo delimitar e quantificar o efeito de uma situação de desfavorecimento e a compensação correlata. Haja vista que a lei não definiu prazo para realizar o pagamento compensatório, cabe ao intérprete valorar tanto a adequação da compensação prometida pela sociedade controladora, ou pelos administradores, como a probabilidade de materialização da compensação em si. Tanto não bastasse, inexiste disciplina jurídica que confira transparência efetiva às operações intragrupo, sendo que a omissão é apenas parcialmente suprida pela regulamentação aplicável às transações com partes relacionadas. Todavia, as mesmas dificuldades são estruturalmente semelhantes àquelas que já vêm sendo enfrentadas para aplicação de outros institutos presentes, tanto na legislação societária, como para a implementação da responsabilidade civil. Não se verifica, assim, uma dificuldade tão instransponível, que inviabilize a operacionalização do sistema atrelado ao pagamento compensatório.

A doutrina já constatou que a intuitiva distinção entre as disciplinas desenhadas para os grupos de direito e para os grupos de fato não encontrou real reflexo prático – isso porque os últimos não são empregados apenas para atender aos desígnios originalmente pensados pelo legislador. Na realidade, os grupos fáticos passaram a ser empregados como técnica de subordinação silenciosa do interesse social, sem que, nesse procedimento, a companhia prejudicada receba compensação, ou perdas e danos pelo prejuízo incorrido. A lei é sistematicamente descumprida, seja pela condescendência com as práticas ilegais de subordinação de interesses, seja pela notória deficiência do sistema reparatório dos arts. 159 e 246 da Lei das S.A., cujas vicissitudes já foram bem exploradas pela doutrina brasileira, sintetizadas neste trabalho.

Infelizmente, a prática empresarial consolidada acerca dos grupos de fato já permite a subordinação do interesse da companhia, sem nenhuma contrapartida, nem a efetivação de mecanismos reparatórios que se prestem a tutelar minorias e credores sociais. Não seria útil, nesse cenário, efetivar a mecânica flexível de compensação admitida no art. 245. A violação sistemática do modelo atual acarreta o desinteresse e, consequentemente, a reduzida serventia prática, de um sistema que, na origem, fora concebido para viabilizar a integração econômica, sem desrespeitar a companhia e outros direitos juridicamente tutelados. Nesse cenário, cabe indagar: para que aprofundar o estudo e exigir a efetividade da mecânica compensatória prevista art. 245?

Espera-se que a descoberta, na própria lei, de abertura para a aplicação de uma disciplina flexível e mais adequada à realidade empresarial possa, igualmente, abrir espaço para que a norma seja efetivamente aplicada. A incapacidade de o sistema jurídico lidar adequadamente com estruturas por ele mesmo criadas pode acarretar a própria inviabilidade sistêmica, tornando-se letra morta. Mas se, de modo distinto, a realidade econômica for compatível com a estrutura jurídica, a disciplina existente poderá ser bem aplicada.

De um lado, a implementação do sistema de compensação permite estabilizar uma situação fática consagrada, conferindo legitimidade à prática de subordinação de interesses nos grupos de fato. De outro lado, a mesma implementação permite que os agentes tutelados pela norma possam exigir o cumprimento da regra, pleiteando efetivo pagamento compensatório ou, na falta deste, as perdas e danos correspondentes, de modo a conferir proteção efetiva à companhia, bem como a seus acionistas minoritários e credores.

# REFERÊNCIAS

ABREU, Jorge Manuel Coutinho de; RAMOS, Maria Elisabete. Artigo 78º – Responsabilidade para com os credores sociais. In: ABREU, Jorge Manuel Coutinho de (coord). *Código das Sociedades Comerciais em Comentário* Coimbra: Almedina, 2010, vol. I, p. 892-903.

ADAMEK, Marcelo Vieira Von; FRANÇA, Erasmo Valladão Azevedo e Novaes. Notas à Ação de Responsabilidade Civil Contra Acionista Controlador. In: YARSHELL, Flávio Luiz; PEREIRA, Guilherme Setoguti J. (coords.). *Processo Societário – Volume IV*. São Paulo: Quartier Latin, 2021, p. 401-439.

ADAMEK, Marcelo Vieira Von. *Abuso de Minoria em Direito Societário*. São Paulo: Malheiros, 2014.

ADAMEK, Marcelo Vieira Von. *Responsabilidade dos administradores de S/A*. São Paulo: Saraiva, 2009.

AGUIAR DIAS, José. *Da Responsabilidade Civil. 10ª ed. Rio de Janeiro: Forense, 1995.*

ALBUQUERQUE, Rui A.; SCHROTH, Enrique J. *The Determinants of the Block Premium and of Private Benefits of Control*. Brussels: European Corporate Governance Institute, 2008 (Finance Working Paper Nº 202/2018).

AMATO, Giulia Maria. *L'infedeltà patrimoniale e i vantaggi compensativi*. 2017. Tese de Láurea (Diritto penale dell'economia) – Libera Università Internazionale degli Studi Sociali Guido Carli, Roma, 2017.

ANDERSEN, Paul Krüger; ANDERSSON, Jan Bertil et al. *European Model Companies Act (EMCA)*. [S. l.]: [s. n.], 2017. (Nordic & European Company Law Working Paper). Disponível em: https://papers.ssrn.com/sol3/papers.cfm?abstract_id=2929348>.

ANTUNES, José Augusto Quelhas Lima Engrácia. Estrutura e responsabilidade da empresa: O moderno paradoxo regulatório. *Revista Direito GV*. São Paulo, v. 1, n. 2, pp. 29-68, jun./dez. 2005.

ANTUNES, José Augusto Quelhas Lima Engrácia. *Os direitos dos sócios da sociedade--mãe na formação e direção dos grupos societários*. Porto: Universidade Católica Portuguesa, 1994.

ANTUNES, José Augusto Quelhas Lima Engrácia. *Os Grupos de Sociedades*: Estrutura e Organização Jurídica da Empresa Plurissocietária. 2ª ed., rev. e atual. Coimbra: Almedina, 2002.

ANTUNES, José Engrácia, BAUMS, Theodor, CLARKE, Blanaid J., CONAC, Pierre--Henri, ENRIQUES, Lucas, HANAKA, Andras I, HANSEN, Jesper Lau, DE KLUIVER, H.J., KNAPP, Vanessa, LENOIR, Noële, LINNAINMAA, Leena, SOLTYSINSKI, Stanislaw, WYMEERSCH, Eddy. *Report of the Reflection Group on the Future of EU Company Law*. Brussels: European Comission, 2011. Disponível em: <http://ssrn.com/abstract=1851654>.Acesso em 15.02.2022.

ANTUNES, José Engrácia. Entreprise forms and enterprise liability: is there a paradox in modern corporation law? *Revista da Faculdade de Direito da Universidade do Porto*. Porto, vol. 2, p. 187-225, 2005.

ANTUNES, José Engrácia. *Liability of corporate groups: autonomy and control in parent--subsidiary relationships in US, German and EU law*: an international and comparative perspective. Deventer: Kluwer Law and Taxation, 1994.

ANTUNES, José Engrácia. *New Avenues on Intragroup Liabity*: English Translation of "Neue Wege im Konzernhaftungsrecht. Nochmals: Der "Amoco Cadiz"-Fall. In: "Festschrift für Marcus Lutter zum 70. Geburtstag – Deutsches und europäisches Gesellschafts-, Konzern- und Kapitalmarktrecht", 995-1009, Verlag Otto Schmidt, Köln, 2000. [S. l.]: [s. n.], 2017.

ANTUNES, José Engrácia. Os grupos dominiais – o estado da arte 35 anos depois. *Direito das Sociedades em Revista*. Coimbra, ano 12, n 24, p. 35-56, 2020.

APRIGLIANO, Ricardo de Carvalho. Comentários ao Código de Processo Civil – volume VIII – tomo I – artigos 369 a 404 – DAS PROVAS: Disposições Gerais. In: DA FONSECA, João Francisco Naves; BONDIOLI, Luís Guilherme A.; GOUVÊA, José Roberto F.; et al. (coords). *Comentários ao Código de Processo Civil*. São Paulo: Saraiva, 2020. E-book.

ARAUJO, Danilo Borges dos Santos Gomes de; WARDE JR., Walfrido Jorge (coords). *Os Grupos de Sociedades:* organização e exercício da empresa. São Paulo: Saraiva, 2012.

ARAUJO, Danilo Borges dos Santos Gomes de. Um Modelo de Regulação Baseado na Governança dos Grupos de Sociedades: da Doutrina Rozenblum até a Disciplina Italiana. *In*: ROSSETTI, Maristela Abla; PITTA, Adre Grunspun (coord.).

*Governança Coorporativa:* Avanços e Retrocessos. São Paulo: Quartier Latin, 2017, p. 171-196.

ARRUDA ALVIM, José Manuel de. *Manual de Direito Processual Civil.* 20ª ed. São Paulo: Revista dos Tribunais, 2021. E-book.

ASCARELLI, Tullio. *Problemas das sociedades anônimas e direito comparado.* São Paulo: Quorum, 2008.

AZEVEDO, André Luís. Estruturas Piramidais de Sociedades Envolvendo Companhias Abertas: Algumas Considerações. *In:* FRAZÃO, Ana; CASTRO, Rodrigo R. Monteiro de; CAMPINHO, Sérgio (org.). *Direito Empresarial e Suas Interfaces:* Homenagem a Fábio Ulhoa Coelho. São Paulo: Quartier Latin, 2022, vol. II, p. 519-532.

AZEVEDO. Antônio Junqueira de. *Novos Estudos e Pareceres de Direito Privado.* São Paulo: Saraiva, 2012, E-book.

BARCLAY; Michael J.; HOLDERNESS, Clifford G. Private Benefits from Control of Public Corporations. Journal of Financial Economics. Amsterdam, vol. 25, n. 2, p. 371-395, dez. 1989.

BARTMAN, Steef M. The Obligation to Contribute in the Case of Group Financing Under Dutch Law: How to Allocate the Pain among Group Members? European Company Law. Alphen aan den Rijn, vol. 10, n. 1, p. 15-20, 2013.

BAUR, Daniel. Der Begriff der nahestehenden Person gemäß § 111 a Abs. 1 Satz 2 AktG. Zeitschrift für Unternehmens- und Gesellschaftsrecht. Berlin, vol. 50, n. 3, p. 395-435, jun. 2021.

BAYER, Walter; SELENTIN, Philipp. Related Party Transactions: Der neueste EUVorschlag im Kontext des deutschen Aktien und Konzernrechts. *Neue Zeitschrift für Gesellschaftsrecht.* München, ano 2015, n. 1, p. 7-15, 2015.

BEBCHUK, Lucian Arye; KRAAKMAN, Reinier; TRIANTIS, George. Stock Pyramids, Cross-Ownership and Dual Class Equity: The Mechanisms and Agency Costs of Separating Control From Cash-Flow Rights. Cambridge (MA): National Bureau of Economic Research, 1999 (NBER Working Paper Series).

BERCHEM, Kerry E.; DEUTSCH, Ron E.; HOUPT, Nicholas J. *Duties of Controlling Stockholders* – Murky Waters: Tread Carefully. New York: Practicing Law Institute, 2012.

BERLE JR., Adolf A.; MEANS, Gardiner C. *A moderna sociedade anônima e a prioriedade privada.* São Paulo: Abril Cultural, 1984.

BIANCHI, Marcello; ENRIQUES, Luca; MILIČ, Mateja. Enforcing Rules on Related Party Transactions in Italy: One Secuties Regulatos's Challenge. In: ENRI-

QUES, Luca; TRÖGER, Tobias H. (ed.). The Law and Finance of Related Party Transactions. Cambridge, United Kingdom: Cambridge University Press, 2019, p. 477-501.

BIANCHI, Marcello; MILIČ, Mateja. Article 9C: Transparency and Approval of Related Party Transactions. In: BIRKMOSE, Hanne S.; SERGAKIS, Konstantinos. The Shareholder Rights Directive II: A Commentary. Cheltenham: Edward Elgar, 2021, p. 286-318.

BIRKMOSE, Hanne S.; SERGAKIS, Konstantinos. SRD II: Political Ambitions and Regulatory Rationales. In: BIRKMOSE, Hanne S.; SERGAKIS, Konstantinos. The Shareholder Rights Directive II: A Commentary. Cheltenham: Edward Elgar, 2021, p. 2-17.

BLACK, Bernard. The Core Institution thar Support Strong Securities Markets. *The Business Lawyer.* Chicago, vol. 55, n. 4, p. 1565-1607, ago. 2000.

BLUMBERG, Phillip A.; STRASSER, Kurt A.; GEORGAKOPOULOS, Nicholas L.; GOUVIN, Eric J.; FOWLER, Jonathan W.; STRASSER, Kurt A=: 2011-2 Supplement. 2ª ed. Boston: Wolters Kluwer Law&Business, vol. 1, 2011.

BLUMBERG, Phillip I. Limited Liability and Corporate Groups. *The Journal of Corporations Law*. Iowa City, v. 11, n. 4, p. 573-632, 1986.

BLUMBERG, Phillip I. *The Multinational Challenge to Corporation Law*: The Search for a New Corporate Personality. Oxford: Oxford University Press, 1993.

BÖCKLI, Peter *et al. A Proposal for Reforming Group Law in the European Union – Comparative Observations on the Way Forward.* [S. l.]: [s. n.], 2016. Disponível em <https://papers.ssrn.com/sol3/papers.cfm?abstract_id=2849865>. Acesso em 13/11/2022.

BÖCKLI, Peter. A Proposal for Reforming Group Law in the European Union – Comparative Observations on the Way Forward. S. l.: s. n., 2016. Disponível em < A Proposal for Reforming Group Law in the European Union – Comparative Observations on the Way Forward>. Acesso em 28/07/2023.

BÖHLHOFF, Klaus; BUDDE, Julius. Company Groups – The EEC Proposal for a Ninth Directive in the Light of the Situation in the Federal Republic of German. *Journal of Comparative Business and Capital Market Law*. Amsterdam, vol 6, n. 2, p. 163-197, jun. 1984.

BONANNO, J. Bautz. The Protection of Minority Shareholders in a *Konzern* Under German and United States Law. *Harvard International Law Journal*. Cambridge (MA), vol 18, n 1, p. 151-176 1977.

BORBA, José Edwaldo Tavares Borba. *Direito Societário* 19ª ed. Barueri: Atlas, 2022. E-book.

BORTOLINI, Pedro Rabello. Recuperação Judicial dos Grupos de Empresas: Aspectos Teóricos e Práticos da Consolidação Processual e Substancial. Indaiatuba: Foco, 2023.

BOURSIER, Marie-Emma. Reconnaissance du fait justificatif de groupe de sociétés dans l'abus de biens sociaux: vers un assouplissement de la jurisprudence Rozenblum? *Revue des Sociétés*. Paris, ano 2015, n. 9, p. 539-542, set. 2016.

BRITTO, Adriana Cristina Dullius. *Responsabilidade do Administrador em face do art. 245 da Lei das Sociedades Anônimas*. 2017. Dissertação (Mestrado). Faculdade de Direito, Universidade de São Paulo, São Paulo, 2017.

BÜRGERS, Tobias; KÖRBER, Torsten. *Aktiengesetz*. 2ª ed. Heidelberg: C. F. Müller, 2011.

BUSCHINELLI, Gabriel Saad Kik; BRESCIANI, Rafael Helou. Aspectos processuais da ação de responsabilidade do controlador movida por acionista titular de menos de 5% do capital social (art. 246, § 1º, 'b', da Lei 6.4.04/76). *In*: YARSHELL, Flávio Luiz; PEREIRA, Guilherme Setoguti J. (coords.). *Processo Societário II*. São Paulo: Quartier Latin, 2015, p. 249-303.

CALLEGARI, Mia. Corporate Groups under Italian Law: A Comparative Approach and the Brand-New Crisis Code. *Frontiers of Law in China*. Beijing, vol. 14, no. 4, December 2019, pp. 533-559.

CAMARGO, André Antunes Soares de. *Transações entre partes relacionadas: um desafio regulatório complexo e multidisciplinar*. 2012. Tese (Doutorado em Direito Comercial) – Faculdade de Direito, Universidade de São Paulo, São Paulo, 2012.

CARVALHOSA, Modesto; KUYVEN, Martins. *Sociedades anônimas*. São Paulo: Revista dos Tribunais, 2016 (coleção Tratado de Direito Empresarial, vol. III).

CARVALHOSA, Modesto. *A Nova Lei das Sociedades Anônimas: seu modelo econômico*. Rio de Janeiro: Paz e Terra, 1976.

CARVALHOSA, Modesto. *Comentários à Lei de Sociedades Anônimas*. 5ª ed. São Paulo: Saraiva, 2011, vol. IV.

CARVALHOSA, Modesto. *Comentários à lei de sociedades anônimas*. 6ª ed. São Paulo: Saraiva, 2014, vol. II.

CAVALIERI FILHO, Sergio. *Programa de Responsabilidade Civil*. 10ª ed. São Paulo: Atlas, 2012.

CHEFFINS, Brian R. *Company law: theory, structure, and operation*. Oxford: Clarendon Press, 1997.

CLARK, Robert Charles. *Corporate Law*. New York: Aspen Law & Business, 1986.

COASE, Ronald Harry. The Nature of the Firm. *In*: COASE, Ronald Harry. *The firm, the market, and the law*. Chicago: The University of Chicago Press, 1998, p. 33-55.

COELHO, Fábio Ulhoa (coord). *Lei das Sociedades Anônimas Comentada*. Rio de Janeiro: Forense, 2021. E-book.

COLEMAN, Jules L. Efficiency, Utility, and Wealth Maximization. *Hofstra Law Review*. Hempstead, v.8, n. 3, p. 508-551, 1980.

COMISSÃO DE VALORES MOBILIÁRIOS. Processo Administrativo Sancionador 01/2011. Relator: Gustavo Barbosa, 27 fev. de 2018.

COMPARATO, Fábio Konder; SALOMÃO FILHO, Calixto. *O poder de controle na sociedade anônima*. 6ª ed. Rio de Janeiro, Forense, 2014.

COMPARATO, Fábio Konder. *Direito empresarial: estudos e pareceres*. 1ª ed., 2ª tir. São Paulo: Saraiva, 1995.

COMPARATO, Fábio Konder. *Ensaios e pareceres de direito empresarial*. Rio de Janeiro: Forense, 1978.

COMPARATO, Fábio Konder. *Novos ensaios e pareceres de direito empresarial*. Rio de Janeiro: Forense, 1981.

COMPARATO, Fabio Konder. Os grupos societários na nova lei de sociedades por ações. *Revista de Direito Mercantil, Industrial, Econômico e Financeiro*. São Paulo, ano 1976, n. 23, p. 91-107, 1976

CONAC, Pierre-Henri; ENRIQUES, Luca; GELTER, Martin. Constraining Dominant Shareholders' Self-dealing: The Legal Framework in France, Germany, and Italy. *European Company and Financial Law Review*. Berlin, vol. 4, n. 4, p. 491-528, 2007.

CONAC, Pierre-Henri. Director's Duties in Groups of Companies–Legalizing the Interest of the Group at the European Level. *European Company and Financial Law Review*. Berlin, v. 10, n. 2, p. 194-226, 2013.

CONAC, Pierre-Henri. The Chapter on Groups of Companies of the European Model Company Act (EMCA). *European Company and Financial Law Review*. Berlin, vol. 13, n. 2, p. 301-321, 2016.

CONAC, Pierre-Henri. The Shareholders' Duty Not to Abuse Rights. *In:* BIRKMOSE, Hanne S. (ed.). *Shareholders' Duties*. Alphen aan den Rijn: Kluwer Law International, 2017.

CORDEIRO, António Menezes. A responsabilidade da sociedade com domínio total (501º/1, do CSC) e seu âmbito. *Revista de Direito das Sociedades*. Coimbra, ano III, n. 1, p. 83-115, 2011.

CORDEIRO, Antônio Menezes. *Da boa-fé no direito civil.* Coimbra: Almedina, 2013.

CORRADI, Marco; HELLERINGER, Geneviève. *Self-Dealing, Corporate Opportunities and the Duty of Loyalty – a US, UK and EU Comparative Perspective.* Brussels: European Corporate Governance Institute: 2021.

COSTA, Luiz Felipe Duarte Martins. *Contribuição ao Estudo da Responsabilidade Civil dos Administradores de Companhias Abertas.* 2006. Dissertação (Mestrado). Faculdade de Direito da Universidade de São Paulo, São Paulo, 2006.

COSTA, Ricardo Alberto Santos. *Os Administradores de Facto das Sociedades Comerciais.* Coimbra: Almedina, 2014.

CURY, Felipe Augusto. *A atual perspectiva dos grupos de direito no Brasil: um estudo empírico sobre os grupos de direito no estado de São Paulo.* 2016. Dissertação (Mestrado) – Escola de Direito de São Paulo da Fundação Getúlio Vargas, São Paulo, 2016.

DAMMANN, Jens. Corporate Ostracism: Freezing Out Controlling Shareholders. *Journal of Corporation Law.* Iowa City, vol. 33, n. 3, p. 681-774, 2008.

DAMMANN, Jens. Related Party Transactions and Intragroup Transactions. *In*: Enriques, Luca; TRÖGER, Tobias H. (eds.) *The Law and Finance of Related Party* Cambridge: Cambridge University Press, 2019, p. 218-244.

DAU, Luis Alfonso; MORCK, Randall; YEUNG, Bernard Yin. Business groups and the study of international business: A Coasean synthesis and extension. *Journal of International Business Studies.* London, vol. 52, n. 2, p. 161-211, mar. 2021.

DAVIES, Paul L. et al. Implementation of the SRD II Provisions on Related Party Transactions. Brussels: European Corporate Governance Institute, 2020.

DAVIES, Paul. *Introduction to Company Law.* 2ª ed. Oxford: Oxford University Press, 2002.

DE LA CRUZ, Adriana; MEDINA, Alejandra; TANG, Young. *Owners of the World's Listed Companies.* Paris: OECD Publishing, 2019.

DENOZZA, Francesco. Rules vs. Standards nella disciplina dei gruppi: l'inefficienza dela compensazioni 'virtuali'. *Giurisprudenzia commerciale.* Milano, vol. 27, n. 3, p. 327-338, 2000.

DIAS, Luciana Pires. *Transparência como Estratégia Regulatória no Mercado de Valores Mobiliários:* Um estudo empírico das transações com partes relacionadas. 2014. Tese (Doutorado). Faculdade de Direito, Universidade de São Paulo, São Paulo, 2014.

DIAS, Luciana. As Transações com Partes Relacionadas no Direito Societário Brasileiro e a Lei de Melhoria do Ambiente de Negócios. *In:* FRAZÃO, Ana; CASTRO, Rodrigo R. Monteiro de; CAMPINHO, Sérgio (org.). *Direito Empresarial e Suas*

*Interfaces:* Homenagem a Fábio Ulhoa Coelho. São Paulo: Quartier Latin, 2022, vol. II, p. 485-518.

DIAS, Manuel Pinto Soares Pereira. *Responsabilidade por Exercício de Influência sobre a Administração de Sociedades Anônimas:* uma análise de direito material e direito de conflitos. Coimbra: Almedina, 2007.

DINAMARCO, Cândido Rangel. *Instituições de Direito Processual Civil.* 3ª ed. São Paulo: Malheiros, 2003, vol. III.

DINE, Janet. *The Governance of Corporate Groups.* Cambridge: Cambridge University Press, 2000.

DINIZ, Gustavo Saad. *Grupos Societários:* da formação à falência. Rio de Janeiro: Forense, 2016.

DINIZ, Gustavo Saad. *Subcapitalização Societária:* financiamento e responsabilidade. Belo Horizonte: Forum, 2012.

DOH, Jonathan; RODRIGUES, Suzana; SAKA-HELMHOUT, Ayse; MAKHIJA, Mona. International business responses to institutional voids. *Journal of International Business Studies.* London, vol. 48, n. 3, p. 293-307, abr. 2017.

DWORKIN, Ronald. *Uma questão de princípio.* 2ª ed. São Paulo: Martins Fontes, 2005.

DYCK, Alexander; ZINGALES, Luigi. Private Benefits of Control: An International Comparison. *The Journal of Finance.* New York, vol. 59, n. 2, p. 537-600, abr. 2004.

EASTERBROOK, Frank H.; FISCHEL, Daniel R. *The economic structure of corporate law.* Cambridge (MA): Harvard University Press, 1996.

EINSENBERG, Melvin Aron. The divergence of standards of conduct and standards of review in corporate law. *Fordham Law Review.* New York, v. 62, n. 3, p. 437-486, 1993.

EIZIRIK, Nelson. *A Lei das S/A Comentada.* 3ª ed. São Paulo: Quartier Latin, 2021.

ELLIS, Stephen E.; HAYDEN, Grant M. The Cult of Efficiency in Corporate Law. *Virginia Law & Business Review.* Charlottesville, v. 5, n. 2, p. 239-266, 2010.

EMMERICH, Voker; HABERSACK, Mathias. *Aktien- und GmbH-Konzernrecht.* 6ª ed. rev. München: C.H. Beck, 2010.

ENGERT, Andreas; FLORSTEDT, Tim. Which related party transactions should be subject to ex ante review? Evidence from Germany. Journal of Corporate Law Studies. Abingdon, vol. 29, n. 2, p. 263-290, 2020.

ENGISCH, Karl. *Introdução ao pensamento jurídico.* Tradução de J. Baptista Machado. 5ª ed. Lisboa: Fundação Calouste Gulbenkian, 1979.

ENRIQUES, Luca, Related Party Transactions: Policy Options and Real-World Challenges (With a Critique of the European Commission Proposal). European

Corporate Governance Institute, 2014 (Law Working Paper No. 267/2014). Disponível em: https://ssrn.com/abstract=2505188 or http://dx.doi.org/10.2139/ssrn.2505188.

ENRIQUES, Luca; GILOTTA, Sergio. Justifications for Minority-Co-Owned Groups and Their Corporate Law Implications. Brussels: European Corporate Governance Institute, 2023.

ENRIQUES, Luca; GILOTTA, Sergio. *The Case Against a Special Regime for Intragroup Transactions*. Brussels: European Corporate Governance Institute, 2022.

ENRIQUES, Luca; TRÖGER, Luca. The Law and (Some) Finance of Related Party Transactions: An Introduction. Brussels: European Corporate Governance Institute, 2018.

ENRIQUES, Luca; TRÖGER, Tobias H. The Law and (Some) Finance Related Party Transactions: An Introduction. In: ENRIQUES, Luca; TRÖGER, Tobias H. (ed.). The Law and Finance of Related Party Transactions. Cambridge, United Kingdom: Cambridge University Press, 2019, p. 1-22.

ENRIQUES, Luca; TRÖGER, Tobias H. *The Law and Finance of Related Party Transactions*. Cambridge: Cambridge University Press, 2019.

ENRIQUES, Luca. Gruppi piramidali, operazioni intragruppo e tutela degli azionisti esterni: appunti per un'analisi economica. *Giurisprudenza commerciale*. Milano, v. 24, n. 5, 1997, p. 698-730.

EUROPEAN COMMISSION. *Communication from the Commission to the European Parliament, the Council, the European Economic and Social Committee and the Committee of the Regions*. Action Plan: European company law and corporate governance – a modern legal framework for more engaged shareholders and sustainable companies. Strasbourg: Publications Office of the European Union, 2012.

FARIAS, Rosenvald; FARIAS, Cristiano Chaves de. *Curso de Direito Civil*. São Paulo: Atlas, 2015, vol. 2.

FASCIANI, Paola. Groups of Companies: The Italian Approach. *European Company and Financial Law Review*. Berlin, vol. 4, n. 2, p. 195-231, 2007.

FISMAN, Raymond, KHANNA, Tarun. Facilitating Development: The Role of Business Groups. *World Development*. Oxford, v. 32, n. 4, p. 609-628, 2004.

FLEISCHER, Holger, Legal Transplants in European Company Law – The Case of Fiduciary Duties. *European Company and Financial Law Review*. Berlin, vol. 2, n. 3, pp. 378-397, 2005.

FLEISCHER, Holger. Legal Transplants im deutschen Aktienrecht. *Neue Zeitschrift für Gesellschaftsrecht*. München, ano 2004, n. 24, p. 1129-1137, 2004.

FLEISCHER, Holger. Related Party Transactions bei börsennotierten Gesellschaften: Deutsches Aktien(konzern)recht und Europäische Reformvorschläge. *Betriebs-Berater*. Frankfurt, ano 2014, n. 45, p. 2691-2700, 2014.

FORUM EUROPAEUM CORPORATE GROUP LAW. Corporate Group Law for Europe. *European Business Organization Law Review*. The Hague, vol. 1, n. 2, p. 165–264, jun. 2000.

FORUM EUROPAEUM ON COMPANY GROUPS. Proposal to Facilitate the Management of Cross-Border company Groups in Europe. *European Company and Financial Law Review*. Berlin, vol. 12, n. 2, p. 299-306, 2015.

FRANÇA, Erasmo Valladão Azevedo e Novaes. Invalidade das deliberações de assembleia das S/A. 2. ed. São Paulo: Malheiros, 2017.

FRANÇA, Erasmo Valladão Azevedo e Novaes; TANNOUS, Thiago Saddi. O acionista controlador tem o dever de sacrificar os próprios interesses em favor dos interesses da companhia, no contexto de uma relação contratual? *In*: BORBA, Gustavo Tavares; BORBA, Rodrigo Tavares; ALMEIDA, José Gabriel Assis de (org.). *Comissão de Valores Mobiliários – precedentes comentados*. Rio de Janeiro: Forense, 2021, p. 173-179.

FRANÇA, Erasmo Valladão Azevedo e Novaes. *Conflito de Interesses nas Assembleias de S.A. (e outros escritos sobre conflitos de interesses)*. São Paulo: Malheiros, 2014.

FRANÇA, Erasmo Valladão Azevedo; ADAMEK, Marcelo Vieira Von. O novo conceito de sociedade coligada na lei acionária brasileira. *Revista de Direito Mercantil, Industrial, Econômico e Financeiro*. São Paulo, v. 50, n. 159/160, p. 39–52, jul./dez. 2011.

FRANÇA. Cour de Cassation, Chambre criminelle. Nº de pourvoi : 84-91.581. Rapporteur : M. Le Gunehec, 14 de fevereiro de 1985. Disponível em https://www.legifrance.gouv.fr/juri/id/JURITEXT000007064646. Acesso em 04/09/2022.

FRANZMANN, Georg. Europäisches Konzernrecht: Vom Gesellschaftsschutzrecht zum Enabling Law für Unternehmen. *In:* HOMMELHOFF Peter; LUTTER Marcus, TEICHMANN; Christoph. *Corporate Governance im grenzüberschreitenden Konzern*. Berlin: De Gruyter, 2016, pp. 393-410.

FRAZÃO, Ana. *Função social da empresa: repercussões sobre a responsabilidade civil de controladores e administradores de S/As*. Rio de Janeiro: Renovar, 2011.

FUENTES, Mónica. Corporate Groups and Creditors Protection: An Approach from a Spanish Company Law Perspective. *European Company and Financial Law Review*. Berlin, vol. 4, n. 4, p. 529-552, 2007.

GALGANO, Francesco. I gruppi nella riforma delle società di capitali. *Contratto e impresa*. Padova, vol. 18, n. 3, p. 1015-1045, 2002.

GALGANO, Francesco. L'oggetto della *holding* è dunque l'esercizio mediato e indiretto dell'imprensa di gruppo. *Contratto e impresa*. Padova, vol. 6, p. 401-409, 1990.

GAMBINO, Agostino. *Il principio di correttezza nell'ordinamento dele società per azioni*. Milano: Giuffrè, 1987.

GHEMAWAT, Panjak; KHANNA, Tarun. The Nature of Diversified Business Groups: A Research Design and Two Case Studies. *The Journal of Industrial Economies*. London, vol. 46, n. 1, p. 35-61, mar. 1998.

GILSON, Ronald J.; GORDON, Jeffrey N. Controlling Controlling Shareholders. *University of Pennsylvania Law Review*. Philadelphia, vol. 152, n. 2, p. 785-843, 2003.

GILSON, Ronald J.; SCHWARTZ, Alan. Constraints on Private Benefits of Control: Ex Ante Control Mechanisms versus Ex Post Transaction Review. *Journal of Institutional and Theoretical Economics*. Tübingen, vol. 169, n. 1, p. 160-183, mar. 2013.

GILSON, Ronald. J.; ROE, Mark J. Understanding the Japanese Keiretsu: Overlaps Between Corporate Governance and Industrial Organization. The Yale Law Journal. *New Haven*, vol. 102, n. 4, p. 871-906, jan. 1993.

GOMES, José Ferreira. Conflitos de interesses entre accionistas nos negócios celebrados entre a sociedade anônima e seu accionista controlador. *In*: CÂMARA, Paulo *et al.* (coords). *Conflito de interesses no Direito Societário e Financeiro:* um balanço a partir da crise financeira. Coimbra: Almedina, 2010, pp. 75-213.

GOMES, Orlando. *Contratos*. 26ª ed. Rio de Janeiro: Forense, 2009.

GONÇALVES NETO, Alfredo de Assis. *Lições de Direito Societário II:* sociedades anônimas. São Paulo: Juarez de Oliveira, 2005.

GONÇALVES, Reinaldo. Grupos econômicos: uma análise conceitual e teórica. *Revista Brasileira de Economia*. Rio de Janeiro, v. 45, n. 4, p. 491-518, 1991.

GOSHEN, Zohar; ASSAF, Hamdani. Corporate Control and Idiosyncratic Vision. *Yale Law Journal*. New Heaven, v. 125, n. 3, p. 560-617, 2016.

GOSHEN, Zohar. The Efficiency of Controlling Corporate Self-Dealing: Theory Meets Reality. California Law Review. Berkeley, vol. 91, n. 2, p. 393-438, mar. 2003.

GRANOVETTER, Mark. Coase Revisited: Business Groups in the Modern Economy. *Industrial and Corporate Change*. Oxford, vol. 4, n 1, 1995, p. 93–130, 1995.

GRANOVETTER. Mark. Business Groups and Social Organization. *In*: SMELSER, Neil J.; SWEDBERG, Richard. *The Handbook of Economic Sociology*. Princeton: Princeton University Press, 2010, pp. 429-450.

GROß-BÖLTING, Christian; RABE, Kai. § 111a Geschäfte mit nahestehenden Personen. In: HÖLTERS, Wolfgang; WEBER, Markus. Aktiengesetz Kommentar. 4ª ed. München: C. H. Beck, 2022, p. 1125-1135.

GROß-BÖLTING, Christian; RABE, Kai. § 111b Zustimmungsvorbehalt des Aufsichtsrats bei Geschäften mit nahestehenden Personen. In: HÖLTERS, Wolfgang; WEBER, Markus. Aktiengesetz Kommentar. 4ª ed. München: C. H. Beck, 2022, p. 1135-1140.

GROß-BÖLTING, Christian; RABE, Kai. §111c Veröffentlichungvon Geschäften mit nahestehenden Personen. In: HÖLTERS, Wolfgang; WEBER, Markus. Aktiengesetz Kommentar. 4ª ed. München: C. H. Beck, 2022, p. 1140-1145.

GUERREIRO, José Alexandre Tavares. "Responsabilidade dos Administradores de Sociedades Anônimas" In *Revista de Direito Mercantil, Industrial, Econômico e Financeiro*. São Paulo, v. 20, n. 42, p. 69-88, 1981

GUERREIRO, José Alexandre Tavares. Abstenção de voto no conflito de interesses. *In*: Luiz Fernando Martins Kuyven. (Org.). *Temas essenciais de direito empresarial: estudos em homenagem a Modesto Carvalhosa*. 1ª ed. São Paulo: Saraiva, 2012.

GUERREIRO, José Alexandre Tavares. Das relações internas no grupo convencional de sociedades. *In*: TORRES, Heleno Taveira; QUEIROZ, Mary Elbe. (coord.). *Desconsideração da personalidade jurídica em matéria tributária*. São Paulo: Quartier Latin, 2005, p. 303-321.

GUERREIRO, José Alexandre Tavares. Formas de abuso de poder econômico. *Revista de Direito Administrativo*. Rio de Janeiro, v. 169, p. 199-213, 1987.

GUERREIRO, José Alexandre Tavares. Lei de Sociedades Anônimas e o Código. *In*: Alexandre Couto Silva. (Org.). *Direito societário: estudos sobre a lei de sociedades por ações*. São Paulo: Saraiva, 2013.

GUERREIRO, José Alexandre Tavares. Poder e Dominação. *Revista de Direito Mercantil Industrial, Econômico e Financeiro*. São Paulo, ano XXIII (Nova Série), n. 53, p. 72-80, jan./mar. 1984.

GUERREIRO, José Alexandre Tavares. Sobre a interpretação do objeto social. *Revista de Direito Mercantil Industrial, Econômico e Financeiro*. São Paulo, ano XXIII (Nova Série), ano 54, p. 67-72, abr./jun. 1984.

GUERREIRO, José Alexandre Tavares. Sociologia do Poder na Sociedade Anônima. *Revista de Direito Mercantil Industrial, Econômico e Financeiro*. São Paulo, ano XXIX (Nova Série), n. 77, p. 50-56, jan./mar. 1990.

GUILLÉN, Mauro F. Business Groups in Emerging Economies: A Resource-Based View. *The Academy of Management Journal*. Ada, vol. 43, n. 3, p. 363-380, jun. 2000.

HANSMANN, Henry; KRAAKMAN, Reiner; SQUIRE, Richard. Law and the Rise of the Firm. *Harvard Law Review*. Cambridge (MA), vol. 119, n. 5, p. 1333-1403, mar. 2006.

HANSMANN; Henry; KRAAKMAN, Reinier. The Essential Role of Organizational Law. *The Yale Law Journal*. New Haven, v. 110, n. 3, p. 387-440, dez. 2000.

HELLRINGER, Geneviève. Related Party Transactions in France: A Critical Assessment. In: ENRIQUES, Luca; TRÖGER, Tobias H. (ed.). The Law and Finance of Related Party Transactions. Cambridge, United Kingdom: Cambridge University Press, 2019, p. 400-425.

HICKS, J. R. The Foundations of Welfare Economics. *The Economic Journal*. London, vol. 49, n. 196, p. 696-712, dez. 1939.

HOMMELHOFF, Peter. *Die Konzernleitungspflicht:* Zentrale Aspekte eines Konzernverfassungsrechts. Köln/Berlin/Bönn/München: Heymannn, 1982.

HOMMELHOFF, Peter. Förder- und Schutzrecht für den faktischen GmbH-Konzern. *Zeitschrift für Unternehmens- und Gesellschaftsrecht*. Berlin, vol. 41, n. 4, pp. 535-565, 2012.

HOMMELHOFF, Peter. Marcus Lutter. In: GRUNDMANN, Stefan; RIESENHUBER, Karl. *Deutschsprachige Zivilrechtslehrer des 20. Jahrhunderts in Berichten ihrer Schüler.* Berlin: De Gruyter, 2011, vol. 2, p. 97-125.

HOMMELHOFF, Peter. Protection of Minority Shareholders, Investors and Creditors in Corporate Groups: the Strengths and Weaknesses of German Corporate Group Law. *European Business Organization Law Review*. The Hague, vol. 2, n. 1, pp. 61-80, mar. 2001.

HOPT, Klaus J. *Comparative Corporate Governance*: The State of the Art and International Regulation. Brussels: European Corporate Governance Institute, 2011.

HOPT, Klaus J. *Groups of Companies* – A Comparative Study on the Economics, Law and Regulation of Corporate Groups. Brussels: European Corporate Governance Institute, 2015.

HÜFFER, Uwe; KOCH, Jens. *Aktiengesetz*. 14ª ed. München: C. H. Beck, 2020.

IRUJO, Jose Miguel Embid. El derecho de los grupos de sociedades em Brasil – su significacion y repercussion em el ordenamento jurídico español, *Revista de*

*Direito Mercantil, Industrial, Econômico e Financeiro.* São Paulo, ano. XXVII (nova série), n. 71, p. 5-46, jul-set. 1988.

IRUJO, José Miguel Embid. *Introducción al derecho de los grupos de sociedades.* Granada: Comares, 2003.

IRUJO, José Miguel Embid. Trends and Realities in Law of Corporate Groups. *European Business Organization Law Review.* The Hague, vol 6, n. 1, p. 65-91, mar. 2005.

JACQUEMIN, Alexis. La dynamique du groupe d'entreprises: une perspective de droit économique. *Revue d'économie industrielle.* Nice, vol. 47, n. especial, p. 6-13, jan./mar. 1989.

JAEGER, Pier Giusto. *L'Interesse Sociale.* Milano: Giuffrè, 1972.

JAEGER, Pier Giusto. L'interesse sociale rivisitato (quarant'anni dopo). *Giurisprudenza commerciale.* Milano, v. 27, n. 6, p.795/I-812/I, 2000.

JENSEN, Michael C.; MECKLING, William H. Theory of the Firm: managerial behavior, agency costs and ownership structure. *Journal of Financial Economics.* Amsterdan, vol. 3, n. 4, p. 305-260, 1976.

KALDOR, Nicholas. Welfare Propositions of Economics and Interpersonal Comparisons of Utility. *The Economic Journal.* Oxford, vol. 49, n. 195, p. 549-552, set. 1939.

KAPLOW, Louis. Rules versus standards: an economic analysis. *Duke Law Journal.* Durham, vol. 42, n. 3, pp. 557-629, 1992.

KIRCHNER, Christian, Ökonomische Überlegungen zum Konzernrecht. *Zeitschrift für Unternehmens- und Gesellschaftsrecht.* Berlin, vol. 14, n. 2, p. 214-234, 1985.

KOCH, Jens. Aktiengesetz. 17ª ed. C. H. Beck: München, 2023.

KOUSEDGHI, Samira. Protection of Minority Shareholders and Creditors in Italian Corporate Group Law. *European Company Law.* Alphen aan den Rijn, v. 4, n. 5, p. 217-226, 2007.

KRAAKMAN, Reinier *et al.* The Anatomy of Corporate Law. A comparative and functional approach. 3ª ed. Oxford: Oxford University Press, 2017.

KROPFF, Bruno. Zur Konzernleitungspflicht. *Zeitschrift für Unternehmens- und Gesellschaftsrecht.* Berlin, vol. 13, n. 1, p. 112-133, 1984.

KUPFER, David; HASENCLEVER, Lia (coords). *Economia industrial:* fundamentos teóricos e práticas no Brasil. 2ª ed. Rio de Janeiro: Elsevier, 2013.

LAMY FILHO, Alfredo; PEDREIRA, José Luiz Bulhões (coords.). *Direito das companhias.* 2ª ed. Rio de Janeiro: Forense, 2017.

LAMY FILHO, Alfredo; PEDREIRA, José Luiz Bulhões. *A Lei das S.A,* vol. 1: Pressupostos. Elaboração. Modificações. 3ª ed. Rio de Janeiro: Renovar, 1997.

LAMY FILHO, Alfredo; PEDREIRA, José Luiz Bulhões. *A Lei das S.A.*, Vol. 2: Pareceres. 3ª ed. Rio de Janeiro: Renovar, 1996.

LANGENBUCHER, Katja. *Do we need a law of corporate groups?*. Frankfurt, Institute for Law and Finance, 2016.

LEÃES, Luiz Gastão Paes de Barros. *Estudos e Pareceres sobre Sociedades Anônimas*. São Paulo: Revista dos Tribunals, 1989.

LEÃES, Luiz Gastão Paes de Barros. *Pareceres*. São Paulo: Editora Singular, 2005.

LEFF, Nathaniel H. Industrial Organization and Entrepreneurship in the Developing Countries: The Economic Groups. *Economic Develpment and Cultural Change*. Chicago, vol. 26, n. 4, p. 661-675, 1978.

LEMOS, Pedro Miguel dos Anjos Carvalho. *Relações patrimoniais e financeiras intragrupo:* O problema das instruções desvantajosas e a possibilidade de afetação existência da sociedade filha na vigência e no pós relação de grupo. 2019. Dissertação (Mestrado de Direito e Prática Jurídica) – Faculdade de Direito da Universidade de Lisboa, Lisboa, 2019.

LOBO, Jorge J. *Grupos de Sociedades*. Rio de Janeiro: Forense, 1978.

LOBO, Jorge. Direitos dos grupos de sociedades. *Revista de Direito Mercantil, Industrial, Econômico E Financeiro*. São Paulo, vol. 107, p. 99-122, jul./set. 1997.

LÜBKING, Johannes. *The Group of Companies, Efficiency and the Law*. 1994. Tese (Mestrado) – European University Institute Department of Law, Fiesolne, 1994.

LUCENA, José Waldecy. *Das Sociedades Anônimas:* Comentários à Lei. Rio de Janeiro: Forense, 2012. v. III.

LUTTER, Marcus. Enterprise Law Corp. v. Entity Law, Inc. – Phillip Blumberg's Book from the Point of View of an European Lawyer. *The American Journal of Comparative Law*. Berkeley, vol. 38, n. 4, p. 949-968, 1990.

LUTTER, Marcus. Konzernrecht: Schutzrecht oder Organizationrecht? *In*: REICHERT, Klaus (org). *Recht, Geist und Kunst:* liber amicorum für Rüdiger Volhard. Baden-Baden: Nomos, 1996, p. 105-113.

LUTTER, Marcus. Organzuständigkeiten im Konzern. *In:* LUTTER, Marcus; MERTENS Hans-Joachim; ULMER, Peter (eds.). *Festschrift für Walter Stimpel zum 68. Geburtstag am 29. November 1985*, Berlin: De Gruyter, 2018, pp. 825-854.

LUTTER, Marcus. Theorie der Mitgliedschaft — Prolegomena zu einem Allgemeinen Teil des Korporationsrechts. *Archiv für die civilistische Praxis*. Tübingen, vol. 180, n. 1/2, pp. 84-159, abr. 1980.

MANÓVIL, Rafael Mariano (coord). *Groups of companies:* a comparative law overview. Cham: Springer, 2020.

MARTINS-COSTA, Judith. A *boa-fé no direito privado: critérios para a sua aplicação* 2. ed. São Paulo: Saraiva, 2018. E-book.

MARTINS-COSTA, Judith. *Comentários ao Novo Código Civil,* volume V, tomo II: do inadimplemento das obrigações. Rio de Janeiro: Forense, 2003.

MARTINS, Fran. *Comentários à Lei das Sociedades Anônimas:* Artigo por Artigo. 4ª ed. Rio de Janeiro: Forense, 2010.

MARTINS, Guilherme Vinseiro. A doutrina da "entity shielding" e da "owner shielding" e sua aplicabilidade do Direito Societário brasileiro. *Revista da Faculdade de Direito da UFRGS.* Porto Alegre, ano 2016, n. 34, p. 260-275, ago. 2016.

MASSAGUER, José. La struttura interna dei gruppi di società (un approccio nel diritto societario spagnolo). *Rivista Delle Società.* Milano, ano 36, n. 4, p. 1174-1207, jul./ago. 1991.

MASULIS, Ronald W; PHAM, Peter Kien; ZEIN, Jason. Family Business Groups around the World: Financing Advantages, Control Motivations, and Organizational Choices. *The Review of Financial Studies.* Oxford, vol. 24, n. 11, p. 3556–3600, nov. 2011.

MATOS, José Manuel Biscaia. Transações com Partes Relacionadas: Em Especial o Problema Subjacente e a Transposição do Regime da Diretiva 2017/828. 2021. Dissertação (Mestrado em Direito Empresarial) – Faculdade de Direito, Universidade Católica Portuguesa, Lisboa, 2021.

MENDONÇA, José Xavier Carvalho de. *Tratado de Direito Comercial Brasileiro.* 5ª ed. Atualizado por Roberto Carvalho de Mendonça. Rio de Janeiro: Livraria Freitas Bastos, 1958, vol. III, livro II (Dos comerciantes e seus auxiliares), parte III (Das sociedades comerciais).

MENEZES DIREITO, Carlos Alberto; CAVALIERI FILHO, Sérgio. *Comentários ao Novo Código Civil*: Da Responsabilidade Civil. Das Preferências e Privilégios Creditórios. Rio de Janeiro: Forense, 2004.

MIGNOLI, Ariberto. Interesse di gruppo e società a sovranità limitata. *In:* MIGNOLI, Ariberto. *La Società per Azioni:* problemi – letture – testimonianze. Milano: Giuffrè, 2002, t. I, p. 123-136.

MONTALENTI, Paolo. L´Abuso del Diritto nel Diritto Commerciale. *Revista di diritto civile.* Padova, ano LXIV, n. 4, p. 873-909, jul./ago. 2018.

MONTALENTI, Paulo. Conflitto di interessi nei gruppi di società e teoria dei vantaggi compensativi. *Giurisprudenza Commerciale.* Milano, ano. XXII, n. 5, p. 710-736. 1995

MONTALENTI, Paulo. Direzione e coordinamento nei gruppi societari: principi e problemi. *Rivista delle Società*. Milano, ano. 52, n. 2-3, p. 317-344, 2007.

MORCILLIO, Raquel Ruiz. Regulation of Corporate Groups' Governance. 2014. Tese (LL.M. – Law in a European and Global Context) – Faculdade de Direito da Universidade Católica Portuguesa, Lisboa, 2014.

MUNHOZ, Eduardo Secchi. Consolidação processual e substancial. *Revista do Advogado*, São Paulo: AASP, n.150, p. 15-31, jun. 2021.

MUNHOZ, Eduardo Secchi. Desconsideração da Personalidade Jurídica e Grupos Sociedades. *Revista de Direito Mercantil, Industrial, Econômico & Financeiro*. São Paulo, ano XLIII (Nova Série), n. 134, p. 25-47, abr./jun. 2004.

MUNHOZ, Eduardo Secchi. *Empresa contemporânea e o direito societário*. São Paulo: Juarez de Oliveira, 2002.

MUNHOZ, Eduardo Secchi. Grupos societários de fato. Estrutura de governo e poderes do acionista controlador. *In*: CASTRO, Rodrigo Monteiro de *et al.* (coord.). *Direito empresarial e outros estudos de direito em homenagem ao professor José Alexandre Tavares Guerreiro*. São Paulo: Quartier Latin, 2013, p. 267-291.

MUNHOZ, Eduardo Secchi. Influência do patrimonialismo na sociedade anônima– importância dos mecanismos privados de efetivação dos deveres do acionista controlador e dos administradores. *In*: VENANCIO FILHO, Alberto. LOBO, Carlos Augusto da Silveira. ROSMAN, Luiz Alberto Colonna (coord). *Lei das SA em seus* 40. Rio de Janeiro: Forense, 2017, p. 129-156.

MUNHOZ, Eduardo Secchi. Penhora de quotas ou ações: interpretação do artigo 861 do código de processo civil. *In*: YARSHELL, *Flávio Luiz*; *PEREIRA, Guilherme Setoguti* Julio (coords.). *Processo Societário III*. São Paulo: Quartier Latin, 2018, pp. 87-113.

MUNIZ, Joaquim de Paiva. Poder de controle, conflito de interesses e proteção aos minoritários e stakeholders. *Revista de Direito Bancário e do Mercado de Capitais*. São Paulo, vol. 8, n. 28, p. 70-94, abr./jun. 2005.

NEDER CEREZETTI, Sheila C. Os Grupos de Sociedades e Recuperação Judicial: O Indispensável Encontro entre Direitos Societário, Processual e Concursal. *In*: YARSHELL, Flávio Luiz; PEREIRA, Guilherme Setoguti J. (coords.). *Processo Societário: Volume II*. São Paulo: Quartier Latin, 2015, p. 735-789.

NELLY, Potter. *Grupos Societários de Fato:* Aspectos de uma realidade societário contemporânea e as consequências de sua utilização abusiva. Rio de Janeiro: Lumen Juris, 2016.

NERY JUNIOR, Nelson; ANDRADE NERY, Rosa Maria de Andrade. *Código Civil Comentado.* 10ª ed. São Paulo: Revista dos Tribunais, 2013.

NORONHA, Fernando. *Direito das obrigações.* 4ª ed. São Paulo: Saraiva, 2013. E-book.

OECD. *Corporate Governance of Comapny Groups in Latin America.* Paris: OECD Publishing, 2015.

OECD. *Duties and Responsabilities in Boards in Company Groups.* Paris: OECD Publishing, 2020.

OECD. Related Party Transactions and Minority Shareholder Rights. Paris: OECD Publishing, 2012.

OLIVEIRA, Ana Perestrelo. *Grupos de Sociedades e deveres de lealdade.* Coimbra: Almedina, 2012.

OLIVEIRA, Ana Perestrelo. *Manual de* Corporate Finance. Coimbra: Almedina, 2015.

OLIVEIRA, Ana Perestrelo. *Manual de Governo das Sociedades.* Coimbra: Almedina, 2017.

PACES, Alessio M. Procedural and Substantive Review of Related Party Transactions (RPTs): The Case for Non-Controlling Shareholder-Dependent (NCS--Dependent) Directors. Brussels: European Corporate Governance Institute, 2018.

PAOLA, Maria de. Cenni ala disciplina dei vantaggi compensativi. *Salvis Juribus,* 21 fev. 2017. Disponível em < http://www.salvisjuribus.it/cenni-alla-disciplina-dei--vantaggi-compensativi/>. Acesso em 18/08/2022.

PARIENTE, Maggy. The Evolution of the Concept of "Corporate Group" in France. *European Company and Financial Law Review.* Berlin, vol. 4, n. 3, p. 317-345, 2007.

PEDREIRA, José Luiz Bulhões. Acordo de acionistas sobre controle de grupo de sociedades. Validade da estipulação de que os membros do Conselho de Administração de controladas devem votar em bloco segundo orientação definida pelo grupo controlador. *Revista de Direito Bancário e do Mercado de Capitais.* São Paulo, v. 5, n. 15, p. 226-248, 2002

PEREIRA, Caio Mária da Silva. *Responsabilidade Civil.* 12ª ed. Rio de Janeiro: Forense, 2018.

PEREIRA, Caio Mário da Silva. *Instituições de Direito Civil.* 33ª ed. Rio de Janeiro: Forense, 2022. E-book.

PEREIRA, Guilherme Setoguti J. *Enforcement e Tutela Indenizatória no Direito Societário e Mercado de Capitais.* São Paulo: Quartier Latin, 2018.

PIAZZA, Davide. *I vantaggi compensativi nelle dinamiche di gruppo societario.* 2015. Tese (Corso di Laurea Magistrale in Giurisprudenza) – Università degli Studi di Trento, Facoltà di Giurisprudenza, Trento, 2015.o

PITTA, André Grünspun. Processo Administrativo Sancionador no Mercado de Valores Mobiliários: o Uso da Prova Indiciária. *In*: YARSHELL, Flávio Luiz; PEREIRA, Guilherme Setoguti J. (coords.). *Processo Societário: Volume II.* São Paulo: Quartier Latin, 2015, p. 67-90.

PONTES DE MIRANDA, Francisco Cavalcanti. *Tratado de Direito Privado.* São Paulo: Revista dos Tribunais, 2012.

PORTUGAL, Daniel Ochsendorf. Dados empíricos sobre os grupos de sociedades de direito de subordinação. *Res Severa Verum Gaudium*, Porto Alegre, v. 5, n. 1, p. 124- 154, 2020.

POSNER, Richard A. The Rights of Creditors of Affiliated Corporations. *University of Chicago Law Review.* Chicago, vol. 43, n. 3, p. 499-526, 1975.

PRADO, Viviane Muller. *Conflito de Interesses nos Grupos Societários.* São Paulo: Quartier Latin, 2006.

QU, Charles Zhen; AHL, Björn. Lowering the Corporate Veil in Germany: a case note on BGH 16 July 2007 (Trihotel). *Oxford University Comparative Law Forum*, Oxford, 2008. Disponível em <https://ouclf.law.ox.ac.uk/articles/>. Acesso em 6/11/2022.

REICH-GRAEFE, René. Changing paradigms: the liability of corporate groups in Germany. *Connecticut Law Review.* Hartford, v. 37, n. 3, p. 785-817, 2004.

RIZZARDO, Arnaldo. *Contratos.* 20ª ed. Rio de Janeiro: Forense, 2022. E-book.

RIZZARDO, Arnaldo. *Direitos das Obrigações.* 9ª ed. Rio de Janeiro: Forense, 2018. E-book.

RODRIGUES, Silvio. *Direito Civil. Parte Geral das Obrigações.* v. 2. 30ª ed. São Paulo: Saraiva, 2002.

ROMASHCHENKO, Ivan. Related Party Transactions and Corporate Groups: When Eastern Europe Meets the West. Kluwer: Alphen aan den Rijn, 2020.

ROSA, Antonio Pavone La. Nuovi profili della disciplina dei gruppi societari. *Rivista Delle Società.* Milano, ano 48, n. 4, p. 765-779, jul./ago. 2003.

ROSA, Antonio Pavone La. Proposte di disciplina dei gruppi societari. *Rivista Delle Società.* Milano, ano 45, n. 3/4, p. 577-587, jul./ago. 2000.

RUBENSTEIN, William B. On What a "Private Attorney General" Is – and Why It Matters. *Vanderbilt Law Review.* Nashville, vol. 57, n. 6, p. 2129-2173, 2004.

SÁ, Rafael Vieira de Andrade de. O entire fairness test no direito norte-americano. *Revista de Direito Bancário e do Mercado de Capitais*. São Paulo, vol. 21, n. 79, p. 99-125, jan./mar. 2018.

SALOMÃO FILHO, Calixto. *A sociedade unipessoal*. São Paulo: Malheiros, 1995.

SALOMÃO FILHO, Calixto. *O novo direito societário*. 4ª ed. São Paulo: Malheiros, 2015.

SANSEVERINO, Paulo de Tarso Vieira. Princípio da Reparação Integral: indenização no Código Civil. São Paulo: Saraiva, 2010, E-book.

SANTOS, Anthonny Dias dos. *Transações entre partes relacionadas e abuso de poder de controle*. São Paulo: Almedina, 2011.

SCALZILLI, João Pedro. *Confusão Patrimonial no Direito Societário*. São Paulo: Quartier Latin, 2015.

SCHEUCH, Alexander. Konzernrecht: An Overview of the German Regulation of Corporate Groups and Resulting Liability Issues. *European Company Law*. Alphen aan den Rijn, v. 13, n. 5, p. 191-198, 2016.

SCHICK, Werner Paul. § 111a: Geschäfte mit nahestehenden Personen. In: WACHTER, Thomas (ed.). Kommentar zum Aktiengesetz. 4ª ed. Köln: RWS, 2022, p. 866-874.

SCHICK, Werner Paul. § 111b: Zustimmungsvorbehalt des Aufsichtsrats bei Geschäften mit nahestehenden Personen. In: WACHTER, Thomas (ed.). Kommentar zum Aktiengesetz. 4ª ed. Köln: RWS, 2022, p. 874-878.

SCHICK, Werner Paul. § 111c: Veröffentlichung von Geschäften mit nahestehenden Personen. In: WACHTER, Thomas (ed.). Kommentar zum Aktiengesetz. 4ª ed. Köln: RWS, 2022, p. 878-881.

SCHIESSL, Maximilian. The Liability of Corporations and Shareholders for the Capitalization and Obligations of Subsidiaries under German Law. *Northwestern Journal of International Law & Business*. Chicago, vol. 7, n. 3, p. 480-506, 1986.

SCHMIDT, Dominique. Conflit d`intérêts: notion et gestion. *Revue des Societés*. Paris, ano 2007, n. 3, p. 540-546, jun./set. 2007.

SCHMIDT, Karsten; LUTTER, Marcus. *AktG Kommnentar*. 4ª ed. Köln: Otto Schmidt, 2020.

SCHMIDT, Karsten; LUTTER, Marcus. Konzernunternehmen, Unternehmensgruppe und Konzern-Rechtsverhältnis – Gedanken zum Recht der verbundenen Unternehmen nach §§ 15 ff., 291 ff. AktG *In*: SCHNEIDER, Uwe H ; LUTTER, Marcus. *Festschrift für Marcus Lutter zum 70. Geburtstag*: deutsches und europäisches Gesellschafts-, Konzern- und Kapitalmarktrecht. Köln: Otto Schmidt, 2000, p. 1167-1191.

SCHNEIDER, Uwe H. Der Auskunftsanspruch des Aktionärs im Konzern – Ein Beitrag zum Konzern Verfassungsrecht. *In*: SCHNEIDER, Uwe H ; LUTTER, Marcus. *Festschrift für Marcus Lutter zum 70. Geburtstag*: deutsches und europäisches Gesellschafts-, Konzern- und Kapitalmarktrecht. Köln: Otto Schmidt, 2000, p. 1193-1205.

SCHNEIDER, Uwe H. Investigative Maßnahmen und Informationsweitergabe im konzernfreien Unternehmen und im Konzern. *Neue Zeitschrift für Gesellschaftsrecht*. München, ano 2010, n. 31, p. 1201-1206, 2010.

SCHREIBER, Anderson et al. (coord.). *Código Civil comentado*: doutrina e jurisprudência. 3ª ed. Rio de Janeiro: Forense, 2021, E-book.

SCOGNAMIGLIO, Giuliana. "Clausole generali", principi di diritto e disciplina dei gruppi di società. *Orizzonti del Diritto Commerciale*. Roma, 2013, n. 1, p. 1-33, 2013.

SCOGNAMIGLIO, Giuliana. I gruppi e la riforma del diritto societario: prime riflessioni. *dircomm.it*, jun 2003. Disponível em < http://www.dircomm.it/2003/n.6.03/04.html>. Acesso em 10/10/2022.

SCOGNAMIGLIO, Giuliana. Motivazione delle decisioni e governo del gruppo. *Rivista di Diritto Civile*. Padova, v. 55, n. 6, p. 757–783, nov./dez. 2009.

SKOG, Rolf. Related Party Transactions – a closer look at the emergence of the new EU regime. European Company and Financial Law Review. Berlin, vol. 18, n. 5, p. 697-713, dez. 2021.

SPIER, Kathryn E. Litigation. *In:* POLINSKY, A. Mitchell; SHAVELL, Steven. *Handbook of Law and Economics*. Amsterdam, Boston: North-Holland, 2007, vol. I, p. 259-342.

SPINELLI, Luis Felipe. *Administração das sociedades anônimas: lealdade e conflito de interesses*. São Paulo: Almedina, 2020.

SPIOTTA, Marina. La teoria dei vantaggi compensativi: quale momento migliore per metterla in pratica? *Orizzonti del Diritto Commerciale*. Torino, ano 2021, n. 2, p. 823-866, 2021.

SZTAJN, Rachel. Ensaio Tipológico dos Grupos de Sociedades. *In*: BAPTISTA, Luiz Olavo; HUCK, Hermes Marcelo; CASELLA, Paulo Borba (coord.). *Direito e comércio internacional:* tendências e perspectivas*:* estudos em homenagem ao Prof. Irineu Strenger. São Paulo: LTr, 1994, p. 597-605.

TAVARES LOUREIRO, Catarina; TORRES EREIO, Joana. A relação de domínio ou de grupo como pressuposto de facto para a aplicação das normas do código das sociedades comerciais – o âmbito espacial em particular. *Actualidad Jurídica Uría Menéndez*. Madrid, ano 2011, n. 30, p. 46-61, set./dez. 2011.

TEICHMANN, Christoph. Corporate Groups within the Legal Framework of the European Union: The Group-Related Aspects of the SUP Proposal and the EU Freedom of Establishment. *European Company and Financial Law Review*. Berlin, vol. 12, n. 2, p. 202-229, 2015.

TEICHMANN, Christoph. Europäisches Konzernrecht: Vom Schutzrecht zum Enabling Law. *Die Aktiengesellschaft*. Köln, ano 2013, n. 6, p. 184-197, 20 mar. 2013.

TEICHMANN, Christoph. Towards a European Framework for Cross-Border Group Management. *European Company Law*. Alphen aan den Rijn, v. 13, n. 5, p. 191-198, 2016.

TEIXEIRA, Egberto Lacerda; GUERREIRO, José Alexandre Tavares. *Das sociedades anônimas no direito brasileiro*. São Paulo: Bushatsky, 1979.

TEPEDINO, Gustavo; KONDER, Carlos N.; BANDEIRA, Paula G. *Fundamentos do Direito Civil: Contratos. v.3*. Rio de Janeiro: Forense, 2022, E-book.

TEPEDINO, Gustavo; SCHREIBER, Anderson. *Fundamentos do Direito Civil – Obrigações. v. 2*. 2ª ed. Rio de Janeiro: Forense. E-book.

TEUBNER, Gunther. "Unitas Multiplex": a organização do grupo de empresas como exemplo. *Revista Direito GV*. São Paulo, v. 1 n. 2, pp. 77-110, jun./dez. 2005.

TEUBNER, Gunther. Unitas Multiplex: Das Konzernrecht in der neuen Dezentralität der Unternehmensgruppen. *Zeitschrift für Unternehmens- und Gesellschaftsrecht* Berlin, vol. 20, n. 2, p. 189-217, 1992.

THE HIGH LEVEL GROUP OF COMPANY LAW EXPERTS. *Report Report of the High Level Group of Company Law Experts on a Modern Regulatory Framework for Company Law in Europe*. Brussels: [s. n.], 2010.

THE INFORMAL COMPANY LAW EXPERT GROUP (ICLEG). Report on the recognition of the interest of the group. [*S. l.*]: [*s. n.*], 2016. Disponível em <https://dx.doi.org/10.2139/ssrn.2888863>.

TOMAZETTE, Marlon. *Curso de Direito Empresarial:* teoria geral e direito societário, vol. 1. 8ª ed. São Paulo: Atlas, 2017.

TRIANTIS, George G. Organizations as Internal Capital Markets: The Legal Boundaries of Firms, Collateral, and Trusts in Commercial and Charitable Enterprises. *Harvard Law Review*. Cambridge (MA), vol. 117, n. 4, p. 1102-1162, fev. 2004.

TRINDADE, Marcelo. Processo Sancionador na CVM: Limites e Possibilidades. In: VENANCIO FILHO, Alberto; LOBO, Carlos Augusto da Silveira; ROSMAN,

Luiz Alberto Colonna (org.). *Lei das S.A. em seus 40 anos.* Rio de Janeiro: Forense, 2017.

TRÖGER, Tobias H. *Corporate groups*: A German's European perspective. Frankfurt: Sustainable Architecture for Finance in Europe, 2014.

TRÖGER, Tobias H. Germany's Reluctance to Regulate Related Party Transactions: An Industrial Organization Perspective. In: ENRIQUES, Luca; TRÖGER, Tobias H. (ed.). The Law and Finance of Related Party Transactions. Cambridge, United Kingdom: Cambridge University Press, 2019, p. 426-451.

TRUFFI, Roberto; STRANEO, Sabrina. Groups of Companies Under New Italian Company Law. *Jones Day Commnetaries*, mar. 2004. Disponível em < https://www.jonesday.com/files/Publication/a4e80e96-5e88-4efb-966c-78782b69e18c/Presentation/PublicationAttachment/c05e0c65-0fdf-4247-b67b-c416a0ca79ca/Groups%20of%20Companies.pdf>. Acesso em 18/08/2022.

VENOSA, Sílvio de Salvo. *Direito Civil:* Obrigações e Responsabilidade civil. 21ª ed. São Paulo: Atlas, 2021. E-book.

VENTORUZZO, Marco. Experiments in Comparative Corporate Law: The Recent Italian Reform and the Dubious Virtues of a Market for Rules in the Absence of Effective Regulatory Competition. *Texas International Law Journal.* Austin, vol. 40, n. 1, p. 113-156, 2004.

VENTORUZZO, Marco. Responsabilità da direzione e coordinamento e vantaggi compensativi futuri. *Rivista delle società.* Milano, vol. 61, n. 2/3, p. 363-391, 2016.

VILELA, Renato. *Conflito de Interesses nas Companhias:* reflexões sobre as transações entre partes relacionadas. São Paulo: Almedina, 2017.

VIO, Daniel de Avila. *Ensaio sobre os Grupos de Subordinação, de Direito e de Fato, no Direito Societário Brasileiro.* 2014. Tese (Doutorado em Direito Comercial) – Faculdade de Direito, Universidade de São Paulo, São Paulo, 2014.

VIO, Daniel de Avila. *Grupos Societários: Ensaio sobre os Grupos de Subordinação, de Direito e de Fato no Direito Societário Brasileiro.* São Paulo: Quartier Latin, 2016.

VIO, Daniel de Avila. Prova difícil e inadimplemento da obrigação de contratar em condições equitativas nos termos da Lei das S.A. *Revista de Direito Privado.* São Paulo, vol. 14, n. 55, p. 227-262, jul./set. 2013.

WILLIAMSON, Oliver E. *The Economic Institutions of Capitalism*, New York: The Free Press, 1985.

WILLIAMSON, Oliver E. *The Mechanisms of Governance.* Oxford: Oxford University Press, 1996.

WILLIAMSON, Oliver E. The Modern Corporation: Origins, Evolution, Attributes. *Journal of Economic Literature*. Nashville, vol. 19, n. 4, p. 1537-1568, dec. 1981.

WILLIAMSON, Oliver E. The Vertical Integration of Production: Market Failure Considerations. *The American Economic Review*. Nashville, vol. 61, n. 2, p. 112-123, mai. 1971.

WINNER, Martins. Group Interest in European Company Law: an Overview. *Acta Universitatis Sapientiae*. Cluj-Napoca, vol. 5. n. 1, p. 85-96, 2016.

WÜRDINGER, H. *German Company Law*. London: Oyez Publishing, 1975.

YARSHELL, *Flávio Luiz;* PEREIRA, *Guilherme Setoguti J.* (coords.). *Processo Societário*. São Paulo: Quartier Latin, 2012.

ZÖLLNER, Wolfgang; NOACK, Ulrich. *Kölner Kommentar zum Aktiengesetz*. Band 3 Teillieferung 1: §§ 131, 132 AktG. 3ª ed. Köln: Carl Heymanns, 2010.

ZOPPINI, Andrea. I gruppi cooperative (modelli di integrazione tra imprese mutualistiche e non nella reforma del diritto societário). *Revista delle Società*. Milano, ano 50, n. 4, p. 760-782, jul./ago. 2005.